Sport in der Kommune als Managementaufgabe

AF828371

Blickpunkt Sportmanagement

Herausgegeben von Ronald Wadsack

Band 5

PL ACADEMIC RESEARCH

Gabriele Wach / Ronald Wadsack (Hrsg.)

Sport in der Kommune als Managementaufgabe

PL ACADEMIC RESEARCH

Bibliografische Information der Deutschen Nationalbibliothek
Die Deutsche Nationalbibliothek verzeichnet diese Publikation in der Deutschen Nationalbibliografie; detaillierte bibliografische Daten sind im Internet über http://dnb.d-nb.de abrufbar.

ISSN 1861-681X
ISBN 978-3-631-71578-9 (Print)
E-ISBN 978-3-653-05485-9 (E-PDF)
E-ISBN 978-3-631-71589-5 (EPUB)
E-ISBN 978-3-631-71590-1 (MOBI)
DOI 10.3726/b10823

© Peter Lang GmbH
Internationaler Verlag der Wissenschaften
Frankfurt am Main 2017
Alle Rechte vorbehalten.
PL Academic Research ist ein Imprint der Peter Lang GmbH.

Peter Lang – Frankfurt am Main · Bern · Bruxelles · New York · Oxford · Warszawa · Wien

Das Werk einschließlich aller seiner Teile ist urheberrechtlich geschützt. Jede Verwertung außerhalb der engen Grenzen des Urheberrechtsgesetzes ist ohne Zustimmung des Verlages unzulässig und strafbar. Das gilt insbesondere für Vervielfältigungen, Übersetzungen, Mikroverfilmungen und die Einspeicherung und Verarbeitung in elektronischen Systemen.

Diese Publikation wurde begutachtet.

www.peterlang.com

Vorwort

Sport und Städte und Gemeinden bzw. Landkreise sind eng verwoben. Grundlegend durch den Vereinssport, der in jeder deutschen Kommune vertreten sein wird und gerade auch durch seine Vereine in manchen Kommunen ein Eckpunkt des gesellschaftlichen Lebens sein kann. Aber es gibt auch weitere Ebenen, die bis zu Standorten von Profiteams in verschiedenen Sportarten oder international anerkannten Sportveranstaltungen reichen. Das Wechselspiel zwischen Kommune und Sport ergibt die Grundlage für die jeweiligen Angebote vor Ort.

Diese Schnittstelle soll in diesem Band der Buchreihe „Blickpunkt Sportmanagement" Beachtung finden. Wobei wir nur auf einzelne Themen eingehen können, denn das Themenfeld ist bei genauer Betrachtung so vielfältig, dass noch viel mehr Beiträge denkbar gewesen wären. Wir haben Beiträge zusammengestellt, welche die Vielfalt des Themas kommunale Sportentwicklung erkennbar werden lassen. Sowohl mit mehr übergreifenden Themen als auch mit Einzelaspekten, die von Bedeutung für den Sport in Deutschland sind. Wir hoffen damit der einen oder anderen Diskussion zur Sportentwicklung Vorschub zu leisten.

Sehr dankbar sind wir den beteiligten Autoren, dass sie sich die Zeit genommen haben und ihren Beitrag zu diesem Band erarbeitet haben. Die Koordination und Aufbereitung der Dateien hat wiederum in kompetenter Weise Dipl. Kffr. Gabriele Wach geleistet, die gleichzeitig auch Mit-Herausgeberin und Mit-Autorin ist.

Salzgitter, September 2016

Ronald Wadsack
Gabriele Wach

Inhaltsverzeichnis

Hans-Jürgen Schulke
Sportstadt – Status und Schimäre ... 9

Sven Güldenpfennig
Sport als Element kommunaler Kultur ... 29

Markus Klepzig, Lutz Thieme & Stephan Zacharias
Zur Ausstattung von Kommunen mit Sportstätten ... 57

Katharina Bingel & Jens Nußbaum
Sport in der strategischen Stadtentwicklungsplanung ... 75

Ronald Wadsack & Gabriele Wach
Sportentwicklungsplanung als strategische Aufgabe ... 101

Ronald Wadsack & Gabriele Wach
Die Bedeutung des organisierten Sports für das Stadtmarketing – eine Darstellung auf Basis des Legitimationskapital-Konzeptes ... 127

Anne-Christine Schlangenotto
Das Naherholungsgebiet Salzgittersee als Raum für Sport und Freizeit ... 145

Louise Bielzer
Sportstätten als Place Brands im interurbanen Wettbewerb ... 167

Torben Quickert
Die regionalwirtschaftliche Bedeutung des Handball-Bundesligisten THW Kiel ... 191

Projektgruppe FDU (Ronald Wadsack)
Kommunale Sportpolitik – ein Aufriss ... 207

Marcus Grosche
Lokaler Machtindex – Grundlegende Überlegungen ... 251

Ronald Wadsack
Sport im Lichte der Bürgerbeteiligung ... 271

Philipp Schlemmer, Florian Falkner, Dennis Rankl, Lukas Winkler & Martin Schnitzer
Ökonomische Bedeutung von „small-scale sports events" für Kommunen am Beispiel der Stadt Innsbruck 289

H.-Georg Lützenkirchen
Integrationspolitik in den Kommunen – Anmerkungen zur Rolle des Sports 309

Stephan Lemke
Management und Organisation des Sports in einer öffentlich-rechtlichen Sportstätten-Betreiber-GmbH – Ein Praxisbeispiel mit vielen Facetten 323

Ronald Wadsack & Gabriele Wach
Sport-Genossenschaft – Zukunftsperspektive für strukturschwache Regionen? 345

Autorenverzeichnis 373

Hans-Jürgen Schulke (Hamburg)

Sportstadt – Status und Schimäre

1. Zur Aktualität des Themas

Im April 2016 wurde die traditionelle „Sportaccord Convention" in Lausanne veranstaltet mit dem ebenso traditionellen „City Forum" als wichtigem Veranstaltungsteil. Neben dem Erfahrungsaustausch zwischen Repräsentanten der Städte, Sportorganisationen und Agenturen wird hier die weltweite „Sportstadt des Jahres" gekürt. Die Wahl fiel diesmal auf New York, begründet als Stadt mit bekannten Profimannschaften und großen Sportereignissen wie Football, Tennis und Marathon. 150 Städte aus aller Welt hatten sich an dem Award beteiligt und für die Teilnahme eine respektable Summe eingezahlt. Ihnen allen war der Titel „Sportstadt" begehrenswert.

Ein weiterer Ansatz wird durch die internationale Breitensportorganisation TAFISA entwickelt mit ihrem von der EU geförderten Konzept der „Active City". Es benennt fünf Erfolgskriterien wie Bewusstseinsbildung, Kooperation der Akteure, Sportstätten, Veranstaltungen und Monitoring. Auch hier gibt es ein globales Netzwerk und Zertifikat „Regional or World Active City of the Year". Im September 2016 sind alle 27 Mitgliedsstaaten aufgefordert, sich an der europäischen Woche des Sports zu beteiligen.

Die Begehrlichkeit nach dem Titel „Sportstadt" innerhalb Deutschlands ist ähnlich, auch wenn es dort keinen formalisierten Wettbewerb gibt. Ein eigenständiges „Sportstadtranking" versuchte regelmäßig das Hamburger Weltwirtschaftsinstitut und legt dabei Profisport, Sportveranstaltungen, Infrastruktur und Breitensport zugrunde; der zeitliche Rhythmus, die geringe Zahl an Kriterien und Messverfahren werden kritisch diskutiert (Steinhardt/Vöpel 2008, hierzu Schwark 2009). Sie erreichen bei weitem nicht die Standards, wie sie etwa vom Schweizer IMD-Institut mit seinem World Competitive Center beim Ländervergleich mit 340 Indizes angewendet werden.

Gleichwohl schmücken sich zahlreiche Städte unterschiedlicher Größenordnung (Berlin, Hamburg, München, Düsseldorf selbstverständlich, mittelgroße Ortschaften wie Münster und kleinere wie Riesa und Herzogenaurach oder einige Wintersportorte wie Inzell) mit dem Prädikat. Begründet wird das – auch international – in erster Linie mit der Durchführung spektakulärer Großveranstaltungen, von denen sich die Ausrichterstädte grenzenlose Aufmerksamkeit erhoffen, folgerichtig touristische Attraktivität, Regionalstolz der Bewohner, erhöhte Steuereinnahmen. Die regionalen Medien übernehmen gerne das Prädikat „Sportstadt", mitunter forcieren sie es ihrerseits mit Blick auf die regionale Leserschaft. Diverse Institute versorgen sie im monatlichen Takt mit neuen Rankings.

Tatsächlich ist das Prädikat an keine klaren Kriterien oder Evidenzen gebunden, anders als etwa Regierungs- und Verwaltungsstadt (Berlin, Bonn), Hafenstadt (Hamburg), Autostadt (Wolfsburg), Universitätsstadt (Heidelberg, Tübingen, Göttingen), Wagnerstadt (Bayreuth). Dagegen ähnlich unscharf wie Musikstadt (Leipzig), Blumenstadt (Amsterdam?), Museumsstadt etc. oder auch nur nüchtern Dienstleistungsmetropole oder Industriestadt.

Die Bezeichnung „Sportstadt" ist derzeit offensichtlich mehr PR-Instrument, mit dem eine Stadt sich in den Massenmedien als besondere Marke positionieren will – zunächst um in der überbordenden Nachrichtenflut über die deutschen Städte als etwas Besonderes bzw. Positives wahrgenommen zu werden, letztlich auch zum wirtschaftlichen Nutzen des Standortes. Eine Marke – das ist eine der Grunderkenntnisse der Markenführung (Burmann 2012) – aber bedarf eines unverwechselbaren Markenkerns, der aktiv von innen – d.h. hier den Bewohnern einer Stadt und ihren Institutionen – getragen und von außen (den bundesweiten Medien, der Politik und Wirtschaft) zweifelsfrei anerkannt wird. Angesichts der Unschärfe der Marke „Sportstadt" besteht somit die Gefahr, dass das Prädikat inflationär gebraucht wird und insofern beliebig bleibt, verfallen und dauerhaft beschädigt werden kann – zuletzt war das beim Scheitern der selbsternannten „Europäischen Sportstadt Hamburg" für eine Olympiabewerbung an der eigenen Bevölkerung zu besichtigen.

Die Unklarheit des Prädikats und damit einhergehende Selbsternennung wie auch die Legitimierung überwiegend durch Großveranstaltungen wirft eine Reihe von Problemen auf, die einer theoretischen und begrifflichen Klärung bedürfen (Hebbel-Seeger u.a. 2016):

- Was ist in einer globalen Entwicklung von Wirtschaft und Politik, der wachsenden Interdependenz noch eine Stadt, wie verhält sie sich zur Region und Nation, gibt es angesichts der Zunahme an Mega-Cities und Metropolregionen noch „die" Stadt mit klaren Grenzen und politischen Zuständigkeiten? Ist es ihre formale rechtliche Verfassung (Vergabe des Stadtrechts), ihre historisch-kulturell und topografisch gewachsene Identität?
- Was ist Standpunkt bei der Betrachtung einer Stadt: Wird sie zuerst als Wirtschaftsstandort analysiert oder als gemeinschaftsstiftender sozialer Lebensort und wie ordnet sich der Sport je nach Betrachtungsweise ein – welche ökonomischen und gesellschaftlichen Funktionen hat er für das städtische Leben und welchen Stellenwert in der Zukunft ?
- Lässt sich eine „Sportstadt" primär durch Großveranstaltungen und dem Erfolg bei Spielserien von Proficlubs definieren? Zeigen nicht ablehnende Voten gegenüber einer Bewerbung für Olympische Spiele oder als Standort einer Fußball-WM, aber auch aktuelle Kontroversen wie um den Ryders Cup (Berlin/Brandenburg) oder den Tour de France-Start (Düsseldorf) die Grenzen einer solchen Definition in der politischen Praxis auf?
- Welche Praxis- und Gestaltungsfelder des komplexen urbanen Sports gibt es derzeit und künftig (Schulsport, Vereine, Betriebe, wissenschaftliche Einrichtungen,

kommerzielle Anbieter, öffentliche Sportflächen etc.), welchen Stellenwert haben sie im Konstrukt „Sportstadt“ und wie stehen sie zueinander? Wie sieht es mit der Infrastruktur und der politischen Führung (Vereine und Verbände, Verwaltung und Politik, Wirtschaft) aus?
- Und schließlich: Wie lässt sich ein Konstrukt „Sportstadt“ theoretisch abbilden, mit welchen Parametern und empirischen Verfahren kann man die Leistungen ermitteln?

Die aufgeworfenen Fragen legen einen erweiterten Blick auf das Thema nahe. Zum einen eine historische Sichtweise, nämlich wann der Begriff „Sportstadt“ erstmals auftaucht (er reicht bis ins 19. Jahrhundert zurück) und in welchem kulturgeschichtlichen Kontext er steht (es geht um ein neues Verständnis von Körperpflege und Bewegungsfreiheit, dann auch Unterhaltung in industrieller Urbanität). Zum anderen die aktuelle Diskussion um Stadt- und Regionalentwicklung, hier ihre globale Dynamik und der sich wandelnde Stellenwert bzw. funktionelle Aufgabe des Sports im Hinblick auf Gesundheit, Geselligkeit, Bildung, soziale Daseinsvorsorge, Wirtschaftskraft, Unterhaltung, Identitätsfindung. Dabei geht es auch um den Standort des Betrachters, sprich die unterschiedliche ökonomische versus gemeinwesenorientierte Sichtweise (Dangschat 1999).

2. Zur Entstehung des Begriffs „Sportstadt“

Die Prominenz des Sports als städtisches Phänomen und Kommunikationsfeld hat Vorläufer wie wechselvolle Geschichten mit widersprüchlichen Ausprägungen. Pferderennen und fußballähnliche Spiele sind aus dem Mittelalter, hier insbesondere Italien, als innerstädtische Veranstaltungen bekannt („Calcio storico“). Daran erinnert das Fußballfeld, dessen räumliche Struktur das Bemühen zweier Parteien im Mittelalter erahnen lässt, auf gerader Ortsstraße den umkämpften Ball in das jeweils gegenüberliegende Stadttor zu befördern. Doch waren dies eher volkstümliche Spiele an einem Ort, der mit heutigen Städten nicht zu vergleichen ist – seinerzeit lebten in einer großen Stadt vielleicht zehn- bis zwanzigtausend Einwohner.

Praxis und Begriff erhält der Topos „Sportstadt“ erst gegen Ende des 19. Jahrhunderts. Bis dahin war die Bezeichnung „Sport“ nur in kleineren Kreisen geläufig, vor allem im englischen Adel und Besitzbürgertum. Weit bekannter war in Deutschland das „Turnen“, das seinen Anfang in der Berliner Hasenheide nahm – ein Platz außerhalb der Stadt. Auf ihm fanden „volkstümliche“, meist selbstorganisierte, kreativ gestaltete Leibesübungen vor allem bildungsbürgerlicher Jugend statt in einem politischen (Nationalstaatsgedanke), pädagogischen (Förderung der individuellen Selbständigkeit), gesundheitlich-präventiven (körperliche Kräftigung, Widerstandsfähigkeit), sozialen (gleichberechtigte Selbstorganisation, demokratisches Vereinskonzept) und militärischen (Wehrtüchtigkeit gegen die napoleonische Besatzung) Kontext. Schnell wurden diese Leibesübungen populär, es entstanden an die 200 Turnplätze in den damaligen deutschen Regionen (Schulke 2016).

Dennoch gab es keinen Bewerb um eine „Turnerstadt". Nicht Berlin wurde dafür nominiert mit seinem ersten Turnplatz, nicht Hamburg mit seinem ältesten und lange Zeit größten Turnverein der Welt (HT 1816), nicht Frankfurt mit den revolutionären Hanauer Turnern (sie schützten die demokratische Nationalversammlung 1848 in der Paulskirche) und auch nicht Leipzig als Stadt des ersten größeren Deutschen Turnfestes und später Sitz der mächtigen Deutschen Turnerschaft bzw. Gründungsort des weltgrößten Fußballverbandes.

Turnen war vielseitige körperliche Betätigung der bildungsbürgerlichen Jugend und von jungen Erwachsenen (die befreiende Antwort auf die „Stubenhocker") und Ort des gesellig-politischen Austausches. Es gab keine Großstädte in heutigen Dimensionen (Hamburg hatte 1816 knapp hunderttausend Einwohner), nur wenige Vereine, genug freie Plätze für ein paar Turngeräte, noch keinen flächendeckenden und verbindlichen Turnunterricht in den Schulen. Turnen war bis Mitte des 19. Jahrhunderts eher Nischenphänomen männlicher Jugend und jüngerer Erwachsener, dann rasch wachsend volkstümliche Leibesübungen ohne Wettkampfcharakter – heute als Breiten-, Fitness- und Gesundheitssport verbreitet.

Sportliche Aktivitäten entwickelten sich um rund 30 Jahre versetzt zunächst zögerlich, dann immer dynamischer und in vielfältigen Formen ausdifferenziert. Das Prädikat „Sportstadt" taucht erstmals Ende des 19. Jahrhunderts für Hannover auf, ohne es präzise zu definieren (Nielsen 2002). „Sportstadt" ist zu der Zeit kein öffentlich diskutierter Wettbewerb zwischen großen Städten, sondern mehr diffuser Ausdruck eines neuartigen Lebensgefühls. Sport liefert eine ganz neue Form von spannender Unterhaltung („Thrill") in der Öffentlichkeit, ist mit seiner Ausübung im Freien und leichter Kleidung befreiend, gilt in seinen rasch zunehmenden Sportarten als kreativ. Es wird gespeist von aus England übertragenen neuen Formen an Leibesübungen, die den systematisch geregelten körperlichen Leistungsvergleich in den Mittelpunkt stellen, auf dessen Ausgang gewettet werden kann (daher Wettkampfsport). Sie hat mit dem integrativen und lebensbegleitenden, mittlerweile in starren Formen an festen Geräten ausgeübten „Turnen für Alle" wenig gemein. Insbesondere die Jugend ist fasziniert vom spannungsvollen sportlichen Vergleichen, den Rekorden und Meisterschaften. Die Zuschauer auch. Sport ist Element und Symbol eines Aufbruchs der schnell wachsenden und pulsierenden Städte, gilt selbstverständlich als modern, modisch und fortschrittlich. Der biedere Turner erhält Konkurrenz durch den „Sportsman".

Ende des 19.Jahrhundert entsteht er nach Vorläufern im Grünen (Pferderennen, Laufen) und auf dem Wasser (Segel- und Ruderregatten) konsequent zunächst lokal mit Rugby, Derby, Badminton (alles englische Ortsnamen!), später in unterschiedlichsten Sportarten, die noch heute mit Tennis, Hockey, Golf, Boxen, Football/Soccer, Volleyball, (leichte und schwere) Athletics ihre angelsächsische Herkunft verraten. „Sports" wurden durch die enge politische Verbindung zwischen englischem und hannoveranischen Königshaus nach Niedersachsen importiert, ähnlich wie durch hanseatische Kaufmannsfamilien zwischen London und Hamburg.

Die organisatorische Basis bildeten zunächst deutsche Turnvereine und angelsächsische Sportclubs, die weitgehend von ihren Mitgliedern die erforderlichen Finanzmittel einwarben. Erst im letzten Viertel des 19. Jahrhunderts nahm durch die allgemeine Schulpflicht der staatliche Turnhallen- bzw. Sportstättenbau enorm zu und werden wichtiges Kriterium für eine breite Schichten erfassende bewegende Stadt. Sie waren politisch und pädagogisch eng verbunden mit dem Ziel der Wehrertüchtigung der Jugend, die sich auf den angestrebten Krieg vorbereiten sollte.

Der Zusammenhang mit dem Bau neuartiger Maschinen in großen Fabriken und im Verkehrswesen, das rasche Wachstum der Städte und ihre urbane Enge, die gesteigerte Zeittaktung in allen Lebensbereichen, in deren Folge die soziale Konstitution einer größeren Schicht ohne harte körperliche Arbeit ist für die sportliche Aktivierung evident, ihre Abgrenzung gegenüber der arbeitenden Klasse als „Amateure" heute weniger bekannt. Mit seinen Charakteristika Adoleszenz, Auslese und Askese wurde Sport und Training in spezieller Kleidung (Sportdress, Shorts, Spikes, Matchsack etc.) zur bevorzugten Sozialisationsagentur des aufstrebenden Bürgertums, dem die lohnabhängige Arbeiterschaft nach Möglichkeit folgte. Insofern war der hier und da auftauchende Begriff „Sportstadt" in seiner Konstitutionsphase mehr als die Organisation erster internationaler Wettkämpfe und einiger Profimannschaften – eher ein Lebensgefühl. Der „Sportsman" war Avantgarde, Habitus und Ausdruck einer Stadt beim Aufbruch in die Moderne. Er zeichnete sich aus durch das Annehmen ungewöhnlicher körperlich-moralischer Herausforderungen und Ideenreichtum beim Erfinden neuer Sportarten.

3. Sport als Gestaltungsfeld der Großstadt in der Weimarer Republik

In der Weimarer Republik erfährt der Sport trotz politischer und ökonomischer Krisen einen enormen Aufschwung, dem sich auch die Turnbewegung vorsichtig anpasst: Frauen, Angestellte und Arbeiter werden aktiv, Vereine und Verbände wachsen rasch, Sportgroßveranstaltungen finden enorme Resonanz, Sportwetten und eine vielbeachtete Sportberichterstattung entsteht, in Literatur und Mode schlägt sich der Sport nieder. Entsprechend reagiert auch Politik und Sportverwaltung, die den Gesundheitswert sportlicher Aktivität und die Ausgleichsfunktion des Zuschauersports erkennt. Kommunale Sportämter werden eingerichtet, die den Sportstättenbau koordinieren, Vereine fördern und Sportgroßveranstaltungen ermöglichen. Altona (noch eigenständig und preußisch) beansprucht zuerst den Namen Sportstadt (1927), dann Köln (1930, Adenauer ist Bürgermeister), Mannheim 1939; in Österreich Wien in den dreißiger Jahren. Hamburg mit den meisten Großvereinen und internationalen Turnieren braucht sportliche Strahlkraft nicht hervorzuheben – hanseatisches Understatement oder distinktives Selbstbewusstsein wohlhabender Bürger. Der Begriff Sportstadt ist vernachlässigbar, als Hanseat ist man per se sportaffin.

Die organisatorische Basis der Entwicklung ist vielfältig und wenig koordiniert: Vereine, Betriebssport, Schulen, gewerbliche Unternehmen, Kirchen, Profisport – der Prozess ist zunächst eher wildwüchsig, nur zufällig hin und wieder mit Stadtentwicklung verknüpft. Sukzessive entstehen kommunale Institutionen, Schnittstellen zwischen Vereinen und Behörden, Abstimmungen von Verbänden und Politik etwa bei Meisterschaften oder internationalen Wettkämpfen (Nielsen 2002).

Der neuartige Sport brauchte Raum. Dieser war zunächst auf freien (Wiesen, Parks, freien Plätzen, Höfen, Schulgeländen) und natürlichen (Seen, Flüsse, Waldgebieten, wenig genutzte Wege) Flächen zu finden, die nahe an den Wohnstätten der Einwohner lagen. So entstanden erste geregelte Wettkämpfe auf einfachen Wegen im Radsport, Regatten auf naheliegendem Wasser, Ballspiele in Parks und später speziellen Sportplätzen als Vorläufer der mit Tribünen ausgestatteten Stadien. Auch erste überdachte Flächen für Turnen, Ballspiele, sogar Pferde- und Radrennen wurden errichtet, ergänzt durch den Schulbau mit seinen Turnhallen. Die rasch an Zahl zunehmenden Vereine beteiligten sich durch Bau von Bootshäusern, Tennis- und Golfplätzen, Hockeyfeldern, Fußballstadien und Turnhallen.

Im Zuge der baulichen Verdichtung innerstädtischer Flächen durch Fabriken und Wohnungen, der Zentralisierung des Verkehrs durch den Bau von großen Bahnhöfen seit Ende des 19. Jahrhunderts wie auch der Popularisierung sportlicher Aktivitäten insbesondere in der Folge kürzerer Arbeitszeiten wurden Leibesübungen zeitverzögert räumlich exklusiv: Turn- und Sporthallen, Schwimmbäder, Fußballplätze entstanden zunehmend an der Peripherie, später nicht selten deutlich außerhalb der Stadtzentren nahe neuen Wohnvierteln. Insbesondere die boomenden Cities mit Büros und Geschäften exportierten ihre Stadien und rissen zentrumsnahe Schwimmbäder ab. Hierbei wurde deutlich: Sport ging sukzessive zur koordinierten kommunalen Planung über (Schulbauten, Arenen mit Parkplätzen und Anfahrtswegen, Schwimmbäder und Badeanstalten für die Hygiene, Kinderspielplätze, Grün- und Freiflächen). Diese Zerstreuung ließ wenig „Sportstadt" erkennen.

Die Entwicklung war je nach Region unterschiedlich, beeinflusst durch politisch-personale Zufälle (Adenauer als Kölner Bürgermeister zum Beispiel) in Anerkennung und Entwicklung. Die gesetzlichen Grundlagen (die „schönste Nebensache der Welt" hatte keinen Anspruch auf Grundversorgung, beschränkte sich auf pädagogische und gesundheitlich-hygienische Ziele) wie auch das Selbstverständnis der Sportverbände („Freiraum Sport") waren wenig entwickelt.

Somit gab es keinen ausdrücklichen Wettbewerb etwa um die sportlichste Stadt. Zwar wurden durchaus die leistungsstärksten Mannschaften im Fußball und Handball ihrer Herkunftsstadt zugeordnet (Schalke 04 und Gelsenkirchen, Göppingen im Handball), neu- und großartige Sportstätten bestaunt (Berliner Sportpalast), die immer größer werdende internationale Segelregatta mit Kiel verbunden, die Olympischen Spiele 1936 mit Berlin. Das fand Aufmerksamkeit und Anerkennung, doch noch keine Qualifizierung als „die" herausragende deutsche Sportstadt. Vor allem blieb die touristische Anziehungskraft von Sportereignissen undiskutiert, fand noch am ehesten bei den Olympischen Spielen 1936 Beachtung. Das wiederum ist der geringen Mobilität bzw. wenig entwickelten Verkehrsinfrastruktur, knappen Urlaubszeiten und Geldmangel bei großen Bevölkerungskreisen geschuldet. Sport war für die Kommunen bei weitem noch keine fiskalisch relevante Einnahmequelle.

4. Sportliche Infrastrukturentwicklung in den Städten durch den Goldenen Plan von 1959

1959 legte die Deutsche Olympische Gesellschaft (DOG) den Goldenen Plan zur anerkannten Richtlinie für die sportpolitischen, planerischen und finanzpolitischen Entscheidungen zur Entwicklung der Sportstätteninfrastruktur vor (Mevert in Buss&Krüger 1985). Der Plan ist zu keiner Zeit beschlossene Rechtsgrundlage gewesen, hatte aber als Konsenspapier eine überragende Bedeutung und konnte kriegsbedingte Defizite wie neue Bedarfe etwa im Berufsschulsport oder für vernachlässigte Gruppen wie Kinder und Ältere kompensieren. Insgesamt wurden zwischen 1960 und 1992 knapp 40 Milliarden DM bereitgestellt, davon etwa 2/3 von den Kommunen.

Der Plan strebte 3qm Sportfläche für jeden Bürger an, differenzierte Frei-, Hallen- und Schwimmflächen. Er wurde später um einen Goldenen Plan Ost ergänzt, der nicht die Verbindlichkeit und Präzision seiner Vorgänger erreichte. In den meisten Städten war die Durchsetzung der Richtlinie wegen des Raummangels schwierig. Auch war die Richtlinie in ihrer Berechnungsgrundlage eher mechanisch angelegt, berücksichtigte nicht topografische Besonderheiten oder regionale Traditionen. Auch kreative Lösungen etwa für neue Sporttrends wurden nicht gefördert.

Dennoch hat der Goldene Plan wichtige Impulse für die Bewertung einer Sportstadt geliefert. Allein die Erfüllung der Vorgaben konnte vergleichend notiert werden, so dass ein Ranking möglich war (dies wurde von der Sportministerkonferenz noch nach 2000 vorgelegt).Damit forderte er die Kommunen zu einer längerfristigen Planung ihrer Sportstätten auf verbunden mit Entscheidungen, ob die Sportstätten prioritär für den Spitzen- oder Breitensport verwendet werden sollten (damit verbunden etwaige Bewerbungen um Sportgroßveranstaltungen) oder für künftig zu erwartende Sportartenpräferenzen. Insofern berührten sie zwangsläufig Fragen nach der Sportentwicklung im jeweiligen städtischen Umfeld, schließlich die Implementierung der Sportinfrastruktur in die Stadtentwicklung. Eine Grundlage für ein Prädikat „Sportstadt" war geschaffen.

5. Sport als nachhaltige Stadtentwicklung: Zur Rückkehr des Sports in die City seit 1980

Mit Vergrößerung der Städte, automobiler Fortbewegung, zunehmend dienstleistungsorientierten Berufen mit wenigen somatischen Sensationen entwickelten sich neue Sportbedarfe, beschleunigt durch eine größere Aufmerksamkeit für die individuelle Gesundheit. Sporttreiben verließ die klassischen Sportstätten, die vermessene Sportstätteninfrastruktur als Grad für eine sportliche Stadt wurde brüchig. Gleichzeitig stieg das Zuschauerinteresse, „Eventhunger" wurde durch spannungs- wie stimmungsvolle Wettkämpfe gestillt. Moderne Arenen wurden zu architektonischen Ikonen.

Ein genauerer Blick auf die Schnittstellen von hochpreisiger wie konsequenter Bebauung mit innerstädtischen Grün- und Wasserflächen identifiziert neue Beweglichkeit. Jogger, Walker, Radler und Skater vernachlässigen die Alltagsmotorik und beschleunigen sich individuell dosiert wie sportlich ausgestattet im Angesicht von Automobilen und Architekturen. Teils verschämt, teils nur sich selbst verständlich joggen am frühen Morgen Touristen vorläufig aus Hoteltüren in Häuserschluchten, nutzen beiläufig die Zeit zwischen Sitzungsende und Theaterbesuch. Vor 30 Jahren ein unvorstellbarer Vor-Gang.

Die Rückeroberung innerstädtischer Ballungsräume erfolgte zunächst zaghaft und im Schutz größerer Veranstaltungen. Seit rund 20 Jahren, beginnend mit den Stadtmarathons, zeichnet sich eine temporäre Rückeroberung der Cities durch sportliche Aktivitäten ab. Es handelt sich weniger um eine dauerhafte funktionelle Umwidmung des innerstädtischen Raums zu einem Sportplatz, sondern eine Inszenierung des Sports unter den Maßstäben des Eventmanagements. Gleichwohl sind sie mehr als das verdienstvolle Amüsement einer pure Abwechslung suchenden Gesellschaft. Sie stehen als Zeichen für das Streben der Menschen, die in virtuell geprägten Dienstleistungsberufen kaum noch somatischen Selbsterfahrungen machen, auf deren Basis sie ihre existenzielle wie individuelle Grundlage erhalten: Den sich bewegenden Körper. Der kann nicht dauerhaft aus einem wichtigen Teil des individuellen Lebens – Arbeit, Versorgung, Unterhaltung – und damit auch nicht aus der pulsierenden, meist hastigen Metropole ausgeschlossen werden. Die Straßen können nicht dauerhaft virtuelles second life bleiben (vgl. Schulke in Geschke 2009, allgemein Eckhart 2012, Riege 2015).

Seit den 90er Jahren des vergangenen Jahrhunderts beginnt sich das Verhältnis von Sport und Stadt praktisch wie theoretisch zu ändern. Menschen sehen den Sport in der Stadt nicht mehr als eher separate Inseln, sondern die ganze Stadt als Bewegungsraum mit vielfältigen individuellen und kollektiven Optionen, die Stadt wird „versportlicht". Je mehr sportliche Optionen – als Aktiver wie als Zuschauer – eine Stadt für Menschen bietet, um so mehr steigt ihre Attraktivität zumindest bei der wachsenden Zahl an Sportinteressierten. Dazu gehört die Option bedarfsgerecht zu kommunizieren in eine Gesellschaft, die über digitale Medien differenziert ihre Informationen aufnehmen und bewerten kann (sh. auch Huebner 1994).

Entsprechend beginnt sich in der sportwissenschaftlichen Diskussion die eher rechenhafte Sicht auf Einwohnerzahlen und verfügbare Sportflächen zu öffnen. Sportentwicklung wird ein bedeutsames Forschungsfeld, das als langfristiger und komplexer, vor allem innovativer und kooperativer Prozess in der ganzen Stadt betrachtet wird (Breuer 2005, Rittner 2003, Rütten u.a. 2014). Impulse des Sports wie Gesundheitsförderung und Integration ausländischer Bürger werden ebenso diskutiert wie Folgen durch Sportlärm und der Bau von multifunktionalen Sportarenen. Zwangsläufig entsteht ein Austausch mit relevanten Wissenschaftsfeldern wie

Kommunalpolitik, Stadtsoziologie, Raumplanung, Architektur, Mobilitätsforschung, demografischer Wandel, Gesundheitswissenschaft, Ökologie. Zahlreiche Publikationen und Fachtagungen entstehen, die – zunehmend kooperativ – vom DOSB, der DVS mit einer spezifischen Fachgruppe, dem Deutschen Städtetag, zuständigen Bundesministerien und Berufsverbänden durchgeführt werden (beispielhaft DOSB 2004 und 2010).

Sie alle führen zu einer intensiveren Wahrnehmung und langfristig angelegten Steuerung sportlicher Aktivitäten in der Stadt – zahlreiche Kommunen haben in den letzten 15 Jahren Expertisen zur Sportentwicklung in ihrem Verantwortungsbereich erstellen lassen und setzen sie im politischen Alltag mehr oder weniger konsequent um. Die lebendige Diskussion hat Bedeutung und Vielschichtigkeit des Themas „Sport und Stadt“ vermittelt, allerdings noch nicht zu einer übereinstimmenden Konzeption „Sportstadt“ geführt. Kann es sie angesichts der jeweiligen Besonderheit einer Stadt an Geschichte, Kultur, Infrastruktur, Wirtschaftskraft, nicht zuletzt auch ihren Vereinen überhaupt geben?

6. Sport und Stadtmarketing

Ab 2000 hat die Diskussion um das Prädikat „Sportstadt“ enormen Aufschwung erfahren. Auslöser waren Bewerbungen des wiedervereinigten Deutschlands um die beiden weltweit größten Sportereignisse: Fußball-Weltmeisterschaft 2006 und Olympische Spiele 2012. Für die Fußball-WM waren 12 Städte als Austragungsorte auszuwählen, für die Olympischen Spiele organisierte das damalige Nationale Olympische Komitee einen Wettbewerb zwischen 5 Städten. Für beide Veranstaltungen mussten Austragungsorte erhebliche finanzielle Mittel aufbringen. Gegenüber der eigenen Bevölkerung war also neben dem sportlichen Sinn der Veranstaltung – deren Popularität war zu dem Zeitpunkt ungebrochen – der kommunikative bzw. der wirtschaftliche Nutzen und die nachhaltige Wirkung für Stadtentwicklung zu prüfen. Vor allem aber war nach außen – d. h. bei beiden Weltereignissen vor allem international; noch befand man sich mit beiden Veranstaltungen in der Bewerbungsphase! – die sportlich-organisatorische Leistungsfähigkeit der Stadt wie die touristische Attraktivität überzeugend zu kommunizieren.

Damit kam eine neue Qualität in die Diskussion um das Prädikat „Sportstadt“, denn internationale Gremien waren von der Eignung einer Stadt gegenüber anderen zu überzeugen: Wie ist es um die nationale und internationale Akzeptanz einer sich bewerbenden Großstadt bestellt, welche Rolle spielt dabei der Sport, wie kann der Sport zur Attraktivitätssteigerung einer Stadt beitragen, wie schlägt sie sich insbesondere in der ökonomisch immer wichtiger werdenden Tourismusbranche nieder, hat sie auch langfristige Folgen für den Arbeitsmarkt, für ein positives Lebensgefühl ihrer Bewohner, für die Identifizierung mit „ihrer“ Stadt? Es ging also um mehr als die Frage, was eine Stadt für den Sport tun sollte, sondern auch um die nachweisbare Leistungsfähigkeit des Sports für die weltweite Wahrnehmung einer Stadt und das in positiver Weise, denn – Beispiel Love Parade in Duisburg – sie kann bei schweren Organisationsdefiziten deren Image schwer beschädigen.

Das war die Stunde des Stadtmarketings, die den Sport in einer neuen Weise betrachtete und forderte (zum Markenmanagement allgemein Burmann 2012, zur Stadtmarketingforschung Wissing 2007). Hintergrund dieser Entwicklung ist die im Zuge von globaler Vernetzung, Standortflexibilität von Unternehmen und Arbeitskräften, Humanressourcenentwicklung, Transportlogistik und nicht zuletzt durch Stadttourismus wachsende Konkurrenz zwischen den Großstädten. Das gilt national wie international – ganze Regionen im Osten Deutschlands werden entvölkert, Megacities in Asien boomen wirtschaftlich. Zunehmend mehr Menschen müssen entscheiden, welcher Standort für ihr Unternehmen, für ihre berufliche Perspektive, ihre touristischen Präferenzen, die Bildungsperspektive ihrer Kinder oder auch ihre Freizeitgestaltung am besten geeignet ist.

Die Städte sind nicht mehr lokale Verwaltungseinheiten, sondern Akteure auf einem weltweiten umkämpften Markt. Sie müssen sich den „Kundenwünschen" anpassen und dafür ihre Qualitäten zielgruppengenau wie inhaltlich überzeugend kommunizieren. Dazu gehört zunächst das Erkennen und Weiterentwickeln der stadteigenen Qualitäten wie auch die Identifizierung der Bevölkerung damit (der Markenkern), sodann die Formulierung einer von außen klar erkennbaren Markenbotschaft wie beispielsweise Hafen-, Universitäts-, Musik- oder Sportstadt. Dabei beinhalten derartige Zuordnungen noch kein Alleinstellungsmerkmal, denn Musikstadt könnten sich Leipzig (Bach, Thomanerchor) wie – überspitzt – Wacken bei Neumünster (Heavy Metal Festival) nennen.

In der Markenkommunikation ist eine spezifische Marke meist nicht sofort selbsterklärend. Sie muss gepflegt werden nach innen durch Qualitätsmanagement (intelligente und konsensuale Stadtentwicklung) und Identifizierung der Bevölkerung mit ihrer Stadt(sie sollten Markenbotschafter sein). Nach außen gehört dazu ein positives Thema und originelles Wording sowie der Zugang zu effektiven Kommunikationskanälen. Hier nun kommt wieder der Sport ins Spiel. Er ist, was die Zahl der Sporttreibenden und -zuschauer betrifft, eine weit verbreitete und überall bekannte, kurz sehr positiv besetzte Aktivität. Er führt große Menschenmengen zusammen, die sich in einem positiven Erregungszustand befinden und eine Livekommunikation erleichtern, die durch elektronische Medien verstärkt wird (insbesondere TV).

Kein Wunder, dass die in nahezu allen Städten und Kommunen entstandenen Stadtmarketingbüros, Tourismusgesellschaften und behördenübergreifenden Arbeitsgruppen schnell den Sport entdeckt haben. Er war populär, attraktiv, eventorientiert, alters- und schichtenübergreifend – kurzum ganz überwiegend positiv besetzt. Schnell wurde der Sportstadttopos aufgegriffen und gern ins Stadtmarketing integriert. Dem kam die boomende Veranstaltungsflut entgegen, die Meisterschaften, Turniere, Weltcups – zunehmend als Serien – anbot und insofern vielen – auch kleineren – Städten zumindest temporär ein sportliches Image und damit überregionale Aufmerksamkeit ermöglichte. Der Wettlauf um die sportlichste Stadt war gestartet, befeuert von einer nach Großereignissen lechzenden Medienindustrie.

Die Renaissance des „Sportstadt“-Topos nach gut 100 Jahren ist eng mit der Etablierung des Stadtmarketings in Städten und Regionen verbunden. Damit erhält der Sport mehr mediale, politische, administrative und nicht zuletzt finanzielle Aufmerksamkeit. Das stellt ihn aber auch vor neue Herausforderungen. Die finanzielle Unterstützung der Kommune aus letztlich wirtschaftlichen Erwägungen kann zum Autonomieverlust bei den Sportorganisationen führen und den Auftrag an Agenturen zur Sicherung der Loyalität wie Qualität führen, da seitens der Stadt Imageschäden befürchtet werden. Eine Eventförderung mit dem Ziel schnellstmöglicher medialer Wahrnehmung der veranstaltenden Stadt kann die breit angelegte nachhaltige Sportraumentwicklung behindern. Nachhaltigkeit ist auch gefährdet durch den raschen Wechsel der Standorte seitens der Verbände, wodurch der Erinnerungswert an die Veranstalterstadt (fand das letzte Länderspiel in Hamburg oder Hannover statt?) schnell sinkt. Das kann dazu führen, dass für eine internationale Sportveranstaltung extra hergerichtete Arena keine dauerhafte Verwendung besteht.

Städte sehen diese Risiken und begegnen ihnen durch die Verbindung der Veranstaltung mit Wirtschaftsförderung und Infrastrukturentwicklung. So lautete die zentrale Frage bei der Fußball-EM 2012: Wie können Großveranstaltungen im Sport genutzt werden, damit sie nachhaltiger Entwicklung von Land und Leuten dienen? Dazu sollten die Ressourcen und die Leistungsfähigkeit der Verwaltungen zur nationalen und internationalen Vermarktung und Wirtschaftsförderung sowie die städtischen Transportsysteme an Spielorten gesteigert werden (GIZ 2014).

Beide Bereiche stärken die lokale Wirtschaftsleistung und erhöhen die Qualität von Planung und Organisation des öffentlichen Verkehrs für fast acht Millionen Menschen. Gemeinsam mit den zuständigen Fachabteilungen der Städte organisierte die GIZ zahlreiche Workshops. Die Mitarbeitenden lernten, wie die Besucherinformation in den Stadtzentren optimiert, wie gezielte Marketingaktionen durchgeführt werden können oder wie der öffentliche Verkehr besser geplant und organisiert werden kann. Kernpunkt dieser Strategien sind öffentlich-private Tourismusallianzen, verbesserte Marketinginstrumente, wie Onlineverkäufe oder Messeauftritte, sowie der Aufbau eines Monitoringsystems zum Tourismus. Unter dem Slogan „It`s All about U“ verfügt das Land seit 2013 über eine touristische Dachmarke. Bei strategischer Planung eines großen Sportereignisses mag es also positive Impulse etwa für die Wirtschaftsförderung und das Stadtmarketing setzen.

Die kurz danach ausbrechende Kriegslage in der Ukraine macht dramatisch deutlich, wie sehr äußere oder auch innere Veränderungen die angestrebten Wirkungen des Stadtmarketings verhindern, zumal wenn sie derart punktuell auf einem Ereignis basieren. Fazit: Ein Sportstadtkonzept, das primär Markenimage für eine Stadt durch Großveranstaltungen betreibt und diese primär wirtschaftlich sieht, droht im Kern unentwickelt oder gar hohl zu bleiben.

7. Vom Stadtmarketing zum Kampf der Metropolregionen

Ein neuer Akzent in der Stadtsoziologie wie in der Regionalplanung (so im Bundesverkehrswegeplan) ist in den letzten Jahren durch das Aufgreifen des Metropolenkonzepts erfolgt (Siegert&Trosien 2008). Der seit einigen Jahren eingenommene Blick von Politikern und Landschaftsplanern auf (nicht nur) europäische Landschaften und Metropolen als zusammenhängende Regionen resultiert zunächst daraus, dass seit dem zweiten Weltkrieg die traditionelle Trennung zwischen Stadt und Land in den technisch weiter entwickelten Ländern permissiv geworden ist. Frei werdende Flächen am Stadtrand, Migrationsbewegungen aus lauten, beengten oder durch teuren Wohnraum belasteten Städten auf das Land, Errichtung von Gewerbegebieten und Einkaufszentren auf der grünen Wiese, Automobilisierung breiter Bevölkerungskreise, hohe Geburtenraten in den sechziger Jahren und Zuzug ausländischer Mitbürger sind einige Gründe dafür, dass großflächige zusammenhängende Gebiete mit „Speckgürteln", Subzentren und Ergänzungsbereichen entstanden sind. Sie überschreiten die stadtrechtlich festgelegten Grenzen und Verantwortlichkeiten.

Für sie wird eine übergreifende Siedlungspolitik, Verkehrsinfrastruktur, Energieversorgung, politische Koordination, Kommunikationstechnologie etc. geplant, wobei diese tendenziell immer großräumiger wird, mitunter wie etwa in der Alpenregion bestehende Staatsgrenzen überschreiten will. Noch ist dieser Prozess in Europa am Anfang, birgt auch eine Fülle von kulturellen und politisch-administrativen Herausforderungen. Andererseits wird er forciert, weil sich global größere homogene Wirtschaftsräume bilden, die für die europäischen Regionen eine übermächtige Konkurrenz darstellen könnten. Der Prozess von der Stadt zur Region scheint unumkehrbar.

Eine Zuordnung großer Städte, wie sie die EU vorsieht, in zusammenhängende Regionen macht in mehrfacher Hinsicht Sinn. Räumliche Gesamtplanung, Synergien etwa bei bürokratischen Abläufen, größere Wirtschaftskraft, Wahrnehmung von außen und Vertretung gemeinsamer politischer Interessen wird erleichtert. Kleinere Ortschaften werden nicht abgekoppelt, Erholungsgebiete gesichert. Grenzen können leichter überschritten werden. Das erfordert einen weiten Blick.

Die Landkarte Norddeutschlands verdeutlicht, wie viele Landeshauptstädte in einem Radius von ca. 150 km zusammenliegen – es sind sämtliche 5 norddeutschen Hauptstädte. Sie könnten insofern als Großregion zusammengefasst werden, funktionsgerechter erscheint zunächst eine Unterteilung in Hamburg/Kiel/Lübeck/Schwerin einerseits, Bremen/Oldenburg/Bremerhaven/Wilhelmshaven (Bau eines Tiefwasserhafens) andererseits und schließlich Hannover mit Celle, Braunschweig, Göttingen und Wolfsburg. Bei einer Betrachtung von Hamburg und Bremen wäre zu beachten, dass beide Regionen sehr unterschiedlich in ihrer Bevölkerungsgröße und -dichte sind. Übereinstimmend sind insbesondere topografische Daten wie flaches Profil, Meeresnähe und Hafenanlagen, Wasserschifffahrt und überhaupt wasserreiche Flächen, ein relativ mildes Klima. All das hat selbstverständlich auch Einfluss auf die sportlichen Aktivitäten.

Abbildung 1: Metropolen und Subzentren in Norddeutschland

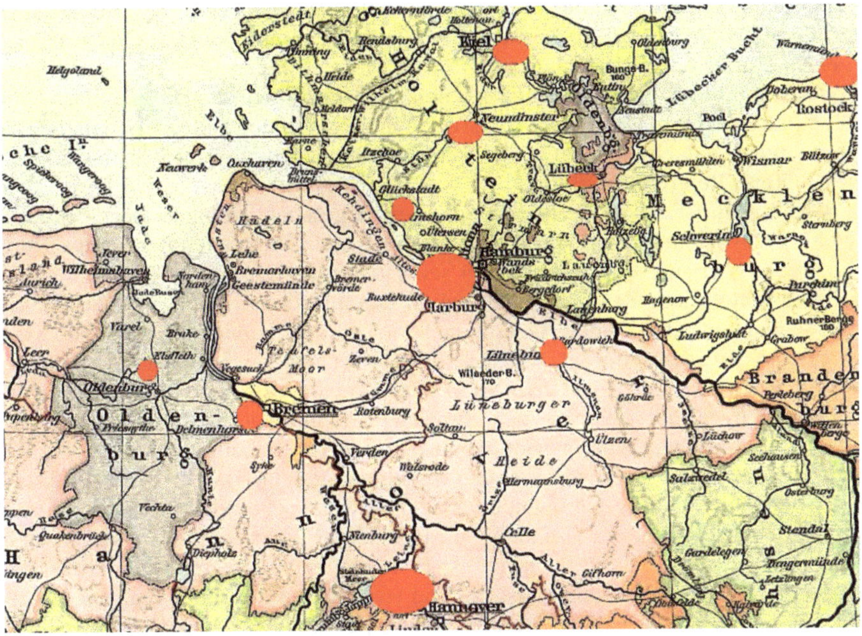

Was bedeutet diese erst beginnende Entwicklung perspektivisch für den Aufbau der Marke Sportstadt? Auch der Sport ist (zunehmend wichtiger werdendes) Element einer kohärenten Metropolregion und ist gefordert sich deren Perspektiven einzuordnen. Im Sport findet die regionale Verknüpfung der Metropolen mit ihrem (früheren) Umland in vielfältigen Formen ihren Ausdruck (Siegert und Trosien 2008, Rittner 2003, Breuer 2005). Da fusionieren ehemalige Stadtteilvereine mit Stadtrandvereinen zu mittelständischen Dienstleistern mit zweistelligen Mitarbeiterzahlen und versorgen fünfstellige Bevölkerungsgruppen, Spiel- und Wettkampfgemeinschaften überschreiten Ortsgrenzen, Ligen und Verbände von Ballspielmannschaften sind einer größeren Region zugeordnet, Dorfvereine wie Gummersbach oder Balingen bieten in modernen Arenen ihrer Metropolen unterhaltsame Spitzenleistungen, Handball- wie Fußballbundesligalisten haben Fanclubs weit ins Land hinein und Olympiastützpunkte oder Eliteschulen des Sports versorgen umfangreiche Einzugsgebiete. Eine Sportmetropole ist das nicht.

Wie schnell heute einzelne Städte zu sportlichen Metropolregionen zusammenwachsen könnten, mag am Beispiel Bremen und Hamburg verdeutlicht werden. Beide Hansestädte haben mit Hafen und Flusslauf gemeinsame Tradition und Struktur, sprechen eine gemeinsame Sprache, haben gleichwohl als reichsfreie Städte auch immer ihre Eigenart bzw. ökonomische Konkurrenz und regionale Besonderheit betont. Das gilt auch für den Sport. Jeder Bundesbürger weiß, in welche Stadt Werder und wohin der HSV oder FC St. Pauli gehört. Im Zuge der Olympiabewerbung Hamburgs wurde deutlich, dass das geplante Athletendorf auf dem Grasbrook nur 20 Minuten im Hochgeschwindigkeitszug bis zur Bremer Stadthalle oder Weserstadion entfernt war – weniger als bis zum Altonaer Volkspark mit den dort gelegenen Arenen. Schlagartig wurde deutlich, dass eine Olympiabewerbung einer Stadt im Grunde in einer (so noch gar nicht existierenden) Region gedacht werden muss. Dass dies unterblieb, mag ein Grund für das gescheiterte Referendum sein.

Gleichwohl ist der moderne Sport historisch gesehen, so hat es der Soziologe Wohl (1973) schon in den 60er Jahren analysiert, ein Phänomen der Städte. Dort konstituierte er sich, dort entfaltete er seine grenzüberschreitende Dynamik, dort fand er seine Mitglieder, seine weltweiten Organisationsformen, sein Publikum und seine identitätsstiftende Akzeptanz. Sport auf dem Lande war eher lokal verwurzelt, brauchtumsgeprägt, weniger als stabiles und vergleichbares Leistungssystem aufgebaut. Als städtischer Sport hat er seine nationale und internationale Ausstrahlung. Kann er damit – neben sozialer Kommunikation, Jugendpflege, Gesundheitsförderung, Freizeitgestaltung etc. – in einer Metropolregion wesentlich zur Identifikation nach innen wie auch zur Identifizierung nach außen beitragen? Das wäre gerade in solchen Regionen, die sich im Prozess sektoraler Annäherung und einheitlichen Profilierung befinden, von besonderer Bedeutung. Das mittlerweile in über 20 Städten und 3 Bundesländern (bald vielleicht auch in Dänemark) stattfindende Schleswig-Holstein-Musikfestival ist dafür interessantes Beispiel. Ob so der noch nicht präzise definierte Status einer „Sportstadt" bereits zur „Sportregion" mutiert, ist eine offene Frage.

8. Das Gesamtkonzept Sportstadt: Was gehört zum Sport in der Region?

Sport ist Teil umfassender Regional- und Stadtentwicklung und muss sich hier einbringen, wenn er ein Prädikat wie „Sportstadt" überzeugend füllen will. Er muss seine Aktionsfelder beschreiben, Leistungen definieren, Prioritäten setzen, Netzwerke untereinander und mit anderen bilden, seine Ziele mit denen anderer und dem Gesamtwohl abstimmen. Seit der sportbezogenen Raumdiskussion dominieren kooperative und integrierte Ansätze, die Vorzüge einzelner Maßnahmen bündeln. Rütten u. a. beschreiben das Zusammenspiel von Bürgern, Vereinen, Politikern und Planungsexperten der verschiedenen Wissenschaften, die in ganzheitlichen Strategien auf Synergien unterschiedlicher Bereiche ausgerichtet sind und so neue wissenschaftliche Erkenntnisse über Nachfrage- und Angebotsstrukturen im kommunalen Sport erlangen (Rütten u. a. 2003, Eckl&Wetterich 2007).

Welches sind die sportlichen Aktionsfelder, in denen Akteure tätig sind und die kooperieren wollen/sollen? Was ist ihre spezifische Verfassung, welche Traditionen bringen sie mit, wie verhalten sie sich zueinander? Hierzu ein Vorschlag.

Abbildung 2: Idealtypisches Netzwerk des Sports in der Region

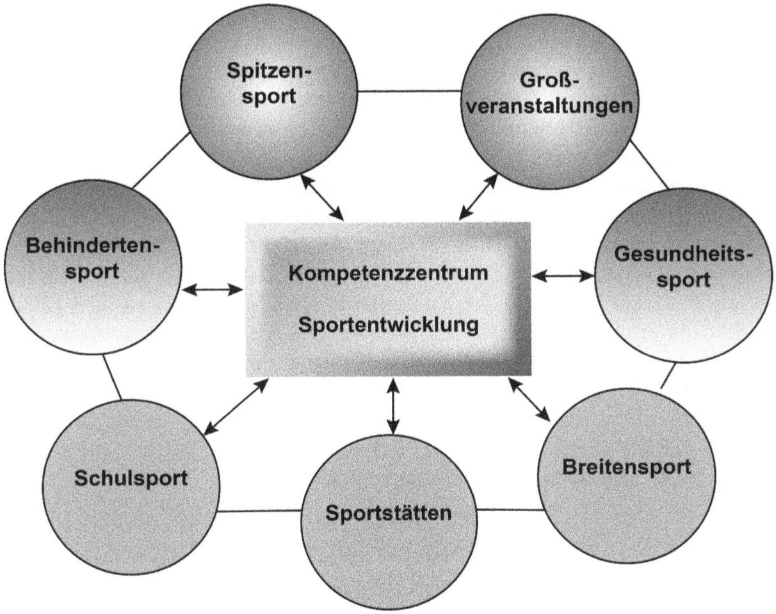

Alle 7 Aktionsfelder gehören zusammen und beeinflussen sich gegenseitig in jeweils eigener Weise: Der Sportstättenbau den Schulsport und den Leistungssport wie den Gesundheitssport, dieser wiederum konzentriert dort erlangte Kompetenzen bei EU-Projekten und internationalen Tagungen, der Behindertensport wird durch Veranstaltungen wie Paralympics, Deaflympics, Special Olympics befördert, Kooperationen zwischen Schule und Verein wachsen zu neuen Angeboten.

Kommuniziert und auch koordiniert werden solche Prozesse durch ein ideelles bzw. virtuelles Kompetenzzentrum des Sports, in dem u. a. das Sportamt, die Sportverbände, die Hochschulen, die Sportgroßveranstalter bzw. deren Agenturen, der Olympiastützpunkt und die Bildungswerke des Sports kooperieren. Sie bilden ein Netzwerk des Wissens über den Sport, das weit über die Region hinaus anregend und nutzbar sein kann.

Wichtig ist die Schnittstelle des Kompetenzzentrums zu Politik, Wirtschaft, Medien und Kultur bzw. den dort entscheidenden Gremien. So kann frühzeitig die Umsetzung der Erkenntnisse in gesellschaftlich-sportliche Praxis geplant und verfolgt werden, nicht zuletzt bei Verzögerungen und Abweichungen rechtzeitig nachgesteuert werden. Das wird nicht verhindern, dass im kommunalen Alltag Reibungen um Zuständigkeiten und Interessenkonflikte entstehen, doch können sie zumindest transparent gestaltet werden. In der Realität gestaltet sich ein solches Kompetenzzentrum als offenes Projekt und permanenter Prozess. Es setzt die Bereitschaft aller Beteiligten voraus, in einen systemischen wie offensiven Informationsaustausch einzutreten. Nicht Verinselung und Wagenburgmentalität, kein Besitzstanddenken darf zwischen den Akteuren kultiviert werden, sondern die Fähigkeit bei den eigenen Aktivitäten immer schon zu antizipieren was das eigene Handeln für andere Bereiche und Organisationen bewirkt und wo Synergien genutzt werden können. Benchmark ist die Weiterentwicklung der Sportstadt auf ein internationales Niveau, ja nach Möglichkeit sogar internationaler Trendsetter in wichtigen Feldern der Sportentwicklung zu sein.

Es ist zugleich ein reflexiver Prozess, der sich immer wieder an den internationalen Standards sowie dem state of the art der wissenschaftlichen Diskussion zu orientieren hat. Eine enge Kooperation mit den Hochschulen der Region bis hin zur Initiierung von Forschungsprojekten oder der Förderung leistungsfähiger Organisationsstrukturen im Wissenschaftsmanagement ist geboten. Trendforschung, Studien zur Stadt- und Regionalentwicklung, Eventmonitoring, Organisationssoziologie, Sportentwicklungsberichterstattung (mit Korrespondenz zur Gesundheits- und Bildungsberichterstattung), demografischer Wandel und Migrationsforschung, neue Medientechnologie sind einige der Wissensbestände, die in einem Kompetenzzentrum gesammelt und bewertet werden müssten.

9. Beispiel Sportstadt Hamburg: Die „4 T's" als Ansatz einer authentischen Profilbildung

Das Prädikat Sportstadt ist begehrt, es zu füllen ein komplexer Prozess. Den Status zu messen kann nicht mit wenigen Parametern erfolgen, ein Vergleich oder Ranking kann zu einem aussichtslosen wie kostenintensiven Windhundrennen der Städte führen. „Die" Sportstadt gibt es nicht als Standardangebot, die Lösung liegt in der komplexen sportlichen Entwicklung unter Berücksichtigung besonderer kultureller, topografischer, infrastruktureller und organisatorischer Bedingungen.

In der Öffentlichkeit wird der sportliche Charakter einer Stadt bevorzugt mit großen, vor allem medienträchtigen Sportveranstaltungen identifiziert, die Bewerbung um solche engagiert und zunehmend auch kontrovers verfolgt. Städte in der ganzen Welt bemühen sich um eine Attraktivitätssteigerung durch Sportveranstaltungen. Die kaum überschaubare Vielzahl der Sportevents und Meisterschaften internationaler Fachverbände macht durch Standardisierung die Eignung für die eigene Stadtmarke schwierig. Um als besondere Sportstadt wahrgenommen zu werden, ist ein unverwechselbares Profil erforderlich – eine Weltmeisterschaft im Sumo – Ringen wie 2003 wird nicht zwingend und nachhaltig mit der sächsischen Stadt Riesa in Verbindung gebracht.

In Hamburg ist im Zuge der Olympiabewerbung für 2012 der Versuch unternommen worden, ein für Stadt und Region authentisches Entwicklungsprofil zu formulieren, das der Bevölkerung wie auch der Sportwelt Zustimmung und aktive Mitgestaltung an dem Profil erleichtert – hier das Beispiel:

Abbildung 3: Hamburgs Entwicklungsprofil im Zuge der Olympiabewerbung 2012

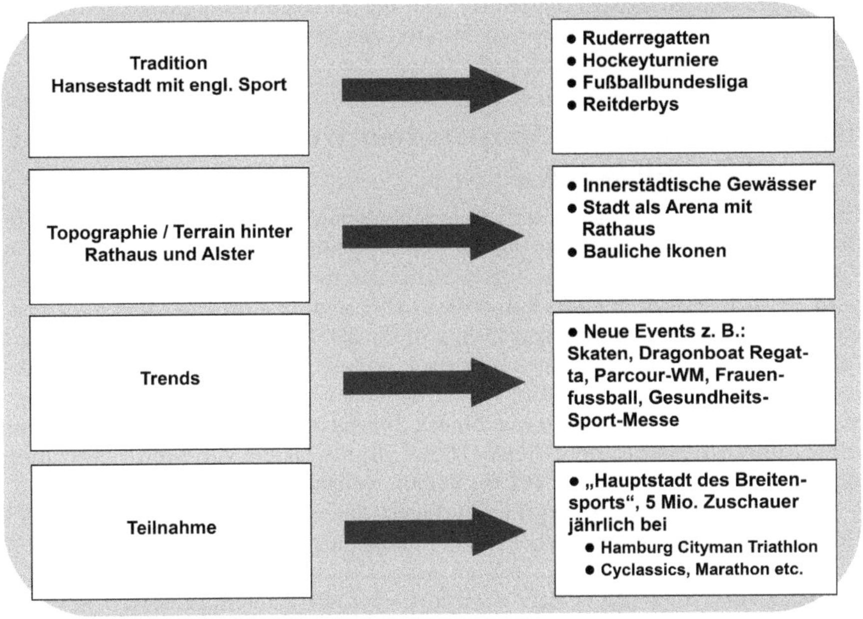

Hamburg organisiert seine Sportentwicklung auf vier authentischen Eckpfeilern, die überall in der Stadt wiederzufinden sind und mit denen sich die Bevölkerung identifizieren kann. Diese sind in den „4-T's" zusammengefasst:

Tradition hat Hamburg im Sport, weil die englischen Kaufleute über Hamburg um 1830 das neuartige Sportkonzept nach Europa gebracht haben und weshalb hier über 150 Jahre alte Sportevents stattfinden bzw. die ältesten Sportvereine Europas zu finden sind (der erste 1816);

Topographie / Terrain, weil Hamburg als Stadt am Wasser und Hafenstadt (die Stadt mit den meisten Brücken in Europa!) über zahlreiche Wasser-, Frei und Grünflächen verfügt, die zur sportlichen Aktivität auf jedem Niveau und mit großen Teilnehmergruppen einladen;

Teilnahme, weil Hamburg einen hohen sportlichen Organisationsgrad (590.000 Menschen in der Stadt sind in 817 Vereinen organisiert; 6 der 12 größten bundesdeutschen Vereine hatten früher ihren Sitz in Hamburg) und Sportbegeisterung aufweist, was sich insbesondere an der massenhaften Beteiligung von Breitensportlern an internationalen Sportevents wie Marathon/ Radrennen/ Triathlon/ Skaten zeigt;

Trend, indem Hamburg seit über 150 Jahren immer wieder neue Sportentwicklungen aufgreift und ihr einen attraktiven Rahmen gibt (früher Rudern, Tennis, Reiten, Hockey, Kanu mit ersten Verbänden, derzeit Inlineskaten, Gesundheitssport, Stadionbau, Free-Climbing in Kletterhallen usw.).

Dieses Profil kann in anderen Aktionsfeldern wie Schul- und Behindertensport, in Hochschulen, beim Sportstättenbau oder der Talentförderung aufgegriffen und verstärkt, durch Kommunikationsaktivitäten des Stadtmarketings betont werden. Eine besondere Sportstadt wird.

10. Perspektiven der Sportstadtentwicklung: Komplexität und Profilbildung

Der Begriff „Sportstadt" ist in der wissenschaftlichen Diskussion wenig geklärt, in der öffentlichen Debatte – dies vor allem in den Medien – bleibt er oft Schimäre. Gleichwohl ist er unausrottbar begehrt. Historische Entwicklungen aufnehmend, wird deutlich, dass er mit dem kulturellen Lebensgefühl einer Stadt verbunden ist, eine zunehmende Vielfalt von sportlichen Aktionsfeldern beinhaltet, eine berechenbare Grundlage für die sportliche Infrastruktur besitzen muss, die sportlichen Aktivitäten in offene Räume denken und ermöglichen sollte, sie konsequent mit der Stadt- und Regionalentwicklung verbindet, Sportgroßveranstaltungen als Element der spezifischen Markenidentität einer Stadt wie als Treiber von Sportentwicklung sieht, die Stadt dabei auch als Teil der Region wahrnimmt.

Kurzum: Es geht bei dem Begriff „Sportstadt" um ein komplexes und prozessuales Gesamtkonzept mit authentischer Profilbildung, die im Konzert der Sportstädte ein Alleinstellungsmerkmal hörbar werden lässt. Nicht ein abstraktes Ranking auf der Sportstadtskala mit wenigen (leistungssportlichen) Parametern befördert die Sportentwicklung und internationale Wahrnehmung der Städte, sondern das Begehen origineller wie authentischer Wege und der offen-produktive Austausch. Das verspricht einen lebendigeren Sport in unseren Städten.

Literatur

Breuer, Christoph: Steuerbarkeit von Sportregionen. Schorndorf 2005

Burmann, Christoph u. a.: Identitätsbasierte Markenführung. Wiesbaden 2012

Buss, W. & Krüger, A.: Sportgeschichte. Duderstadt 1985

Dangschat, Jörg (Hg): Modernisierte Stadt – gespaltene Gesellschaft. Opladen 1999

Doderer, A.: Die Psychologie erfolgreichen Stadtmarketings 2010

DSB (Hg.): Sport gestaltet Zukunft. Frankfurt 2005 (Kongressbericht, Eigenverlag)

DSB: Sport findet Stadt. Frankfurt 2005 (Eigenverlag)

DOSB: Starker Sport – starke Kommune. Frankfurt 2010

DOSB: Fachforum Sportstätten-Umwelt-Stadtentwicklung. Frankfurt 2015

Eckhart, Frank (Hg.): Handbuch Stadtsoziologie. Wiesbaden 2012

Eckl, S. & Wetterich, J.(Hrsg.), Sportförderung und Sportpolitik in der Kommune. Münster 2007

Förster, Jörg und Hebbel-Seeger, Andreas: Eventmanagement und Marketing im Sport. Berlin 2008

Franke, Markus: Städtische Bewerbungen um internationale Sportevents. Wiesbaden 2015

Geschke, Sandra (Hg): Straße als kultureller Aktionsraum. Wiesbaden 2009

GIZ: Sportevents für Stadtentwicklung nutzen. Zwischenbericht 2013 (intern)

Hebbel-Seeger, Andreas u. a.: Sport und Stadtmarketing. Norderstedt 2015

Huebner, H. (Hg.): Von lokalen Sportverhaltensstudien zur kommunalen Sportstättenentwicklungsplanung Münster 1994

Nielsen, Stefan: Sport in der Großstadt zwischen 1870 und 1930. Frankfurt 2002

Riege, Marlo&Schubert, Herbert (Hg.): Sozialraumanalyse. Wiesbaden 2015 (2)

Rittner, Volker: Sport und Stadt/Region – Ein problematisches Kapitel. In Deutscher Sportbund (Hg.): Sport gestaltet Zukunft. Frankfurt 2005 Eigenverlag

Rütten&Nagel&Kähler: Handbuch Sportentwicklungsplanung, Schorndorf 2014 Rütten&Schröder&Ziemainz: Handbuch der kommunalen Sportentwicklungsplanung. Frankfurt 2003

Schulke, Hans-Jürgen: Sport findet Stadt. In Geschke 2009

Schulke, Hans-Jürgen (Hg): Als Vereine in Bewegung kamen. Göttingen 2016

Schwark, Jürgen: Städteranking Sportgroßveranstaltungen. Bocholt 2009

Siegert, K. & Trosien, G.: Sport in der Metropolregion Rhein-Ruhr. Heidelberg 2008

Steinhardt, M.; Vöpel, H.: Champions des Sports 2008 Hamburg (HWWI) 2008

VHW: (Z) Forum Wohnen und Stadtentwicklung. Schwerpunkt Sport und Stadtentwicklung 6.2012

Wissing, Rainer: Stadtmarketing 2007

Wohl, Andrzej: Die historisch-gesellschaftlichen Grundlagen des bürgerlichen Sports Köln 1973

Wopp, Christian: Handbuch zur Trendforschung im Sport. Aachen 2005

Sven Güldenpfennig

Sport als Element kommunaler Kultur

1. Wovon reden wir?

„Kommunale Kultur"? Meint dieser Topos jenen deutlich beschreibbaren Sachgegenstand, den man üblicherweise als „Kulturpolitik" bezeichnet und der in diesem Artikel folglich im Hinblick auf die Beiträge des spezifischen Sports zu diesem Feld der kommunalen Politik betrachtet werden soll? Oder meint er jene schwerer greifbare, weil eher atmosphärische Dimension der gesellschaftlichen Wirklichkeit, die man üblicherweise als „politische Kultur" bezeichnet und die hier folglich im Hinblick auf die Stimme befragt werden soll, welche der Sport in diese sphärischen Klänge auf der kommunalen Ebene einbringt?

Müsste man sich in bezug auf diese Alternative entscheiden, so würde hier der ersten Variante der Vorzug gegeben. Doch auch der zweite Aspekt soll dabei nicht gänzlich aus dem Blick geraten. Zunächst jedoch soll es also um die Stellung gehen, die dem Sport in der kommunalen Kultur und Kulturpolitik eingeräumt wird.

Damit stehen wir schon vor der nächsten Schwierigkeit: Was ist gemeint mit *„Sport"*? Auseinandersetzungen innerhalb des öffentlichen Sportdiskurses werden generell stark dadurch beeinträchtigt, dass hier in der Regel mit einem pauschalen Begriff gearbeitet wird, obwohl sich durch die Realität des Sports eine ziemlich klar zu markierende Bruchlinie zieht. In starker Vereinfachung kann diese Trennlinie so umrissen werden: Sport ist, so wie andere Sinnfelder auch, *das, was ihn unterscheidet.* Schon diese Feststellung ist nicht sehr beliebt, weil man ihn lieber durch solche Eigenschaften bestimmt sehen möchte, die ihn mit anderen Feldern seiner Umwelt *verbinden,* da er sie mit ihnen gemeinsam hat.

Unter jener streitbaren Prämisse vom Vorrang für das *Prinzip der Trennung und Unterscheidung* jedoch lässt sich festhalten: Um die Leistung des Sports für die Gesellschaft bestimmen zu können, muss man seine *äußere* Ausdifferenzierung gegen andere gesellschaftliche Felder erkennen und respektieren. Hinzukommt eine *innere* Ausdifferenzierung. Das Sinnsystem Sport wird konstituiert durch die Grenzen dessen, was man den *„Sport im engen Sinne"* nennen kann. Die ihn bestimmenden Kriterien genauer darzulegen, würde an dieser Stelle zu weit führen.[1] Das ist *der* Sport, den man seit mehr als einem Jahrhundert rund um den Globus beobachten kann, der die Menschen zusammenführt, weil er der *eine* Sport ist und nicht *viele,* auf deren Sinn, Regeln und Abläufe man sich von Fall zu Fall jeweils erst neu verständigen müsste, wenn man ihn aus unterschiedlichen Herkünften herkommend in gemeinsamem Wettbewerb betreiben wollte. Zur Konstituierung,

---

1 Vgl. GÜLDENPFENNIG, Sven (2015): Weltsport in der Weltpolitik. Über die Autonomie und Abhängigkeit des Sports. Hildesheim. 30–42 („Weltsport")

Verteidigung und Promotion der dem Weltkulturerbe zuzurechnenden Sportidee und der von ihr getragenen Ereignisse nun hat der Sport seinerseits *eigene Institutionen* ausgebildet, innerhalb derer die inneren Angelegenheiten sowie der Außenverkehr des Sports geregelt werden. Das *Mandat* dieser Institutionen zum politischen Handeln *beschränkt sich* naturgemäß auf diejenige Willensbildung, die innerhalb der durch das gemeinsame, aber gesellschaftlich partikulare Interesse an Angelegenheiten des Sports gestifteten „Sach-Gemeinschaft" erfolgt und die sich auf die entsprechenden Sachprobleme bezieht. Und es ist der Sport, der – bei aller Nüchternheit dieses Versuchs einer gehaltvollen und präzisen Begriffsbestimmung – in seiner kulturellen Bedeutung und Ausstrahlung an jene Sphäre heranreicht, in der sich alle bedeutenden Kulturgüter des Menschheitserbes bewegen. So könnte er aus guten Gründen als Mitglied der Familie der Künste betrachtet werden.

Doch dieser *eine* Sport im *engen* Sinne, der durch die Sportidee konstituiert, zusammengehalten und zu ständig neuen Formen der Austragung gelangt, ist schon längst nicht mehr der *einzige*, der sich so nennt. Er hat sich in seiner historischen Genese hin zu einem *Global* Player der Hochkultur abgesetzt von vielfältigsten anderen, an ihre *lokalen und regionalen* Umwelten gebundenen Formen der Körperkultur. Von ihm haben sich ihrerseits vielfältigste *motiv- und sachspezifische* Formen der Körperkultur abgesetzt. Sie alle sind zwar seit der Herausbildung der elaborierten Form des modernen Sports auf ihn fixiert wie die Planeten auf ihr energiespendendes Zentralgestirn Sonne, reklamieren auch aufgrund der Faszinations- und Attraktionskraft dieses Zentralgestirns dessen Namen für sich, definieren sich aber in ihrem Selbstbild und Anspruch auf öffentliche Anerkennung oft als Gegenbild zu ihm. Bei dem hingegen, was wir als Sport im *weiten* Sinne bezeichnen können, haben wir es mit einer beliebigen Ausdünnung oder Abschwächung bis hin zum vollständigen Erlöschen der Geltung der den Sport im engen Sinne konstituierenden Kriterien zu tun. Wir haben es also, stark vereinfacht gesprochen, mit einem Unterschied zu tun zwischen dem, was man *Sport I* (Leistungssport) und *Sport II* (Körperertüchtigung) nennen könnte. Bei bloßer Körperertüchtigung fehlt weithin der Formgestaltungswille – der Wille der Beteiligten an der gemeinsamen Schaffung des Werkes Sportereignis im mit höchstem Einsatz ausgetragenen Wettbewerb –, um sinnvoll als Sport gelten zu können. Und manche der heute neu eingemeindeten „Sport"-Arten (die asiatischen Konzentrations- und Meditationstechniken, viele Formen des Tanzes usw.) und viele Formen der hergebrachten oder neu entstehenden Formen der Körper- und Bewegungskultur liegen darüber hinaus *gänzlich außerhalb* des sportlichen Sinnfeldes.[2]

Wenn wir uns nun unserem Thema direkter annähern, wird umgehend deutlich, wozu diese begrifflichen Präzisierungen taugen, ja unverzichtbar sind. Zwar muss selbstverständlich innerhalb eines Staates wie der Bundesrepublik Deutschland, die

---

2 Näheres hierzu siehe in GÜLDENPFENNIG, Sven (2014): Vom Missbrauch des Sports. Eine unendliche Geschichte erfolgreichen Scheiterns. Hildesheim. 61–62 („Der menschliche Körper als Instrument des Sports")

sich sowohl als Sozial- wie als Kulturstaat versteht und sich selbst zu Recht unter hohe entsprechende politische Ansprüche stellt, das *Gesamtfeld des Sports* Gegenstand auch der kommunalen Kultur und Politik sein. Diese müssen sich mithin gemäß der von uns getroffenen Unterscheidungen den Feldern sowohl des Sports im engen wie im weiten Sinne widmen. Aber diese beiden Felder bedürfen zwar *gleichrangiger*, aber nicht *gleichartiger*, sondern im einzelnen sehr unterschiedlicher Formen der politischen Zuwendung.

Zunächst jedoch ist schließlich noch auf eine weitere begriffliche Klippe hinzuweisen. Wenn gehaltvoll über kommunale Kultur gesprochen werden soll, darf natürlich nicht unberücksichtigt bleiben, dass die kommunale als die gleichsam unterste Ebene des öffentlich-institutionellen Staatsgefüges der Bundesrepublik Deutschland selbst alles andere als eine Einheitsstruktur aufweist. Zwischen kleinen Landgemeinden über Klein- und Mittelstädte bis hin zu Groß- und Millionenstädten sowie den dazwischen liegenden Kreisen und Metropolregionen klaffen gewaltige Unterschiede, die auch für die Stellung des Sports von prägender Bedeutung und z.B. für die Positionsbestimmungen der kommunalen Spitzenverbände nur schwer in gemeinsame und allgemeingültig einheitliche programmatische Erklärungen zu fassen sind.

Auf die hier angesprochenen Unterscheidungen und ihre Bedeutung für die Stellung des Sports innerhalb der kommunalen Kultur werden wir im folgenden nun genauer eingehen. Dabei versteht es sich von selbst, dass es ungemein schwierig ist, die entsprechende Vielfalt der Kommunalpolitiken in einigen wenigen verallgemeinernden Feststellungen zusammenzufassen. Das Bemühen dieses Beitrags wird daher eher daraus gerichtet sein, weniger zu empirisch abgesicherten diagnostischen als eher zu programmatischen Aussagen zu gelangen, in denen einige wünschenswerte Ziele formuliert werden.

2. Der Sport zwischen freiwilliger Selbstorganisation und öffentlicher Verwaltung – und die Eigentümlichkeiten der Ressortierung des Sports in der kommunalen Verwaltung

Gegenstand dieses Beitrags sind nicht allgemeine Einsichten in Grundzüge der Kommunalpolitik. Diese müssen hier weitgehend unkommentiert vorausgesetzt werden.[3] Allerdings ist zumindest auf einen allgemeinen Sachverhalt hinzuweisen, der die

3 Vgl. u.v.a. Püttner, Günter (Hrsg.) (1983): Handbuch der kommunalen Wissenschaft und Praxis. Band 4: Die Fachaufgaben. Berlin, Heidelberg u.a. 437–454 (Theodor Mathieu: Sport und Freizeit); ferner direkt sportbezogen frühe Arbeiten wie Bloss, Hans/Glunk, Udo (1973): Sport und Politik – dargestellt am Beispiel der Sportförderung der Stadt Karlsruhe. In: Sportunterricht, Heft 11, 1973; Kramer, Hermann-Josef (1986): Sportpolitische Entscheidungsprozesse im Kommunalbereich – Strukturen und Entscheidungsträger. In: Sportwissenschaft, Heft 4, 1986; Wopp, Christian

Position, den Stellenwert und die Ernstnahme des Sports als mit konstituierendes Element der kommunalen Kultur nachhaltig behindert. Sowohl in den Selbst- wie in den Fremdbeschreibungen in programmatischen oder analytischen Texten und entsprechend natürlich in der Selbstwahrnehmung der auf diesem Feld handelnden Institutionen und Personen werden „Kultur" und „Sport" irrtümlich als zwei disparate Bereiche perzipiert und behandelt. Dies führt zum einen zu missverständlichen oder irreführenden Funktionszuschreibungen an den Sport und kann zum anderen etwa die Künste und ihre Förderung in falsche, gegenseitig eher behindernde als förderliche und befruchtende Konkurrenzen im Verteilungskampf um notorisch knappe Ressourcen treiben. Exemplarisch ist dieser zwar historisch gewachsene, aber sachlich schlecht begründete Ausschluss des Sports aus dem Zuständigkeitsbereich der Kulturpolitik ablesbar an einer Überblicksdarstellung über *Künste und kulturelle Bildung als Kraftfelder der Kulturpolitik*[4], in welcher der Sport vollständig unbeachtet bleibt, so als hätte er mit einem solchen Thema nichts zu tun.

Unter diesen Voraussetzungen nun geht es in diesem Beitrag erst recht um den Status des Sports als Kulturphänomen sowie darum, mit welchen politischen Mitteln ihm Geltung im kommunalen Raum verschafft wird. Dabei sind zunächst zwei Ebenen zu unterscheiden, in denen der Sport verfasst ist und innerhalb derer er eine sehr unterschiedliche Behandlung erfährt. Dies ist die Ebene seiner Selbstorganisation in freiwilligen Organisationen der sportinteressierten Bürger/innen, und es ist die Ebene der öffentlichen Verwaltung dieses Feldes der kommunalen Kultur.

Die Ebene der *Sportselbstverwaltung*: Aus Gründen der historischen Genese und gleichermaßen aus sachlichen Gründen hat sich in Deutschland ein Sportsystem herausgebildet, welches primär auf die Eigeninitiative der gesellschaftlichen Ebene, also der Bürger/innen und damit auf die Selbstorganisation ihrer sportbezogenen Interessen insbesondere nach dem „deutschen" Modell der Vereinsbildung setzt, welches auf der translokalen Ebene seine Entsprechung in der ebenfalls vereinsmäßig verfassten Form von Verbänden bzw. Bünden findet. Dieses Prinzip des Primats von bürgerschaftlicher Selbstorganisation vor staatlicher Institutionalisierung findet einen mächtigen „Bundesgenossen" in den tief im deutschen Verfassungsdenken verankerten Prinzipien der Subsidiarität und des Föderalismus.

Die Ebene der *öffentlichen Sportverwaltung*: Ebenfalls historisch und über die Bereitstellung von öffentlichen Mitteln auch sachlich begründet ist die nicht nur punktuelle, sondern umfassende und kontinuierliche Mitwirkung auch der öffentlichen Hände, und hier zunächst als Korrespondens zu der je lokalen Entstehung von Sportinitiativen deren kommunaler Ebene auf diesem Feld. Die ursprünglichen historischen Gründe für dieses Mit- und Einwirkungsinteresse, nämlich das instru-

---

(1995): Sport der Zukunft – Zukunft des Sports. Aachen. – Z.B. an der Deutschen Sporthochschule Köln besteht eine *Forschungsstelle Kommunale Sportpolitik*.

4 Scheytt, Oliver (2003): Künste und kulturelle Bildung als Kraftfelder der Kulturpolitik. In: Aus Politik und Zeitgeschichte. Beilage zur Wochenzeitung *Das Parlament*, Heft 12/2003 vom 6.5.2003

mentelle Interesse an der Wehrertüchtigung der männlichen Bevölkerung sowie das Interesse an der Aufrechterhaltung der öffentlichen Ordnung gegenüber dem vermeintlichen Potential des Sports zur Unruhestiftung, sind zwar weitgehend obsolet geworden. Geblieben jedoch ist der Anspruch auf Kontrolle und Steuerung der Verwendung der hier eingesetzten öffentlichen Mittel zur Gewährleistung des Gemeininteresses. Wie üblich ist mit diesem Anspruch allerdings auch hier stets die Versuchung verbunden, die Imperative des Subsidiaritäts-Prinzips zu überspielen und in ihr Gegenteil zu verkehren.

Die aufgrund ihres deutlichen sachlichen Unterschieds hier vorgeschlagene sportinterne Differenzierung in Sport I und Sport II legt es nahe, den kommunalpolitischen Umgang mit diesem Sachgebiet den Ressorts einerseits der Kulturpolitik (Sport I) und andererseits der Sozialpolitik (Sport II) zuzuweisen. Denn die inhaltlichen Schwerpunktsetzungen innerhalb dieser beiden Felder Sports und die entsprechenden Anforderungen an subsidiäre öffentliche Begleitung und Unterstützung sind so unterschiedlich, dass sie auch eine getrennte administrative Zuständigkeits-Zuordnung rechtfertigen. Tatsächlich jedoch fällt die gesamte Sportförderung üblicherweise gemeinsam in das sog. Kultus-Ressort, also verkürzt gesprochen: in die Bildungs- und im Kern Schulverwaltung.

Dafür spricht, dass Sport ein Fach des allgemeinbildenden Schulwesens und zudem aufgrund der dort bestehenden infrastrukturellen Bedarfe in diesem Bereich und in unmittelbarer Nähe zu Schulen auch ein großer Teil der kommunalen Sportstätten angesiedelt ist. Dagegen sprechen allerdings auch gravierende Einwände, vor allem: Weder der Sport I, der primär eben ein Feld der ästhetisch-kulturellen Entfaltung und nicht – entgegen beliebten anderslautenden Sportdeutungen – ein Feld der Verwirklichung pädagogischer Ziele ist, noch der Sport II, der bei aller Vielfalt überwiegend ein Feld von sozialen und sozialhygienischen, aber ebenfalls nicht pädagogischen Bestrebungen ist, sind in dieser Ressortierung angemessen aufgehoben. Es würde ja auch niemand auf die Idee kommen, weil der Kunst- und Musikunterricht zur Schule gehört, Theater, Oper und Museen beim Bildungsressort anzusiedeln. Und selbst dort, wo das Kultusressort nicht auf eine Zuständigkeit für Fragen des Schulwesens beschränkt ist, sondern den Gesamtbereich dessen umfasst, was man gemeinhin „Kultur" nennt, wird häufig der Sport nicht als integraler *Teil*, sondern eher als sperriger *Konkurrent*, als Emporkömmling neben den Etablierten der anderen Felder dieses Kultur-Ressorts wahrgenommen und behandelt.

3. Der primär kulturelle Anspruch von Sport I …

Angesichts dessen, wie über den „großen", den professionellen und globalen Spitzensport und den vorherrschenden Stil, üblicherweise kommuniziert wird, zudem in einem vorherrschenden Stil, der ihm kaum missverständlich einen Platz in der Sphäre der Unterhaltungsindustrie zuweist, mag es ziemlich verwegen anmuten, wenn hier der Sport I insbesondere deshalb zu einem mittragenden Pfeiler der kommunalen Kultur erklärt wird, weil er als legitimes Mitglied der Familie der Künste angehöre. Dies ist deshalb mit mehr als nur einer kurzen Bemerkung erklärungs-

und begründungsbedürftig. Die entsprechenden Anmerkungen haben Gewicht sogar über die engere Frage des Sports hinaus. Sie können gleichermaßen für die weitere Bedeutung von Theater, Oper, Musikleben usf. auf allen Ebenen der kommunalen Kultur herangezogen werden und bedeuten damit zugleich eine Warnung davor, diese im Prinzip gleichrangigen Elemente des kommunalen Kulturlebens in eine irreführende Hierarchie oder Konkurrenzlage untereinander zu versetzen.

So abwegig es wäre, den Unterhalt von Museen in eine Konkurrenz gegen den Betrieb eines Stadttheaters zu schicken, statt beide in ihrem Eigensinn und Eigenrecht zu würdigen und in ihrem Förderungsanspruch abzuwägen, so abwegig wäre es, „den Sport" in einen destruktiven, gegenseitig schädlichen Wettbewerb gegen einen vermeintlich geschlossenen Block „der Kultur" zu schicken, wie dies in den vergangenen Jahren in einer Reihe von kommunalpolitischen Konflikten geschehen ist. Das Lamento, der Profisport werfe in obszöner Weise mit Geld um sich, bzw., die Opernhäuser verschlängen für eine kleine Bildungselite jene Unsummen, die allen anderen Kulturfeldern schmerzlich abgingen, gehören gleichsam zum kulturkritischen Standarddiskurs. Es behindert und beschädigt durch solche plumpen Vereinfachungen eine vernunftgesteuerte Auseinandersetzung um die begründeten Ansprüche einer Kulturgesellschaft insgesamt.

Die Begründung für jene hier vertretene Grundthese nun findet ihren Fluchtpunkt oder Anker in dem Status, der hier dem Sport als einem Teil der kulturellen und näher der ästhetisch-schöpferischen Sphäre zugesprochen wird: So, wie „Kunst als integraler Bestandteil, wenn nicht überhaupt als Kern des Kollektivsingulars Kultur"[5] gelten kann, so kann auch das, was hier als Sport I beschrieben wird, als integraler Bestandteil des Kollektivsingulars Kunst angesprochen werden. Warum?

Auch die Stellung des Sports in der kommunalen Kultur kann nach der hier vertretenen Auffassung nur mit einer plausiblen Antwort auf die Frage beschrieben werden, in welchem Feld der gesellschaftlichen Arbeitsteilung der Sport seinen maßgeblichen Referenzpunkt findet. Woher er mithin die grundlegende Rechtfertigung und Orientierung für seine Existenz sowie für Entscheidungen im Handeln seiner Protagonisten bezieht. Die Antwort, die hier zu begründen ist, lautet: „Sport ist eine Kunst, oder er ist kein Sport."[6] Das ist zweifellos eine starke These. Genau besehen sind es sogar zwei starke Thesen: Sport sei nur richtig verstanden, wenn man ihn als eine der Künste betrachte. Und: Sehe oder betreibe man ihn anders, handele

5 Barck, Karlheinz/u. a. (Hrsg.) (2010): Ästhetische Grundbegriffe. 7 Bände. Stuttgart/Weimar. Band 4. 158

6 Für den weiterführenden Hintergrund der Überlegungen, die hier nur sehr verkürzt angedeutet werden können, vgl. Güldenpfennig, Sven (2011): Auf'm Platz – und daneben. Das sportliche Kunstwerk im Ringen mit seinen Umwelten. Sankt Augustin. Kap. 12 („Sport ist eine Kunst, oder er ist kein Sport. Sports Meet Arts. Ein Familientreffen"). – Zahlreiche weitere Beiträge zur Thematik finden sich in den dortigen Anmerkungen. Insgesamt vgl. die Schriftenreihe des Autors unter dem Titel *Sport als Kultur. Studien zum Sinn des Sports*, bisher 13 Bände, Sankt Augustin und Hildesheim seit 1996.

es sich nicht eigentlich um Sport. Hintergrund für diese Behauptungen ist die unabschließbare Suche nach den Gemeinsamkeiten, die alle Arten von ästhetischem Schöpfertum – und damit auch alle Kunstgattungen – miteinander verbinden und an denen auch der Sport vollgültigen Anteil hat.

Sport als eine Nicht-Kunst zu verstehen, ist keine Kunst. Fast jeder sagt es ja. Aber alle irren sie sich. Denn: *Erstens* sagen viele, über Kunst überhaupt lasse sich nichts Definitives mehr sagen. *Zweitens* erklären viele das Falsche oder nur Marginale in der Kunst für das Typische der Kunst. *Drittens* setzen viele das Werturteil über Kunst an die falsche Stelle: zwischen Hoch- und Trivialkultur statt zwischen gute und schlechte bzw. gelingende und misslingende Kunst. Und *viertens* kann man, wenn man diese drei Irrtümer vermeidet, das erkennen, was alle Künste einschließlich des Sports tatsächlich verbindet.

Die hier zu verteidigende These lautet daher: Der Sport ist Mitglied in der Familie der Künste. Eine solche Behauptung ist bisher im Sportdiskurs keineswegs mehrheitsfähig. Und zwar von beiden angesprochenen Seiten her: Weder möchte die Mehrheit der Sportler von der Familie der Künstler adoptiert werden. Noch möchte die Mehrheit der Künstler die Legitimität dieser aus einem Kuckucksei geschlüpften neuen Familienmitglieder anerkennen. Um also dem Beifall oder der Ablehnung von der falschen Seite zu entgehen, sind zunächst einige Klarstellungen darüber erforderlich, was alles mit dieser These *nicht* gemeint ist.

Erstens: Sport ist hier nicht Mitglied ehrenhalber. Er ist nicht, gleichsam auf dem Gnadenwege, vermittelt über Ludwig Wittgensteins vielbemühtes sprachlogisches Konstrukt der Familienähnlichkeit, aufgenommen. Er gehört dieser Familie vielmehr von Geburt, von seinem angeborenen Status her an.

Zweitens: Kunst ist kein dem Sport von außen zugeschriebenes, zusätzliches Attribut in der Weise, wie es heute oft heißt, Sport sei von Politik nicht zu trennen, er sei auch ein Wirtschaftsgut geworden, er diene der Gesundheit, dem Frieden und allen möglichen anderen außersportlichen Wünschbarkeiten. Er ist vielmehr im Kern seines Eigensinns integraler Teil der Sphäre, ja der Familie der Künste.

Drittens: Die Zuordnung zur Sphäre der Künste dient nicht, wie viele andere Deutungsversuche, zur Aufwertung seiner ansonsten unterschätzten gesellschaftlichen Bedeutung dadurch, dass er durch erschlichene Teilhabe an einem renommierten Kulturbereich schmarotzerhaft von dessen positivem Image profitiert. Die meisten Protagonisten des Sports hingegen (es gibt einige Ausnahmen von nachdenklichen Selbstbeobachtern auch hier!) fühlen sich durch diese Klassifizierung als Künstler überhaupt nicht aufgewertet, sondern missverstanden oder gar missbraucht für irgendwelche sportfremden Ambitionen.

Viertens: Sport konnte nicht nur deshalb zum Familienmitglied der Künste werden, weil diese inzwischen ihre Grenzen so weit in die Sphäre der Alltags- und Trivialkultur hinein ausgedehnt und damit ihren hochkulturellen Anspruch aufgeweicht haben, dass nun auch ein Feld der populären Unterhaltungskultur wie der Sport seinen marginalen Platz unter diesem (über-)großen Dach finden könne. Er kann vielmehr in seinen elaborierten Spitzenbereichen wie etwa dem olympischen Sport, die nach wie vor den Sinnkern dieses Kulturbereiches definieren, als legitimer

Teil der nach wie vor nicht verschwundenen Hochkultur, ja als eine Art von Gesamtkunstwerk und damit als Teil des Weltkulturerbes verstanden werden.

Fünftens: Sport ist keineswegs nur dort Mitglied der Familie der Künste, wo er in der Erscheinungsform seiner Ereignisse oder Protagonisten und insbesondere Protagonistinnen besonders „ästhetisch" aussieht oder so benannt wird, also insbesondere in den „Kunst"-Sportarten wie Eiskunstlauf, Kunstturnen, Synchronschwimmen, Dressurreiten und Rhythmische Sportgymnastik – oder auch eine besonders „schön anzusehende" Spielweise z.B. im Fußball, wie sie heute vom FC Barcelona oder dem Welt- und Europameister Spanien zelebriert wird. Seine Zugehörigkeit gilt vielmehr gleichermaßen für seine von der optischen Ansehnlichkeit her neutralen, ja sogar für seine ausgesprochen „hässlichen" Seiten etwa in manchen Kampfsportarten. Natürlich ist sportliches Boxen, selbst bei einem Muhammad Ali, meist nicht schön. Und der Anblick von Athlet/innen fast aller Sportarten im Moment ihrer höchsten Anstrengung ist fast durchweg nicht schön. Denn es gilt hier stets, eine Balance zwischen Kunst und Kampf zu suchen und zu finden. Gleichwohl können sie *alle*, grundsätzlich genauso wie die Rhythmische Sportgymnastik, für sich in Anspruch nehmen, ästhetische Werke hervorzubringen. Der allgemeine Grund für diese Klarstellung liegt schon in der Frage, ob das Schöne überhaupt ein konstitutives Kriterium der Kunst ist.

Sechstens: Sport findet nicht erst dadurch Zugang zur ästhetischen Sphäre, dass er sich mit *anderen* Künsten verbindet oder diese ihn zum Gegenstand oder Anlass ihres Schaffens erheben. Seine Ereignisse können allerdings auf solchen Wegen des Zusammenwirkens zu einem (additiven) Gesamtkunstwerk werden.

Wenn nun aber diese Klassifizierung des Sports als Familienmitglied der Künste alles eben Genannte nicht bedeuten soll: Als was wäre sie denn dann richtig verstanden? Um dem näher zu kommen, hilft allein der genaue Blick auf die tragenden Grundelemente seiner Handlungsstruktur. Und diese korrespondieren in frappierend eindeutiger Weise mit ebenjenen Sinnelementen, welche *alle* Arten von künstlerisch-schöpferischem Handeln *gemeinsam* haben. Bei jedem einzelnen Sportereignis handelt es um das Erzählen einer dramatischen Geschichte, um eine Aufführung ohne vorab geschriebenen Text, um die dramatische Austragung eines künstlichen Konflikts, der nur künstlich und deshalb potentiell geeignet als Modell friedlichen Wettbewerbs ist, weil er freiwillig unter Gleichgesinnten und sportlich möglichst Gleichrangigen vereinbart wird, die an der Selbstherausforderung interessiert sind und die gegnerische Seite primär zur Mobilisierung der letzten Reserven für diese Selbstherausforderung und den Sieg über sich selbst benötigen. Mit diesem Idealbild der Idee vom sportlichen Wettbewerb findet das Kulturgut Sport seine allernächste Verwandtschaft im Kreis der performativen Künste.

Dass zwischen Sport und Kunst stattdessen heute zumeist eine tiefe Kluft vermutet wird, die sich erst in jüngster Vergangenheit langsam zu schließen beginnt, geht zurück auf eine fatale historische Weichenstellung. Als vor gut 200 Jahren sich sowohl die moderne ästhetische Kunstauffassung als auch die moderne Sportidee zu bilden und durchzusetzen begannen, gingen beide derart getrennte Wege, dass sie sich eines Tages nicht mehr als Ihresgleichen erkennen und anerkennen konnten. Nicht zuletzt deshalb und wegen seiner so demonstrativen Betonung „proletarisch"-körperlicher Kampfmomente wurde der Sport in der eher körperfern-bildungsbürgerlichen Welt der Künste ursprünglich als ein Schmuddelkind wahrgenommen, als ungebetener Gast, ja blinder Passagier übersehen und ausgegrenzt. Später wurde er dann zwar von einigen prominenten Künstlern geschätzt. Aber aus heiklen Gründen: Bert Brecht liebte die atavistisch-kämpferische Seite des Boxsports; aber hierin klang das gängige Missverständnis an, der Sport symbolisiere oder bestehe selbst im realgesellschaftlichen Kampf. Robert Musil sah das Publikum als den Hauptakteur oder -impulsgeber des Sports, aber er übersah dabei den Unterschied zu den anderen performativen Künsten, die tatsächlich primär für das Publikum inszeniert werden, was beim Sport nicht der Fall ist, weil er eine typische Form des „Autorenfilms" verkörpert. Heute ist der Sport in der Welt der Kunst allgegenwärtig – und umgekehrt. Dies ließe sich an zahllosen Beispielen belegen.

Die Beziehungen des Sports zur Sphäre der Kunst sind mithin völlig unzureichend erfasst, wenn man es bei einigen Beobachtungen unter der Perspektive „Sport *und* Kunst" belässt. Wirklich auf den Grund kommt man ihnen erst dann, wenn man Sport *als* Kunst versteht und beschreibt. Und wenn man diese Zuordnung zugleich nutzt zur Revision einer Reihe von fest habitualisierten Vorurteilen über die Eigensinnigkeit von Kunst, die dem Sport bislang den Zugang in diese Sphäre versperrt, aber auch ein angemessenes Selbstverständnis der Kunst behindert haben.

Gehaltvoll über das Verhältnis zwischen Sport und Kunst kann man also erst dann sprechen, wenn man sich verständigt hat über die *tatsächlich* und die *nicht* konstituierenden Merkmale dessen, was wir unter Kunst verstehen wollen. Die hier vertretene These bekommt mithin erst dadurch Substanz und Plausibilität, dass *beide* Seiten dieser Beziehung sich aufeinanderzubewegen. Die Bilder *beider* Beteiligter bedürfen dazu einer Revision. Aber nicht, um sie künstlich zusammenzuzwingen. Sondern deshalb, weil solche Revisionen ohnehin überfällig erscheinen. Die Konvergenz, ja Verträglichkeit zwischen beiden ergibt sich erst aus solchen Revisionen.

Somit lässt sich *zusammenfassend* festhalten: Die *Gemeinsamkeit der Künste* besteht darin, dass sie alle als je für sich disparate einzelne Gattungen einen Hintergrund-Sinn, eine Art von Meta-Sinn der *einen Kunst* verkörpern, der sich zusammensetzt aus einer Reihe von allgemeinen Kriterien, deren *Gesamtheit* eben diesen Metasinn ausmacht. An diesem Metasinn hat der Sport vollinhaltlichen Anteil. Diese grundsätzlichen Annahmen nun noch weiter auszuarbeiten, wie es eigentlich erforderlich wäre, würde an dieser Stelle allerdings zu weit führen.

Einige Anmerkungen zu *praktischen kommunalpolitischen Konsequenzen* aus dieser allgemeinen Statusbestimmung des Sports seien jedoch noch angeschlossen. Erscheinungsbild und kommunalpolitische Anforderungen im Feld von Sport I stellen sich natürlich äußerst unterschiedlich dar in Abhängigkeit von der Gemeindegröße.

Auch die kleinen und mittleren Kommunen müssen unter dem allgemeinen kulturstaatlichen Anspruch, dem auch sie unterstehen, ihren lokalen Sportinteressierten im Rahmen der verfügbaren Möglichkeiten Zugang zu diesem Kulturgut verschaffen bzw. die Spiel- und Entfaltungsräume für entsprechende private Eigeninitiativen offenhalten, einschließlich der damit gegebenen Chancen auf lokale Selbstanerkennung der Betroffenen, auf Aufmerksamkeit in Nachbarschaft und Presse. Zudem sind sie gehalten, ja herausgefordert, ihre „Sonderbegabungen“ zu pflegen. Um nur ein Beispiel zu nennen: Das Dorf Klein-Winternheim nahe Mainz beherbergt seit Jahren eine Hochburg im Kunstradsport, die bereits mehrere junge Weltmeister hervorgebracht hat, so dass man sich an den Ortseingängen mit Schildern wie „Dorf der Weltmeister“ schmückt.

Die großen Städte bis hin zu den Metropolregionen wiederum müssen den Ehrgeiz entwickeln, zu möglichst breiter nationaler oder gar internationaler Repräsentanz durch Leistungen für dieses Kulturgut über die Palette der Sportarten hinweg zu gelangen, sei es in Gestalt von Ausbildungsstätten wie Eliteschulen des Sports, Olympiastützpunkten u. ä., in Gestalt von konkurrenzfähigen „eigenen“ Athlet/innen bis hin zur Profi-Ebene, sowie in Gestalt der Ausrichtung großer Sportereignisse, und zwar primär als Reverenz und Leistung an die allgemeine Bedeutung des Kulturguts, jedoch allenfalls sekundär aus dem lokalpatriotischen Interesse an der Selbstdarstellung und -vermarktung der eigenen Stadt und Region oder aus Gründen der Stadtentwicklung. Denn bei aller Ernstnahme der Bedeutung des alltäglichen Sportgeschehens, das sich ja nirgends anders als „vor Ort“, also in den Kommunen abspielt, darf natürlich nicht außerachtbleiben, dass auch die *Festtage* des Sports, die großen Ereignisse wie Kontinental-, Weltmeisterschaften oder Olympische Spiele, als primäres, direktes, unmittelbar erfahrbares Erlebnis vor Ort, vor den ebendort lebenden Menschen stattfinden, „aufgeführt“ werden und neben der Bereicherung durch dieses Erlebnis den dortigen Menschen auch die entsprechenden Belastungen oktroyieren, während die externen, bisweilen sogar weltweiten Publika es nur medial vermittelt bekommen und sich dabei allein die angenehmen Seiten der Teilhabe an dem Ereignis herausnehmen können.

Die Bewerbung um die Ausrichtung solcher Großveranstaltungen bedeutet zugleich die Mitwirkung in einem *triadischen Verantwortungszusammenhang*, das heißt: die *lokale* Übernahme der *nationalen* Verantwortung von sich selbst als Sportländer verstehenden Staaten für ihre Teilhabe am *globalen* Sport, also dessen, was solche Länder ihrer Teilhaberschaft an einem solchen Weltkulturgut wie etwa den Olympischen Spielen schulden. Bei den letzten deutschen Anläufen zu solchen Ausrichtungsbewerbungen (München 2022, Hamburg 2024) ist offenbar das Bewusstsein für diesen triadischen Verantwortungszusammenhang abgerissen. Denn hier hat bei den Volksbefragungen, welche die Betreiber der Bewerbung aus olympiapolitischen Gründen für angezeigt gehalten haben, unverkennbar bei den betroffenen lokalen Bevölkerungen in der Region München und in Hamburg die nur bis an die eigene Dorfgrenze reichende Kirchturmpolitik nach dem sogenannten Nimby-Prinzip („Not in my backyard“) die Oberhand gewonnen.[7] Sie sind dadurch über die Frage hinaus,

7 Näheres dazu siehe in Güldenpfennig, Sven (2012): Macht und Ohnmacht der Sportidee. Sport im Spannungsfeld von Machbarkeit und Rechtfertigung. Hildesheim. Kap. 4 („Was ein Sportland der Sportwelt schuldet. Zur gescheiterten Münchner

ob sich damit mit Deutschland eines der führenden Sportländer der Welt aus der Olympischen Bewegung verabschieden will, nicht zuletzt auch zu exemplarischen Studienfällen für eine Grundsatzfrage der politischen Kultur avanciert: nämlich für die Frage nach dem einem demokratisch verfassten Staat angemessenen Verhältnis zwischen *repräsentativer* und *direkter* Demokratie. In der politikwissenschaftlichen Diskussion finden sich vermehrt Stimmen, die angesichts des unverkennbar wachsenden Bedürfnisses nach plebiszitären Formen der Einflussnahme insbesondere in lokalen Konflikten (Stichwort „Wutbürger") bereits das Ende der Legitimation für die repräsentative Form der Demokratie insgesamt heraufdämmern sehen.[8] Über den prinzipiellen Einwand hinaus, dass im repräsentativen Handeln, das heißt im Handeln für andere, das Wesen des Politischen überhaupt liege und dass der Verzicht auf solche repräsentativen Formen mithin das – logisch gar nicht denkbare! – Ende *jeglicher* Politik bedeuten würde, bleibt in einer solchen Argumentation die generelle Anfälligkeit der direkten Demokratie für populistische Kurzsichtigkeiten, Opportunismen und Schlimmeres unberücksichtigt. „Wer in der Polemik gegen die repräsentativ verfasste Demokratie vergisst, dass auch die Demokratie Strukturen braucht, in denen Verantwortlichkeit für das Ganze institutionalisiert ist, schüttet in seinem Eifer, die Politik zur Sache aller zu machen, das Kind mit dem Bade aus."[9] Die oben bereits mit dem Beispiel Olympiabewerbung angesprochene Landeshauptstadt des Freistaats Bayern hat jüngst mit der Standortentscheidung für den Bau eines neuen Konzertsaals ein weiteres beredtes Beispiel solcher Anfälligkeit insbesondere auch der kommunalen Kulturpolitik für die häufig nicht sachdienlichen Einflüsterungen populistischer Stimmungen geboten.[10]

Olympiabewerbung um die Ausrichtung der Winterspiele von 2018"); sowie Ders. (2015): Weltsport in der Weltpolitik. Über die Autonomie und Anhängigkeit des Sports. Hildesheim. Kap. 4 („Olympia auf dem Weg nach Rio 2016")

8 Vgl. z. B. Tormey, Simon (2015): Vom Ende der repräsentativen Politik. Hamburg

9 Kielmannsegg, Peter Graf (2015): Seid auf der Hut vor zu viel Wut ... Geht das Zeitalter der repräsentativ-demokratischen Politik wirklich zu Ende? Besprechung zu Tormey (2015). In: Frankfurter Allgemeine Zeitung (FAZ) vom 8.12.2015; vgl. ferner, ähnlich plebiszit-skeptisch, Schloemann, Johan (2015): Demokratie: Wer sind das Volk? In: Süddeutsche Zeitung (SZ) vom 5.12.2015: „Es hat wieder mal gesprochen: das Volk. In Hamburg hat es ein olympisches Spektakel abgelehnt. Genauer gesagt: Von der Hälfte der Wahlberechtigten, die bei der Abstimmung mitgemacht haben, hat wiederum etwas mehr als die Hälfte mit Nein votiert. (...) Das Volk ist vielleicht der Souverän, aber als Souverän hat es sich auch nie, wie es in den Gründungsmythen immer so schön heißt, eine Verfassung gegeben. (...) Niemand kennt das Volk." Womit bereits die Repräsentativität eines solchen, von nicht wenigen so emphatisch beschworenen „direkt" geäußerten Volkswillens erheblich in Zweifel gezogen ist.

10 Vgl. z. B. Graf, Friedrich Wilhelm (2015): Komm in den totgeschützten Park. Bayern besitzt ein Grundstück in bester Lage, wie geschaffen für den neuen Münchner Konzertsaal. Bauen will der Freistaat dort nicht – aus Angst vor ein paar Protestplakatklebern. In: FAZ vom 8.12.2015

Eine besondere Stellung und Herausforderung nehmen in diesem Kontext von Sport I als kommunalem Kulturgut der professionelle *Fußballsport*, sein regelmäßiges Stattfinden vor Ort sowie insbesondere auch der öffentliche Umgang damit ein. Einen professionellen Fußballklub oder auch nur einen unterklassigen „Traditionsverein" innerhalb seiner Stadtmauern zu beherbergen, bedeutet für viele Kommunen ein wichtiges Element der lokalen Identität – oder wird zumindest von vielen Sportfans, Bürger/innen und „Stadtvätern" als solcher imaginiert, und sei es nur aus Rücksicht auf eher materielle Interessen an einem wichtigen Faktor im interkommunalen Standortwettbewerb. Und man ist mit Rücksicht auf diesen besonders hoch angesetzten Stellenwert oft auch bereit, erhebliche z.B. haushaltspolitische Risiken für die Förderung dieses kommunalen „Leuchtturms" einzugehen. Eine solche Wertschätzung kann grundsätzlich selbstverständlich legitim sein, zumal der Fußball aufgrund der in der Tat außergewöhnlichen kulturellen Sinnstruktur seiner Spielidee nicht zufällig und unbegründet jenen Sonderstatus innerhalb der Familie der Sportarten genießt.[11] Keineswegs selbstverständlich jedoch, obwohl er allgemein geradezu wie ein Naturgesetz gehandhabt, ja regelrecht gelebt wird, ist der fast ausnahmslos auf das fußballsportliche Geschehen auf und neben dem Platz: seine Perzeption als Feier des für sakrosankt erklärten und zum Inbegriff des Guten verklärten Eigenen in seinem so gerechten wie heroischen Kampf gegen die Mächte des Bösen, die vermeintlich in der Gestalt bzw. dem Team des jeweils Anderen verkörpert sind, einem Kampf, in dem im Interesse des eigenen Erfolgs nahezu jedes Mittel für gerechtfertigt, weil gerecht gehalten wird.[12] Eine absurde Vorstellung: so, als würde ein kulturelles Ereignis, das beide nur zu dem Zweck dieser Schöpfung gebildeten Parteien gemeinsam hervorbringen, zweigeteilt in eine lichte Seite, die für eine gerechte Sache kämpft, und eine finstere Seite, die sich diesem heroischen Kampf teuflisch in den Weg stellt.

Völlig aus dem Blick gerät bei einem solcherart verzerrten Blick auf das Sportgeschehen, dass die leitende Idee dieses Geschehens ausschließlich in dem ästhetisch-schöpferischen Vorhaben besteht, *to play the game – and to play it well*, also das von jedem außerästhetischen Nutzen entlastete Spiel und ein möglichst gut gelingendes Spiel zu ermöglichen. Wobei die dafür vorgenommene Parteibildung ursprünglich keineswegs der Intention folgt, außersportliche soziale Kollektive repräsentieren oder auch nur symbolisieren zu wollen. Sie bleibt vielmehr zunächst und *primär* rein funktionell auf jene Leitidee bezogen, insofern sinngerechter sportlicher Wettbewerb überhaupt nicht anders als nur als Parteienspiel zustande kommen kann. Dass die z.B. an einem Ligabetrieb beteiligten Teams dann doch mit ihrer lokalen

---

11 Vgl. BAUSENWEIN, Christoph (1995): Geheimnis Fußball. Auf den Spuren eines Phänomens. Göttingen

12 Weiterführendes hierzu siehe in GÜLDENPFENNIG, Sven (2014): Vom Missbrauch des Sports. Eine unendliche Geschichte erfolgreichen Scheiterns. Hildesheim. Kap. 8 („Vorrang der sozialen Gemeinschaft vor der kulturellen Idee? Sogar im Sport? Lokalismus, Nationalismus, Fanspiele: Blinde Passagiere der Sportidee")

Herkunft verknüpft und nach ihr benannt sind, kann im Sinne der modernen Sportidee nicht mehr sein als ein *sekundärer* Tribut des institutionalisierten Spielbetriebes an die Funktionsnotwendigkeiten bei der Umsetzung dieser Idee in die Praxis auf dem Platz.

Die Einsicht in diesen Zusammenhang ist in dem seit langem eingespielten praktischen Umgang mit diesem Kulturgut (nicht nur Fußball-)Sport so gut wie verlorengegangen. Und nahezu die gesamte kommunale Öffentlichkeit, soweit sie überhaupt von dieser Szene Notiz nimmt, bestätigt, bekräftigt, ja befeuert paradoxerweise diese Sinnverkehrung des Kulturgutes in sein Gegenteil. In keinem Bereich, in keiner Sportart wird so deutlich wie im Fußball, mit welcher – eben! – Paradoxie wir es hier zu tun haben: Was auf der einen Seite zumindest im Spitzenfußball (und in abgestuft abgeschwächter Form überall) auf dem Platz faktisch passiert, sind hochkulturelle dramatische Aufführungen, deren strukturelle Ähnlichkeit und wertmäßige Gleichrangigkeit mit dem Theater und anderen performativen Künsten unverkennbar und bestreitbar sind. Doch als was sie auf der anderen Seite auf den Rängen und in den sozialen Umfeldern ganz überwiegend wahrgenommen (und dabei oft abgöttisch geliebt und fanatisch gefeiert) werden, ist nahezu das Gegenteil davon. Nämlich die beharrlich geglaubte und hartnäckig verteidigte Illusion, hier kämpften Legionäre oder einheimische Repräsentanten der lokalen Wir-Gemeinschaft für deren Sieg, Ehre, Stolz und Wohlbefinden gegen eine feindliche Macht der Finsternis, welche „uns" den zustehenden Triumph streitig zu machen versucht. Wozu man liebend gern sogar durch begeisterte Anfeuerung der eigenen und einschüchternde Schmähung der anderen Seite in diesem gerechten Krieg seinen Beitrag leistet.

Unzureichend reflektiert und kaum praktisch-politisch beherzigt jedoch bleibt dabei zumeist die Grundsatzfrage, wie *verträglich* solcher mentale und kommunalpolitische Umgang mit diesem Sport *mit seinem Status als Kulturgut* ist. Denn in dem gesamten – hier sogar weltweiten! – Hype um diesen Sport ist unverkennbar, dass das Bedürfnis nach lokalpatriotischer (oder wahlweise: nationaler) Identifikation mit der je „eigenen" am Spiel beteiligten Partei und mit ihrem Erfolg fast durchweg eindeutig die Oberhand gewinnt über die kulturelle Identifikation mit dem Eigensinn der Spielidee. Demgegenüber, also gegen diese mächtige, tief in der allgemeinen sportbezogenen Mentalität verwurzelte Gefühls- und Handlungstendenz geht es darum, das *Primat der kulturellen Sportidee* zurückzugewinnen gegenüber dem vermeintlich selbstverständlichen *Primat von sozialen Identifikations- und Prestigebedürfnissen* im Kontext des Kulturgutes Sport. Jeglicher ernsthafter kommunaler Sportdiskurs wird sich folglich der Frage stellen müssen, ob man weiterhin dem soziopolitischen Identifikationsbedürfnis den Vorrang vor der Geltung des Eigensinns eines seiner wichtigen Kulturgüter einräumen will.

Diese Klarstellung hat, wie aus der Begründung leicht abzulesen ist, nichts zu tun mit einer grundsätzlich ebenfalls berechtigten *allgemeinen* Skepsis gegen übersteigerte national- oder lokalpatriotische, gar chauvinistische Identifikationsbestrebungen. Es geht hier vielmehr lediglich um die *spezifische* Frage, welches Prinzip *auf und neben dem Platz* die legitime Präferenz beanspruchen kann: das kulturelle oder das soziopolitsche Prinzip. Aus Sicht des Sports sollte sich diese

Frage eigentlich von selbst beantworten. Und sie wird anders ausfallen, als dies aus der Sicht der übergroßen Mehrheit der öffentlichen Meinung beharrlich der Fall ist. Gänzlich unbenommen bleibt dabei die allgemeine sozialpsychologische und politische Berechtigung, ja Notwendigkeit eines Zugehörigkeits- und Zusammengehörigkeitsgefühls jeglicher Art von sozialen Gemeinschaften jeglicher Größenordnung zur Gewährleistung ihrer kollektiven Verantwortungs- und Handlungsfähigkeit. Dies gilt selbst dann, wenn man sich dessen bewusst bleibt, dass jegliche soziale Gemeinschaft bis hin zur nationalen Ebene, mit dem jüngst verstorbenen Benedict Anderson gesprochen, stets eine erfundene, eine imaginierte und keine natürlich gegebene Größe ist.[13] Allerdings gilt es auch nur unter der Voraussetzung, dass stets zugleich gewährleistet bleibt, dass dabei nicht ein solcher Konformitätsdruck von Kollektiven, der die beteiligten Individuen ihrer Würde und Entfaltungsmöglichkeiten beraubt, sein nicht seltenes Unwesen treibt – ein Konformitätsdruck, der übrigens auch bei den für ihre Stimmungsproduktion in den Stadien so gerühmten Fan-Kollektiven und ihre Parteilichkeit gilt. Dieser Teilaspekt unseres Themas wurde hier so ausführlich traktiert, weil es eine wichtige, aber bislang noch völlig undiskutierte kulturpolitische Herausforderung sowohl für die Sportorganisationen wie für die Kommunalpolitik bedeutet, hier zu einem Umdenken und Umlernen zu kommen. Jene Klarstellung bezieht sich auf etwas anderes: Wir sollten uns nur – endlich! – vergegenwärtigen, dass der kulturelle Eigensinn des sportlichen Spiels – und zwar gleichgültig, auf welcher Leistungs- und Professionalisierungsstufe – solche Zerlegung des Spiels in vereinseitigende Parteinahmen entlang außersportlich-sozialer Grenzziehungen nicht *von sich aus* nahelegt. Es handelt sich vielmehr um sportfremde Erfindungen, um mutwillige Zuschreibungen, die eigentlich sogar unverträglich sind mit ebenjenem Eigensinn.

Verantwortliches demokratisch-kommunales kulturpolitisches Handeln heißt in unserem Zusammenhang mithin zweierlei: Es heißt zum einen, den (musikalischen, künstlerischen, sportlichen, dar- und schriftstellerischen u. a.) Talenten unter den „Kindern" einer Kommune gute Spiel- und Entfaltungsräume für ihre Fähigkeiten sowie möglichst vielfältige Gelegenheiten zum *aktiven* praktischen Nachweis ihres Könnens in entsprechenden Handlungsräumen (Sportwettkämpfen, Ausstellungs- und Auftrittsmöglichkeiten usf.) zu gewährleisten. Zum anderen heißt es, allen am kulturellen Leben der Kommune Interessierten Zugang zu und *rezeptive* Teilhabe an dem möglichst vielfältigen Angebot von lokalen Ausschnitten aus der globalen Kultur, der Weltkultur zu eröffnen. Zum dritten heißt es, dass die Leitorientierung für jegliches kulturpolitische Handeln darin bestehen muss, den allgemeinen *Respekt vor dem Eigensinn* aller Güter der Weltkultur bis hin zu ihren nationalen und lokalen Ausprägungen zu fördern, ja zu befeuern.

---

13 Vgl. ANDERSON, Benedict (1988): Die Erfindung der Nation. Frankfurt am Main/New York. Zu seinem Tod im Dezember 2015 siehe SHALLER, Caspar (2015): Alles nur Einbildung? Benedict Anderson, Theoretiker des Nationalstaats, ist gestorben – sein Lebensthema überlebt ihn. In: DZ vom 17.12.2015

Es kann folglich nicht heißen, diese Kulturgüter gleichsam freizugeben zu ihrer Instrumentalisierung für beliebige individuelle und kollektive Partikularinteressen, die sich mit dem jeweiligen Eigensinn nicht vereinbaren lassen. Weil nämlich der Erwerb, der Schutz und die Förderung auch anderer Kulturgüter neben dem Sport (Museen, Theater, Denkmäler, Tierparks usf.) aus dem Respekt vor ihrem Eigensinn und Eigenwert sowie aus dem Bestreben begründet sind, sie den Bürger/innen einer jeweiligen Kommune zugänglich zu machen und zu halten, nicht aber primär, um das Prestige der Kommune zu heben oder im Standortwettbewerb Vorteile zu gewinnen. Dass solche Sekundäreffekte im Gelingensfall hinzukommen können und dann auch erwünscht sind, bleibt unbenommen. Ein Musterbeispiel für diese Konfiguration bieten die in die Liste der UNESCO aufgenommenen Güter des Weltkulturerbes, die ebendiese hierarchisch gestufte Doppelbedeutung von primär autonomem Eigenrecht und sekundär heterogenem Nutzen aufweisen, insofern sie stets zugleich das *globale* Erbe der Menschheit bewahren und im *nationalen* Interesse liegen – und zudem dabei auch stets in *lokalen* Kontexten geerdet sind.

Diese Beschreibung der gesellschaftlichen Stellung und Verantwortung von Kulturgütern gilt für den Sport gleichermaßen wie für seine engste Verwandtschaft in der Familie der Künste. Im Bewusstsein dieser Tatsache hat der Theaterregisseur Leander Haußmann anlässlich von Bemühungen, die jüngst angestrebte *Willkommenskultur* gegenüber dem aktuellen dramatischen Flüchtlingsstrom Richtung Europa auch direkt auf das Geschehen auf den deutschen Theaterbühnen auszudehnen, mit deutlicher Skepsis und Reserve geantwortet. Er verteidigte dabei, obwohl selbst überzeugter Befürworter des Mottos „Wir schaffen das", den Respekt vor der *künstlerischen* Arbeit eines Kollegen, der wegen *politisch* inkorrekter Äußerungen zur aktuellen Flüchtlingsfrage am Thalia-Theater in Hamburg geschasst worden ist. In diesem kunstpolitischen Konflikt verteidigte Haußmann mit seinem Plädoyer für den dispensierten Kollegen zugleich – eben – die grundsätzliche Grenzmarkierung zwischen ästhetischer und politischer Sinnsphäre: Die vorgetragene Kritik an dem Regisseur sei „weit weg von dem, was doch die eigentliche Aufgabe des Theaters ist: Worte zu schaffen, die unsere Zeit überleben, zumindest ein Stück weit. (...) Wir sind kultivierte Menschen mit hohem Anspruch an Humanität und Toleranz, die sich im Glanz der Aufklärung sonnen. Aber müssen wir uns im Theater wirklich für unser Gutsein feiern? Uns politischer Zeigefingerkunst aussetzen? Das Theater als moralische Anstalt, aber sicher nicht als Ort der Besserwisserei. (...). Die großen Fragen nach dem menschlichen Sein können wir nicht beantworten. Sie trotzdem immer wieder zu stellen ist unsere Aufgabe. Dazu gehört auch Radikalität der Form, Radikalität im Inhalt. Nicht dieses Plakatieren der eigenen Wir-sind-die-Guten-Meinung. (...) Theater muss der Ort sein, an dem die Gegenwart auch mal Hausverbot hat und der Vorhang den Blick für das Andere, das Abgehobene, das Undenkbare freigibt."[14] Sinngemäßes gilt auch für die Stellung des Sports in seiner

14 Haußmann, Leander (2015): Nie wieder Staatsbürgerkunde. Muss auch das Theater Flüchtlinge auf die Bühne bringen? Und was macht man mit Regisseuren, die da nicht

gesellschaftlichen Umwelt. Auf die naheliegende Frage, in welcher Form der Sport von diesem Thema betroffen ist, werden wir im abschließenden Abschnitt noch kurz eingehen.

4. … und der multiple, primär soziale Anspruch von Sport II

Mit den Anmerkungen zu Sport I ist die Themenpalette zu Sport als Element der kommunalen Kultur natürlich nicht annähernd erschöpft. Dass zahlreiche andere sportliche, sportaffine oder auch nur entfernt sportähnliche Kulturgüter hier sehr grob vereinfachend und pauschalisierend unter dem Begriff Sport II zusammengefasst und gesondert angesprochen werden, hat keineswegs damit zu tun, dass sie weniger wichtig wären, sondern allein damit, dass sie allenfalls partiell mit dem kulturellen Eigensinn von Sport I verträglich sind, sondern durchweg eigenen Sinngebungen folgen, die sowohl ganz eigene kulturelle Praktiken und Organisationsformen hervorbringen wie auch eine eigenständige Ernstnahme im auf sie gerichteten kulturpolitischen Handeln rechtfertigen, ja erforderlich machen.

Obwohl nach der hier vertretenen Auffassung zwischen den Sinngebungen für Sport I und für Sport II also eine relativ scharf zu zeichnende Trennlinie verläuft, ist es sehr beliebt, zwar auf der einen Seite selbst den Begriff Sport für sich zu reklamieren und damit an dessen Nimbus zu partizipieren, aber zugleich auf der anderen Seite die (für sich genommen meist berechtigten) Ansprüche vieler Formen von Sport II auf Anerkennung und Förderung in einer oft sogar militanten Frontstellung gegen die anders gearteten Ansprüche von Sport I zu profilieren. So taucht z.B. in den Begründungsversuchen für die eben angedeutete Ablehnung der Olympiabewerbungen immer wieder der Hinweis auf, Vorrang vor solchen bloßen Prestige-Projekten müssten die alltäglichen Bedarfe des chronisch unterbewerteten und -finanzierten Schulsports haben. Dies ist ein beredtes Beispiel dafür, wie theoretische Kategorienfehler die scheinbare Rechtfertigung für *bad governance* liefern können. Denn es ist eine zumindest ziemlich gewagte Behauptung, die Ansprüche des Schulsport und die des olympischen Sports konkurrierten gleichsam auf demselben Feld miteinander.

Um gleich bei diesem letztgenannten Feld zu bleiben: Die Klage über Mängel des Schulsports, der ja im Rahmen der schulischen Bildungspolitik insgesamt eine Gemeinschaftsaufgabe zwischen den Ländern und den Kommunen bildet,

---

mitspielen? Ein Plädoyer für meinen Kollegen Alvis Hermanis. In: Welt am Sonntag (WamS) vom 13.12.2015. – Vgl. ferner die Beobachtungen zu einem möglichen Paradigmenwechsel angesichts der akuten Notlage von LEMKE-MATWEY, Christine (2015): Plötzlich klopft das Schicksal an. In ruhigen Zeiten fand der Ausnahmezustand auf der Bühne statt. Heute ist er Alltag. Was bedeutet das für Theater und Oper? Werden sie zum Rückzugsort für das Gute und Schöne, während draußen die Flüchtlingsmassen vorbeiziehen? In: Die Zeit (DZ) vom 12.11.2015

ist gleichsam ein *cantus firmus* der deutschen Bildungsgeschichte insgesamt. Die Hauptursachen dieser Mängel liegen allerdings in der notorischen, historisch hergebrachten Unterfinanzierung des deutschen Bildungswesens insgesamt, ferner in einer unzureichenden didaktischen Reflektion der innerfachlichen Schwerpunktsetzungen des Schulfachs Sport innerhalb des allgemeinbildenden Schulwesens sowie in einem nach wie vor nicht hinreichend anerkannten Status des Sports im schulischen Fächerkanon.

Die Annahme, von der Übernahme oder vom Verzicht auf die Ausrichtung internationaler Großereignisnisse könnten unmittelbare Auswirkungen auf die Lage eines Schulfaches erwartet werden, ist somit allein schon aus den genannten originär *bildungs*-politischen Gründen – von den gänzlich disparaten Finanzquellen für die alltägliche Bildungspolitik und für außerordentliche Sonderereignisse ganz zu schweigen – ausgesprochen kurzschlüssig. Und dies ist keineswegs ein nur lässlicher Irrtum. Der sport- und kommunalpolitische Diskurs insgesamt wird vielmehr stark von solchen Kurzschlüssen bestimmt und belastet, nicht selten sogar regelrecht vergiftet mit schädlichen Auswirkungen für die gesellschaftliche Gesamtlage des Sports. Nein. Selbstverständlich kann – und soll! – der Sport so wie die Gegenstände aller anderen schulischen Fächer *auch* zum Bildungsgut werden. Aber diese Aufnahme in den schulisch-allgemeinbildenden Fächerkanon ist nur ein Reflex auf seine aus der Vielgesichtigkeit dieses Kulturgutes gespeiste multiple gesellschaftliche Bedeutung. Seine an diesem Bildungsort notwendige Anpassung an Erfordernisse der schulischen Pädagogisierung jedoch kann nicht über seine außerschulische kulturelle Autonomie bestimmen.

Woran ist ferner zu denken, wenn wir von Sport II und seinem Status als Element der kommunalen Kultur sprechen? Um darauf begründet antworten zu können, ist noch ein kurzer theoretischer, sportphilosophischer Exkurs notwendig. Nach einem der konstitutiven Kriterien, von denen nach dem hier vertretenen Verständnis der Eigensinn von Sport bestimmt wird, vollzieht sich sportliches Handeln „im Medium einer auffällig dominanten körperlichen Bewegung, wobei der Einsatz des Körpers als *Mittel* der Leistungserbringung die Grenzmarkierung bildet zwischen dem Sport im engen Sinne (Sport I) und sportähnlichen Formen eines vielgestaltigen Sports im weiten Sinne (Sport II), wo die Einwirkung auf den Körper selbst aus hygienischen, ästhetischen, psychologischen oder sonstigen Gründen den *Zweck* des Handelns darstellt“[15]. Dieses Kriterium stellt als Grenzmarkierung zwischen Sport I und Sport II das unterschiedliche Verhältnis des sportbezogenen Handelns zum Körper heraus. Bei Sport II bildet der menschliche Körper den *Zweck*, gleichsam den Grund für die sportliche bzw. meist nicht mehr als sportähnliche Betätigung. Ziel des Handelns in diesem Feld ist es vielfach, dem Körper in irgendeiner Weise „etwas Gutes zu tun“, ähnlich wie etwa das Gesundheitswesen oder viele Formen von Wellness. Deshalb ist es alles andere als zufällig, dass „Sport“ – gemeint sein können hierbei aber stets nur Formen von Sport II – heute einen festen Bestandteil

15 Güldenpfennig (2014), a. a. O., 58

von Gesundheitskampagnen sowohl im präventiven wie im rehabilitativen Bereich bildet. Es geht dabei um Körperertüchtigung, um Körpergestaltung, um spielerischen Ausgleich anderwärtiger einseitiger Belastungen und Ähnliches.

Die extremste Form, in welcher der Körper selbst, in diesem Fall seine ästhetische Gestaltung, den Zweck der Betätigung bildet, ist das Bodybuilding. Dazu heißt es in einer Ausstellungs-Rezension: „Gleich einem Künstler schaffe der Muskelmann sein Werk nicht auf einen Zweck hin, und das unterscheide ihn vom Ringer, Gewichtheber oder Kugelstoßer. Bodybuildern gehe es nicht um die Kraft als solche, sondern nur um das Bild der Kraft, um eine artifizielle, mühevoll gestaltete Körperlandschaft (…). Weil der Bodybuilder nicht auf die Anwendung seiner Kraft abzielt, sondern auf ihr ästhetisches Resultat; weil er den Muskel um seiner selbst willen formt, darum handele es sich beim Bodybuilding nicht um einen Sport, sondern um eine Kunstform."[16] Wenn man davon absieht, dass die Entgegensetzung von Sport und Kunstform sich nicht mit dem in diesem Beitrag vertretenen Bild vom Sport (in seiner I-Variante) verträgt, beschreibt dieser Bericht genau jene Grenzmarkierung zwischen Körper als Mittel und Zweck, wie sie hier für die Unterscheidung zwischen Sport I und Sport II herangezogen wird.

Bei Sport I hingegen liegen die Dinge gänzlich anders. Hier hat der Körper den Status eines *Mittels* der Betätigung. Das Ziel aller Vorbereitung und dann dieses Einsatzes des Körpers als Mittel ist die Ausreizung von Grenzen des Menschenmöglichen in der Gestaltung eines Ereignisses durch die Wettkampfgegner. Die Missachtung dieser Grenze zwischen den *beiden* Sportfeldern ist die Ursache für notorische Missverständnisse über die Funktionen des vermeintlich noch immer *einen* Sports. Seit jeher z. B. heißt es, Sport sei gesund, Leistungssport mit seinen gesundheitlichen Risiken daher problematisch oder gar gänzlich abzulehnen. Tatsächlich gilt die Eigenschaft gesundheitlicher Förderung nur für Teile von Sport II, nicht aber für Sport I, was der Bedeutung des Letzteren aber natürlich keinen Abbruch tut, weil dieses soziale Kriterium überhaupt nicht Teil seines kulturellen Eigensinns ist. Damit bietet der Sport seinen Kritikern sogar einen weiteren Angriffspunkt: Er degradiere die Würde des menschlichen Körpers zum bloßen Instrument einer einseitigen (manche meinen: abwegigen) Leistungsbesessenheit. Dieser Vorwurf hat ganzheitlichkeits-orientierte und spezialisierungs-skeptische Bedenkenträger auf den Plan gerufen.

Dieser instrumentelle Status des Körpers in Sport I bzw. der autotelische Status des Körpers in Sport II markiert also lediglich den Grenzverlauf *zwischen Sport I und Sport II*. Sie bilden hingegen kein Unterscheidungskriterium gegenüber *außersportlichen* Sinn- und Handlungsfeldern. Im Gegenteil. Den instrumentellen Status des menschlichen Körpers etwa teilt Sport I mit in einer Vielzahl dieser Felder. Z.B. in der (nicht nur sogenannten körperlichen) Arbeit gilt dies ebenso wie in den Künsten.

---

16 Behrisch, Sven (2015): Zartes Fleisch, dralle Kunst. Was bedeutet der gemeißelte Körper? Eine Ausstellung in Zürich versucht das Geheimnis des Bodybuildings zu dechiffrieren. In: DZ vom 10.12.2015

Die Opernsängerin setzt bei ihrem Bühnenauftritt ihren Körper als Instrument der Klangerzeugung ein und erbringt etwa bei der Aufführung einer Wagner-Oper sportähnliche Kraft- und Ausdauerleistungen. Und insbesondere Orchestermusiker unterliegen bei Training und Ausübung ihres Berufes vergleichbaren Gesundheitsrisiken wie Leistungssportler.

Die *höchstentwickelte* Form des Sports entsteht erst durch die gemeinsame Beherzigung und Verwirklichung aller für den Eigensinn der elaborierten Form von Sport I geltenden Kriterien. Bei Sport im *weiten* Sinne hingegen haben wir es mit einer beliebigen Ausdünnung oder Abschwächung der Geltung dieser Kriterien zu tun. Durch den vermeintlich liberalen und zukunftsweisenden, tatsächlich aber nur schlampigen und prinzipienlosen Umgang mit dem Sportbegriff, der heute weithin die Diskussion bestimmt, wird das sinngerecht begrenzte Set der Kern-Kriterien dieses Begriffs oft a) noch beliebig um weitere *vermehrt* und dadurch z. T. miteinander unverträglich. Dies ist der Fall z. B. bei allen Formen eines vermeintlich möglichen „Gesundheitssports", der die sportlichen Ziele therapeutisch- oder prophylaktisch-medizinischen Zielen unterwirft, oder auch des „Extremsports", der seinen Reiz aus dem nicht sportgerechten Spiel mit dem Lebensrisiko bezieht. Beide dementieren konstitutive Kritierien von Sport I und bestreiten ihm die Legitimation, indem sie seinen Namen für sich reklamieren, ja streng genommen usurpieren. Ebenso jedoch ist dies auch der Fall bei einer gänzlich anderen, aber gleichwohl sportwidrigen Tendenz, nämlich bei einer vermeintlich notwendigen Unterordnung des Spitzensports unter Anforderungen einer „nationalen Repräsentanz". Oder jenes Set von Kriterien wird umgekehrt b) selektiv auf wenige *reduziert*. Das konnte dann mit einer gewissen Logik z. B. in die paradoxe Formel vom „nicht-sportlichen Sport"[17] münden. Durch solche beliebigen Expansionen oder Reduktionen aber wird das Sinnfeld des Sports *zugleich über- und unterbestimmt*.

Werden solche begrifflichen Differenzierungen, wie im Sportdiskurs üblich, leichtfertig überspielt, gerät zugleich aus dem Blick, wer gleichsam als *Hauptperson* im Fokus des Sports als Faktor der Kulturentwicklung steht: Geht man vom Sportbegriff im weiten Sinne aus, stehen die individuellen Aspirationen all jener Menschen im Fokus, die mit irgendeiner Art von Sport die Erwartung an irgendeine Art von Bereicherung ihrer *Lebensführung* verbinden. Geht man vom Sportbegriff im engen Sinne aus, stehen im Fokus die begründeten inneren und äußeren Ansprüche für eine nachhaltige sinngerechte *Entwicklung des Sports*. Die praktische Tragweite dieser diametral entgegengesetzten Blickrichtung wird im bislang herrschenden Diskurs des „Irgendwie alles Sport" völlig unterschätzt.[18]

Die scharf abgrenzende Fokussierung auf den – ja nur abstrakten, nichtrealen! – Eigensinn des *Sinnsystems* Sport, wie sie hier vertreten wird, mag befremdlich

---

17 Dietrich, Knut/Heinemann, Klaus (1989): Der nicht-sportliche Sport. Schorndorf

18 Weiterführendes zu den hier angedeuteten Beobachtungen und Überlegungen siehe in Güldenpfennig, Sven (2009): Wohlbegründete olympische Politik? Lernort Peking 2008. Sankt Augustin. Kap. 1 („Sportwissenschaft als Kulturwissenschaft")

anmuten. Die Realität des Sports ist doch nicht so! Richtig, so ist sie nicht. In der Wirklichkeit des Sports kommt natürlich auch alles das vor, was hier ausdrücklich erst einmal ausgeschlossen wird. An dieser analytischen Strategie festzuhalten, hat gleichwohl einen eminent aufklärerischen Wert. Die Wirklichkeit des Sports ist jedoch die eines „sinngemischten" und so in der gesellschaftlichen Realität auftretenden *Sozialsystems*, in dem eine Vielzahl von „reinen", also auch rein ideell imaginierten *Sinnsystemen* mitwirkt und um Einfluss kämpft. Allerdings, wenn man sinnvoll von „Sport" sprechen will, unter der Hegemonie des sportspezifischen Eigensinns. Ein soziales System wie der Sport hat gleichsam den Status einer Zelle innerhalb eines Organismus: Es ist *autonom* und selbstorganisiert. Garant seiner Autonomie ist das Sinnsystem, das den Eigensinn – exklusiv und scharf abgegrenzt – dieses und nur dieses Systems repräsentiert und gewährleistet. Aber es ist nicht zugleich auch *autark*. Denn zu seiner Lebensfähigkeit ist es auf seine Verbindungen, seine Vernetzungen in den Umwelten des übergreifenden Organismus Gesellschaft und Natur angewiesen. Diese Verbindungen zu seinen ideellen und materiellen Ressourcen sowie zu den Abnehmern seiner Leistungen organisiert und garantiert das sinngemischte Sozialsystem.

Nach diesem theoretischen Exkurs zurück zu der engeren Frage unseres Themas selbst. An dieser Stelle scheint es nicht erforderlich, auf die ungemein große Vielfalt dessen, was man sinnvoll unter den Begriff des Sports im weiten Sinne fassen kann, im einzelnen genauer einzugehen, weil es als allgemein bekannt und geläufig vorausgesetzt werden kann. Es reicht von rudimentären Formen des vereinsmäßig organisierten Sports im engeren Sinne über individuell oder kommerziell betriebene Formen des Fitnesstrainings bis hin zu immer neuen, oft nur kurzlebigen Kreationen, mit denen sich die Trendforschung befasst[19] – wobei die Untersuchungsgegenstände bzw. oft auch erst Entdeckungen dieser Forschung nicht selten den Sportbegriff für sich reklamieren, indem sie sich entschieden und vehement, ja nicht selten polemisch gegen dessen „traditionelle" Figuration in Gestalt von Sport I abgrenzen. Sie alle spielen sich sowohl im privaten wie im öffentlichen Raum ab. Und, soweit sie zudem einen Bedarf und einen Anspruch an öffentliche Förderung erheben können, fallen sie auch allesamt in den Bereich der Verantwortung kommunalpolitischen Handelns. Als Felder der *Alltagskultur* haben sie insgesamt gleichrangigen Anspruch auf kommunalpolitische Ernstnahme wie Sport I als Feld der *Hochkultur*. Was im übrigen keinen Widerspruch dazu darstellt, dass beide gemeinsam dem Gesamtfeld der *Popularkultur* zuzurechnen sind. Denn mit Richard Shusterman gesprochen, ist die so vielbeschworene und mit hohem Bedeutungsballast aufgeladene vermeintlich fundamentale Unterscheidung zwischen E- und U-Kultur, zwischen Hoch- und Trivialkultur weithin substanzlos und wird weitaus angemessener in

19 Vgl. Wopp, Christian (Hrsg.) (2005): Handbuch zur Trendforschung im Sport. Welchen Sport treiben wir morgen? Aachen

dem durch das gemeinsame Merkmal ihres unterhaltenden Charakters zusammengehaltenen Begriff der populären Kultur aufgefangen.[20]

Schließlich: Natürlich begegnen sich die kulturellen Phänomene, die wir als Sport I und als Sport II angesprochen haben, insbesondere innerhalb des deutschen Sportmodells unter ein und demselben institutionell-organisatorischen Dach. Von dieser Tatsache geht neben dem verbreiteten Hang zu analytischer Beliebigkeit sogar ein wichtiger zusätzlicher Impuls dafür aus, dass man sich in der Beobachtung und Beurteilung des Sportgeschehens üblicherweise mit einem „Irgendwie Sport" begnügt. Es ist ja durchweg eben irgendwie alles Sache des Sportvereins bzw. Sache der kommunalpolitischen Gesamtverantwortung. Sie benutzen ja auch weithin dieselben Sportstätten – wobei es insbesondere im Hinblick auf die vermuteten Mobilisierungspotentiale in der Bevölkerung für die Bereiche von Sport II zu manchen Überschätzungen und in der Folge zu manchen Fehlinvestitionen bei *private-public-partnerships* für die Schaffung von Bädern, Freizeitparks oder der Möblierung der Landschaft mit „Sportgelegenheiten" gekommen ist.

Selbst dann jedoch, wenn sich das sportbezogene Handeln draußen in der freien Natur abspielt, begegnen ja dort ebenfalls der Gelegenheits-Jogger und sogar der naturliebende Wanderer einer Spitzensportlerin, die Teile ihres hochkomplexen und hochkomprimierten Trainingspensums ebenfalls in diese „Sportstätte" verlegt. Und dort, wo dies praktisch-organisatorisch möglich und sogar wünschenswert ist – so z.B. im Marathonlauf, im Radsport oder im Triathlon –, werden sogar professionelle Weltcup-Rennen direkt mit Jedermann-Veranstaltungen kombiniert und bilden so hochattraktive Ereignisse der Stadtkultur, in denen sich der globale und der kommunale Sport direkt begegnen. Gleichwohl, trotz solcher Überschneidungen, bleiben Sport I und Sport II bestenfalls Halbbrüder und dürfen so weder in eine irreführende Harmonie noch in eine gegenseitig destruktive Konkurrenz miteinander versetzt werden, sondern sind darauf angewiesen, dass sie ihren jeweiligen Eigensinn behaupten und den Respekt und die Förderungswürdigkeit ihres jeweiligen Eigenanspruchs durchzusetzen vermögen.

5. Wenigstens noch ein kurzer Seitenblick auf Fragen der (kommunal-)politischen Kultur

Die eben diskutierte Arbeitsteilung zwischen den Ebenen der Sportselbstverwaltung und der öffentlichen Sportverwaltung ergibt sich unter den historisch gewachsenen verfassungsmäßigen Vorgaben der Bundesrepublik Deutschland gleichsam von selbst. Denn unter den in der deutschen Verfassungsidee, -geschichte und weithin auch -wirklichkeit tief verwurzelten Prinzipien des *Föderalismus* und der *Subsidia-*

20 Vgl. Shusterman, Richard (1994): Kunst leben. Die Ästhetik des Pragmatismus. Frankfurt am Main

rität[21] kommt ebenjener Art der gestuften, sich gleichsam basisdemokratisch von unten (freiwilliger Sport) nach oben (öffentliche Hand) aufbauenden Arbeits- und Verantwortungsteilung ein im internationalen Vergleich außergewöhnlich hoher Stellenwert zu.

Infolgedessen hat die öffentliche Hand weder das verfassungsmäßige Mandat noch in der Regel die personellen Kapazitäten, um die inhaltliche Seite des sportlichen Alltagsgeschäfts bewältigen zu können. Hier wirkt zudem langanhaltend die Haltung eines Bundeskanzlers Helmut Schmidt nach, der schon im Jahr 1974 in seiner Ansprache zum 25-jährigen Jubiläum des Deutschen Sportbundes die Notwendigkeit der Partnerschaft und des subsidiären Verhältnisses zwischen Sport und öffentlicher Hand mit den Worten verteidigte, dass „eben unser Staat nicht alles machen will, weil wir überzeugt sind, dass er nicht alles machen darf“[22]. Dass sowohl wachsende gesellschaftliche Sachzwänge[23] als auch die allfällige Versuchung zur Ausdehnung von legitimen Machtbefugnissen (worauf wir für unseren Fall anschließend noch zu sprechen kommen werden) die öffentlichen Hände auf ihren unterschiedlichen Ebenen auch immer wieder von diesem Idealbild und Pfad der liberalen Tugend abbringen, steht auf einem anderen Blatt.

Aufgrund dieser Prämissen ist jene inhaltliche Seite des sportlichen Alltagsgeschäfts –angesehen von manchen eigenen Angeboten der Kommunen z. B. im Bereich der Volkshochschulen – ganz überwiegend Sache der Selbstinitiative und Selbstorganisation der Bürger/innen, die sich zumeist im Rahmen der verfassungsmäßig privilegierten und vereinsrechtlich regulierten Form von Sportvereinen manifestiert. Und zwar vom allerersten Beginn an, also der Vereinsgründung und der dahinterstehenden je spezifischen Idee, was Sportart und sonstige Besonderheiten anbetrifft. Und dann im weiteren Fortgang alle grundsätzlichen und alltäglichen Fragen des Sportbetriebs betreffend.

Gleichwohl bleibt jene zuvor bereits angedeutete *Grundspannung* erhalten, die darin besteht, dass die öffentlichen Hände sich notorisch „im allgemeinen öffentlichen Interesse“, für dessen Gewährleistung sie gerade auch als Geldgeber aus Mitteln des sprichwörtlichen „Steuerzahlers“ maßgebliche Verantwortung tragen, zur Intervention selbst in die Belange von privaten Bereichen genötigt wähnen, zumindest eben dort, wo diese zwar mit ihrer Arbeit durchaus dem gesellschaftlichen Wohl dienen, aber ihre Aufgaben auch unter Inanspruchnahme von öffentlichen Mitteln wahrnehmen. Der durchaus anmaßende Anspruch etwa – um zwei bezeichnende Beispiele aus der Ebene der Bundespolitik anzusprechen –, des Sportausschusses des Deutschen Bundestages, die eigentliche „Kraftmaschine“ der Sportentwicklung

21 Vgl. Isensee, Josef (2001): Subsidiarität und Verfassungsrecht. Eine Studie über das Regulativ des Verhältnisses von Staat und Gesellschaft. Berlin

22 Zitiert nach: Bulletin Nr. 140 der Bundesregierung vom 11.12.1975. 1399

23 Vgl. Grimm, Dieter (Hrsg.) (1990): Wachsende Staatsaufgaben – sinkende Steuerungsfähigkeit des Rechts. Baden-Baden; Ders. (Hrsg.) (1996): Staatsaufgaben. Frankfurt am Main

zu sein[24], sowie der für den Sport in der Bundesregierung federführend zuständigen Bundesminister des Innern, seine Bereitstellung von öffentlichen Mitteln mit der Formulierung von inhaltlichen Forderungen an die Verbände der Sportselbstverwaltung zu verbinden, sprechen hier eine deutliche Sprache. In diesen Kontext gehört auch die bereits seit Jahrzehnten bestehende Praxis, die öffentliche Sportförderung auf kommunaler Ebene durch *Sportgesetze* der Länder zu regulieren.[25] Auch sie zeigt jene Ambivalenz und Janusköpfigkeit der gegenseitigen Beziehungen, in welcher die Seite der freiwilligen Vereinigungen ihre begründeten und berechtigten Ansprüche auf Förderung sowie auf Respektierung ihrer autonomen Entscheidungen anmeldet und die Seite der öffentlichen Hände mit der (aufgrund der begrenzten Haushaltsressourcen natürlich stets nur partiellen) Erfüllung der Ansprüche Forderungen auf zumindest punktuelle Eingriffe in jene Privatautonomie verbindet.

Insofern also, das heißt, aufgrund der Unaufhebbarkeit dieser Grundspannung – also weniger im Sinne der üblichen Rede, sportliches Handeln sei ja stark regelgeleitet und man könne deshalb hier idealtypisch lernen, Regeln einzuhalten und damit eine für einen demokratischen Rechtsstaat lebensnotwendigen Haltungen erwerben, womit völlig verkannt wird, dass Sportregeln etwas gänzlich anderes sind und bedeuten als Rechts- und politische Regeln! – kann der Sport *durchaus* eine *Schule der liberalen Demokratie* sein. Denn hier muss permanent genau jene unaufhebbare Grundspannung zwischen privater und öffentlicher Verantwortung sowohl *ausgehalten* als auch *ausgetragen* werden. Und in diesem Prozess, in dem laufend und ständig neu das sachangemessene Gleichgewicht zwischen den gegenseitigen Ansprüchen auszuhandeln ist, können in der Tat einige Funktionsprinzipien des sozialen, liberalen und demokratischen Rechtsstaates in Form eines *learning by doing* erlernt und ausgelotet werden.

Unbenommen bleibt bei aller Begründetheit und Berechtigung dieser grundsätzlichen Überlegungen die empirische Tatsache, dass die genannten, für die Kultur auch des kommunalpolitischen Handelns unabdingbaren Ein- und Ausgrenzungen in der Praxis der kommunalen Realität vielfach „überspielt" und damit weithin fast unsichtbar werden können. Kommunalpolitische Verantwortungsträger übernehmen Ämter in den Vereinsführungen und umgekehrt. Zwischen beiden Ebenen werden außerinstitutionelle Abstimmungen und Vereinbarungen im gegenseitigen Interesse getroffen nach den Mustern „Man kennt sich und versteht sich" sowie „Eine Hand wäscht die andere". Die Sportselbstverwaltung und die öffentliche Sport-

---

24 Vgl. Danckert, Peter (2009): Kraftmaschine Parlament. Der Sportausschuss und die Sportpolitik des Bundes. Aachen. – Vgl. dazu Güldenpfennig, Sven (2010): Die Würde des Sports ist unantastbar. Zur Auseinandersetzung mit Mythen des Sports. Sankt Augustin. Kap. 7 („Nachrichten aus der sportpolitischen Praxis. Anmerkungen zu einer Selbstbeschreibung von Sportausschuss und Sportpolitik des Bundes")

25 Vgl. Güldenpfennig, Sven (1980): Texte zur Sporttheorie und Sportpolitik. Breitensport-Entwicklung als Feld demokratischer Wissenschaft und Politik. Köln. Teil III („Sportförderungsgesetze – Eine neue Erscheinung in der bundesdeutschen Sportpolitik")

verwaltung haben in Gestalt des Deutschen Olympischen Sportbundes und der kommunalen Spitzenverbände diese Praxis bereits vor Jahren in die umfängliche Form einer Kooperationsvereinbarung gegossen.[26]

Und so werden in der alltäglichen Praxis vielfach die genannten Grenzmarkierungen eher verwischt als bestätigt und bekräftigt. Von Einzelfällen abgesehen, muss dies jedoch keineswegs – obwohl der Augenschein bisweilen ein anderer sein könnte – gleichbedeutend sein mit dem Tatbestand oder auch nur dem Verdacht der *Korruption.* Es ist vielmehr Ausdruck eines pragmatischen Umgangs mit beiderseits knappen personellen und materiellen Ressourcen, der es angeraten sein lässt, anstehende Probleme möglichst reibungslos zu sachlich angemessenen Lösungen zu führen. Dass die genannten Grenzmarkierungen damit faktisch eben nicht aufgehoben sind, wird sofort deutlich, wenn aufgrund der Zuspitzung einer akuten Konfliktsituation keine Chancen zu einvernehmlichen Lösungen erkennbar sind. In solchen Fällen kann man sich darauf verlassen, dass die unterschiedliche Zuständigkeit beider Seiten schlagartig wieder sichtbar, virulent und geltend gemacht werden wird. Und das ist gut so.

6. Möglichkeiten des Sports in der Willkommenskultur der aktuellen Flüchtlingskrise

An dem in Abschnitt 3 zitierten Beispiel einer theaterpolitischen Auseinandersetzung ist bereits ablesbar gewesen, dass auch die autonome Kunst und ihre einzelnen Gattungen notorisch nicht nur durch ihre ureigenen ästhetischen Ansprüche, sondern auch durch je aktuelle Tagesfragen herausgefordert werden. Und zwar jede auf ihre Weise, die ihren spezifischen Ausdrucks- und Handlungsmöglichkeiten entspricht. Insofern kann es nicht überraschen, dass auch die kommunale Sportkultur nicht unberührt bleiben konnte von der aktuellen Flüchtlingsthematik.

So, wie für alle direkt und indirekt davon Betroffenen konnte man sich hier angesichts der Dringlichkeit der praktischen Probleme nicht, wie sonst üblich, begnügen mit *symbolischen Gesten* wie etwa der Fußball-Kampagne unter dem Motto *„Respect – No Racism“.* Gefragt war *praktisches Handeln,* wie es in beeindruckender Weise von Tausenden von spontanen Helfern vor Ort demonstriert wurde. Neben dem anonymen individuellen Mitwirken von Sportinteressierten in solchen Initiativen eröffneten sich dem Sport vor allem die folgenden zwei sporteigenen Antwortmöglichkeiten.

Da bot sich zum einen eine Variante an, die schwerpunktmäßig im Feld von Sport I angesiedelt ist: nämlich das Angebot an je sportartspezifisch talentierte Flüchtlinge, direkt in das Trainings- und ggf. sogar Wettkampfprogramm der Vereine vor Ort eingeladen und integriert zu werden. Das wäre die direkte Fortsetzung einer Praxis, welche die Vereine schon bisher im beiderseitigen Interesse und mit Erfolg gegenüber Zuwanderern nach Deutschland geübt haben. Kaum über-

26 Vgl. Deutscher Städtetag/Deutscher Städte- und Gemeindebund/Deutscher Olympischer Sportbund (2008): Starker Sport – starke Städte und Gemeinden. Kooperationsvereinbarung. Frankfurt am Main, Köln und Berlin

raschend, dass angesichts der ungewohnten Lage bisweilen auch der zunächst im gewohnten Trab weiter trottende Amtsschimmel ins Wiehern geriet: Vereinen, die Flüchtlinge unentgeltlich am Training teilnehmen ließen, wurde von Steuerprüfern der Entzug der Gemeinnützigkeit angedroht.[27]

Zum anderen kam eine zweite Variante zum Tragen, der man gleichsam die Rolle eines Selbstopfers zusprechen muss und die ihre Auswirkungen primär im Feld von Sport II zeitigen: nämlich der Einsatz von Turn- und Sporthallen als vergleichsweise „einfache“ Möglichkeit zur kurzfristigen Lösung bzw. Linderung des Unterbringungsproblems für die auf ein hierauf nicht vorbereitetes Land treffenden Flüchtlingsströme. „Turnhallen für Schüler gesperrt. Tag für Tag werden Sportstätten für die Unterbringung von Flüchtlingen beschlagnahmt.“[28] So und ähnlich wiederholten sich monatelang die Schlagzeilen auf diesem Feld. In der dadurch erzwungenen Einschränkung der gewohnten schul- und alltagssportlichen Betätigungsspielräume lag zunächst der Hauptbeitrag des Sports zu der aktuellen Krisenlage. Der Sport reihte sich mit diesem Beitrag ein in eine bemerkenswerte, hauptsächlich auf der kommunalen Ebene zu erbringende gesellschaftspolitische Leistung, mit der sich Deutschland zusammen mit einigen weiteren (bekanntlich keineswegs allen) europäischen Ländern der (allerdings angesichts der hochbrisanten Weltlage nur scheinbar überraschend entstandenen) dramatischen Lage „an der Flüchtlingsfront“ gestellt hat. So, wie mit fortschreitender Zeit der Chor der Stimmen in der öffentlichen Debatte anschwoll, der dem „Wir schaffen das“ allzugern ein „nicht“ anfügen wollten, so gab es auch beim Sportbezug zunehmend warnende Stimmen auf der Ebene der kommunalen Bürgermeister mit einem Tenor, wie er exemplarisch aus Landkreis Pfaffenhofen im ohnehin skeptischen Süden der Republik zu vernehmen war: „Turnhallenbelegung gefährdet den inneren Frieden, die Akzeptanz und die Integration nachhaltig“[29].

Soweit sich in solchen Äußerungen nicht ein schlichter Abwehrreflex gegen die von außen heranflutenden Flüchtlingsströme, sondern die Überzeugung ausdrückt, dass aus Gründen des Respekts vor der strikten Erhaltungswürdigkeit von Kulturgütern der Sport nicht das scheinbar leichte erste Opfer solchen Krisenmanage-

---

27 Vgl. N.N. (2015): Sport mit Flüchtlingen nicht gemeinnützig. Wie der Amtsschimmel den engagierten Bürgern den Nerv raubt. In: FAZ vom 7.11.2015

28 Pirkl, Martin/Sommerfeldt, Nando (2015): Turnhallen für Schüler gesperrt. Tag für Tag werden Sportstätten für die Unterbringung von Flüchtlingen beschlagnahmt. Und laut einer Umfrage dürften es noch viel mehr werden. In: Die Welt (DW) vom 22.10.2015

29 Zell, Tobias (2015): Turnhallenbelegung gefährdet den inneren Frieden, die Akzeptanz und die Integration nachhaltig. In: Vohburger Nachrichten. Mitteilungsblatt der Stadt Vohburg an der Donau, Heft Oktober/November 2015. – Gegen eher skeptische Positionen stehen auch optimistischere Berichte, vgl. z.B.: Posener, Alan (2015): Die Turnhalle als letztes Mittel. Im gutbürgerlichen Berliner Ortsteil Zehlendorf wird eine Sportstätte zur Flüchtlingsunterkunft. Das klappt – weil die Betroffenen mithelfen. Ein Besuch. In: DW vom 10.12.2015

ments, wird man sie nicht ohne weiteres abtun können. Doch in der mit solchen kommunalpolitischen Entscheidungen einhergehenden Zurückstellung gewohnter breitensportlicher Bedürfnisse spiegelt sich eine grundsätzliche Konstellation in dem Feld, von dem dieser Beitrag handelt. Nämlich die Spezifität des gesellschaftlichen Status des Sports wie seiner unmittelbaren kulturellen Verwandtschaft insgesamt: Sie alle sind Teilhaber gleichsam der *Luxus*-Seite der *conditio humana*. Ihre wohlbegründeten Ansprüche im gesamtgesellschaftlichen Lebenszusammenhang, die ihm Gesamtkontext dieser conditio grundsätzlich unverzichtbar sind und deren Berechtigung in diesem Beitrag als Basis insbesondere auch jeglicher kommunalpolitischer Verantwortung folglich vehement verteidigt wird, gelten stets nur solange, wie die Befriedigung der elementaren Grundbedürfnisse des menschlichen Lebens gewährleistet ist.

Diese Annahme nimmt Abraham Maslows sozialpsychologische Theorie einer *Bedürfnispyramide* bzw. *Bedürfnishierarchie*[30] auf und verallgemeinert diese auf die gesellschaftliche Ebene. Gerät demnach eine gesellschaftliche Lage aufgrund einer akuten Notsituation gleichsam unter das Existenzminimum, so muss die Erfüllung jener „luxurierenden" Ansprüche aus Respekt vor der „Not der Umstände" vorübergehend reduziert oder gar befristet gänzlich ausgesetzt werden können. Eine solche punktuelle Notlage war durch die Dramatik des aktuellen Flüchtlingsansturms im Herbst 2015 entstanden, in der buchstäblich jedes verfügbare größere Dach über dem Kopf herangezogen werden musste, um den der schlimmsten Not entkommenen Menschen ein menschenwürdiges Überwintern zu ermöglichen. Dass sich große gedeckte Sportstätten dazu anboten, obwohl dadurch der gewohnte Sportbetrieb stark beeinträchtigt werden konnte, lag auf der Hand.

Dass viele der männlichen und weiblichen Stadtväter einen solchen Konflikt nach aller Möglichkeit durch alternative Lösungen abzuwenden versuchten, ist begrüßenswert. Jedenfalls aber hob die Flüchtlingskrise insgesamt zweierlei Grunderfahrungen dramatisch ins öffentliche Bewusstsein zurück: Zum einen, dass sich die großen Krisenherde nicht mehr „weit draußen" abspielen, sondern das Elend dieser einen Welt unversehens direkt vor die Haustür der daran nicht mehr gewöhnten Wohlstandsgesellschaften tragen können. Und zum anderen, dass es nach wie vor zuerst die Kommunen sind, welche den Hauptteil der daraus entstehenden Lasten zu tragen haben.

7. Schlussbemerkungen

Zur Diskussion stand hier die Frage nach dem Sport als Element der Kommune. Statt einer Zusammenfassung der Befunde kann man diese Frage auch umkehren: Die doppelte Bedeutung der Kommune für die Sportkultur besteht dann in deren gleichsam glokalistischem Status. *Glokalismus* – ein Hybridbegriff, in welchem das heute unabweisbare und allgegenwärtige Zusammenspiel von lokaler und globaler

30 Vgl. Maslow, Abraham H. (1981): Motivation und Persönlichkeit. Reinbek

Ebene zum Ausdruck gebracht wird. Das heißt, jene Bedeutung besteht darin, dass die Kommunen sowohl die alltäglichen körperkulturellen Bedürfnisse der Menschen vor Ort befriedigen (*Lokalismus*), als auch darin, dass sie Quelle, Zulieferer, Dienstleister für die aus der Kommune bzw. Region hervorgehenden Protagonisten für den überregionalen bis hin zur Ebene des Weltsports (*Globalismus*) sind. Auch hier wieder zeigt sich allerdings die Sinnhaftigkeit und Tragfähigkeit der analytischen Unterscheidung zwischen den Ebenen von Sport I und Sport II: Während Sport II aus naheliegenden Gründen der Zugehörigkeit zur *Alltagskultur* weitestgehend auf die lokale Ebene beschränkt bleibt, eröffnet sich der *Festkultur* von Sport I das gesamte Spektrum von der kommunalen Basis- bis hinauf zur globalen Spitzenebene.

Ferner ist festzuhalten: Gerade im Kulturbereich – und darin eingebettet als einer von dessen Hauptträgern, wenn auch allzuoft noch immer eher als kulturferner und ungeliebter Konkurrent der anderen Kulturfelder (fehl-)wahrgenommen, der Sport auch hier wieder in seinen beiden hier als Sport I und Sport II unterschiedenen Varianten – zeigt und entfaltet die kommunale Basisebene der staatlich verfassten Gesellschaft mehr und klarer als in vielen anderen Bereichen ihre *tragende Kraft*.

Trotz aller wohl begründeten Hochschätzung der multiplen Leistungen beider Felder des Sports für die kommunale Gesellschaft muss am Ende eine abschließende *Ernüchterung* stehen: Diese Leistungen bestehen nicht in einer allumfassenden Gesellschafts-Beglückung. Sie sind vielmehr recht eng begrenzte Beiträge zur kommunalen Kulturlandschaft (vor allem Sport I) sowie zur Sozialhygiene (vor allem Sport II). Letzterer ergänzt und bereichert insbesondere die Bildungs-, Gesundheits- und Sozialpolitik, Ersterer insbesondere die Kulturpolitik. Beide können ihre Möglichkeiten nur dann glaubwürdig entfalten und zugleich ihre berechtigten Ansprüche nur dann wirkungsvoll anmelden und verteidigen, wenn sie sich die gängigen rhetorischen Selbstüberschätzungen und Selbstüberhöhungen abgewöhnen.

Markus Klepzig, Lutz Thieme & Stephan Zacharias

Zur Ausstattung von Kommunen mit Sportstätten

1. Einleitung

Sportstätten haben sich seit den Anfängen von Turnen und Sport zu einem bedeutsamen Bestandteil der kommunalen Infrastruktur entwickelt. Die Urenkel des Turnplatzes an der Hasenheide in Berlin prägen heute als Stadien und Sportplätze, als Frei- und Hallenbäder, als Einfach- und Mehrfachsporthallen, als Schießsportanlagen, als Eis-, Kletter- und Skihallen aber auch als Bob- und Rodelbahnen und Skisprungschanzen sowie in mannigfaltiger Differenzierung und Kombination das Leben in unseren Siedlungsräumen.

Trotzdem zahlreiche Sportaktivitäten in natürlicher Umgebung ausgeübt werden, ist nicht damit zu rechnen, dass Sportstätten an Bedeutung verlieren werden. Warum? Solange Menschen ihre sportliche Leistung miteinander messen wollen, solange also der sportliche Wettkampf zentraler Bestandteil unserer Sportkultur sein wird, werden die Athletinnen und Athleten, die Veranstalter von Wettkämpfen, Ligaorganisatoren und die Zuschauer ein Interesse daran haben, die menschliche Leistung vor Einflüssen des Zufalls zu schützen. Der Sieger muss ein legitimer Sieger sein, seine Leistung intertemporal vergleichbar. Aus einer naturgeformten Rodelpiste wurde so die Rodel- und Bobbahn, aus einem Sprunghügel eine Skisprungschanze mit Keramikspur und Segeln zur Reduzierung der Windanfälligkeit, aus einer Wiese eine akkurat vermessene standardisierte Sportfläche, aus einem Flussbad mit Wendeboje ein Hallenbad und aus dem flüchtig im Sand gekennzeichneten Beachvolleyballfeld ein genehmigungspflichtiges Bauwerk. Neben dem Wettkampfsport fördert zudem die Knappheit natürlicher Bewegungsräume den Bedarf an Sportstätten. Knappheit resultiert hierbei aus der Anzahl und der räumlichen Verteilung attraktiver Naturräume. Wenn Skipisten, Kletterrouten oder Mountainbikestrecken beispielsweise aus Naturschutzgründen oder Sicherheitserwägungen Einschränkungen unterworfen werden oder sich räumlich weit weg vom Wohnort der Interessenten befinden, verstärkt dies die Nachfrage nach Bauwerken, die vergleichbare Sportausübungen ermöglichen. Durch den technischen Fortschritt wird dies zudem für immer mehr Sportarten möglich. Jüngstes Beispiel dafür ist wohl der Bau von Anlagen zur Schaffung künstlicher Wellen für Surfer.

Trotz der immer weiter fortschreitenden Differenzierung von Sportstätten, sind im kommunalen Kontext Sportplätze, Sporthallen sowie Frei- und Hallenbäder die dominierenden Sportstättenkategorien, die auch weitgehend als Elemente der kommunalen Daseinsvorsorge akzeptiert sind. Sie bilden daher das Rückgrat der kommunalen Versorgung mit Sportstätten und prägen das verfügbare

Angebot an Sport- und Bewegungsmöglichkeiten. Wir werden im Folgenden zunächst die verfügbare Datenlage zur Ausstattung der Kommunen mit Sportstätten zusammentragen. Da wir eine hohe Varianz hinsichtlich Ausstattung und Unterhaltungszustand[1] zwischen verschiedenen Kommunen vermuten, suchen wir nachfolgend nach vorhandenen Erklärungsansätzen und integrieren diese in ein eigenes institutionsökonomisches Modell. Dabei verwenden wir den Begriff „Sportstätten“ für alle baulich gestalteten Freiräume. Diese Gestaltung kann sowohl in Form der Errichtung von Gebäuden (z. B. Sporthallen, Tribünen), in der Veränderung der Flächenmodulation (z. B. Anlage von Bodenwellen für eine Dirt Bike Strecke oder die Beseitigung von Bodenunebenheiten bei der Errichtung eines Sportplatzes) oder in nicht sichtbaren baulichen Veränderungen (z. B. Bodenverdichtungen, Drainagen) erfolgen. Im Zusammenhang mit der DIN 18035 wird dafür der Begriff „Sportanlagen“ verwendet. Wir verwenden die Begriffe „Sportanlagen“ und „Sportstätten“ synonym.

2. Datenlage

2.1. Sportstättenstatistik der Länder

Die Sportministerkonferenz beschloss 1997 die Erstellung einer Sportstättenstatistik der Länder (Sportministerkonferenz, 2015). Diese konnte bis 2002 fertiggestellt und veröffentlicht werden (Sportministerkonferenz/Deutscher Sportbund/Deutscher Städtetag, 2002). Die Länder wurden im Rahmen der Datenerhebung beauftragt mit Hilfe eines Erhebungskataloges sämtliche Anlagen nach ihrem Typ und deren Merkmalen zu erfassen (vgl. Abbildung 1).

1 Der DOSB (2015) schätzt den Sanierungsbedarf bei den Sportstätten in Deutschland auf mehr als 42 Milliarden €.

Abbildung 1: Anlagentyp und Merkmale des Erhebungskatalogs. (Sportministerkonferenz, 2015, S. 219)

	Merkmale												
Anlagentyp	Anzahl	Nettowasserfläche	Spielfeldbelag	Laufbahnbelag	Umkleidemöglichkeiten	Anzahl Becken	Anzahl Tennisfelder	Eigentümer	Baujahr	San./Mod.bedarf	Behindfr. (Sportfläche)	Behindfr. (Nebenräume)	Behindfr. (Zusch.-Einr.)
ungedeckte Sportanlagen													
Spielfelder (verschiedene Größenklassen)	X		(X)		(X)			X	X	(X)			
400m-Rundlaufbahnen	X			X				X	X				
sonstige Laufbahnen	X			X				X	X				
Tennisanlagen	X						X	X	X	X			
gedeckte Sportanlagen													
Sporthallen (verschiedene Größenklassen)	X							X	X	X	X	X	
Großsport-/Mehrzweckhallen	X							X	X	X	X	X	X
Tennishallen	X						X	X	X	X			
Eissporthallen	X							X	X	X			X
Schießsportanlagen	X							X	X				
Bäder													
Hallenbd. (inkl. gedeckter Kombibadanteile)	X	X				X		X	X	X	X	X	
Freibäder (inkl. ungedeckter Kombibadant.)	X	X				X		X	X	X	X	X	
Naturbäder	X							X	X				

Legende: X = Erhebungsmerkmale

Das Vorgehen bei der Datenerhebung variierte zwischen den einzelnen Ländern stark. Die meisten Länder übertrugen die Aufgabe an die Kommunen und Kreise. Während in Mecklenburg-Vorpommern ABM-Kräfte zum Einsatz kamen, lag die Zuständigkeit der Datenerhebung in Sachsen-Anhalt beim Landessportbund. Bis zum vorgesehen Termin Ende 2000 konnten die meisten Länder die geforderten Daten einreichen. Die Ergänzung unvollständig gelieferter Datensätze und die Überprüfung der Daten auf Plausibilität dauerte bis Mitte 2002.

Zur Auswertung wurden die Erhebungen der Länder in einer Datenbank zusammengeführt und unter Berücksichtigung der Bevölkerungszahl vom 30.06.2000 ausgewertet. Hierbei konnten Durchschnittswerte für die Raumkategorien „Bundesgebiet“, „alte Bundesländer“, „neue Bundesländer“ und „Stadtstaaten“ ermittelt werden. Zu beachten ist, dass fehlende oder unvollständig ausgefüllte Datensätze nicht in die Durchschnittsermittlung eingeflossen sind.

Die so ermittelten Werte sind als ungefähre Messgrößen bzw. als Tendenzaussagen und nicht als exakter Wert zu interpretieren (Sportministerkonferenz/Deutscher Sportbund/Deutscher Städtetag, 2002, S. 6). Insgesamt umfasst die Erhebung 126.952 Sportstätten in Deutschland, die meisten davon (22.027) liegen in Bayern. Bremen bildet mit 741 Sportstätten das Schlusslicht. Im Durchschnitt liegen 7.935 Sportstätten ihn jedem Bundesland. Hier ist jedoch ein starker Ost-West-Unterschied zu erkennen. Während in den alten Ländern durchschnittlich 9.654 Sportstätten je Bundesland bestehen, sind es in den neuen Bundesländern nur 4.154.

Berücksichtigt man den Organisationsgrad in Vereinen im Verhältnis zur Gesamtbevölkerung, der in den alten Bundesländern mit 33 % zum Erhebungszeitpunkt fast dreimal höher lag, als in den neuen Bundesländern (12,1 %), ergibt sich eine bessere Versorgungslage bei den ungedeckten Anlagen und Sporthallen in den neuen Ländern (Sportministerkonferenz/Deutscher Sportbund/Deutscher Städtetag, 2002, S. 44). Eine Aussage über lokale Versorgungsverhältnisse kann jedoch nicht getroffen werden.

Die erhobenen Daten können wie folgt zusammengefasst werden:

- **Ungedeckte Anlagen:** Auf Ebene der Durchschnittswerte interpretieren die Herausgeber der Sportstättenstatistik der Länder die Versorgungslage bei ungedeckten Anlagen fast ausnahmslos als gut (Sportministerkonferenz/Deutscher Sportbund/Deutscher Städtetag (2003)). Positiv zu erwähnen sei trotz der räumlichen Begrenzung, das gute Abschneiden der Stadtstaaten.
- **Sporthallen:** Hier sind große Schwankungen zwischen den einzelnen Bundesländern zu erkennen. Während sich in Mecklenburg-Vorpommern 378 Sportler einen Hallenteil teilen müssen, sind es im Saarland 1.499 Sportler. Hier haben die neuen Länder wesentlich höhere Versorgungswerte als die alten Länder. Auch innerhalb der Analysegruppen (alte –, neue Bundesländer, Stadtstaaten) sind erhebliche Schwankungen feststellbar. In Berlin teilen sich 744 Sportler einen Hallenteil und in Hamburg sind es 1.482 Sportler.
- **Tennisanlagen:** Die Tennisanlagen sind im Vergleich zu den alten Ländern (durchschnittlich 1.226 Anlagen) und den Stadtstaaten (223) in den neuen Bundesländern mit nur durchschnittlich 140 Anlagen stark unterrepräsentiert.
- **Frei- und Hallenbäder:** Die Versorgung mit Freizeitbädern ist in den neuen Bundesländern im Vergleich zu den alten Bundesländern besser. Jedoch schneiden die alten Länder und Stadtstaaten bei der Versorgung mit Hallenbädern besser ab. Insgesamt ist kein genereller Unterschied zu erkennen (siehe Abbildung 2).
- **Eissporthallen:** Dieser Anlagetyp konzentriert sich auf vier alte Bundesländer. Von den insgesamt 186 Eishallen befinden sich in Baden-Württemberg (32), Bayern (62), Niedersachsen (11) und Nordrhein-Westfalen (39) 144 Anlagen, also 77 % der gesamten Anlagen.

Abbildung 2: Anlagentypen Grundstruktur (Anzahl / %) (Sportministerkonferenz/ Deutscher Sportbund/Deutscher Städtetag, 2002, S. 12)

Land	Sport-stätten gesamt	ungedeckte Anlagen *		Sporthallen		Großsport- und Mehrzweck-hallen		Bäder		Tennis-anlagen		Eishallen		Schießsport-anlagen	
		Anzahl	Anteil an gesamt[%]	Anzahl	Anteil an gesamt[%]	Anzahl	Anteil an gesamt[%]	Anzahl	Anteil an gesamt[%]	Anzahl	Anteil an gesamt[%]	Anzahl	Anteil an gesamt[%]	Anzahl	Anteil an gesamt[%]
Baden-Württemberg	18556	8875	47,8	5390	29,0	3	0,0	1257	6,8	2623	14,1	32	0,2	376	2,0
Bayern	22027	10719	48,7	4765	21,6	138	0,6	1514	6,9	2609	11,8	62	0,3	2220	10,1
Berlin	3095	1321	42,7	1243	40,2	3	0,1	86	2,8	407	13,2	7	0,2	28	0,9
Brandenburg	3978	2558	64,3	1008	25,3	1	0,0	177	4,4	113	2,8	0	0,0	121	3,0
Bremen	741	317	42,8	289	39,0	7	0,9	33	4,5	69	9,3	3	0,4	23	3,1
Hamburg	1852	908	49,0	662	35,7	1	0,1	46	2,5	193	10,4	3	0,2	39	2,1
Hessen	10189	4795	47,1	2765	27,1	13	0,1	564	5,5	1157	11,4	7	0,1	888	8,7
Mecklenburg-Vorpommern	2719	1687	62,0	758	27,9	3	0,1	70	2,6	115	4,2	3	0,1	83	3,1
Niedersachsen	14723	6289	42,7	3587	24,4	9	0,1	901	6,1	1800	12,2	11	0,1	2126	14,4
Nordrhein-Westfalen	21531	8672	40,3	6874	31,9	97	0,5	1401	6,5	2810	13,1	39	0,2	1638	7,6
Rheinland-Pfalz	7401	3430	46,3	2159	29,2	42	0,6	370	5,0	1019	13,8	5	0,1	376	5,1
Saarland	1667	614	36,8	519	31,1	20	1,2	114	6,8	288	17,3	2	0,1	110	6,6
Sachsen	6096	3438	56,4	1911	31,3	4	0,1	426	7,0	204	3,3	7	0,1	106	1,7
Sachsen-Anhalt	4036	2186	54,2	1156	28,6	32	0,8	251	6,2	140	3,5	2	0,0	269	6,7
Schleswig-Holstein	4408	2084	47,3	1234	28,0	25	0,6	312	7,1	516	11,7	2	0,0	235	5,3
Thüringen	3943	2268	57,5	1089	27,6	10	0,3	270	6,8	129	3,3	1	0,0	176	4,5
absolute Anzahl Bundesgebiet	126962	60161	47,4	35409	27,9	408	0,3	7792	6,1	14192	11,2	186	0,1	8814	6,9
Durchschnitt alte Länder	9654	4366	45,2	2681	27,8	33	0,3	600	6,2	1226	12,7	16	0,2	733	7,6
davon: Durchschnitt Stadtstaaten	1896	849	44,8	731	38,6	4	0,2	55	2,9	223	11,8	4	0,2	30	1,6
Durchschnitt neue Länder	4154	2427	58,4	1184	28,5	10	0,2	239	5,7	140	3,4	3	0,1	151	3,6
Durchschnitt Bundesgebiet	7935	3760	47,4	2213	27,9	26	0,3	487	6,1	887	11,2	12	0,1	551	6,9

*ohne Tennis

Die Sportstättenstatistik der Länder vermittelt einen sehr differenzierten Einblick in die Betreiberstruktur von Sportstätten in Deutschland. Es wurden nach folgenden Betreibermerkmalen differenziert:

- Kommune (z.B. Sportamt einer Stadt oder eines Landkreises)
- Sonstige öffentliche Hand (z.B. Hochschule, Bundeswehr, Bundesgrenzschutz, Polizei)
- Verein, Verband, sonstige gemeinnützige Organisationen (z.B. Tennisclubs, Sportbünde, Kirchen)
- Kommerzielle Betreiber (gewinnorientierte Unternehmen, z.B. GmbHs für den Betrieb von Sportanlagen)

Hier lässt sich innerhalb Deutschlands zum Erhebungszeitpunkt keine homogene Struktur erkennen. Im Durchschnitt werden über 60 % der Sportanlagen von der öffentlichen Hand betrieben. Jedoch sind starke Unterschiede zwischen den einzelnen Ländern festzustellen. Dabei weisen die neuen Bundesländer und die Stadtstaaten eine relativ homogene Struktur auf. Hier werden ca. 80 % der Anlagen von der öffentlichen Hand betrieben. Die Spanne der Sportanlagen in den alten Bundesländern, die von der öffentlichen Hand finanziert werden, reicht dagegen von nur 52,2 % (Bayern) bis 73,4 % (Schleswig-Holstein).

Abbildung 3: Betreiber – Gesamtanzahl der Sportanlagen (Sportministerkonferenz/ Deutscher Sportbund/Deutscher Städtetag, 2002, S. 21)

Land	Gesamtanzahl der Sportanlagen	Kommune		sonstige öffentliche Hand		Verein / Verband / sonstige gemeinnützige Organisation		kommerziell		ohne Angabe	
		Anzahl	Anteil an gesamt [%]	Anzahl	Anteil an gesamt [%]	Anzahl	Anteil an gesamt [%]	Anzahl	Anteil an gesamt [%]	Anzahl	Anteil an gesamt [%]
Baden-Württemberg	18556	10748	57,9	389	2,1	6566	35,4	852	4,6	1	0,0
Bayern	22027	9980	45,3	1515	6,9	9594	43,6	613	2,8	325	1,5
Berlin	3095	2432	78,6	147	4,7	486	15,7	30	1,0	0	0,0
Brandenburg	3978	2679	67,3	97	2,4	792	19,9	91	2,3	319	8,0
Bremen	741	522	70,4	53	7,2	144	19,4	22	3,0	0	0,0
Hamburg	1852	1370	74,0	79	4,3	365	19,7	26	1,4	12	0,6
Hessen	10189	6522	64,0	122	1,2	3254	31,9	280	2,7	11	0,1
Mecklenburg-Vorpommern	2719	2268	83,4	98	3,6	264	9,7	89	3,3	0	0,0
Niedersachsen	14723	8303	56,4	213	1,4	5781	39,3	426	2,9	0	0,0
Nordrhein-Westfalen	22745	14165	62,3	549	2,4	6738	29,6	960	4,2	334	1,5
Rheinland-Pfalz	7401	4096	55,3	259	3,5	2736	37,0	203	2,7	107	1,4
Saarland	1667	1013	60,8	57	3,4	524	31,4	66	4,0	7	0,4
Sachsen	6096	5201	85,3	68	1,1	725	11,9	102	1,7	0	0,0
Sachsen-Anhalt	4036	2926	72,5	180	4,5	792	19,6	89	2,2	49	1,2
Schleswig-Holstein	4408	3038	68,9	197	4,5	1041	23,6	132	3,0	0	0,0
Thüringen	3943	3088	78,3	208	5,3	593	15,0	54	1,4	0	0,0
absolute Anzahl Bundesgebiet	128176	78351		4231		40395		4035		1165	
Durchschnitt alte Länder	9764	5654	57,9	325	3,3	3384	34,7	328	3,4	72	0,7
davon: Durchschnitt Stadtstaaten	1896	1441	76,0	93	4,9	332	17,5	26	1,4	4	0,2
Durchschnitt neue Länder	4154	3232	77,8	130	3,1	633	15,2	85	2,0	74	1,8
Durchschnitt Bundesgebiet	8011	4897	61,1	264	3,3	2525	31,5	252	3,1	73	0,9

Des Weiteren wurde nach mehreren Ausstattungsmerkmalen gefragt, hier unter anderem nach der behindertenfreundlichen Zuschauereinrichtung, Nebenräumen und Sportflächen. Nur rund ein Drittel der Nebenräume und die Hälfte der Sportflächen waren zum Erhebungszeitpunkt behindertengerecht.

Hinsichtlich des von uns verfolgten Ziels, die kommunale Ausstattung mit Sportstätten zu erklären, ist die Sportstättenstatistik der Länder nur eingeschränkt hilfreich, da sie keine Zuordnung von Sportstätten auf einzelne Kommunen zulässt. Zudem ist der Datenbestand veraltet. Die Auswertung beruht größtenteils auf Ende 2000 erhobenen Daten. Die letzten Daten konnten am 15.07.2002 nachgetragen werden. Somit sind die neuesten verarbeiteten Daten bereits rund 15 Jahre alt. Die Entscheidung zur Erhebung dieser Statistik wurde 1997 vor allem mit der geringen Aktualität der bestehenden Daten begründet. Zu diesem Zeitpunkt lag die letzte Bestandsaufnahme für die alten Bundesländer neun Jahre zurück. Entgegen des Beschlusses der Sportministerkonferenz von 2002 in Saarbrücken ist 2010 keine neue Erhebung durchgeführt worden (Sportministerkonferenz, 2015).

2.2 Die wirtschaftliche Bedeutung des Sportstättenbaus und ihr Anteil an einem zukünftigen Sportsatellitenkonto

Die Arbeit von 2hm & Associates GmbH über „die wirtschaftliche Bedeutung des Sportstättenbaus und ihr Anteil an einem zukünftigen Sportsatellitenkonto" geht auf einen Beschluss des Europäischen Rates von 2007 zurück und ist im Oktober 2012 veröffentlicht worden (EU2007, 2007). Das Erkenntnisinteresse des Satellitenkontos bestand nicht in der Erhebung der Sportstätten pro Kommune sondern in der Ermittlung von Daten, die eine makroökonomische Analyse des Sportstättenbaus zulassen. Laut den Autoren waren zuerst ein Mengen- und ein Wertgerüst zu ermitteln. Unter der Anwendung des Wertgerüstes auf das Mengengerüst wurde auf die sportstättenspezifischen Aufwendungen für 2008 geschlossen. Für die Erstellung des Mengengerüstes sind die Sportstätten in homogene Kostenelemente (Anlagenteile, Anlagengröße, Anlagentypen) eingeteilt worden. Dies erfolgte durch Experteneinschätzungen des Bundesinstituts für Sportwissenschaft (BISp). Durch eine Befragung der Kommunen und unter Abstimmung mit der Gesellschaft für Badewesen wurde ein Ansatz zur Darstellung der komplexen Strukturen der Bäderlandschaft in Deutschland erarbeitet (Bundesministerium für Wirtschaft und Technologie, 2012, S. 27 f.). Zur Hochrechnung des Mengengerüstes auf eine deutschlandweite Basis sind die Daten von 455 Kommunen erhoben worden. In Kombination mit der Gemeindestatistik des Statistischen Bundesamts und dem ermittelten Datensatz haben die Autoren versucht, einen für Gesamtdeutschland repräsentativen Wert zu ermitteln (Bundesministerium für Wirtschaft und Technologie, 2012, S. 36).

Zur Ermittlung der zu befragenden Kommunen sind sechs Erhebungskategorien anhand der jeweiligen Einwohner erstellt worden. Die Kategorie 3 erfasst z.B. alle Gemeinden zwischen 20.000 und 50.000 Einwohnern. Nun wurden aus jeder Erhebungskategorie 50–60 Gemeinden in West- und in Ostdeutschland befragt. Die Kommunen mit mehr als 100.000 Einwohnern sollten möglichst vollständig erhoben werden. Hieraus ergibt sich eine Stichprobe mit einem geplanten Gesamtvolumen von 600–720 Datensätzen. Insgesamt wurden 455 gültige Interviews in den Kommunen durchgeführt. Hierbei ist das Ziel, alle Kommunen mit mehr als 100.000 Einwohnern in Westdeutschland mit nur ca. 30 % befragten Kommunen klar verfehlt worden, in Ostdeutschland konnte jedoch ein Ausschöpfungsgrad von über 80 % bei den betroffenen Kommunen erreicht werden. Jedoch muss hinzugefügt werden, dass in Ostdeutschland laut der Studie nur 11 Kommunen mit mehr als 100.000 Einwohnern existieren. In Westdeutschland jedoch liegt die Grundgesamtheit der Kommunen über 100.000 Einwohner bei 69. Vor diesem Hintergrund fehlt es an einer expliziten Einschätzung zur Eignung der ermittelten Daten zur Repräsentation der Grundgesamtheit.

Die Auswertung der erhobenen Daten erfolgte in drei Schritten (Bundesministerium für Wirtschaft und Technologie 2012, S. 36):

1. Die Ergebnisse der Stichprobenerhebung werden auf Basis der Gemeindestatistik des Bundesamtes hochgerechnet. Hierbei haben die Autoren unterstellt, dass die Angaben in den Stichproben repräsentativ sind.
2. Die verschiedenen Datensätze aus Stichprobenerhebung, Sekundärrecherche und Experteninterviews werden in einem Tabellenband zusammengefasst. Sobald das Mengengerüst sowie das Wertegerüst erfasst waren, sind diese als gewichtetes Mittel zusammengefasst worden. Wichtig war hier, die richtige Zuordenbarkeit der Kosten auf die Wirtschaftszweige,
3. Mit den Daten des Tabellenbandes wurden die Gesamtkosten pro Sportstätte ermittelt. Hieraus lässt sich die gesamte wirtschaftliche Bedeutung der Sportstätten nach Wirtschaftszweigen ableiten. Zudem kann zwischen Betriebskosten und Kosten im Rahmen eines Neubaus bzw. Sanierung unterschieden werden.

Wie aus Abbildung 4 zu entnehmen ist, beträgt die prozentuale Abweichung bei der Anzahl der Sportstätten zwischen der Sportstättenstatistik der Länder und dem Sportsatellitenkonto 9,36 %. Die hohen Abweichungen bei den Großsporthallen und den Schießsporthallen ergeben sind laut Ersteller des Satellitenkontos durch definitorische Unterschiede.[2] Somit scheinen die Studien sich gegenseitig zu stützen.

Abbildung 4: Vergleich des Mengengerüsts ausgewählter Sportstätten mit der Erhebung der Sportstättenstatistik der Länder 2000. (Bundesministerium für Wirtschaft und Technologie 2012, S. 39)

Absolute Anzahl Bundesgebiet	**Sportstätten gesamt**	**Ungedeckte Anlagen**	**Sporthallen**	**Großsporthallen**	**Bäder**	**Tennisanlagen**	**Eishallen**	**Schießsportanlagen**
Sportstättenstatistik 2000	123.954	60.161	35.409	408	6.719	14.192	186	8.814
Sportsatellitenkonto 2012	136.754	66.462	35.438	78	7.499	13.040	120	15.000
Prozentuale Abweichung	9,36 %	9,48 %	0,08 %	-423,08 %	10,40 %	-8,83 %	-55,00 %	41,24 %

Die Gesamtausgaben für Instandhaltung und Betrieb für Sportstätten im Jahr 2008 betrugen 15,6 Mrd. €, hiervon trug die öffentliche Hand 11,6 Mrd. €. Hierin enthalten sind jedoch keine kalkulatorischen Kosten für ehrenamtliches Engagement, so dass Marktpreise zu höheren Aufwendungen geführt hätten.

Bei Gesamtausgaben der öffentlichen Hand von 1.056 Mrd. € im Jahr 2008 (Statistisches Bundesamt, o.J.) entfielen somit 1,48 % der Gesamtausgaben auf die Investition und den Betrieb von Sportstätten.

2 Die Abweichungen bei den Großsporthallen und den Schießsportanlagen werden im Bundesministerium für Wirtschaft und Technologie (2012, S. 39) näher analysiert.

Abbildung 5: Gesamtausgaben für Investitionen und Betrieb für Sportstätten 2008 nach Kostenübernehmern (Darstellung nach: Bundesministerium für Wirtschaft und Technologie, 2012, S. 6)

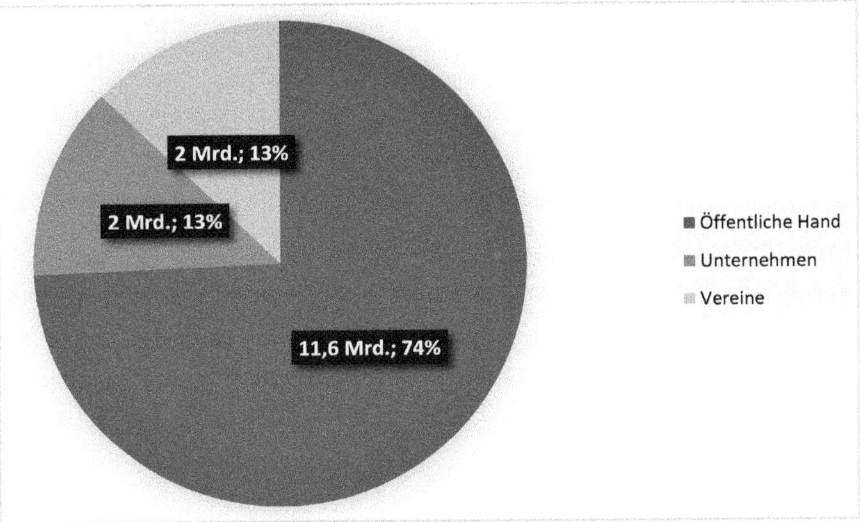

Die Gesamtausgaben für Sportstätten, inklusive Bauinvestitionen und Ausrüstungsinvestitionen, lag 2008 bei 22,6 Mrd. €. Hiervon entfielen auf Sporthallen über 5 Mrd. €, auf Bäder ca. 4,5 Mrd. € und auf Sportplätze ca. 3,5 Mrd. €. Darunter folgen in absteigender Reihenfolge Fitnesscenter, Radwege, Stadien, Reitanlagen und Schießsportanlagen. Wobei nur noch Fitnesscenter mit ca. 2,3 Mrd. € Kosten über Gesamtausgaben von einer Milliarde € liegen.

Die bisherigen Studien zur Sportstättensituation der Kommunen gehen davon aus, dass die Gemeindegrößen das strukturprägende Merkmal hinsichtlich Ausstattung und Unterhaltungszustand der Sportstätten sind. Dem entgegen steht eine breite anekdotische Evidenz zur Varianz von Ausstattung und Unterhaltungszustand bei Sportstätten in vergleichbar großen Kommunen. Dieser Widerspruch ist als Forschungslücke anzusehen. Um diese Lücke zu schließen, bedarf es eines theoretischen Modells zur Herleitung weiterer Einflussfaktoren und einer Modellprüfung. Gegenstand der nachfolgenden Überlegungen ist die Modellierung des Zusammenwirkens der agierenden Akteure innerhalb der kommunalen Entscheidungsstrukturen zur Förderung des Sports, die die Grundlagen für die Ausstattung der Kommune mit Sportstätten und deren Zustand bildet. Mit dem Modell verfolgen wir das Ziel, die Varianz innerhalb der Sportstättensituation der Kommunen zu beschreiben und zu erklären.

3. Modellentwicklung

3.1 Theoretischer Bezugsrahmen

Den theoretischen Bezugsrahmen bildet die neoklassische Ökonomik mit mikroökonomischer Fundierung (methodologischer Individualismus) und rational entscheidenden Agenten (Rational-Choice-Theorie; vgl. Dylla, 2007; Klepzig & Thieme, in Druck). Als fruchtbarer Ansatz zur Beschreibung politisch-administrativer Prozesse hat sich die Neue Politische Ökonomie (Behrends 2001; Klepzig & Thieme, in Druck) als Spezialfall der Rational-Choice-Theorie (RCT) erwiesen. Eingebettet sind die rational agierenden Akteure in ein klassisches Marktmodell, das von souveränen Nachfragern nach Sportstätten und Sporträumen geprägt ist, die ihrerseits eine sportliche Leistung erstellen. Diese Nachfrage kann durch kommunale Sportstätten und Sporträume, private Sportstätten oder in der Verfügungsgewalt des Nachfragers befindliche Sportstätten (z. B. Nutzung der eigenen Wohnung) befriedigt werden.

Zur Erklärung kommunalpolitischer Entscheidungen über das Angebot an kommunalen Sportstätten und Sporträumen lassen sich die Akteure „Sportpolitiker" „Sportvereinsvorsitzende" und „Sportverwaltungsmitarbeiter" als rational handelnde Individuen modellieren (Thieme 2007; Klepzig & Thieme, in Druck). Rückblickend auf Downs (1957) werden Politiker als Wählerstimmenmaximierer interpretiert. Wähler innerhalb einer Kommune entscheiden sich für die politische Partei, die individuell den größten Nutzen verspricht. Daraus resultierend werden Politiker ihr Wahlangebot an den damit potentiell zu erreichenden Wählerstimmen ausrichten. Nutzenmaximierend agieren Verwaltungsmitarbeiter durch das Streben nach persönlicher und amtsbezogener Einkommensmaximierung (Niskanen, 1968). Diese Verhaltensannahme schließt eine Höhergruppierung innerhalb und den Wechsel in eine andere Verwaltungseinheit mit ein. Die dargelegten rent seeking Bemühungen lassen sich auf **Sportpolitiker** und **Sportverwaltungsmitarbeiter** übertragen. Das Ziel der (Wieder-)Wahl der Sportpolitiker gilt gleichermaßen für den dritten Akteur, den **Sportvereinsvorsitzenden**. Für das Erreichen dieses Ziels gilt es die verfügbare Gütermenge für die Vereinsmitglieder zu maximieren und somit rent seeking zu betreiben, um Wählerstimmen zu maximieren.

3.2 Kommunale Sportstätten und Sporträume

Ausgangspunkt für die Modellentwicklung ist das Sportangebot in der Kommune. Eine Gliederung in „kommunale Sportangebote", „freier Sport" und „Sportangebot privater Anbieter" liefert die Möglichkeit, zwischen den Marktsegmenten für Sportstätten und Sporträumen zu unterscheiden und die Nachfrage der handelnden Akteure zu beschreiben:

(1) **Kommunale Sportangebote** beinhalten Angebote ansässiger Sportvereine, der Kommunalverwaltung und kommunaler Betriebe (bspw. Schulsport, Angebote VHS, Schwimmkurse des kommunalen Sportamtes). Diese Sportangebote nutzen

kommunale Turn- und Sporthallen, Sportplätze, Bäder, Spezialsportstätten, wie beispielsweise Tennisplätze oder Eishallen, sowie den urbanen Raum (Sporträume). Die Sportstätten können sich im kommunalen Besitz oder im Eigentum der Sportvereine befinden. Verfügbarkeit und Einflussfaktoren für die Sportstättensituation des kommunalen Sports sind abhängig von der Höhe des kommunalen Haushaltes, der Zuweisung dieser Gelder für das Politikfeld Sport und den Entscheidungsprozessen der in der Verteilung der Sportfördermittel agierenden Akteure „Sportpolitiker", „Sportverwaltung" und „Sportvereinsvorsitzende".

(2) Der **freie Sport** ist durch frei zugängliche urbane Räume einer Kommune gekennzeichnet, die von Sporttreibenden genutzt werden. Die Nutzung dieser Sporträume erfolgt informell. Eine Mitgliedschaft in einem Sportverein oder Nutzungszahlungen an die Kommune sind nicht notwendig (bspw. Grünflächen, Wanderwege, Bolzplätze etc.). Die Nutzungsmöglichkeiten in derartigen Räumen werden durch Sportpolitiker und die Sportverwaltungsmitarbeiter beeinflusst. Diese entscheiden über die Zuweisung von Geldern zur Pflege der jeweiligen Sportflächen und bestimmen die Qualität der Pflege. Darüber hinaus können Verhaltensbeschränkungen erlassen werden um den Charakter der Räume zu erhalten oder um Nutzungskonflikte zu minimieren. Beispiele hierfür sind Betretungsverbote auf Grünflächen bei drohender Zerstörung durch die sportlichen Aktivitäten bzw. Nutzungsregeln für Wege, die von Wanderern, Joggern und Radfahrern gemeinsam genutzt werden.

(3) Das **Angebot privater Anbieter** ergänzt die Vielfalt an verfügbaren Sportstätten in der Kommune. Als Beispiele sind u. a. Fitnessstudios, Kletterhallen, Tennishallen oder Beachsoccer-Anlagen mit erwerbswirtschaftlichen Zielsetzungen zu nennen. Die Investition privater Unternehmer in Sportstätten und die Ausgestaltung neuer Angebote innerhalb einer Kommune werden durch die bestehenden Angebote an kommunalen Sportstätten und Sporträumen einschließlich der von Sportvereinen sowie durch die Nutzung eigenverfügbarer Räume im Verhältnis zur Nachfrage der Sportinteressierten beeinflusst.

3.3 Modell kommunaler Sportstättenausstattung

3.3.1 Kommunale Sportstätten und Sporträume

Die Bereitstellung von Sportstätten und Sporträumen ist ein Bestandteil der Sportförderung der Kommunen. Das nutzenmaximierende Verhalten der Sportvereinsvorsitzenden, Sportpolitiker und der Verwaltungsmitarbeit mündet in rent seeking Bemühungen.

(1) **Sportvereinsvorsitzende** bemühen sich um die Stimmen ihrer Vereinsmitglieder. Ein Vereinsmitglied erwartet aus der Mitgliedschaft einen Nutzenertrag. Dieser Ertrag wird durch den Zugang zu Konsum- und Mitbestimmungsrechten im Verein ermöglicht (Thieme & Winkelhake, 2012, S. 431 ff.). Eine Mitgliedschaft bleibt erhalten, solange der Ertrag die Aufwendungen (u. a. Mitgliedsbeitrag) über-

steigt und kein alternatives Güterbündel für das Mitglied einen höheren Nutzen erbringt. Der Ertrag der Mitglieder kann durch Maximierung der verfügbaren Gütermenge pro Mitglied gemessen werden. Sportvereinsvorsitzende streben daher nach Maximierung der Zugriffsmöglichkeiten für ihre Mitglieder. Neben dem Einwerben von Spenden und Sponsoreneinnahmen sind die öffentlichen Zuwendungen und die Bereitstellung der Infrastruktur für das Sporttreiben (bspw. bieten Kunstrasenplätze für Fußballvereine einen Vorteil bei der Mitgliedereinwerbung und der Mitgliederbindung) herauszustellen. Die Sportstätte ist neben den qualitativen Eigenschaften (bspw. Instandhaltung, Ausstattung etc.) auch quantitativ (bspw. Anzahl der Sporttreibenden in einer Trainingsstunde, Platzbedarf, Möglichkeiten für Vereinswachstum) von Bedeutung. Das Vereinsmitglied wird bei der Hauptversammlung dem Kandidaten auf den Vorstandsposten die Stimme geben, der glaubhaft den besten Zugriff auf die Gütermenge verspricht oder – bei Wiederwahl – diesen in der Vergangenheit eröffnet und somit erfolgreich rent seeking Bemühungen (Lobbyarbeit) gezeigt hat. Erfolgreiche und weniger erfolgreiche rent seeking Aktivitäten werden durch den Vergleich zur Sanierung, der Bereitstellung oder der Vergabe von Übungsstunden in nicht vereinseigenen Sportstätten an andere konkurrierende Vereine im Einzugsgebiet, deutlich. Eine Reklamation der Vereinsmitglieder mindert somit die Chancen zur Wiederwahl und lässt die Gefahr einer Gegenkandidatur steigen. Gleichzeitig wird der Sportvereinsvorsitzende Schuldbekundungen an die Politik richten und versuchen, seine fehlgeschlagenen Bemühungen zu rechtfertigen.

(2) Analog der Vereinsmitglieder verhalten sich die Wähler bei der Vergabe der Stimmen für **Politiker** und **Parteien**. Die Wähler vergeben ihre Stimmen an die Politikerin bzw. den Politiker und die Partei, die den höchsten individuellen Nutzen innerhalb des Wahlprogramms glaubhaft darlegt. Welche der Politikbereiche in das Wahlprogramm aufgenommen werden, richtet sich nach der Höhe der zur Verfügung stehenden finanziellen Ressourcen. Ist das Budget gering und können dadurch nicht alle Sportvereine im Sinne der Wählerstimmenmaximierung abgedeckt werden, wird nach den getroffenen Annahmen ein politikfeldneutraler Politiker rational agieren und das Geld in andere Politikbereiche investieren, die einen größeren Nutzen versprechen. Gestärkt wird dies durch Reklamationsbemühungen nicht berücksichtigter Sportvereinsvorsitzender, deren Schuldzuweisungen negative Schlagzeilen und somit Stimmverluste mit sich bringen. Das Politikfeld Sport sowie die anderen Politikbereiche dienen lediglich als Kanal zur Gewinnung von Wählerstimmen. Eine Aufnahme in das Wahlprogramm richtet sich nach der Attraktivität (bspw. Projekte mit hoher medialer Aufmerksamkeit) und dem zur Verfügung stehenden Budget. Anders agieren politische Unternehmer, meist aus kleineren Parteien ohne große Chance auf ein Direktmandat, die über das Politikfeld Sport eine politische Karriere beginnen möchten und in einem Sportverein bereits verankert sind. Auf diesem Weg werden sportpolitische Vereinsinteressen adressiert und vertreten. Die kommunale Bereitstellung sowie Investition in Sportstätten korrelieren modelltheoretisch mit der Höhe des zur

Verfügung stehenden Budgets, der Attraktivität des Politikfeldes Sport und den Strategien der Sportpolitiker (politikfeldneutral oder politischer Unternehmer). Verfügen Kommunen nur über ein geringes Haushaltsbudget und sportpolitisch eher unbedeutende Projekte bei beschränkter öffentlicher Aufmerksamkeit und Reichweite, werden sich potentielle Sportpolitiker anderen Politikbereichen widmen, die entweder außerhalb des Sports liegen oder vereinzelte Projekte im Sport bedienen, die eine größere Wählerschaft erreichen können. Investitionen in vereinseigene Sportstätten werden aufgrund der potentiell geringeren Wählerzahl unwahrscheinlicher als Investitionen in allgemeinzugängliche Sportstätten oder Sportflächen.

(3) Die modelltheoretische Annahme der Einkommensmaximierung von **Sportverwaltungsmitarbeitern** (vgl. zum Idealtypus der Bürokratie Weber, 1972; Downs, 1965; Niskanen, 1968, 1975) kann auf persönlicher und amtsbezogener Ebene erfolgen. Neben Höhergruppierungen ist eine Maximierung durch Wechsel in, innerhalb oder in eine andere Verwaltungseinheit möglich. Diskretionäre Handlungsspielräume, die sich durch unvollkommene Verträge, asymmetrische Informationen im Zuge des kommunalen Haushaltes und unvollständig spezifizierten Budgetpositionen ergeben, können zu Budgetüberschreitungen sowie Budgetveränderungen führen (multiple Prinzipal-Agent-Beziehungen). Rational agiert der Verwaltungsmitarbeiter durch das Ausnutzen dieser diskretionären Handlungsspielräume. Projekte mit hohem Finanzvolumen oder politischer sowie gesellschaftlicher Bedeutung dienen zur medialen Darstellung und bieten Mitarbeitern die Möglichkeit nutzenmaximierend zu agieren. Fehlende Entscheidungsalternativen von Vorlagen und Budgetüberschreitungen können Ausdruck der Prinzipal-Agent-Beziehungen zwischen Sportpolitik und den Verwaltungsmitarbeitern sein. Die Umsetzung des politischen Willens (Prinzipal) wird durch die Sportverwaltung (Agent zu Sportpolitikern; Prinzipal zum Ersteller der Leistung) umgesetzt (Thieme, 2007). Bezogen auf die Sportstättensituation kann dies innerhalb der Sportentwicklungsplanung (Großprojekte, Kunstrasenplätze oder Sportparks zum informellen Sporttreiben), der Verwendung der Sportstätten für kurzfristige politische Themenschwerpunkte (bspw. Flüchtlingspolitik) oder der Umsetzung politischer Entscheidungen zur Sportförderung Anwendung finden. Je mehr Sportstätten eine Kommune besitzt, desto größer wird tendenziell die Verwaltungseinheit um diese Sportstätten zu verwalten. Eine steigende Mitarbeiterzahl und steigende Budgetpositionen innerhalb des kommunalen Haushaltes eröffnen den Verwaltungsmitarbeitern Möglichkeiten, diese für eigene nutzenmaximierende Aktivitäten nutzbar zu machen.

3.3.2 Private Sportstätten

Der Anbieter privater Sportstätten handelt rational, wenn seine Investitionen einen erwarteten Return on Invest erzielen, der bei anderen Investments nicht erreicht worden wäre. Dafür ist das bestehende Angebot an Sportstätten und Sporträumen

(Marktpotential) von Bedeutung. Die Interessierten suchen sich auf dem Markt das Sportangebot unter Verwendung der Sportstätte, das ihnen den größten Nutzen verspricht. Gerade neue Trends im Sport und geänderte Lebensstile bieten eine Möglichkeit für private Sportanbieter, Angebote außerhalb des kommunalen und freien Sports anzubieten und die dafür notwendigen Sportstätten zu errichten (bspw. Skihallen im Sommer, Tauchbasen, Wasserskianlagen, Fitnessstudios).

3.3.3 Äußere Einflussfaktoren

Der Markt für Sportstätten und Sporträume wird durch äußere Einflussfaktoren beeinflusst, die sich nicht unmittelbar in der Verfügungsmacht der Akteure in den Kommunen befinden und über die Nachfrage das Marktgleichgewicht beeinflussen. Boom- und Hemmfaktoren für den Sport (Freyer, 2011, S. 142 ff.) können auf die Bereitstellung und die Nutzung von Sportstätten Einfluss nehmen. Megatrends, beispielhaft der Wertewandel im und außerhalb des Sports, die Bevölkerungsentwicklung und die Verstädterung bedingen die Ausgestaltung der Kommunen und deren Ausstattung an Sportstätten. Bevölkerungsentwicklung und Verstädterung wirken auf den Schul- sowie den Vereinssport ein. Sportstätten im ländlichen Raum erleiden einen Nachfragerückgang. Die genannten neuen Trends im Sport und geänderte Lebensstile verändern die Nachfrage an Sportangeboten und somit die Nachfrage nach Ausstattungsmerkmalen von Sportstätten und können die Nachfrage zwischen den Marktsegmenten (kommunaler Sport, freier Sport, private Anbieter) verschieben. Kurzfristige politisch-rechtliche Einflüsse bestehen bspw. durch die Unterbringung von Flüchtlingen in kommunalen Sportstätten, welche modelltheoretisch das Verhalten der Akteure am Markt, aber auch speziell im kommunalen Sport, beeinflussen.

3.3.4 Modellzusammenfassung

Zusammenfassend ist festzuhalten, dass wir ein Modell zur Erklärung der Ausstattung von Kommunen mit Sportstätten und Sporträumen postulieren, das rationale Wahl- und Marktentscheidungen kombiniert. Während das aus dem Segment „kommunaler Sport" auf dem Markt offerierte Angebot maßgeblich auf kommunalpolitischen und sportvereinsinternen Wahlentscheidungen beruht, agieren private Anbieter ohne vorherige Wahlentscheidungen ausschließlich mit Blick auf eine am Markt zu erzielende Rendite. Die Marktentscheidung der Nachfrager bestimmt über Umfang und Qualität der Ausstattung mit kommunalen Sportstätten, wobei den Nachfragern neben den Marktangeboten auch noch die Möglichkeit der Eigenversorgung offen steht. Abbildung 6 visualisiert unser Modell.

Abbildung 6: Modell zur Ausstattung von Kommunen mit Sportstätten und Sporträumen

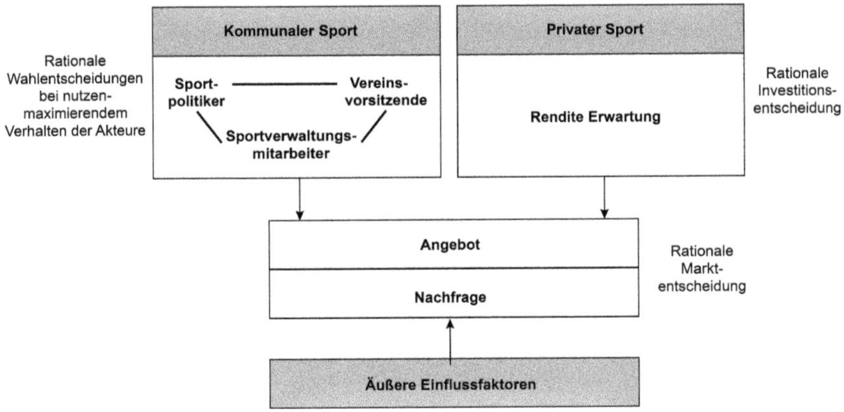

4. Zusammenfassung

Systematische Erfassungen zur Ausstattung und dem Unterhaltungszustand kommunaler Sportstätten liegen auf Ebene der Kommunen in unterschiedlicher Qualität vor. Aussagen auf kollektiver Ebene sind bislang auf die Sportstättenstatistik der Länder (Sportministerkonferenz/Deutscher Sportbund/Deutscher Städtetag, 2002) sowie das Sportsatellitenkonto (Bundesministerium für Wirtschaft und Technologie, 2012) angewiesen. Implizit wird bislang davon ausgegangen, dass die Varianz hinsichtlich der Ausstattung und dem Unterhaltungszustand zwischen verschiedenen Kommunen durch das Merkmal der Kommunengröße hinreichend erklärbar ist. Der vorliegende Beitrag versucht über das rationale Handeln der agierenden Akteure und deren Zusammenwirken einen weiteren theoretischen Blickwinkel zu eröffnen und neue Erklärungsansätze zu liefern. Dies wird durch Rational Choice Überlegungen und die Anwendung der Neuen Politischen Ökonomie auf den Untersuchungsgegenstand geleistet. Mit Hilfe der Entscheidungsmodellierung bei Sportvereinsvorsitzenden, Sportverwaltungsmitarbeitern und Sportpolitikern erfolgt eine erste Modellspezifikation. Durch die Generierung von Hypothesen und deren empirische Prüfung soll das Modell in nächster Zeit weiter geschärft werden. Ergebnisse der Untersuchungen könnten nicht nur zum Verständnis des Zusammenhangs sportpolitischen Entscheidungsverhaltens mit der Sportstättenausstattung auf kommunaler Ebene sondern auch zur Entwicklung von Algorithmen dienen, mit deren Hilfe die Sportstättensituation und deren Entwicklung auf kollektiver Ebene beschrieben und erklärt werden kann.

Literaturverzeichnis

Behrends, S. (2001). Neue politische Ökonomie. Systematische Darstellung und kritische Beurteilung ihrer Entwicklungslinien. München: Vahlen.

Bundesministerium für Wirtschaft und Technologie (2012). Die wirtschaftliche Bedeutung des Sportstättenbaus und ihr Anteil an einem zukünftigen Sportsatellitenkonto. Berlin.

DOSB (2015). Anlässlich der internationalen Sportstättenmesse FSB weist der DOSB darauf hin, dass bei Deutschlands Sportstätten weiterhin ein Sanierungsstau von mehr als 42 Milliarden Euro besteht. Pressemitteilung vom 27.10.2015. Zugriff unter http://www.dosb.de/de/sportentwicklung/sportstaetten-umwelt-und-klimaschutz/ news/details/news/sportstaetten_in_deutschland_milliardenschwerer_sanierungsstau/ (Zugriff am 12.01.2016).

Downs, A. (1957). An Economic Theory of Democracy. New York: Harper.

Downs, A. (1965). Nonmarket Decision making. A theory of bureaucracy. The American Economic Review, 55 (1/2), 439–446.

Dylla, D. W. (2007). Der Rational-Choice-Ansatz und die Ursache politischer Entscheidungen. Zeitschrift für Politikwissenschaft, *17* (4), 1163–1184.

EU2007 (2007). Bundesinnenminister Schäuble begrüßt die europaweite Einführung des Satellitenkontos Sport und die Intensivierung des grenzüberschreitenden Polizeieinsatzes. Pressemitteilung vom 12.03.2007. Zugriff unter http://eu2007.de/de/News/Press_Releases/March/0312BMISport.html (Zugriff am 19.01.2016).

Frey, B. S. (1974). Entwicklung und Stand der Neuen Politischen Ökonomie. In H. P. Widmaier (Hrsg.), Politische Ökonomie des Wohlfahrtsstaates (S. 30 bis 63). Frankfurt: Athenäum Fischer Taschenbuch Verlag.

Freyer, W. (2011). Sport-Marketing. Modernes Marketing-Management für die Sportwissenschaft. Berlin: Erich Schmidt Verlag.

Holzinger, K. (2009). Vom ungeliebten Störenfried zum akzeptierten Paradigma? Zum Stand der (Neuen) Politischen Ökonomie in Deutschland. Politische Vierteljahresschrift, *50* (3), 539–576.

Kirsch, G. (2004). Neue Politische Ökonomie. Stuttgart: UTB für Wissenschaft Uni-Taschenbücher GmbH.

Klepzig, M. & Thieme, L. (in Druck). Politische Ökonomie des kommunalen Sports: Sportvereine in der Rationalitätenfalle? In Sammelband Jahrestagung des Arbeitskreises Sportökonomie. Schorndorf: Hofmann.

Krueger, A. O. (1974). The Political Economy of the Rent-Seeking-Society. American Economic Review, 64 (3), 291–303.

Meier, R. (1995). Neokorporatistische Strukturen im Verhältnis von Sport und Staat. In J. Winkler (Hrsg.), Soziologie des Sports (S. 91–106). Opladen: Westdeutscher Verlag.

Niskanen, W. A. (1968). Nonmarked decision making. The peculiar economics of bureaucracy. American Economics Review, 58 (2), 293–305.

Niskanen, W. A. (1975). Bureaucrats and Politicians. The Journal of Law & Economics, 18 (4), 617–643.

Thieme, L. & Winkelhake, O. (2012). Perspektiven des Wettbewerbs zwischen Profit- und Nonprofit-Organisationen. Ein differenzanalytischer Ansatz zur Erklärung der Konvergenz zwischen NPOs und FPOs. ZögU – Zeitschrift für öffentliche und gemeinwirtschaftliche Unternehmen, 35 (4), 422–446.

Thieme, L. (2007). Zum Wirkungsgefüge kommunaler Sportförderung am Beispiel der Kommunen in Rheinland-Pfalz. Sportwissenschaft, 37 (3), 259–278.

Tullock, G. (2005). Public Goods, Redistribution and Rent Seeking. Cheltenham: Edward Elgar.

Sportministerkonferenz/Deutscher Sportbund/Deutscher Städtetag (2002). Sportstättenstatistik der Länder, Berlin.

Sportministerkonferenz (2015). Immer in Bewegung. Beschlüsse von 1977 bis 2015. Zugriff unter: http://www.sportministerkonferenz.de/sites/default/files/dokumente/SMK_Beschl%C3%BCsse_1977-2015.pdf (Zugriff am 14.01.2016).

Statistisches Bundesamt (o.J.). Entwicklung der öffentlichen Finanzen, Deutschland. Zugriff unter: https://www.destatis.de/DE/ZahlenFakten/GesellschaftStaat/OeffentlicheFinanzenSteuern/OeffentlicheFinanzen/AusgabenEinnahmen/Tabellen_/AusgabenEinnahmenSaldo.html (Zugriff am19.01.2016).

Weber, M. (1972). Wirtschaft und Gesellschaft. Tübingen: Mohr.

Katharina Bingel & Jens Nußbaum

Sport in der strategischen Stadtentwicklungsplanung

1 Einleitung

Die Wirkungsgefüge Sport[1] und Stadt stehen in einem engen Zusammenhang. Es wird dabei von demografischen, wirtschaftlichen und gesellschaftlichen Wandlungsprozessen beeinflusst, die in den vergangenen Jahren zu großen Veränderungen im Stadtraum geführt haben und noch führen werden. Die Aufgabe der Stadt- und Sportentwicklungsplanung[2] wird sein, sich diesen Herausforderungen zu stellen und nachhaltige Lösungen zu erarbeiten. Dabei nähern sich die beiden Planungsmethoden seit einiger Zeit immer mehr aneinander an: Sowohl Stadt- als auch Sportentwicklungsplanung sind heute deutlich dialog- und prozessorientierter. Zusätzlich hat Stadtentwicklungsplanung durch eine verstärkte Sozialraumorientierung ihr Aufgabenverständnis deutlich erweitert, wohingegen Sportentwicklungsplanung zunehmend auch den öffentlichen Raum thematisiert.[3] Beide Planungsmethoden müssen also auf ähnliche Herausforderungen reagieren und verfügen zum Teil über die gleichen Berührungspunkte. Die Nutzung von Synergien und die Einbettung in eine gesamtstädtische Strategie liegen also nahe.

Die klassische europäische Stadt als Handlungsraum wurde dabei schon vielfach totgeschrieben. Nach den großen Suburbanisierungswellen zwischen 1960 bis 1990[4], dem sich abschwächenden Stadtwachstum in den 1970ern und der sich verschärfenden Haushaltslage der Kommunen ab den 1990ern wurde schon mehrmals die *Krise der Stadt* beschworen.[5] 1997 prägte SIEVERTS für die neu entstandenen Raumgebilde im suburbanen Umland den Begriff der *Zwischenstadt*, die er als „zwischen Ort und Welt, Raum und Zeit, Stadt und Land“[6] definiert. Heute diskutiert man stattdessen über die *Renaissance des Städtischen*[7] oder *Reurbanisierungstendenzen*[8] und

1 Unter Sport soll im Folgenden ein erweiterter Sportbegriff verstanden werden, der auch Spiel- und Bewegungsformen miteinschließt.
2 Der Beitrag widmet sich im Folgenden der aktiven Sportausübung und klammert die passive Teilnahme an Sport(-groß-)Veranstaltungen und deren Effekte für die Stadtentwicklung aus.
3 vgl. Bundesministerium für Verkehr, Bau und Stadtentwicklung 2011, 21
4 vgl. Herfert 1998
5 vgl. z. B. Häußermann/Siebel 1980; Kronawitter 1994
6 Sieverts 2013
7 vgl. Bundesinstitut für Bau-, Stadt- und Raumforschung 2012a
8 vgl. Brake/Herfert 2012

feiert den *Triumph der Städte*.[9] Die Stadt als Modell des Zusammenlebens scheint also keinesfalls tot zu sein – im Gegenteil: Sie ist ständigen Wandlungsprozessen unterworfen und erfindet sich immer wieder neu. Doch durch diese Wandlungsprozesse ergeben sich immer wieder neue Anforderungen an die Stadtentwicklungsplanung und damit auch an bestimmte Infrastrukturen, wie z. B. städtische Sport- und Bewegungsräume.

Im Folgenden sollen die Veränderungen, die sich aus den unterschiedlichen Wandlungsprozessen ergeben, näher betrachtet werden (Kap. 2). Anschließend wird in Kap. 3 analysiert, wie sich diese Veränderungen auf Sportangebot und -nachfrage auswirken. Abschließend werden die zum Teil konvergierenden Tendenzen in der Stadt- und Sportentwicklungsplanung der letzten Jahrzehnte zueinander in Bezug gesetzt (Kap. 4), um die Notwendigkeit eines strategischeren Planungsansatzes abzuleiten (Kap. 5). Dabei soll der Beitrag nicht nur ein Plädoyer für eine strategische Stadt- und Sportentwicklungsplanung sein, sondern auch Denkanstöße für zukünftige Aufgabenfelder liefern.

2 Die Stadt im demografischen, wirtschaftlichen und gesellschaftlichen Wandel

Eine zentrale Determinante heutiger Stadtentwicklung ist, dass es nicht mehr ‚die eine' Stadtentwicklung gibt. Vielmehr herrscht ein diffuses Nebeneinander von wachsenden und schrumpfenden Regionen, Städten und Stadtquartieren – oftmals sogar in ein und derselben Stadt. Die Ursachen sind vielfältig und können sowohl für wachsende als auch für schrumpfende Städte zu drei wesentlichen Aspekten verdichtet werden: demografischen Ursachen, gesellschaftlichen Ursachen und ökonomischen Ursachen.[10]

Dabei ist die gestiegene Attraktivität von (Innen-)Städten für gewisse Zielgruppen unverkennbar[11]: Waren Städte für Bildungswandernde aufgrund ihrer Bildungseinrichtungen schon immer ein primäres Ziel, so entdecken neuerdings auch junge Berufswandernde (vgl. Kap. 2.2) und stadtaffine Haushaltsformen (vgl. Kap. 2.3) die Stadt neu. Eine noch geringe aber stetig wachsende Zielgruppe sind zudem die so genannten *jungen Alten*, die ihre ursprünglichen, nicht barrierefreien Wohnstandorte im suburbanen Umland verlassen und in moderne Stadtquartiere mit besserer nahräumlicher Versorgung ziehen (vgl. Kap. 2.1).

2.1 Die Stadt im demografischen Wandel

Unter dem Begriff des demografischen Wandels werden Veränderungsprozesse in der Bevölkerungsstruktur zusammengefasst, die unbestritten erheblichen Einfluss auf die aktuelle und zukünftige Stadtentwicklung haben bzw. haben werden. Je

9 vgl. Glaeser 2011
10 vgl. Brake 2012
11 vgl. Brake 2012

nach Fachdisziplin werden dem demografischen Wandel unterschiedliche Aspekte zugeordnet, wie z.B. die Veränderung der Familien- und Haushaltsstrukturen oder der Trend zur Individualisierung.[12] Alle Studien befassen sich aber stets mit Schrumpfungs-, Alterungs- und Zuwanderungsprozessen, die im Folgenden näher ausgeführt werden sollen.[13] Weitere Tendenzen werden im Sinne dieses Beitrags eher wirtschaftlichen (vgl. Kap. 2.2) oder gesellschaftlichen Wandlungsprozessen (vgl. Kap. 2.3) zugeordnet.

Ab etwa 2020 wird trotz steigender Lebenserwartung ein *Bevölkerungsrückgang* einsetzen, der zunehmend an Dynamik gewinnt. Hauptursache ist die geringe Fertilitätsrate von 1,4 Kindern pro Frau.[14] Bis 2050 wird die Bevölkerungszahl in Deutschland von derzeit 82 Mio. auf 70–75 Mio. zurückgehen.[15] Dabei wird sich dieser Bevölkerungsrückgang räumlich nicht gleichmäßig vollziehen: Bereits seit 1995 ist die demografische Entwicklung in Städten durch eine Gleichzeitigkeit von Wachstum und Schrumpfung gekennzeichnet.[16] Für die Städte Köln und Düsseldorf wird beispielsweise bis 2030 ein Einwohnerwachstum von ca. 11 % prognostiziert, wohingegen für Städte wie Hagen oder Remscheid ein starker Einwohnerrückgang von über 15 % erwartet wird.[17] Und bereits jetzt sind äußerst kleinräumig ausdifferenzierte demografische Prozesse innerhalb ein und derselben Stadt zu beobachten.[18]

Verstärkt wird der Bevölkerungsrückgang durch eine zunehmende *Alterung* aufgrund der jährlichen Sterbeüberschüsse durch das Hineinwachsen der geburtenstarken Jahrgänge in die hohen Altersgruppen.[19] Dies und die deutlich steigende Lebenserwartung von aktuell 80,8 Jahren bei Frauen bzw. 74,8 Jahren bei Männern auf 93,2 Jahren bei Frauen bzw. 86,1 Jahren bei Männern im Jahr 2050[20] führt jedoch auch zu einer massiven Veränderung in der Altersstruktur der deutschen Bevölkerung: Bis 2030 werden voraussichtlich 17 % weniger Kinder und Jugendliche, dafür jedoch 33 % mehr Über-64-Jährige in Deutschland leben.[21] Auch hier müssen einzelne Räume äußerst differenziert betrachtet werden. So ist die Altersstruktur in städtischen Räumen deutlich ausgeglichener als in ländlichen Regionen.[22]

Aufgrund des positiven Wanderungssaldos auf der einen und der negativen natürlichen Bevölkerungsentwicklung auf der anderen Seite, wird die Bevölkerung

12 vgl. Bürkner et al. 2007, 12
13 vgl. Bürkner et al. 2007; Danielzyk/Wopp 2010; Statistische Ämter des Bundes und der Länder 2011; Gazweiler/Maretzke 2008
14 vgl. Statistische Ämter des Bundes und der Länder 2011, 13 ff.
15 vgl. Wopp/Heinz 2010, 4
16 vgl. Gazweiler/Maretzke 2008, 17
17 vgl. Danielzyk/Wopp 2010, 92
18 vgl. Kaiser/Pohlan 2008; Schmidt 2008
19 vgl. Statistische Ämter des Bundes und der Länder 2011, 16
20 vgl. Danielzyk/Wopp 2010, 93
21 vgl. Statistische Ämter des Bundes und der Länder 2011, 8
22 vgl. Bundesinstitut für Bau-, Stadt- und Raumforschung 2012b, 19

ethnisch immer *heterogener.* Beträgt der Anteil der Menschen mit Migrationshintergrund an der Bevölkerung Deutschlands zurzeit 10 %, so wird dieser Anteil bis 2050 schätzungsweise auf ca. 36 % steigen. Mehr als die Hälfte aller unter 40-Jährigen wird dann nicht mehr deutscher Herkunftssprache sein.[23] Trotz der Wanderungsgewinne und der Zuwanderung von meist jüngeren Personen wird dieser Trend die Alterung und den Bevölkerungsrückgang nicht aufhalten können.[24]

Der demografische Wandel hat dabei direkte Auswirkungen auf die Stadtentwicklungsplanung im Bereich des Sports: Durch den Bevölkerungsrückgang wird es bei der Entwicklung zukünftiger Sportangebote weniger um ein quantitatives Wachstum von Sportanlagen gehen, sondern eher um eine qualitative Optimierung des Vorhandenen.[25] Denn viele der städtischen Sporteinrichtungen und -möglichkeiten entsprechen nicht mehr den Bedürfnissen ihrer Nutzerinnen und Nutzer – sei es aufgrund der veränderten Altersstruktur oder aufgrund veränderter Arbeitsverhältnisse (vgl. Kap. 2.2) und Lebensstile (vgl. Kap. 2.3). Zusätzlich kommt den Sport-, Bewegungs- und Freiräumen von Städten aufgrund (wieder-)entdeckter Leitbilder, wie der *kompakten, durchmischten Stadt* oder der *Stadt der kurzen Wege*, eine besondere Bedeutung zu, wenn es um die nahräumliche Mobilität und Erholung geht.[26]

2.2 Die Stadt im wirtschaftlichen Wandel

Ein bedeutender Aspekt für aktuelle ökonomische Wandlungsprozesse ist die Tatsache, dass Wissen (neben Boden, Arbeit und Kapital) zu einem Produktionsfaktor geworden ist und eine immer entscheidendere Rolle im Prozess der Wertschöpfung spielt. Zugleich werden Güter und Dienstleistungen aufgrund der Digitalisierung immer weiter entmaterialisiert und können über elektronische Netze produziert und gehandelt werden.[27] Durch die Transformation der vormaligen Industrieökonomie in einer *Wissensökonomie* haben sich auch die Beschäftigungsstrukturen und Arbeitsweisen der Menschen grundlegend verändert. Im Jahr 2014 arbeiteten fast 74 % aller Beschäftigten im Dienstleistungssektor.[28] Doch auch innerhalb dieses Wirtschaftssektors kommt es zu starken Wandlungsprozessen: Dominierten früher hauptsächlich haushaltsnahe Dienstleistungen, so bilden heute unternehmensbezogene und wissensintensive Dienstleistungen den Schwerpunkt.[29] Dabei werden in der modernen Gesellschaft *Wissensarbeiter* zur Mehrheit der Arbeitskräfte und spielen zunehmend die Schlüsselrolle in der gesamtwirtschaftlichen Wertschöpfung.[30]

23 vgl. Danielzyk/Wopp 2010, 94
24 vgl. Bürkner et al. 2007, 13 ff.
25 vgl. Steinebach/Esper 2013, 177 f.
26 vgl. Kemper et al. 2012; Heineberg 2014, 147 ff.
27 vgl. Stampfl 2011, 15 f.
28 vgl. Statistisches Bundesamt 2015
29 vgl. Stampfl 2011, 7
30 vgl. Stampfl 2011, 16

Zusätzlich haben sich die Erwerbsorientierung und damit auch die Erwerbstätigkeit von Frauen (insbesondere mit Kindern) deutlich erhöht,[31] was wiederum Auswirkungen auf städtische Lebensformen und das Freizeitverhalten hat (vgl. Kap. 2.3).

Die Arbeitsmärkte der neuen Wissensökonomie sind generell durch gänzlich andere Arbeitsprozesse und -verhältnisse geprägt. Früher vorherrschende vertikale Organisationsformen und sequenzielle, durch Routinearbeiten geprägte Prozesse mit starren Arbeitszeiten werden heute immer weiter durch vernetzte, horizontale Organisationsformen und simultane, durch dynamische Arbeit geprägte Prozesse mit flexiblen Arbeitszeiten ersetzt.[32] So steigt die Zahl atypischer Beschäftigungsverhältnisse (Teilzeit, Befristung, Zeitarbeit etc.) genauso an, wie die Zahl der selbstständigen Tätigkeiten.[33] Die zunehmende Beschleunigung, Dynamisierung und Flexibilisierung der Arbeitsprozesse führt jedoch auch dazu, dass die Grenzen zwischen Arbeits- und Lebenswelten immer weiter verschwimmen – sei es nun durch temporäre Projektorganisation, beschleunigten Job-Wechsel, veränderte Tages- und Lebens-Arbeitszeiten oder stärkere Eigenverantwortung und Selbstvermarktung. Hinzu kommen im privaten Bereich offenere und schneller wechselnde Lebenspartnerschaften, weniger planvolle Nachwuchsgestaltung, reduzierte Familienstrukturen und vielfältigere Verpflichtungen.[34] Es kommt zu einer Subjektivierung von Arbeit und zu einer Verbetrieblichung des Lebens – zu einer *Entgrenzung von Arbeit und Leben.*[35] Diese Entgrenzung der Arbeits- und Lebenswelten führt letztendlich dazu, dass die Organisation des Alltaglebens deutlich anspruchsvoller geworden ist – dazu zählen auch Dinge, wie der sportliche Ausgleich.[36] Denn Projektarbeit oder Arbeit zu untypischen Tages- und Wochenzeiten erschweren die regelmäßige Teilnahme an (vereins-) organisierten Freizeitangeboten.

Die oben geschilderten Auswüchse der Entgrenzung führen mittlerweile zu einem neuen Bedarf der *Rückbettung*[37] in den lokalen Kontext – um allein schon organisatorisch die Dinge zu meistern, die zur alltäglichen Reproduktion erforderlich sind. Hier sei nur als Stichwort die *Work-Life-Balance* erwähnt. Menschen in entgrenzten Arbeits- und Lebenswelten sind besonders an Orten interessiert, die einen problemloseren und unkomplizierten Zugriff auf Angebote des Alltags erlauben.[38] Dazu zählen auch leicht zugängliche, informelle Sport- und Bewegungsräume, die ohne große Verpflichtungen und langfristige Bindung genutzt werden können.

---

31 vgl. Läpple/Stohr 2010, 29f.
32 vgl. Kratzer/Sauer 2005
33 vgl. Statistische Ämter des Bundes und der Länder 2012, 65ff.
34 vgl. Brake 2012, 24
35 vgl. Läpple/Stohr 2010, 33f.; Stampfl 2011, 18f.
36 vgl. Schier et al. 2011
37 vgl. Läpple 2004, 74f.
38 vgl. Brake 2012, 24

2.3 Die Stadt im gesellschaftlichen Wandel

Auch gesellschaftliche Wandlungsprozesse gehen nicht spurlos an unseren Städten vorbei. Besonders deutlich wird dies bei der Anzahl und *Größe der Haushalte*. Schon jetzt sind über 75 % der Haushalte in Deutschland Ein- oder Zwei-Personenhaushalte. Dieser Anteil wird bis 2030 auf über 80 % steigen. Besonders hohe Anteile dieser Haushaltstypen finden sich vor allem in städtischen Räumen.[39] Trotz sinkender Haushaltsgröße nimmt der Flächenverbrauch weiter zu. Denn die Anzahl der Wohnungen steigt rasant: Gab es 1970 lediglich knapp 22 Mio. Haushalte in Deutschland, sind es 2011 bereits über 40 Mio. Bis 2030 wird die Zahl der Haushalte auf 41 Mio. ansteigen, obwohl zeitgleich die Bevölkerung um 6 % schrumpfen wird.[40] Zugleich wandelt sich die *Haushaltsstruktur* deutlich: Während in den 1960ern noch das klassische Bild der bürgerlichen Kleinfamilie mit ein oder zwei Kindern vorherrschte, so trifft man heute äußerst ausdifferenzierte Haushalts- und Familientypen an, die von Singles über Alleinerziehende bis zu Patchwork-Familien reichen können.[41] Auch nomadische oder multilokale Haushalts- und Lebensformen spielen, nicht zuletzt aufgrund veränderter Beschäftigungsverhältnisse (vgl. Kap. 2.2) eine immer wichtigere Rolle.[42]

Aufgrund der bis in die 1980er anhaltenden Wohlstandssteigerung in fast allen Bevölkerungsgruppen, der deutlichen Verkürzung der Arbeitszeit bei Vollerwerb und dem gestiegenen Bildungsniveau kam es zu einem expliziten *Individualisierungsschub* in der deutschen Gesellschaft, der sich nicht zuletzt in den oben beschriebenen Veränderungen der Haushaltsstrukturen äußert.[43] Der Trend zeigt sich jedoch auch in einem kulturellen Wertewandel hin zu individuelleren Werten wie Selbstverwirklichung und Lebensqualität anstatt Gehorsam, Fleiß und Erhalt des Lebensstandards. Persönliche Autonomie erscheint vielen relevanter als die Akzeptanz formaler Autoritäten.[44] Spontanes Engagement und Kurzzeitbündnisse sind attraktiver als langfristige Bindungen und die dauerhafte Erfüllung von Rollenpflichten.[45] Insbesondere Frauen können als Gewinnerinnen des Wandels zu mehr Individualität bezeichnet werden: Im Bildungserfolg haben sie die Männer mittlerweile überholt, im Berufsleben konnten sie große Fortschritte verzeichnen. So können sie mittlerweile selbstbewusst in Partnerschaften gehen und eigene Bedürfnisse und Interessen (z. B. familiäre Arbeitsteilung, Berufswünsche) geltend machen.[46]

39 vgl. Statistische Ämter des Bundes und der Länder 2011, 30 f.
40 vgl. Statistische Ämter des Bundes und der Länder 2011, 32
41 vgl. Glatzer 2013, 395 f.; Meyer 2014, 413 ff./429 ff.
42 vgl. Hilti 2009
43 vgl. Müller/Alleweldt 2013, 629 ff.; Rauterberg 2013, 28 f.; Reich 2013, 24 f.
44 vgl. Böhnke/Delhey 2013:521 ff.; Roßteutscher 2013, 941 ff.
45 vgl. Rauterberg 2013, 28
46 vgl. Geißler 2014, 380 ff.

Neben einer Individualisierung kommt es durch Globalisierungs- und Migrationsprozesse auch zunehmend zu einer *Pluralisierung* der Lebensformen und Diversität der Kulturen.[47] Dabei definiert man sich nicht mehr ausschließlich über den sozialen Status (in Form sozialer Schichten) und eine bestimmte Wertehaltung (in Form sozialer Milieus), sondern rückt zusätzlich expressiv-ästhetische Orientierungen ins Zentrum seines Handelns und verfolgt einen bestimmten Lifestyle oder eine bestimmte Inszenierung – je nach eigenem Lebensabschnitt.[48] Gerade diese Mehrdimensionalität an Lebensformen und das höhere Maß an Individualität führen insbesondere im Bereich von Sport und Bewegung zu einer stark veränderten Nachfragesituation. Gestiegener Anspruch in der Freizeitgestaltung bei gleichzeitiger Flexibilität und erhöhte Mobilität wirken sich maßgeblich auf eine deutlich ausdifferenzierte Nachfrage aus. Insbesondere die qualitative Dimension des Sports (spezielle und individuelle Angebote) gewinnt dadurch an Bedeutung.[49] Zugleich gibt es aufgrund der Komplexität und Beschleunigung des Alltags ein neues Verlangen nach ungeregelten Räumen – Räumen, die nicht sofort einer bestimmten Funktion zuzuordnen sind.[50] Spätestens hier wird deutlich, dass Sportentwicklungsplanung viel mehr sein muss, als eine reine sektorale Fachplanung für formale, standardisierte Sportanlagen. Sie muss in eine städtische Gesamtstrategie eingebunden werden, die auf die neuen Freizeit- und Bewegungsmuster der Bewohner abzielt.

3 Neue Anforderungen an den Sport in der Stadt

Sport findet also überall statt – in Städten ebenso wie in ländlichen Räumen. Städte als Orte, in denen Trends gemacht werden und in denen sich Entwicklungen manifestieren, verdienen jedoch besondere Aufmerksamkeit, so man sich mit der Gegenwart und Zukunft von Sport und Kommunen beschäftigt. Verschiedenen Untersuchungen zufolge treiben rund 40–50 % der Deutschen regelmäßig Sport[51], wobei der Leistungssport allerdings nur einen geringen Anteil einnimmt. Geht man von einer Stadt mit 250.000 Einwohnern aus, so treiben dort laut Statistik also mehr als 100.000 Personen Sport. Die Palette von Möglichkeiten, dem Sport nachzugehen, reicht in Städten von einer großen Anzahl von Sportvereinen (Köppen spricht von mehr als 90.000 Sportvereinen in Deutschland[52]) und kommerziellen, gewinnorientierten Sportangeboten (zum Beispiel Fitnessstudios, Fitnessclubs, Wellnesszentren) über informelle Angebote wie Lauftreffs bis hin zu Angeboten privater und öffentlicher Organisationen wie Volkshochschulen und Jugendzen-

47 vgl. Reich 2013, 25
48 vgl. Otte 2013, 541 ff.; Geißler 2014, 93 ff.
49 vgl. Steinebach/Esper 2013, 179
50 vgl. Rauterberg 2013, 37 ff.
51 vgl. Deutscher Olympischer Sportbund 2007; Wopp et al. 2006
52 vgl. Köppen 2012, 22

tren. Die kommunalpolitische Bedeutung des Sports lässt sich erahnen, wenn berücksichtigt wird, dass die Kommunen in Trägerschaft von rund 60 % der Sportstätten in Deutschland sind.[53]

3.1 Wandel der Sport- und Bewegungsgewohnheiten

Generell haben sich die Sport- und Bewegungsgewohnheiten stark gewandelt.[54] Neben klassischen Mannschaftssportarten wie Fuß- oder Handball, treten vielfach Individualsportarten, oft in Kombination mit so genannten Trendsportarten (Joggen, Nordic Walking, Longboarding etc.) auf. Seit einigen Jahren ist ein Trend erkennbar, der sich in selbstorganisierten, informellen und eigenverantwortlich ausgeübten sportlichen Aktivitäten jenseits der Kernsportstätten und klassischen Vereinsstrukturen niederschlägt.[55] Diesem Trend zur Seite steht die herausragende Rolle kommerzieller Fitnessangebote[56] jeglicher Couleur.

Ein (noch) kleiner Gegentrend ist in der Rückbesinnung zum organsierten Sport zu sehen. Gründe könnten in der Suche nach Einbettung in eine Gemeinschaft Gleichgesinnter, aber auch in der kostengünstigeren Alternative gegenüber kommerziell ausgerichteten Angeboten liegen.[57] Inwiefern sich dieser Gegentrend jedoch durchzusetzen vermag, bleibt mit Hinsicht auf die sozialen, demografischen und wirtschaftlichen Wandlungsprozesse fraglich. Die Tendenz zur *Individualisierung* des Sports (analog zu anderen gesellschaftlichen Individualisierungstendenzen, vgl. Kap. 2.3) besteht allerdings ungebrochen. Ein Kennzeichen dieser Tendenz ist die *Pluralisierung* der Sportarten (ähnlich zu der Pluralisierung der Lebensstile, vgl. Kap. 2.3) im Zusammenspiel mit dem so genannten „Sporthopping"[58]. Ebenso als Kennzeichen dieses Trends zu werten ist die permanente Entstehung neuer (z. B. Parkour, Slack-Lining) und die Fortentwicklung oder Vermischung bereits bekannter Sportarten (bspw. Frisbee-Golf). Mit dem einher geht die Bedeutungszunahme neuer sozialer, auf den Sport ausgerichteter Zusammenschlüsse (Lauftreffs, Freizeitmannschaften etc.) – ganz im Sinne der in Kap. 2.3 erwähnten Kurzzeitbündnisse. Als Nebenerscheinung des Individualisierungstrends im Sport kann die Erosion bislang im Vordergrund stehender Werte angesehen werden: Leistung, Wettkampf und Disziplin[59] treten zugunsten der Erfahrung des Körpers als sinn- und identitätsstiftendes Medium in den Hintergrund.[60] Die Nachfrage nach gesundheits-, ausdauer- sowie wellnessorientierten Angeboten,

53 vgl. Statistisches Bundesamt 2011, 189; Steinebach 2012, 299
54 vgl. Drews 2012, 310
55 vgl. Gugutzer 2008, 93 f.
56 vgl. Köppen 2012, 23
57 vgl. Köppen 2012, 25
58 Baur/Burrmann 2005
59 vgl. Gugutzer 2008; Alkemeyer 2007
60 vgl. Köppen 2012, 25

für die das „Herstellen sozialer Bezüge nicht [mehr] zwingend erforderlich ist“[61], steigt hingegen.

Die zuvor genannten Punkte zeugen von einem Bedeutungsverlust des organisierten und leistungsorientierten Sports. Doch die Entwicklung der Sportgewohnheiten hin zu einer selbstverantwortlichen, individualisierten Ausübung bringt mit sich, dass für ihre Durchführung weder eine explizit dafür ausgewiesene „Sportanlage[,] noch eine langfristig bindende und zugleich verpflichtende Vereinsmitgliedschaft erforderlich ist“[62]. Gerade vor dem Hintergrund entgrenzter Lebens- und Arbeitswelten (vgl. Kap. 2.2) erscheint dieser Trend als eine klare Folge gesamtgesellschaftlicher Entwicklungen. Nichtsdestotrotz nehmen die Sportvereine in Deutschland noch immer eine herausragende Rolle ein. Trotz stagnierender bzw. rückläufiger Mitgliederzahlen sind die meisten Sporttreibenden in Deutschland noch immer in Vereinen organisiert.[63] Auch hinsichtlich der Gestaltung aktueller Handlungsfelder in der Stadtentwicklung spielen die Sportvereine eine Rolle. Durch deren flächendeckend gut aufgestelltes System, stellen diese einen „bislang unterschätzten Akteur der Stadtentwicklung“[64] dar. Kooperationen zwischen Sportvereinen und Kommunen (mit Schulen, Kindergärten, Gesundheits-, Jugend- und Sozialämtern) sind keine Seltenheit. Differenzierte Angebote für verschiedene Zielgruppen (Kinder, Frauen, Menschen mit Migrationshintergrund, Menschen mit Behinderung) dienen der Gesundheitsvorsorge und der Integration, das Sportangebot von Vereinen erhöht die städtische Lebensqualität und wirkt „Spaltungstendenzen in den Städten entgegen“[65]. Zudem dienen die sportinfrastrukturellen Einrichtungen als Identifikationsorte von Städten oder Stadtteilen und fungieren als Treffpunkte für die Stadtgesellschaft.

3.2 Raumbedeutsamkeit des Sports in der Stadt

„Sport braucht Räume“.[66] Bewegung im weiteren und Sport im engeren Sinne benötigen physischen Raum, um ausgeübt werden zu können. Je nach Art des Sports bedarf es spezifischer oder unspezifischer Räume. Vorstrukturierte, ausgewiesene Sporträume sowie informelle, alltägliche Bewegungsräume sind in Städten allgegenwärtig. Stadien, Schwimmbäder, Sporthallen gelten ebenso wie der öffentliche Raum im Allgemeinen als Orte, an denen Sport, Bewegung und Spiel stattfindet. Menschen eignen sich Räume und Orte als Sporträume an, zweckentfremden sie, machen sie sich zu eigen, temporär oder permanent (vgl. Kap. 2.3). Beispielsweise eignen sich skateboardende Jugendliche Räume in der Stadt an

61 Wopp/Tibbe 2010, 4
62 Drews 2012, 310
63 vgl. Steinebach et al. 2012, 24
64 Klages 2014, 56
65 Klages 2012, 57
66 Wäsche 2014, 7

und betreiben *Place-Making*[67] indem sie – neben der Nutzung des gesamten versiegelten Stadtraums – brachgefallene Flächen oder Gebäude in Eigenregie zu Skating-Räumen umfunktionieren. Ganz im Sinne eines „Urbanismus von unten"[68] verwandeln sie Nicht-Orte[69] durch stadtgestaltende Praktiken in Bewegungsräume.[70] Gleiches gilt für Parkour, bei dessen Ausübung der gesamte Stadtraum zur Bewegungsbühne wird.

Sport zeichnet sich folglich durch eine hohe Raumbedeutsamkeit aus. Zwischen Sporttreibenden und Raum findet Reziprozität statt. Der spezifische Ort ermöglicht dem Menschen, sich sportlich zu betätigen – der Mensch macht den Ort zu einem Sportraum.[71] Ganz im Sinne des *spatial turn* in den Sozialwissenschaften, ist es mittlerweile üblich, den Raum als sozialen Interaktionsraum anzuerkennen, der sich immerwährend aus Relationen zwischen den sich in ihm befindlichen Subjekten und dem physischen Raum als einer Anordnung von sozialen Gütern ergibt. Räume des Sports ergeben sich folglich aus physischen Raumstrukturen, aus Aktivitäten, die in diesen Strukturen stattfinden[72] sowie über Syntheseleistungen (Vorstellungs-, Wahrnehmungs- und Erinnerungsprozesse von Individuen über diese Räume).[73] Diese Sport- und Bewegungsräume schließen auch die Aneignung des direkten Wohnumfelds mit ein (vgl. Abb. 1). In Städten verändern sich Sport- und Bewegungsaktivitäten laufend, „wodurch auch städtische Plätze, Parks oder Straßen performativ neu konturiert werden".[74] Im Idealfall kann von einer Ubiquität von Sportflächen im Stadtraum gesprochen werden, in dem lediglich kurze Wege zur Erreichung von Möglichkeitsräumen zur Sportausübung notwendig sind. Stadt- und Sportfläche, öffentlicher Raum inklusive der ihm ursprünglich zugedachten Nutzungsart und Orte des Sports überlagern sich und erhalten eine zusätzliche Funktion. Nebenprodukt dieser Entwicklung ist eine Belebung und Rückbesinnung auf die Qualitäten des öffentlichen Raums, insofern es nicht zu gravierenden Nutzungskonflikten kommt.[75]

---

67 vgl. Lange 2007, 35 f.
68 Rauterberg 2013
69 Augé 2010
70 vgl. Peters 2014, 43
71 vgl. Wäsche 2014, 7
72 vgl. Balz/Kleine 2014, 13
73 vgl. Löw 2001, 158 ff.
74 Renout 2014, 24
75 vgl. Drews 2012, 310 ff.

Abb. 1: An welchen Orten wird in Städten Sport getrieben? (eigene Darstellung an Anlehnung an Eckl et al. 2013,18)

Datenquelle: Sportverhaltensstudie ikps, 22 Städte

Vielfach wird von einer Renaissance des öffentlichen Raums als Ort für private und freizeitliche Betätigungen gesprochen. Dies steht jedoch dem ökonomischen Verwertungsdruck vieler haushaltsklammer Kommunen für vorhandene Freiflächen gegenüber.[76] Öffentliche Freiräume in Städten, die durch Bespielung zu Sporträumen werden, sind daher ein rares Gut. Ein bedarfsgerechtes Angebot einerseits an klassischen Sportstätten sowie auch Freiräumen, die Sport und Bewegung ermöglichen, ist – auch aufgrund des zunehmenden Gesundheitsbewusstseins in der Bevölkerung – ein wichtiges Standortmerkmal[77], das dazu beitragen kann, dass sich Städte und Kommunen im Wettbewerb um Einwohner behaupten können.

Die jeweilige Nutzung von Räumen als Sport-, Bewegungs- und Spielräume ist abhängig von den verschiedenen Nutzergruppen wie Kindern, Jugendlichen, Er-

76 vgl. Kähler 2014, 267 nach Hoffmann/Gruehn 2010
77 vgl. Steinebach 2012, 299

wachsenen, Senioren und deren spezifischen soziodemographischen Merkmalen. Senioren haben beispielsweise andere Ansprüche an ihre Bewegungsräume als Kinder und Jugendliche und nicht immer sind diese Räume ohne weiteres kombinierbar.[78]

Ältere Menschen sind – so wie jede andere Gruppe von Individuen – differenziert zu betrachten, es gibt jedoch einige Merkmale, die auf diese Gruppe im Allgemeinen zutreffen. Senioren haben höhere Ansprüche an die Sicherheit ihrer Umgebung und sind bewegungsängstlicher als jüngere Menschen. Dennoch kann die Mehrheit der Senioren in Deutschland als körperlich fit angesehen werden.[79] Allerdings fehlt es gerade in Städten an geeigneten Bewegungsräumen für ältere Personen – vor allem auf Quartiersebene. Fitness- und Bewegungsparcours (sog. Seniorenspielplätze, vgl. Abb. 2) im öffentlichen Raum entstehen nach und nach, sollten jedoch gewisse Merkmale aufweisen, um die Nutzung durch Senioren wahrscheinlicher zu machen. So sollten Ruhemöglichkeiten im Schatten ebenso vorhanden sein wie ein Sichtschutz, der die Nutzungsschwelle senkt. Nicht zuletzt sollten sie Barrierefreiheit, eine hohe Toleranz gegen Vandalismus, eine gute Erreichbarkeit und eine verständliche Beschilderung aufweisen.[80] Generell wird der Aktionsraum von Menschen mit zunehmendem Alter eher kleiner. Eine gute Erreichbarkeit potenzieller Bewegungsräume im näheren räumlichen Umfeld ist daher wünschenswert, auch um Vereinsamung entgegen- und auf ein weiterhin selbstbestimmtes Leben hinzuwirken.

Abb. 2: Bewegungsparcours am nördlichen Ringgleis in Braunschweig (eigenes Foto)

78 vgl. Schuh 2009, 22 f.
79 vgl. Schuh 2009, 20
80 vgl. Schuh 2009, 22

3.3 Weitere Impulse für die Stadtentwicklung

Neben ihrer Raumbedeutsamkeit können Sport und Bewegung wichtige Impulse zur generellen Stadtentwicklung hinsichtlich des demografischen, wirtschaftlichen und gesellschaftlichen Wandels einnehmen. Gerade in Hinsicht auf die immer älter und heterogener werdende Bevölkerung (vgl. Kap. 2.1) können sportliche Aktivitäten zur Steigerung und Erhaltung sowohl der körperlichen als auch der geistigen Leistungsfähigkeit der Stadtbevölkerung beitragen. Gleiches gilt für die Prävention von Entwicklungsproblemen bei Kindern und Jugendlichen[81] und die generelle positive Wirkung von körperlicher Bewegung auf die psychische Gesundheit.[82] Neben den auf individueller Ebene positiven Effekten von Sport, ist zudem dessen Integrationswirkung und Minimierungspotenzial sozialer Distanzen ein nicht zu unterschätzender Faktor für städtische Entwicklungen.[83] Hinsichtlich des Stadtimages ist anzumerken, dass Sportmannschaften Orte repräsentieren und demnach der Sport in starker Weise sowohl zur Identifikation der Bewohnerschaft mit ihrem Wohnort beiträgt als auch das Fremdbild von Städten prägt.[84]

Direkte ökologische Effekte von Sport und Bewegung in Städten sind tendenziell eher negativ (Umweltverschmutzung durch Müll, erhöhte Mobilität mit dem MIV, Überbeanspruchung von Naherholungsgebieten), es können jedoch indirekt positive Effekte entstehen, wenn es durch die Anlage von öffentlichen Frei- und Grünflächen zu einer Auflockerung der Bebauungsstruktur und somit zu verbesserten stadtklimatischen Bedingungen[85] sowie neuen Biotopen für Flora und Fauna kommt.

Aus stadtökonomischer Sicht sind Effekte des Sports und der Bewegung nur schwer greifbar, sie sind aber beispielsweise direkt am Einzelhandel in Bezug auf Ausrüstung für verschiedene Sportarten ablesbar.[86] Die zum Teil mit erheblichen wirtschaftlichen und sozialen Risiken verbundene Durchführung von Sport(-groß-)Veranstaltungen mit ihren Folgeeffekten (Multiplikatoreffekte, Steuereinnahmen, aber auch Subventionen) sowie der Sporttourismus im Allgemeinen verdeutlichen die enorme ökonomische Bedeutung des Sports für Städte.[87]

4 Evolution von Stadt- und Sportentwicklungsplanung

Gegenstand der Stadtentwicklungsplanung ist die Fort- und Weiterentwicklung einer Stadt in ihrer Gesamtheit. Das heißt: Stadtentwicklungsplanung beschränkt sich nicht nur auf Teilbereiche einer Stadt oder sektorale Teilbereiche städtischer Aufgaben, sondern hat die Verzahnung aller Aspekte des Komplexes Stadt im Blick.

81 vgl. Institut für Landes- und Stadtentwicklungsforschung 2001, 16 ff.
82 vgl. Steinebach 2012, 299 nach Wagner 2006
83 vgl. Gans et al. 2003, 97
84 vgl. Bale 2000
85 vgl. Steinebach 2012, 300
86 vgl. Meng/West 2012, 12
87 vgl. Steinebach 2012, 300; Gans/Horn 2012, 4

Im Idealfall setzt die Stadtentwicklungsplanung den Rahmen für alle anderen kommunalen Planungen.[88] Sportentwicklungsplanung sollte in diesem Sinne also stets ein Teilaspekt der Stadtentwicklungsplanung sein. Doch was genau ist unter Sportentwicklungsplanung zu verstehen? Neben dem zentralen Aspekt der Sport*raum*entwicklungsplanung, die sämtliche Planungen für Sport- und Bewegungsräume umfasst, sind weitere Teilbereiche vom Sportverhalten über Sportorganisationsformen bis hin zu Finanzierungs- und Fördermöglichkeiten ein wichtiger Bestandteil. Dabei ist zu berücksichtigen, dass Sport nicht nur im engeren Sinne auf bestimmte *Sportarten* reduziert werden kann (auf die viele der normierten und standardisierten Sportanlagen zugeschnitten sind), sondern im weiteren Sinne auch verschiedene *Sport- und Bewegungsformen* (mit sehr individuellen und vielfältigen Zielen und Organisationsformen) umfasst.[89] Hier ist die Grenze zu anderen sektoralen Fachplanungen, wie z.B. der Freiraum- und Grünflächenplanung, fließend.

Die Erkenntnis, dass Sportentwicklungsplanung ein so umfassendes Aufgabenspektrum abbildet, ist jedoch erst in jüngerer Vergangenheit gereift. Ebenso wie bei der Stadtentwicklungsplanung durchlief die Sportentwicklungsplanung einen evolutionären Prozess, der im Folgenden zum besseren Verständnis der Notwendigkeit einer strategischen Stadt- und Sportentwicklungsplanung kurz dargelegt werden soll. Dazu wird der Versuch unternommen, den Wandel des Planungsverständnisses seit den 1960er Jahren mit den unterschiedlichen Tendenzen der Sportentwicklungsplanung zu verknüpfen.

4.1 Rationales, koordinierendes Planungsverständnis der 1960/70er

Die Evolution des Planungsverständnisses kann auf unterschiedliche Weise analysiert werden. So beschreibt Albers den Wandel als eine sequenzielle Abfolge von *Phasen*[90], während Selle eher von aufeinander aufbauenden *Schichten* spricht, die sich mit jeder weiteren Schicht ergänzen.[91] Die beiden Modelle stehen nicht unbedingt in Konkurrenz zueinander, sondern ergänzen sich in vielerlei Hinsicht. So herrschte im Zeitraum von 1960 bis 1980 in Deutschland eine Phase vor, die von Albers als *Entwicklungsplanung* bezeichnet wird.[92] Als wesentliche Neuerung im Planungsverständnis galt dabei die Einsicht, dass Veränderungen nicht aus sich selbst heraus entstehen, sondern hierarchisch gesteuert werden müssen und damit die Formulierung von Zielen notwendig ist. Räumliche Planung hatte *koordinierenden Charakter* und sollte durch integrierte, langfristige Maßnahmen die Entwicklung von Wirtschaft und Gesellschaft steuern.[93] Die Folge war die Erstellung

88 vgl. Streich 2011, 540
89 vgl. Bundesministerium für Verkehr, Bau und Stadtentwicklung 2011, 73
90 vgl. Albers 1993
91 vgl. Selle 1995
92 vgl. Albers 1993, 99
93 vgl. Selle 1995, 237

großer Entwicklungspläne, die dem Prinzip einer rationalen Planbarkeit unterlagen und hauptsächlich auf den Ausbau der städtischen Infrastruktur anhand von Plan- und Kennzahlen ausgerichtet waren: Planungsentscheidungen beruhten angesichts der Fülle abzuwägender Gesichtspunkte immer auf einem Auswahlvorgang verschiedener Handlungsalternativen, die auf der Grundlage jeweils zu bestimmender Kriterien zu prüfen waren. Die Stadt wurde als System erfasst und versucht im mathematischen Modell abzubilden.[94]

In dieser Phase der *Planungseuphorie* war auch ähnliches in der Sportraumentwicklungsplanung zu beobachten. Gemäß dem Wunsch nach einer rationalen Planung wurden von der Deutschen Olympischen Gesellschaft in den Memoranden zum *Goldenen Plan* für Gesundheit, Sport und Erholung Richtwerte zur Ermittlung des Bedarfs an Sportstätten vorgegeben, die viele Kommunen übernahmen. Sportstättenbedarf wurde also, ebenso wie andere Infrastrukturen, versucht über rationale Modelle zu ermitteln. Eine international einmalige Sportstätteninfrastruktur war die Folge, die jedoch qualitativ überwiegend am Bedarf des Wettkampfsports orientiert und durch normierte und standardisierte Sportanlagen geprägt war.[95]

Schon bald musste jedoch festgestellt werden, dass die Steuerbarkeit sozialer und wirtschaftlicher Entwicklungen durch Planung überschätzt worden war. Reine Richt- und Planwerte reichten nicht aus, um die tatsächlichen Bedarfe am Sportangebot (das zudem über reine Wettkampfstätten hinausgehen muss) zu ermitteln. Spätestens seit den 1990er Jahren entsprach die Sport-Infrastruktur daher nicht mehr den Sportgewohnheiten und Freizeitansprüchen vieler Menschen.[96] Zudem trat ein reibungsloses Ineinandergreifen der Entwicklungsmaßnahmen nicht ein.[97] So wurden stattdessen in zahlreichen Kommunen eher sektorale Entwicklungspläne für einzelne Fachbereiche aufgestellt[98] – also weit entfernt vom Anspruch einer integrierten Stadtentwicklungsplanung.

4.2 Inkrementalistisches, kooperatives Planungsverständnis der 1980/90er

Auf die Planungseuphorie folgte daher bald Ernüchterung, die ab den 1980er Jahren in Planungspessimismus und Deregulierung umschlug.[99] Der Glaube an eine koordinierte Gesamtsteuerung wurde aufgegeben. Man strebte vielmehr Verbesserungen durch überschaubare, punktuelle Problemlösungen an.[100] Infolgedessen wandte man sich vom Konzept einer integrierten Entwicklungsplanung ab. An die Stelle von

94 vgl. Albers 2006, 49
95 vgl. Bundesministerium für Verkehr, Bau und Stadtentwicklung 2011, 18
96 vgl. Bundesministerium für Verkehr, Bau und Stadtentwicklung 2011, 18
97 vgl. Albers 1993, 101
98 vgl. Bundesministerium für Verkehr, Bau und Stadtentwicklung 2011, 21
99 vgl. Selle 2013, 2
100 vgl. Kühn 2008, 232

komplexen, langfristig angelegten Programmen traten überschaubare, mittelfristig angelegte Projekte, die schnelle Realisierbarkeit versprachen. Dazu gehörte auch eine räumliche Schwerpunktbildung anstelle flächenhafter Planung.[101] Besonders beliebte Instrumente der Stadtentwicklung sind seit dem vor allem Großereignisse wie Weltausstellungen, Olympische Spiele oder Internationale Bauausstellungen, durch die selbst in Zeiten knapper kommunaler Kassen schneller öffentliche und private Gelder mobilisiert werden können – man kann hier auch von einer *Festivalisierung der Planung* sprechen.[102]

Dies zeigte sich auch in der Sportraumentwicklungsplanung, die sich (besagte Großprojekte wie z. B. Olympische Spiele ausgenommen) zum einen auf eher kleinteilige, förderfähige Projekte konzentrierte, zum anderen von der richtwertbezogenen Methode der 1960er Abstand nahm und einen eher verhaltensorientierten Ansatz verfolgte: Der Bedarf an Sportanlagen wurde vor allem mit Hilfe von Bevölkerungsbefragungen ermittelt und anschließend mittels einer Bestands-Bedarfs-Bilanzierung entsprechende Maßnahmen und Handlungsempfehlungen erarbeitet.[103] Allerdings war die Sportstättenentwicklungsplanung aufgrund der inkrementalistischen und kleinteiligen Planungen in kein Gesamtkonzept der Stadtentwicklung eingebunden und somit eher eine sektorale Fachplanung.[104] Hinzu kommt, dass durch den verhaltensorientierten Ansatz keine wirkliche Strategie verfolgt wurde, sondern lediglich der aktuelle Bedarf der Bevölkerung im Fokus stand.

Zeitgleich lässt sich der Stadtentwicklungsplanung ebenfalls eine Tendenz zu mehr kooperativen Handeln erkennen.[105] Man spricht auch vom *communicative turn* in der Planung, der auf eine vereinheitlichte Konsensbildung durch die gleichmäßige Einbeziehung sämtlicher Akteure abzielt. Der Planungsprozess soll so gesellschaftlich besser legitimiert werden[106] und sich von einer autoritären Fachdisziplin zu einem Teil eines interaktiven Modells zwischen Staat, Markt und Gesellschaft wandeln.[107] Ähnliches ist auch in der Sportraumentwicklungsplanung durch den Ansatz der kooperativen Sportentwicklungsplanung zu beobachten, bei der die Vorstellungen und Interessen aller Stakeholder durch die Bildung von Planungsgruppen eingebunden werden sollen, die am Planungsprozess beteiligt sind und die Umsetzungsmaßnahmen begleiten.[108]

---

101 vgl. Ganser 1991, 59 f.
102 vgl. Selle 2005, 231
103 vgl. Bundesministerium für Verkehr, Bau und Stadtentwicklung 2011, 18
104 vgl. Bundesministerium für Verkehr, Bau und Stadtentwicklung 2011, 19
105 vgl. Selle 1995
106 vgl. Altrock et al. 2004, 194
107 vgl. Stein 2015, 225
108 vgl. Bundesministerium für Verkehr, Bau und Stadtentwicklung 2011, 19

5 Neue Anforderungen an Stadt- und Sportentwicklungsplanung

Aufgrund knapper Kassen, inkrementalistischer Förderpraxis sowie der sich von Jahr zu Jahr hinziehenden Kürzungsdebatte haben die meisten Träger in vielen Kommunen wenige Möglichkeiten bedarfsgerecht, mittelfristig und vor allem strategisch zu planen. Stattdessen müssen sie sich pragmatisch an den Vergabebedingungen der noch erreichbaren Fördertöpfe orientieren. Doch aufgrund des globalen Städtewettbewerbs und der umfassenden demografischen, wirtschaftlichen und gesellschaftlichen Transformationsprozesse (vgl. Kap. 2), ist eine strategische Ausrichtung der Stadtentwicklungspolitik wichtiger denn je! Denn mit der steigenden Komplexität räumlicher Zusammenhänge stößt ein inkrementalistisches Planungsverständnis immer mehr an seine Grenzen.[109] „Die Kritik an der projektorientierten Planung bezog sich vor allem auf den Steuerungsverzicht zur Lösung komplexer und struktureller Probleme, die fehlende Einbettung und Gefahr der Verselbstständigung von Projekten, die Orientierung an kurzfristigen Einzelinteressen der Akteure. Der Inkrementalismus wurde insgesamt als resignierte Anpassung an den Status quo charakterisiert".[110]

Seit den späten 1990er Jahren lässt sich daher eine neue Tendenz im Planungsverständnis erkennen. So spricht Ritter z. B. von einer „Rückbesinnung auf die strategische Einbettung der Stadtpolitik"[111] oder Frey et al. gar von einer „Rückkehr der großen Pläne"[112]. Doch was ist das Neue an strategischer Stadtentwicklungsplanung? Wie unterscheidet sie sich gegenüber der integrierten Entwicklungsplanung der 1960er? Zum einen wird der Integrations-Anspruch früherer Entwicklungspläne zugunsten einer *Selektivität von Schlüsselthemen* aufgegeben.[113] Diese Schlüsselthemen können je nach strategischer Ausrichtung der Stadt differieren. Der deduktive Charakter komprehensiver Planung wird zugunsten eines iterativen Wechselspiels von *Orientierung und Umsetzung* aufgegeben: Projekte können aus Leitbildern abgeleitet werden, Leitbilder können aus Projekten entstehen.[114] Die Orientierung erfolgt dabei nicht mehr über kleinteilige Zielkataloge, sondern über *Visionen und Leitbilder*. Und die Umsetzung findet schließlich nicht mehr flächendeckend im Gesamtraum statt, sondern über eine überschaubare Anzahl von *Leitprojekten* mit Leuchtturmcharakter.[115]

Ähnlich wie bei der Abkehr von kleinteiligen Projekten in der Stadtentwicklungsplanung wendet sich auch die Sportentwicklungsplanung umfassenderen Zusammenhängen zu. Das Konzept einer problemorientierten, dialogischen Sport-

---

109 vgl. Ritter 2006, 133
110 vgl. Kühn 2008, 232
111 vgl. Ritter 2006, 134
112 vgl. Frey et al. 2003, 13
113 vgl. Kühn 2008, 233
114 vgl. Kühn 2008, 233
115 vgl. Kühn 2008, 233

entwicklungsplanung geht von einem weiten Begriffsverständnis des Sports aus, wonach auch vielfältige Bewegungs-, Spiel- und Sportformen berücksichtigt werden. Sporträume bilden zwar noch immer eine zentrale Rolle, aber neben Aspekten wie Sportverhalten, Organisationsformen der Sportausübung, Finanzierung und Förderung nicht mehr die einzige. Neben Quantitäten werden Kriterien zur Sportraumqualität, wie z.B. Zielgruppenorientierung, Wohnungsnähe, Barrierefreiheit, Veränderbarkeit etc. herangezogen.[116]

Zukunftsfähige Stadt- und Sportentwicklungsplanung muss daher sowohl multisektoral als auch querschnittsorientiert arbeiten. Dazu gehört auch eine Integration sämtlicher Akteure – seien es nun verschiedene Fachressorts oder Stakeholder aus dem wirtschaftlichen oder zivilgesellschaftlichen Bereich. Entwicklungskonzepte sollen dabei keine starren ‚Pläne der Pläne wegen' sein, sondern flexibel auf nicht prognostizierte Veränderungen reagieren können. Sie müssen Entwicklungsstrategien beinhalten, statt einzelne Maßnahmen aufzulisten. Unabdingbar ist daher auch die Nutzung und Anregung von Netzwerken. Wissen und Erfahrung externer und interner Akteure in geeignete Kooperationsformen zu bringen wird dabei die zentrale Herausforderung sein.[117] Doch trotz der Erkenntnis, dass öffentliche Bewegungs- und Sporträume gerade in Zeiten des demografischen Wandels und der Veränderung in den Nachfragestrukturen, eine enorme Wichtigkeit haben, „mangelt es [...] im öffentlichen Raum immer noch an Bewegungsräumen, die den zeitgemäßen Bedürfnissen der jeweiligen Nutzergruppen angepasst sind".[118] Dies gilt insbesondere für jüngere und ältere Menschen.[119]

Ein wichtiges Feld wird zukünftig die verstärkte Ausrichtung öffentlicher Räume als multifunktional nutzbare Orte für individuellen aber auch vereinsgebundenen Sport sein.[120] Dies sollte auch im Sinne einer Stadt der kurzen Wege und unter dem Ziel der Vermeidung motorisierten Individualverkehrs auf Quartiersebene geschehen. Hinsichtlich bereits vorhandener Kernsportstätten wird es darum gehen, diese aus ihrer Mono- in eine Multifunktionalität zu überführen und das Augenmerk weniger auf die quantitative als vielmehr auf die qualitative Optimierung zu legen.

Gerade im Hinblick auf die differenzierten Anspruchs- und Zielgruppen, den zunehmenden Bedeutungsgewinn von informellen Sport- und Bewegungsräumen gegenüber standardisierten Sportstätten und die Relevanz des Sports als Imageträger im Städtewettbewerb ist es notwendig, Sport stärker von der sektoralen Sportraum- und Sportentwicklungsplanung zu lösen und in eine integrierte Gesamtstrategie zu überführen. Dies setzt ein weniger sektorales als vielmehr ganzheitliches, interdisziplinäres Denken und Handeln in der Verwaltung voraus, um die differenzierten Herausforderungen, die die vielfältigen Wandlungsprozesse

116 vgl. Bundesministerium für Verkehr, Bau und Stadtentwicklung 2011, 19
117 vgl. Reiß-Schmidt 2006, 161f.
118 Schuh 2009, 20
119 vgl. Kähler 2014, 269
120 vgl. Steinebach 2012, 302

hervorbringen, aufzuarbeiten und diesen gerecht zu werden. Beispielsweise sind die Grenzen zwischen Grünflächen-, Freiraum-, Verkehrsplanung hinsichtlich der Sport- und Stadtentwicklung fließend.

Zusätzlich gilt es, sowohl die Organisation der Sportvereine als auch deren Angebote weiterhin anzupassen. Das schließt mit ein, Herausforderungen wie die Alterung der Gesellschaft oder die verstärkte Zuwanderung als Chancen zu verstehen. In diesen Zusammenhängen erscheint es unerlässlich, Sportvereine und intermediäre Organisationen, die sich mit Sport und Bewegung befassen, mehr als bisher als strategische Partner der Stadtentwicklung zu verstehen und ihre sozialen Potentiale zu nutzen. Dabei müssen vor allem die vielfach vorhandenen Synergieoptionen von Sport- und Stadtentwicklungsplanung stärker genutzt und eine engere Verknüpfung der Planungen eingegangen werden. Weniger Sportstätten, sondern vielmehr der öffentliche Raum muss im Fokus zukünftiger Zielfindungs- und Umsetzungsverfahren stehen. Insbesondere der nahräumlichen Mobilität sowie den Erholungs- und Bewegungsmöglichkeiten kommt dabei in Zeiten entgrenzter Lebens- und Arbeitswelten und des demografischen Wandels eine besondere Bedeutung zu.

Literaturverzeichnis

Albers, Gerd (1993): Über den Wandel im Planungsverständnis. In: RaumPlanung, Jg. 1993 (61), S. 97–103

Albers, Gerd (2006): Zur Entwicklung des Planungsverständnisses. In: Selle, Klaus (Hrsg.): Zur räumlichen Entwicklung beitragen: Konzepte. Theorien. Impulse. Dortmund: Rohn (= Planung neu denken, Bd. 1), S. 43–55

Alkemeyer, Thomas (2007): Aufrecht und biegsam: Eine politische Geschichte des Körperkults. In: Aus Politik und Zeitgeschichte, Jg. 2007 (18), S. 6–18

Altrock, Uwe / Güntner, Simon / Kennel, Corinna (2004): Zwischen analytischem Werkzeug und Politikberatung: ein kritischer Blick auf aktuelle Leitbegriffe in der Stadtentwicklungspolitik. In: Altrock, Uwe / Güntner, Simon / Huning, Sandra / Peters, Deike (Hrsg.): Perspektiven der Planungstheorie. Berlin: Leue, S. 187–208

Augé, Marc (2010): Nicht-Orte. München: C.H. Beck

Bale, John (2000): Human Geography and the Study of Sport. In: Coakley, Jay / Dunning, Eric (Hrsg.): Handbook of Sport Studies. London: Sage Publications, S. 171–186

Balz, Eckart / Kleine, Torsten (2014): Städtische Quartiere als Sozial- und Bewegungsräume: Eine interdisziplinäre Längsschnittstudie in Wuppertal. In: Wäsche, Hagen / Schmidt-Weichmann, Tim (Hrsg.): Stadt, Land, Sport: Urbane und touristische Sporträume. Hamburg: Feldhaus Verlag, S. 11–20

Baur, Jürgen / Burrmann, Ulrike (2005): Der jugendliche Sporthopper als moderne Sozialfigur? In: Alkemeyer, Thomas / Rigauer, Bero / Sobrich, Gabriele (Hrsg.): Organisationsentwicklungen und De-Institutionalisierungsprozesse im Sport. Schorndorf: Hofmann, S. 151–178

Bundesinstitut für Bau-, Stadt- und Raumforschung (Hrsg.) (2012a): Die Attraktivität großer Städte: ökonomisch, demografisch, kulturell. Bonn: Selbstverlag

Böhnke, Petra / Delhey, Jan (2013): Lebensstandard und Lebensqualität. In: Mau, Steffen / Schöneck, Nadine M. (Hrsg.): Handwörterbuch zur Gesellschaft Deutschlands. 3. Auflage. Wiesbaden: Springer VS, S. 521–537

Brake, Klaus (2012): Reurbanisierung: Interdependenzen zum Strukturwandel. In: Brake, Klaus / Herfert, Günter (Hrsg.) (2012): Reurbanisierung: Materialität und Diskurs in Deutschland. Wiesbaden : Springer VS, S. 22–33

Brake, Klaus / Herfert, Günter (Hrsg.) (2012): Reurbanisierung: Materialität und Diskurs in Deutschland. Wiesbaden: Springer VS

Bundesinstitut für Bau-, Stadt- und Raumforschung (Hrsg.) (2012b): Raumordnungsbericht 2011. Bonn: Selbstverlag

Bundesministerium für Verkehr, Bau und Stadtentwicklung (Hrsg.) (2011): Sportstätten und Stadtentwicklung. Berlin: Selbstverlag (= Werkstatt: Praxis, Bd. 73)

Bürkner, Hans-Joachim / Berger, Olaf / Luchmann, Christian / Tenz, Eric (2007): Der demographische Wandel und seine Konsequenzen für Wohnungsnachfrage, Städtebau und Flächennutzung. Erkner: Leibniz-Institut für Regionalentwicklung und Strukturplanung (IRS)

Danielzyk, Rainer / Wopp, Christian (2010): Stadtentwicklungsforschung und Sportraumentwicklungsplanung im Dialog. In: Ziemain, Jana / Pitsch, Werner (Hrsg.): Perspektiven des Raums im Sport. Hamburg: Feldhaus (= Schriften der dvs, Bd. 205), S. 92–100

Deutscher Olympischer Sportbund (2007): Demographische Entwicklung in Deutschland: Herausforderung für die Sportentwicklung. Frankfurt am Main: Selbstverlag

Drews, Bernhard (2012): Individual- und Trendsport als Gegenstand der Stadtentwicklung: Ein milieuorientierter Ansatz. In: vhw FWS Jg. 2012 (6), S. 310–316

Eckl, Stefan et al. (2012): Kommunale Sportentwicklungsplanung: Beiträge zum Fach- und Weiterbildungsseminar des Landessportverbandes Schleswig-Holstein. Stuttgart/Wuppertal: o. V. abgerufen unter: http://www.lsv-sh.de/uploads/media/Dokumentation_zum__Fachseminar _Kommunale_Sportentwicklungsplanung_am_23.11.12_in_Kiel_.pdf [29.07.2015]

Frey, Otto / Keller, Donald A. / Klotz, Arnold / Koch, Michael / Selle, Klaus (2003): Rückkehr der großen Pläne? Ergebnisse eines internationalen Workshops in Wien. In: disP – The Planning Review. Jg. 153 (2), S. 13–18

Gans, Paul / Horn, Michael (2013): Sport als Wirtschafts- und Standortfaktor. In: Geographische Rundschau Jg. 2012 (5), S. 4–10

Gans, Paul / Horn, Michael / Zemann, Christian (2003): Sportgroßveranstaltungen – ökonomische, ökologische und soziale Wirkungen: Ein Bewertungsverfahren zur Entscheidungsvorbereitung und Erfolgskontrolle. Schorndorf: Hofmann (=Schriftenreihe des Bundesinstituts für Sportwissenschaft, Bd. 112)

Ganser, Karl (1991): Instrumente von gestern für die Städte von morgen? In: Ganser, Karl / Hesse, Joachim / Zöppel, Christoph (Hrsg.): Die Zukunft der Städte. Baden-Baden: Nomos, S. 54–65

Gazweiler, Hans-Peter / Maretzke, Steffen (2008): Städte im demographischen Wandel: Stadtentwicklung zwischen Sub- und Reurbanisierung, Wachstum und Schrumpfung. In: Maretzke, Steffen (Hrsg.): Städte im demografischen Wandel: Wesentliche Strukturen und Trends des demografischen Wandels in den Städten Deutschlands. Wiesbaden: BiB (= Materialien zur Bevölkerungswissenschaft, Bd. 125), S. 17–29

Geißler, Rainer (Hrsg.) (2014): Die Sozialstruktur Deutschlands. 2. Auflage. Wiesbaden: Springer VS

Glaeser, Edward (2011): Triumph of the City: How our greatest invention makes us richer, smarter, greener, healthier, and happier. London: Penguin Press

Glatzer, Wolfgang (2013): Haushalte und Haushaltsproduktion. In: Mau, Steffen / Schöneck, Nadine M. (Hrsg.): Handwörterbuch zur Gesellschaft Deutschlands. 3. Auflage. Wiesbaden: Springer VS, S. 389–407

Gugutzer, Robert (2008): Sport im Prozess gesellschaftlicher Individualisierung. In: Weis, Karl / Gugutzer, Robert (Hrsg.): Handbuch Sportsoziologie. Schorndorf: Hofmann, S. 88–99

Häußermann, Hartmut / Siebel, Walter (1980): Krise der Stadt? Stadtentwicklungspolitik unter Bedingungen reduzierten Wachstums. Wiesbaden: Springer VS

Heineberg, Heinz (2014): Stadtgeographie. 4. Auflage. Paderborn: UTB Schöningh (= Grundriss Allgemeine Geographie)

Herfert, Günter (1998): Stadt-Umland-Wanderung in den 90er Jahren: Quantitative und qualitative Strukturen in den alten und neuen Ländern. In: Informationen zur Raumentwicklung, Jg. 1998 (11/12), S. 763–776

Hilti, Nicola (2009): Multilokales Wohnen: Bewegungen und Verortungen. In: Informationen zur Raumentwicklung, Jg. 14 (1/2), S. 77–86

Hoffmann, Anne / Gruehn, Dietwald (2010): Bedeutung von Freiräumen und Grünflächen in deutschen Groß- und Mittelstädten für den Wert von Grundstücken und Immobilien. LLP-report 010. Dortmund: Selbstverlag der TU Dortmund

Institut für Landes- und Stadtentwicklungsforschung (Hrsg.) (2001): Bewegung in der Stadt: Bewegung, Spiel und Sport im Wohnungsnahbereich. Dortmund: Selbstverlag

Jungfer, Klaus (2005): Die Stadt in der Krise: Ein Manifest für starke Kommunen. München, Wien: Carl Hanser Verlag

Kähler, Robin (2014): Städtische Freiräume für Sport, Spiel und Bewegung. In: vhw FWS 2014 (5), S. 267–270

Kaiser, Andreas / Pohlan, Jörg (2008): Wachsende Stadt, schrumpfende Quartiere: Kleinräumige Analyse der demografischen Entwicklung in Hamburg. In: Maretzke, Steffen (Hrsg.): Städte im demografischen Wandel: Wesentliche Strukturen und Trends des demografischen Wandels in den Städten Deutschlands. Wiesbaden: BiB (= Materialien zur Bevölkerungswissenschaft, Bd. 125), S. 65–74

Kemper, Franz-Josef / Kulke, Elmar / Schulz, Marlies (Hrsg.) (2012): Die Stadt der kurzen Wege: Alltags- und Wohnmobilität in Berliner Stadtquartieren. Wiesbaden: Springer VS

Klages, Andreas (2014): Starke Sportvereine – starke Kommunen: Neue Perspektiven für Stadt- und Sportentwicklung. In: Wäsche, Hagen / Schmidt-Weichmann, Tim (Hrsg.): Stadt, Land, Sport: Urbane und touristische Sporträume. Hamburg: Feldhaus Verlag, S. 56–60

Köppen, Bernhard (2012): Sport und demographischer Wandel. In: Geographische Rundschau Jg. 2012 (5), S. 22–27

Kratzer, Nick / Sauer, Dieter (2005): Flexibilisierung und Subjektivierung von Arbeit. In: Soziologisches Forschungsinstitut Göttingen / Institut für Arbeitsmarkt- und Berufsforschung Nürnberg / Institut für Sozialwissenschaftliche Forschung München / Internationales Institut für empirische Sozialforschung Stadtbergen (Hrsg.): Berichterstattung zur sozioökonomischen Entwicklung in Deutschland: Arbeits- und Lebensweisen. Wiesbaden: Springer VS, S. 125–149

Kronawitter, Georg (Hrsg.) (1994): Rettet unsere Städte jetzt! Das Manifest der Oberbürgermeister. Düsseldorf, Wien, New York, Moskau: Econ

Kühn, Manfred (2008): Strategische Stadt- und Regionalplanung. In: Raumforschung und Raumordnung, Jg. 66 (3), S. 230–243

Lange, Bastian (2007): Die Räume der Kreativszenen: Culturepreneurs und ihre Orte in Berlin. Bielefeld: Transcript.

Läpple, Dieter (2004): Thesen zur Renaissance der Stadt in der Wissensgesellschaft. In: Getring, Norbert / Glasauer, Herbert / Hannemann, Christine / Petrowsky, Werner / Pohlan, Jörg (Hrsg.): Jahrbuch StadtRegion 2003: Schwerpunkt: Urbane Regionen. Opladen: Leske + Budrich, S. 61–77

Läpple, Dieter / Stohr, Henrik (2010): Arbeits- und Lebenswelten im Umbruch: Herausforderungen für die Entwicklung soziale Infrastrukturen in Stadtquartieren. In: Läpple, Dieter / Mückenberger, Ulrich / Oßenbrügge, Jürgen (Hrsg.): Zeiten und Räume der Stadt: Theorie und Praxis. Opladen, Farmington Hills: Barbara Budrich, S. 27–44

Löw, Martina (2001): Raumsoziologie. Frankfurt am Main: Suhrkamp.

Meng, Rüdiger / West, Christina (2012): Sport, Handel und Stadtentwicklung in Deutschland. In: Geographische Rundschau Jg. 2012 (5). Braunschweig: Westermann, S. 12–20

Meyer, Thomas (2014): Der Wandel der Familie und anderer privater Lebensformen. In: Geißler, Rainer (Hrsg.): Die Sozialstruktur Deutschlands. 2. Auflage. Wiesbaden: Springer VS, S. 413–454

Müller, Hans-Peter / Alleweldt, Erika (2013): Modernisierung und Individualisierung. In: Mau, Steffen / Schöneck, Nadine M. (Hrsg.): Handwörterbuch zur Gesellschaft Deutschlands. 3. Auflage. Wiesbaden: Springer VS, S. 624–636

Otte, Gunnar (2013): Lebensstile. In: Mau, Steffen / Schöneck, Nadine M. (Hrsg.): Handwörterbuch zur Gesellschaft Deutschlands. 3. Auflage. Wiesbaden: Springer VS, S. 538–551

Peters, Christian (2014): Skateboarding als Stadt-Praxis – Zum Place-Making der Kölner Skateboarder-Gemeinschaft. In: Wäsche, Hagen / Schmidt-Weichmann, Tim (Hrsg.): Stadt, Land, Sport: Urbane und touristische Sporträume. Hamburg: Feldhaus Verlag, S. 34–44

Rauterberg, Hanno (2013): Wir sind die Stadt! Urbanes Leben in der Digitalmoderne. Berlin: Suhrkamp.

Reich, Matthias Peter (2014): Kultur- und Kreativwirtschaft in Deutschland: Hype oder Zukunftschance der Stadtentwicklung? Wiesbaden: Springer VS

Reiß-Schmidt, Stephan (2006): Von der Stadtentwicklungsplanung zum Stadtentwicklungsmanagement. In: Selle, Klaus / Zalas, Lucyna (Hrsg.): Praxis in der Stadt- und Regionalentwicklung: Analysen, Erfahrungen, Folgerungen. Dortmund: Rohn (= Planung neu denken, Bd. 2), S. 129–146

Renout, Gilles (2014): „Mit Rückenwind durch die Stadt“ – Dispositivanalyse von Pedelecs als nachhaltigem Fortbewegungsmittel. In: Wäsche, Hagen / Schmidt-Weichmann, Tim (Hrsg.): Stadt, Land, Sport: Urbane und touristische Sporträume. Hamburg: Feldhaus Verlag, S. 21–33

Ritter, Ernst-Hasso (2006): Strategieentwicklung heute – Zum integrativen Management konzeptioneller Politik (am Beispiel der Stadtentwicklungsplanung). In: Selle, Klaus (Hrsg.) (2006): Zur räumlichen Entwicklung beitragen: Konzepte. Theorien. Impulse. Dortmund: Rohn (= Planung neu denken, Bd. 1), S. 129–146

Roßteutscher, Sigrid (2013): Werte und Wertewandel. In: Mau, Steffen / Schöneck, Nadine M. (Hrsg.): Handwörterbuch zur Gesellschaft Deutschlands. 3. Auflage. Wiesbaden: Springer VS, S. 936–948

Schier, Michaela / Jurczyk, Karin / Szymenderski, Peggy (2011): Entgrenzung von Arbeit und Familie: mehr als Prekarisierung. In: WSI Mitteilungen Jg. 2011 (8), S. 402–408

Schmidt, Marco (2008): Kleinräumige Ausdifferenzierungen von demografischen Prozessen in der Stadt: Fallstudien aus Kiel. In: Maretzke, Steffen (Hrsg.): Städte im demografischen Wandel: Wesentliche Strukturen und Trends des demografischen Wandels in den Städten Deutschlands. Wiesbaden: BiB (= Materialien zur Bevölkerungswissenschaft, Bd. 125), S. 93–101

Schuh, Nadja (2009): Jung und Alt bewegen: Spiel- und Bewegungsräume als neue Herausforderung für die Freiraumplanung. In: Stadt+Grün Jg. 2009 (1). Berlin-Hannover: Patzer Verlag, S. 19–24

Selle, Klaus (1995): Phasen oder Stufen. In: RaumPlanung, Jg. 1995 (71), S. 237–242

Selle, Klaus (2005): Planen. Steuern. Entwickeln.: Über den Beitrag öffentlicher Akteure zur Entwicklung von Stadt und Land. Dortmund: Rohn

Selle, Klaus (2013): Stadtentwicklungsplanung 2.0 – bleibt alles anders? Sechs Thesen zu Entwicklung und Stand der Kunst. In: pnd-online, H. 1/2013, S. 1–10

Sieverts, Thomas (2013): Zwischenstadt: Zwischen Ort und Welt, Raum und Zeit, Stadt und Land. 4. Auflage. Basel: Birkhäuser

Stampfl, Nora S. (2011): Die Zukunft der Dienstleistungsökonomie: Momentaufnahme und Perspektiven. Berlin, Heidelberg: Springer

Statistische Ämter des Bundes und der Länder (Hrsg.) (2011): Demografischer Wandel in Deutschland: Heft 1: Bevölkerungs- und Haushaltsentwicklung im Bund und in den Ländern. Wiesbaden: Statistisches Bundesamt

Statistische Ämter des Bundes und der Länder (Hrsg.) (2012): Arbeitsmärkte im Wandel. Wiesbaden: Statistisches Bundesamt

Statistisches Bundesamt (Hrsg.) (2011): Statistisches Jahrbuch 2011. Wiesbaden.

Statistisches Bundesamt (Hrsg.) (2015): Arbeitsmarkt: Erwerbstätige im Inland nach Wirtschaftssektoren. Online abrufbar unter: http://www.destatis.de (Stand: 28.08.2015)

Stein, Ursula (2015): Ein systematisches Kommunikationsmodell für die räumliche Planung. In: Christmann, Gabriela B. (Hrsg.): Zur kommunikativen Konstruktion von Räumen: Theoretische Konzepte und empirische Analysen. Wiesbaden: Springer VS, S. 223–239

Steinebach, Gerhard (2012): Gesunde Kommune – Raumbedeutsamkeit von Sport und Bewegung. In: vhw FWS Jg. 2012 (6), S. 299–302

Steinebach, Gerhard / Esper, Lukas (2013): Gesunde Kommune: Sport und Bewegung als Faktoren der Stadt- und Raumentwicklung. In: Junkernheinrich, Martin / Ziegler, Karl (Hrsg.): Räume im Wandel: Empirie und Politik. Wiesbaden: Springer VS, S. 167–191

Steinebach, Gerhard et al. (2012): Gesunde Kommune: Sport und Bewegung als Faktor der Stadt- und Raumentwicklung. Kaiserslautern.

Streich, Bernd (2011): Stadtplanung in der Wissensgesellschaft: Ein Handbuch. 2. Auflage. Wiesbaden: Springer VS

Wäsche, Hagen (2014): Stadt, Land, Sport: Eine Einführung. In: Wäsche, Hagen / Schmidt-Weichmann, Tim (Hrsg.): Stadt, Land, Sport: Urbane und touristische Sporträume. Hamburg: Feldhaus Verlag, S. 7–10

Wopp, Christian / Tibbe, Heinz (2010): Wechselbeziehungen zwischen Sport und Stadtentwicklungsplanung. In: Bundesministerium für Verkehr, Bau und Stadtentwicklung (Hrsg.): Sportstätten und Stadtentwicklung: Ein ExWoSt-Forschungsfeld. Berlin: Selbstverlag (= ExWoSt-Informationen 38/1), S. 4–5

Wopp, Christian et al. (2006): Forschungsprojekt Analyse von Fußballvereinen in Deutschland Endbericht. Osnabrück: Universität Osnabrück.

Ronald Wadsack & Gabriele Wach

Sportentwicklungsplanung als strategische Aufgabe

Abstract: Sportentwicklungsplanung ist eine große Herausforderung für die beteiligten Akteure. Sie ist als strategische Aufgabe zukunftsorientiert und durch die Verbindung mit einer Investition in Immobilien von langfristiger Wirkung. Auch wenn das vielfach angewandte Verfahren Sportentwicklungsplanung heißt, bezieht es sich in erster Linie auf die Vorhaltung von Sportstätten, primär für den Sportvereinsbetrieb. Der grundlegende Ansatz geht auf das Bundesinstitut für Sportwissenschaft zurück und beruht auf einer Berechnung der notwendigen Sportstätten-Einheiten aus einer per Befragung ermittelten künftigen Sportnachfrage. Neuere Formen ziehen die künftigen Nutzer in verschiedenen Formen verstärkt in die Planung ein.
Die Sportnachfrage hat sich stark verändert, etwa durch die Zunahme der nicht wettkampfsportlichen Angebote und die Anzahl und Halbwertzeit der Sportmoden. Um diesem Anspruch gerecht zu werden gilt es zu prüfen, wie angesetzt werden kann, um die Sportentwicklungsplanung zugkräftiger mit den Sportvereinen und ihrer Performance zu verbinden. Dazu wird am Ende des Beitrages ein konzeptioneller Ansatz vorgestellt, der ein Kernelement der Sportentwicklungsplanung modifiziert.

1 Neues Verhältnis von Sport und Kommune

Die Planung der Sportstätten in einer Kommune ist ein komplexes Problem, welches bislang mit Orientierung an dem „Leitfaden für die Sportstättenentwicklungsplanung“ des *Bundesinstituts für Sportwissenschaft* aus dem Jahr 2000[1] und dem dort enthaltenen Instrumentarium angegangen wurde. Ein erweitertes Konzept bietet der kooperative Ansatz. Bezüge sind dabei v. a. der Breiten- und Freizeitsport sowie andere vereinsrelevante und zum Teil selbst organisierte Angebote zur Sportteilnahme. Einrichtungen des Zuschauersport wie Stadien oder Multifunktionsarenen, sowie Sportgroßereignisse sind dabei ausgeklammert. Ebenfalls ausgeklammert sind Sondersituationen wie Konversionsprojekte, welche durchaus Optionen für die Entwicklung von Sportflächen bzw. -räumen eröffnen.[2]

Mit dem Vorgehen nach dem BISp-Leitfaden und dem kooperativen Ansatz erfolgt eine Politikberatung als Langfrist-Prognose des Sportstättenbedarfs meist für 10–15 Jahre. In unterschiedlichem Maße wird dabei die lokale Bevölkerung eingebunden, was die Akzeptanz der Ergebnisse befördern kann.

Dieser gesamte Planungskomplex hat einen direkten Bezug zur finanziellen Leistungsfähigkeit einer Kommune, vor allem, wenn die Maßnahmen nicht der Verpflichtung zum Vorhalten von Schulen unterliegen. Die finanziellen Möglichkeiten

1 Vgl. BISp 2000.
2 Vgl. Schwark 2015.

richten sich sowohl auf kommunale Sportstätten als auch die Unterstützung der örtlichen Sportvereine beim Unterhalt von eigenen Sportanlagen.[3]

Sportstätten stellen eine Schlüsselressource für den Sportvereinsbetrieb dar, insbesondere wenn einzelne Angebote spezifische Raum- und/oder Flächensituationen erfordern. Aus Sicht der kommunalen Haushalte bedeutet die finanzielle Beanspruchung i. d. R. eine investive Maßnahme für den Bau, sowie relevante Betriebskosten für die Nutzungsdauer von vielleicht 30 Jahren. Hinzu kommen üblicherweise Instandhaltungsinvestitionen und ggf. Attraktivierungsinvestitionen. Letztlich können sunk costs entstehen, wenn die Sportstätte vor dem wirtschaftlichen Nutzungsende stillgelegt bzw. abgerissen wird.[4]

Auf der anderen Seite verändern sich Anforderungen aus qualitativer Sicht (u. a. Ausstattung, Zustand) und seitens der Nutzungsmerkmale für bestimmte Angebote. Schon 1988 kamen Fragestellungen zu normierten Sportstätten auf: „Eine an festen Normen (DIN-Normen) orientierte Sportarchitektur wird heute als nur bedingt geeignet bewertet, Bewegungsraum für eine umfassende Körperkultur bzw. für neue sozialpolitische Aufgaben im Bereich der Körperkultur zu sein."[5]

Verschiedene Rahmenbedingungen der Planungsaufgabe haben sich seitdem verändert und sie eher komplexer werden lassen. Als erster Eckpunkt sei die veränderte Auffassung von kommunalem Management angeführt, welches eine deutliche Orientierung hin zum strategischen Management aus der Industrie genommen hat und nimmt.[6]

„Im Zusammenhang mit Planung meint [der Begriff „Strategie"/RW] i. d. R. eine langfristige Planung auf der Basis von Potenzialen und sich bietenden Chancen. Wesentlich für eine strategische Steuerung ist erstens die Fokussierung auf Kernaufgaben, für die es eine Kernkompetenz gibt. Zweitens meint strategisch auch die bedachte Reihenfolge der zu ergreifenden Maßnahmen."[7]

Gleich & Schentler zählen einige Herausforderungen für die Steuerung und Planung in der Kommune auf:

- „der demographische Wandel,
- der Wandel der Werte,
- der Form- und Aufgabenwandel des Staates,
- die abnehmende Finanzierbarkeit bisher öffentlich wahrgenommener Aufgaben,
- die höheren Anforderungen und Ansprüche an Klimaschutz und Familienfreundlichkeit sowie
- der Wettbewerb der Kommunem um Unternehmen und Einwohner."[8]

---

3 Vgl. dazu auch Mombauer 1988, 159.
4 Vgl. dazu auch Bielzer & Wadsack 2011, 57–60 und 94–103.
5 Digel 1988, 66.
6 Vgl. z. B. Rau 2007, 101–103; siehe auch den Beitrag zur kommunalen Sportpolitik in diesem Band.
7 Rau 2007, 100 (Hervorhebung nicht übernommen).
8 Gleich & Schentler 2010, 13.

Letztlich bedeutet die neue Ausrichtung des kommunalen Management eine strategische, effizienz- und ergebnisorientierte Richtschnur. Es geht im positiven Falle darum, aus den verfügbaren knappen Ressourcen möglichst viel Wirkung für die lokale Bevölkerung zu erzielen.[9]

Zudem hat sich die Sportlandschaft verändert, indem die Vielfalt der Anbieter zugenommen und die Entwicklung von Sportinhalten sich auch unter der Logik der gewinnorientierten Bewirtschaftung der Thematik dynamisiert hat. Das lange Zeit dominierende Konzept des normierten und wettkampforientierten Sports ist nicht mehr alleine maßgeblich.[10] Sprich, die Vielzahl von Sportvarianten[11] nimmt zu und die Entwicklungszyklen für neue Angebote mit unterschiedlichen Raumkonzepten scheinen sich zu verkürzen, um den Markt der Sportangebote abseits des klassischen Wettkampfsports zu bedienen.

Das Grundproblem bleibt aber bestehen, wenn die langfristige Vorausplanung, unterfüttert durch die enge Verknüpfung mit Immobilienlebenszyklen, einer sehr lebendigen Marktsituation gegenübersteht. Ein Phänomen, dem sich die Unternehmensführung v. a. im Konsumbereich massiv seit mehreren Jahren ausgesetzt sieht und mit veränderten Instrumenten zu begegnen versucht.

Deshalb erfolgt in diesem Beitrag der Versuch, über Anleihen bei entsprechenden Managementansätzen, eine strategische Perspektive der Sportentwicklungsplanung zumindest anzudiskutieren.

Zunächst erfolgt eine Auseinandersetzung mit „Strategie“ als konzeptioneller Grundlage der Diskussion und den damit verbundenen Entscheidungen. Über die nähere Betrachtung der bisher vorherrschenden Vorgehensweise bei der Sport(stätten)entwicklungsplanung sollen dann einige konzeptionelle Überlegungen angerissen werden, mit denen die Gestaltungsmöglichkeiten für diese Planungs- und Managementaufgabe dem heutigen bzw. künftigen Bedarf näher kommen können.

2 Strategisches Handeln

2.1 Strategie als Handlungsorientierung

Allgemein erfolgt die Herleitung des Strategie-Begriffes mit Rückgriff auf militärische Zusammenhänge.[12] „Als strategisch bezeichnet man ein Handeln, das im Feld der Wahrscheinlichkeiten und des Zufalls stattfindet, wie es bei *Clausewitz* heißt. Man macht einen strategischen Plan, aber man erwartet nicht, dass dieser wie geplant umgesetzt wird.“[13] Entsprechend auch die Darstellung bei *Hinterhuber*:

9 Vgl. auch Nagel 2006, 139.

10 Vgl. Wopp 2011, 179–180; Fuhrmann 2013, 13–25; dvs [2010], 6–9; BISp 2009, 12; als Vorläufer z. B. Mombauer 1988, 198–199 oder Eulering 1988, 103–105.

11 An dieser Stelle wird nicht die Zuordnung von Angeboten als Sport bzw. Nicht-Sport diskutiert.

12 Siehe z. B. die Übersicht bei Hinterhuber 2004, 97–117.

13 Münkler 2016, 42.

„Die Strategie ist kein Handeln nach einem Schema, sondern immer nach den gegebenen Verhältnissen des konkreten Augenblicks, wobei man sich das Ziel bei jedem Schritt, den man tut, vor Augen halten muss. Das aber ist, wie die Bedingung jedes unternehmerischen Erfolges, die Grundlage allen tätigen Lebens überhaupt.“[14]

„Zu den Merkmalen von Strategien gehört:

- Steuerung nach langfristigen Zielen
- Ableitung operativer Ziele aus strategischen Zielen
- Lernen aus Zielabweichungen
- Nutzung vorhandener und potenzieller Stärken
- Anpassung an Umweltveränderungen“[15]

Aus der unternehmerischen Perspektive wurde auf die sich verändernden Anforderungen in der Lebenswelt mit der Variation der Instrumente und Handlungsschwerpunkte geantwortet (vgl. Tabelle 1).

Tabelle 1: Entwicklungsstufen der Unternehmensführungslehre

Hauptprobleme	Zeitliche Einordnung	Lösungsansätze
Ganzheitliches Denken und Handeln, planetarisches Bewusstsein	2010 +	Leadership
Existenzsicherung	2000er Jahre: Finanz- und Wirtschaftskrise	Strategisches Performance Management
Personal, innovatives Unternehmertum, strategische Allianzen, organisationales Lernen	1990er Jahre: Globalisierung	Leadership, Netzwerke, Kernkompetenzen, Wertsteigerung
Umsetzung, Risiko, Finanzierung	1980er Jahre: Unsicherheit	Strategische Unternehmensführung
Strategische Orientierung	1970er Jahre: Turbulenz	Strategie, strategische Planung, Szenario-Technik, Portfolio-Management
Forschung und Entwicklung, Marktorientierung	1960er Jahre: Wachstum	Langfristige Planung, Marketing, Vertrieb

14 Hinterhuber 2004, 55.
15 Rau 2007, 103.

Hauptprobleme	Zeitliche Einordnung	Lösungsansätze
Produktion, Kostenübersicht, Steuerungsmechanismen	1950er Jahre: Wiederaufbau	Rationalisierung, Kostenrechnung, Organisation, kurzfristige Planung

(Quelle: Hinterhuber 2015, 40)

Hinterhuber betont die Rolle des Leadership bzw. der beteiligten Personen (Führungskräfte und Mitarbeiter) und ihres Verständnisses von Führungsarbeit für den Erfolg einer Strategie. Schließlich sind sie mit ihrem Wahrnehmungsvermögen und ihrer Entscheidungsfindung die ausschlaggebenden Akteure sowohl für die Gestaltung einer Strategie, ihre Umsetzung und ggf. Modifikation aufgrund von neuen Erkenntnissen.[16]

Auf der anderen Seite strahlt der Strategie-Begriff eine eigene Qualität aus, suggeriert die Qualifikation eines Vorgehens als strategisch wertvoll doch eine besondere Qualität des Management. Insofern ist die Charakterisierung von *Mintzberg* hilfreich, der darauf verweist, dass sich erst im Nachhinein die Qualität einer Strategie zeigt bzw. selbst ein Durchwursteln mit vielen kleinen Schritten zu einem strategischen Handeln umgedeutet werden kann (Abbildung 1).

Abbildung 1: Varianten des strategischen Handelns

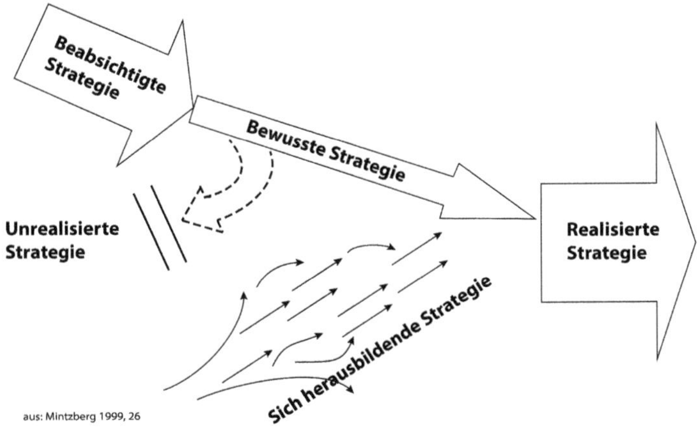

(Quelle: Mintzberg 1999, 26)

16 Vgl. Hinterhuber 2004, 51 und Hinterhuber 2015, 56–60.

Letztlich ist die Strategie damit die übergeordnete Orientierung für den Einsatz der Organisationsressourcen, um damit erfolgreich in dem eigenen Handlungsfeld tätig sein zu können. Daran knüpfen sich die einzelnen Maßnahmen an, welche für die Erreichung des strategischen Zieles erforderlich sind.

2.2 Entscheidungen als Dreh- und Angelpunkt strategischen Handelns

Heinen begründet die wesentliche Rolle von Entscheidungen für die Betriebswirtschaftslehre damit, da diese letztlich für alle ausführenden Handlungen bestimmend sind.[17] Es ist davon auszugehen, dass diese Bedeutung von Entscheidungen in allen Lebensfeldern grundlegend ist. Dabei ist – nun wieder *Heinen* – nicht nur die finale Entscheidung z. B. für die Umsetzung einer Alternative zu betrachten, sondern die Teilentscheidungen z. B. für die Auswahl der Handlungsmöglichkeiten und ihrer Bewertung oder der Umfang der Informationsbeschaffung, spielen eine wichtige Rolle für die Qualität des Entscheidungsprozesses.[18]

Es ist eben schon angeklungen, dass die Form der Strategie und ihre Umsetzung wesentlich von den handelnden Akteuren in der Organisation abhängen. Der Kulminationspunkt für die drei Komponenten Situation, Strategie und Individualität sind die Entscheidungen, welche u. a. Wahrnehmungen, Annahmen und Risikokomponenten aufnehmen.

Alleine diese drei Aspekte beinhalten eine Vielzahl von Vor-Entscheidungen, indem z. B. das individuelle und organisationale Wahrnehmen durch vorherige Festlegungen geprägt wird. Hinzu kommen die individuellen, mentalen Landkarten als Abbilder u. a. der Lebenswelt der Organisation (Wer hängt wie mit der Organisation zusammen?) und die persönlichen Präferenzen für die Strategieentwicklung. Dazu zählt z. B. die Risikobereitschaft.

> „Aus dem bei privatwirtschaftlichen Unternehmen in der Regel dominierenden Gewinnziel ergeben sich klar Vorgaben zur Verteilung von Ressourcen. Zum Beispiel kann das Produkt- bzw. Servicesortiment nach finanziellen Kriterien bewertet und angepasst, also unprofitable Produkte aus dem Sortiment ausgesondert werden.
> Der öffentliche Auftrag schreibt den Kommunen hingegen die Sicherstellung bestimmter Dienstleistungen und Produkte vor. Diese können trotz einer unbefriedigenden Kosten- und Erlössituation nicht eingestellt werden. Die klar beschriebene Ressourcenverteilung ist deshalb in Kommunen nicht möglich."[19]

---

17 Vgl. Heinen, 1985, 22.
18 Vgl. Heinen, 1985, 23.
19 Gleich & Schentler, 2010, 23.

3 „Der Sport“ als Bezugspunkt

Es geht um den Sport, den der Bewohner einer Kommune in seiner Freizeit treiben möchte. Hier haben sich verschiedene Veränderungen ergeben, welche das Phänomen „Sport“ verkomplizieren. Bis in die 1970er und 1980er Jahre war das Bild des Vereinssports vorherrschend, weitgehend geprägt durch ein Wettkampfgeschehen auf unterschiedlichen Ebenen. Spätestens mit der „Trimm-dich-Bewegung“ in den 1970er Jahren wurden auch Sportformen für eine größere Zahl von bislang weniger sportinteressierter Menschen propagiert, welche den Wettkampfgedanken nicht mehr im Zentrum hatten. Sie machte sich langsam in der Sportvereinslandschaft breit und brachte eine erste Veränderung des Sportgedankens. „Sport für alle“ hat sich in den Vordergrund gespielt und dabei vielfältige Varianten hervorgebracht.[20] In den 1970er Jahren entwickelte sich zunehmend auch eine kommerzielle Szene von Fitnessanbietern. Durch die Öffnung des Sportbegriffes um vielfältige Bewegungsformen abseits von Wettkämpfen und klassischem Vereinssport, sowie die zunehmende Besetzung des Begriffes Gesundheitssport hat sich die Sportszene in den Kommunen noch einmal in ihrer Vielfalt gesteigert.

Es gibt verschiedene Ansätze, diese inhaltliche Vielfalt zu systematisieren. Hier soll die Anlehnung an ein Modell von *Rittner* und eines von *Willimczik* erfolgen:[21]

- Spaß-, Freizeitsport (Grundmotiv: Spaß)
- Gesundheits-, Fitnesssport (Grundmotiv: Gesundheit, Körperformung)
- Erlebnis-, Abenteuer-, Risikosport (Grundmotiv: explizite Selbsterfahrung)
- Wettkampfsport Amateurbereich (Grundmuster: sportlicher Vergleich der Leistungsfähigkeit)
- Hochleistungssport (Grundmuster: Leistung)

Willimczik erarbeitete sechs Sportmodellgruppen: professioneller Hochleistungssport, traditioneller Sport, sportnahe Hobbies, Präsentationssport (z. B. Bauchtanz, Ballett), Erlebnissport und Gesundheitssport. Die Gruppen sind nicht abgrenzungsscharf, da die Einordnung beispielsweise bei Eishockey oder Boxen mit der Ausübungsintensität zusammenhängt.[22]

Beide Kategorisierungen lassen einerseits die Vielfalt des Aktivitätsphänomens Sport erkennen und zeigen gleichzeitig die Herausforderung, eine taugliche Diskussionsgrundlage für die Sportentwicklung zu erarbeiten.

Tabelle 2 enthält die in den USA jährlich publizierte Liste der Top-10-Fitness-Trends. Diese Übersicht steht für den durch die Marktorientierung besonders dynamischen Bereich der kommerziellen Fitnessanbieter und die damit verbundene Variation der Angebotspalette. Damit verbunden ist ein entsprechendes

20 Wadsack 1992, 109–113.
21 In Anlehnung an die vier Sportmodelle von Rittner, vgl. hier Fuhrmann 2013, 22 a. a. O. Das Modell wurde für diese Aufzählung modifiziert und erweitert.
22 Vgl. Willimczik 2007.

Trainingskonzept, teils verknüpft mit spezifischen Sportgeräten und spezifischer Sportkleidung.

Tabelle 2: Fitnesstrends 2014–2016

	2016	2015	2014
1.	**Wearable technology**	Body weight training	High-Intensity Interval Training (HIIT)*
2.	**Body weight training**	High-intensity interval training	Body Weight Training
3.	**High-intensity interval training**	Educated, certified, and experienced fitness professionals	Educated, Certified, and Experienced Fitness Professionals
4.	**Strength training**	Strength training	Strength Training
5.	**Educated, certified, and experienced fitness professionals**	Personal training	Exercise and Weight Loss
6.	**Personal training**	Exercise and weight loss	Personal Training
7.	**Functional fitness**	Yoga	Fitness Programs for Older Adults
8.	**Fitness programs for older adults**	Fitness programs for older adults	Functional Fitness
9	**Exercise and weight loss**	Functional fitness	Group Personal Training
10.	**Yoga**	Group personal training	Yoga

(Quelle: Thompson 2013–2015)

Zumindest abseits des Wettkampfsportes sind entsprechende Angebotsvariationen auch für Sportvereine relevant, wie z. B. die Angebotspalette bei Demonstrations- und Probeveranstaltungen beim Internationalen Deutschen Turnfest oder den Sportkongressen in Hamburg und Stuttgart zeigen.

Ein Blick in die Sportlandschaft 2015/2016 zeigt einige Bewegungsformen, welche genauer im Hinblick auf ihre Bedeutung für die kommunale Sportentwicklung zu untersuchen wären. Etwa: Slacklining, Stand Up Paddling, Longboard, Tough Mudder.

Allgemein ist es für eine strategische Entwicklung des Sports in einer Kommune wichtig, die investiven Maßnahmen möglichst gut auf diese Entwicklungsmöglichkeiten einzustellen. Hierin liegen allerdings echte Schwierigkeiten, welche aus Abbildung 2 abzuleiten sind. a) Der Planungszeitraum der Sportstättenentwicklungsplanung beträgt 10 oder mehr Jahre, b) die Trendqualität von Angeboten zum Planungszeitpunkt ist schwer bzw. überhaupt nicht einzuschätzen, c) die „Halbwertzeit“ vieler Angebote ist unklar und d) nach dem Durchführungszeitraum der Planung neu aufkommende Angebote können mangels Kenntnis keinerlei Rolle spielen.

Abbildung 2: Trendverläufe

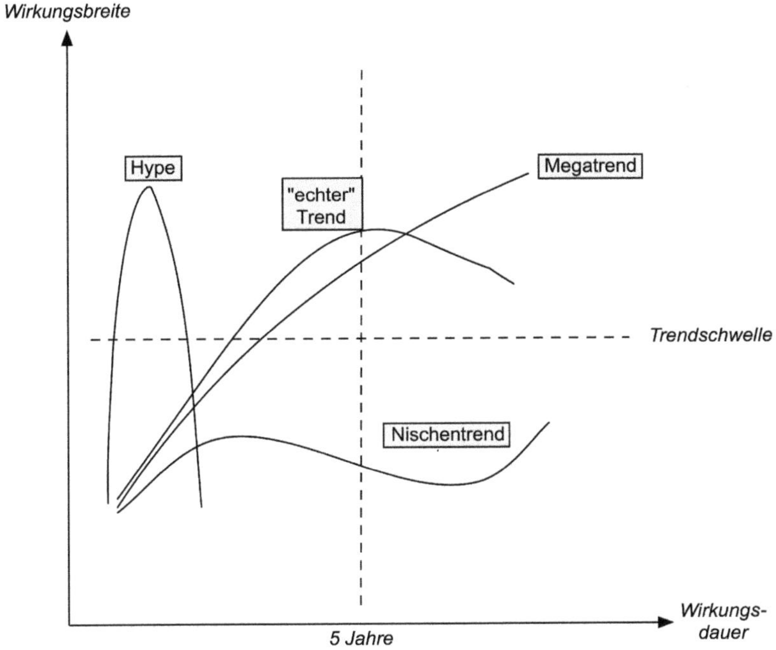

(Quelle: Wopp 2006, 20 mit Bezug auf Buck et al. 1998, 67)

Eine weitere Komponente ist die Ausdifferenzierung von Anbietern im Sportbereich (Abbildung 3). Neben den Sportvereinen und verschiedenen kommerziellen Anbietern sind in der jüngeren Vergangenheit v. a. Anbieter im Gesundheitssportbereich hinzugekommen, welche aus dem Gesundheitswesen kommend die Facette Sport in ihrem Angebot stärken.

Abbildung 3: Exemplarische Darstellung der Sportanbieter in einer Kommune[23]

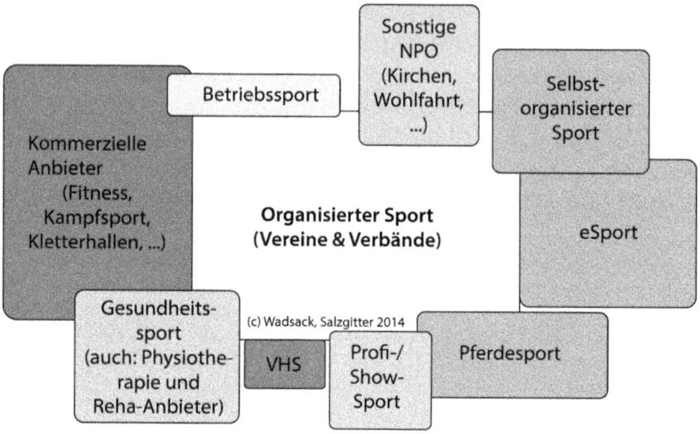

(Quelle: eigene Grafik)

In dieser Grafik steht der Vereinssport im Mittelpunkt, auch wenn, wie schon angeklungen ist, die Bedeutung innerhalb der Kommunen mittlerweile sehr unterschiedlich wahrgenommen wird. Dies kann nur eine schematische Darstellung sein. Alleine der Stadt-Land-Unterschied wird deutlich andere Ausprägungen der Anbieterlandschaft zeigen. Hinzu kommt die Existenz von hybriden Strukturen, die sich aus der unternehmerischen Pragmatik der verschiedenen Anbieter ergeben. Beispiele:

- Physiotherapie- und Reha-Anbieter, teils auch Fitnessanbieter eröffnen Vereine für bestimmte Angebotssegmente.
- Reitsportbetriebe initiieren zusätzlich Vereinsgründungen.
- Betriebssport ist ein klassischer Bereich der in unterschiedlichen Rechtsformen angebotenen Sportmöglichkeiten.

Damit ergeben sich für eine Betrachtung und Beratung der Sportentwicklung, welche nicht auf ein spezifisches Spektrum von Anbietern fokussiert, deutliche Veränderungen. Die Zahl der Stakeholder für das Thema Sport nimmt massiv zu und bringt deutlich unterschiedliche Interessenlagen von Funsport über sanfte Bewegungsformen bis hin zu Wettkampfsport in unterschiedlichen Varianten ein. Und als weiterer Aspekt nimmt die Zahl und Art der anbietenden Organisationen zu, die wiederum unterschiedliche Zielsetzungen bzw. Interessen mit dem Thema Sport verfolgen. Exemplarisch seien drei plakative Varianten skizziert:

23 „eSport" steht für elektronischen Sport als das wettkampfmäßige Austragen von Computerspielen. Dies erfolgt in eigenen Organisationsstrukturen abseits der Sportvereine und -verbände.

- Gemeinnützige Sportorganisationen, welche das Thema Sport als zentrales Anliegen ihrer Mitglieder verfolgen (klassische Sportvereine).
- Gemeinnützige Organisationen, die das Thema Sport als ad on für ihre Anziehungskraft für Mitglieder und im Sinne eines Dienstes für Mitglieder begreifen (z. B. örtliche Wohlfahrtsorganisationen).
- Kommerzielle Organisationen, die mit den verschiedenen Sportangeboten entsprechend Einkommen und Gewinn erwirtschaften wollen (z. B. Fitnessstudios, Kletterhallen).

4 Sport(stätten)entwicklungsplanung als Entscheidungsssstafette

Der fundierende Leitfaden richtet sich auf die Sportstättenentwicklungsplanung. Dies ist die korrekte Bezeichnung, da letztendlich auch bei den Modifikationen die Bewertung des vorhandenen und die Prognose des zukünftigen Bedarfes an Sportstätten im Mittelpunkt der Betrachtung stehen.

4.1 Charakteristik der Sport(stätten)entwicklungsplanung

Die Planung von Sportstätten ist, wie schon angesprochen, ein komplexer Prozess mit großer Tragweite. Abbildung 4 gibt einen Eindruck von Bezügen, welche mit dem kommunalen Sportgeschehen verbunden sind. Dabei wird die Bereitstellung von Sportstätten und -räumen von der tatsächlichen Nutzung unterschieden, womit auch wiederum Finanzströme angesprochen sind.

Abbildung 4: Akteure und Beziehungen der kommunalen Sportszene

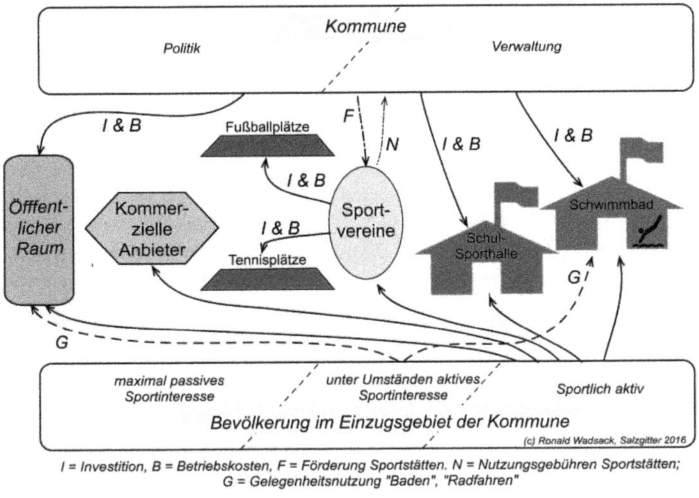

(Quelle: eigene Grafik)

Wenn nun die Kommune die Sport(stätten)entwicklungsplanung nach dem BISp-Leitfaden in Auftrag gibt, unternimmt sie eine konzeptionelle Maßnahme zur Zukunftsfähigkeit eines Teiles des örtlichen Sports. Die Bürger als potenzielle Nachfrager und Nutznießer werden in die Betrachtung einbezogen, u. U. erfolgt eine Befragung der einzelnen Organisationen. Die Anziehungskraft der einzelnen Sportanbieter hängt wiederum von der jeweiligen Performance bzw. Gewinnungs- und Bindungsfähigkeit in Bezug auf sportlich aktive Menschen ab.[24] Daraus ergeben sich Unterschiede bei den aufgeführten Akteuren (Tabelle 3).

Tabelle 3: Angebotsgestaltung und Nachfrageorientierung der verschiedenen Akteure im kommunalen Sport

Anbieter bzw. Angebot	**Grundlage der Inanspruchnahme bzw. Angebotskonzeption**	**Konsequenz bei schwachem / fehlendem Zuspruch**
Schulsporthalle	• Schulsportbetrieb: gemäß Lehrplan verbindlich • Vereinsbetrieb: gemäß Attraktivität des Vereinsangebotes für Mitglieder	• Schulsportbetrieb: entfällt. • Vereinsbetrieb: Ggf. Entzug der Hallenzeit bei Unterschreiten von Belegungsvorgaben.
Schwimmbad	• Öffentlicher Schwimmbetrieb: gemäß Marktsituation und Attraktivität des Angebotes • Schulsportbetrieb: gemäß Lehrplan verbindlich • Vereinsbetrieb: gemäß Attraktivität des Vereinsangebotes für Mitglieder	• Öffentlicher Badebetrieb: ggf. Attraktivierungsüberlegungen; Orientierung an Besucherzahlen als Zielgröße. • Schulsportbetrieb: entfällt. • Vereinsbetrieb: Ggf. Entzug der Nutzungszeit bei Unterschreiten von Belegungsvorgaben.
Sportverein	• Mitgliederorientierung je nach Vereinsausrichtung (traditionell vs. marktorientiert) • Abhängig von der Disposition der Vereinsführung	• Angebotserneuerung je nach Selbstverständnis des Vorstandes bzw. der Entscheidungsträger. • Insolvenz bei wirtschaftlich nachhaltigem Misserfolg.

24 Vgl. dazu auch Bach 2011, 316–320.

Anbieter bzw. Angebot	Grundlage der Inanspruchnahme bzw. Angebotskonzeption	Konsequenz bei schwachem / fehlendem Zuspruch
Kommerzieller Anbieter	• Gemäß Marktsituation und Attraktivität des Angebotes	• Neupositionierung am Markt. • Insolvenz bei wirtschaftlich nachhaltigem Misserfolg.
Öffentlicher Raum	• Fallweise Inanspruchnahme nach Attraktivität der Möglichkeiten und Sportartinteressen	• Ggf. Attraktivierung zur Steigerung der Inanspruchnahme, Orientierung an Nutzerzahlen als Zielgröße.

(Quelle: eigene Übersicht)

Auch bei zu hohem Zuspruch folgen Konsequenzen, die insbesondere in eine Enttäuschung der Teilnehmer münden und damit die Mund-zu-Mund-Propaganda für das Angebot schwächen können. Eine Überbelegung kann z.B. zu einer als drangvoll gefühlten Enge führen, die Teilnahme an der eigentlichen Sportaktivität kann mit größeren Wartezeiten verbunden sein (Geräteverfügbarkeit, Flächenverfügbarkeit). Bei einem wettkampforientierten Training mit feststehenden Aktivenzahlen sind die Möglichkeiten einer Flexibilisierung aus Trainingsgründen geringer als bei einer freizeitsportlichen Aktivität, wo Übungs- und Spielformen u.U. ein wenig mehr Offenheit ermöglichen. Hinzu kommen Fragen der Sicherheit je nach Gefahrenpotenzial einer Sportausübung. Ein weiterer Aspekt sind Konflikte zwischen Nutzergruppen, was neben öffentlichen Sporträumen (z.B. Wanderer, Mountainbiker; Bahnenschwimmer, Freizeitschwimmer) v.a. in Immobilien mit mehreren Nutzungseinheiten v.a. durch Geräusche abgestimmt sein sollte. Z. B. sind Volksmusiktanz und Ballsporttraining parallel in einer Mehrfachsporthalle nicht unbedingt kompatibel.

Es gibt eine unterschiedliche Stringenz bei der Zielorientierung der verschiedenen Akteure. Neben dem Erhalt der wirtschaftlichen Tragfähigkeit und der Erwirtschaftung von Einkommen treten Sachziele der kommunalen Vorhaltung von Leistungsangeboten. Dagegen bietet die Leistungspalette der Sportvereine die größte Spannweite an Verhaltensmerkmalen und enthält durch die weniger bzw. gar nicht auf Einkommenserzielung ausgerichtete Vereinsarbeit eine relativ große Grauzone der Performance. Tendenziell lässt sich sagen, dass mit zunehmender Vereinsgröße und insbesondere mit der Einbindung bezahlter Mitarbeiter die Marktorientierung steigt.

Dennoch liegt hier eine grundlegende Wirkungslücke der Sportentwicklungsplanung. Es werden Annahmen über die künftige Sportaktivität und die damit verbundenen Bedarfe an Sportstätten formuliert, die sich primär auf die Sportvereine richten. Jedoch sind diese damit zentralen Akteure, für die wirkungsvolle Nutzung der Sportstätten in keiner Verantwortung, in Bezug auf die Erzeugung einer entsprechenden Angebotsstruktur. Konsequenz können die immer wieder mal in kommunalen Diskussionen angeprangerten Fehlbelegungen von v. a. Sporthallen durch zu kleine Gruppen sein.

Hinzu kommt, dass Leadership als ein wichtiges strategisches Grundverständnis für den Gesamtprozess Sportentwicklung erst in einem gemeinsamen Entwicklungsprozess der beteiligten Akteure (siehe exemplarisch Abbildung 4/Akteure und Beziehungen) erarbeitet werden muss.

4.2 Konzeptionelle Ausrichtung der Sport(stätten)entwicklungsplanung

Eine gute Übersicht zu den Grundformen der Sport(stätten)entwicklungsplanung und in der zeitlichen Entwicklung bietet Abbildung 5. Der klassische Ansatz des Goldenen Plans hatte zum Ziel, eine spezifische Relation von Sportfläche zu Bevölkerung zu bewirken.[25] Er wurde mit der Konzeption des BISp-Leitfadens abgelöst.

Abbildung 5: Ansätze kommunaler Sport(stätten)entwicklungsplanung

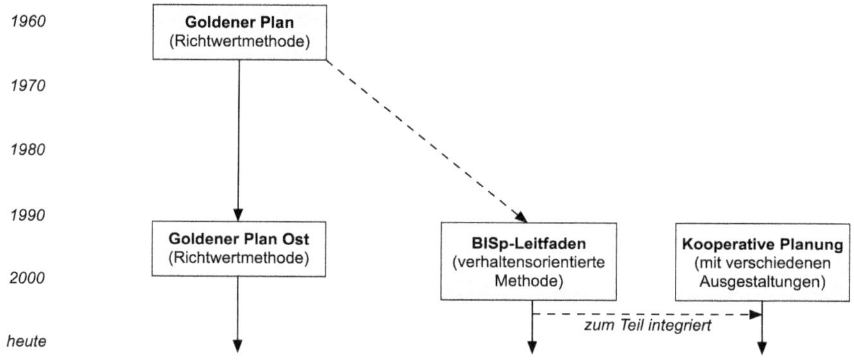

(Quelle: Fuhrmann 2013, 29 / eigene Grafik)

Als Grundgedanke lebte er lediglich mit der Sportstättenentwicklung in den fünf „neuen Bundesländern“ als Goldener Plan Ost wieder auf.[26]

Der verhaltensorientierte Ansatz des BISp beruht auf neun Planungsschritten:[27]

25 Vgl. z.B. Tibbe 2014, 99.
26 dvs 2010, 12.
27 Vgl. Köhl & Bach 2006, 55–119.

- Problemanalyse und Zielformulierung
- Erhebung der Sportangebote und -aktivitäten
- Erhebung und Bewertung der Sportstätten
- Bedarfsermittlung bezogen auf die gesamte Bevölkerung
- Konzipierung von Maßnahmen
- Prognose und Folgewirkungen
- Entscheidungen über Ziele und Maßnahmen
- Erfolgskontrolle und Fortschreibung

Bach als einer der Urheber des BISp-Konzeptes hat verschiedene Kritikpunkte in Bezug auf diesen Ansatz zusammengestellt und erwidert.[28] Ebenfalls werden Kritikpunkte von *Hübner & Wulf* aufgenommen und münden in einer Formulierung von Herausforderungen für die Modifikation des Ansatzes.[29]

Der kooperative Ansatz ist darauf angelegt, die Betroffenen von den Planungsthemen in den Prozess systematisch einzubinden und sich stärker auf den Sportanlagen- und Sportentwicklungsbedarf auszurichten. Insbesondere bei der Schaffung einer Datengrundlage für das örtliche Sportverhalten erfolgt eine Bezugnahme auf Elemente des BISp-Leitfadens.[30]

4.3 Entscheidungsbezüge der Sport(stätten)entwicklungsplanung

Sportentwicklungsplanung ist heute der Oberbegriff unter dem sich die kommunale Planung für den Sportstättenbedarf verbirgt. Die bislang weitgehend am BISp-Modell zur Ermittlung des Sportstättenbedarfs orientierte Vorgehensweise regt unter den Bedingungen heutiger Sportentwicklung dazu an, diese Planungsaufgabe näher in den Blick zu nehmen.

Entscheidungsorientierung: Die klassische Ermittlung des Sportstättenbedarfs ist eine schwierige Entscheidungssituation.

- Es handelt sich um eine langfristige Entscheidung, wenn man alleine von einer Grundlebensdauer entsprechender Immobilien von z. B. 30 Jahren ausgeht.
- Die Revidierbarkeit der Entscheidung ist nur mit Investitionen in einen Umbau (Revitalisierung) oder sunk costs (Abriss, Stilllegung) möglich.
- Neben der Investitionsentscheidung wird gleichzeitig über ein großes Volumen an Betriebskosten entschieden. Schätzungen im Bereich des Facility Management gehen davon aus, dass die Betriebskosten nach etwa 7 Jahren die Anschaffungskosten übersteigen[31], also einen wesentlichen Anteil an der Gesamtfinanzierung haben.

---

28 Vgl. Bach 2011, 329–332.
29 Vgl. Hübner & Wulf 2015.
30 Vgl. Fuhrmann 2013, 33–37; dvs 2010, 13.
31 Vgl. Zahn 2013, 81.

- Die Entscheidung selbst ist ein schlecht strukturiertes Problem, da vielfältige Einflüsse auf die Haltbarkeit der Entscheidungskriterien einwirken und diese in heutiger Zeit wiederum relativ schnellen Veränderungsprozessen unterliegen.

In dem entsprechenden Entscheidungsprozess sind verschiedene Akteure betroffen, die in unterschiedlichem Maße als Stakeholder zu berücksichtigen sind:

- Kommune als Financier der entsprechenden Sportinfrastruktur, entweder als Komplettfinanzierung, als Beteiligung an einer Vereinsfinanzierung und als Sportförderer für den Unterhalt von Vereinssportstätten.
- Sportvereine als Nutzer der entsprechenden Sportinfrastruktur bzw. Konsumenten der darauf bezogenen Sportförderung.
- Mitglieder in Sportvereinen als Sportler mit Bedarf an entsprechenden Sportstätten.
- Bevölkerung in dem relevanten Einzugsgebiet mit der Option, einmal Sportangebote nutzen zu können.
- Andere Sportanbieter (z. B. Fitnessstudios), die mit eigenen Sportanlagen zumindest partiell gegen die kommunal geförderten gemeinnützigen Vereine in Konkurrenz stehen.
- Andere nicht-kommerzielle Organisationen (z. B. Rotes Kreuz), die Sportinfrastruktur nutzen (z. B. für Blutspende-Aktionen, Feste, Versammlungen).

Schlüssel ist die entsprechende Formel zur Ermittlung des Sportstättenbedarfs (Abbildung 6).

Abbildung 6: Formel zur Sportstätten-Bedarfsermittlung

$$\textbf{\textit{Sportstättenbedarf}} = \frac{\text{Einwohner x Aktivenquote x Präferenzfaktor x Häufigkeit x Dauer x Zuordnungsfaktor}}{\text{Belegungsdichte x Nutzungsdauer x Auslastungsfaktor}}$$

(Quelle: BISp 2000)

Wie vorhin bei dem Aspekt „Entscheidungen“ charakterisiert, gilt es, diese im Hinblick auf Vorentscheidungen und enthaltene Informationen näher zu untersuchen. Tabelle 4 enthält exemplarische Einflüsse auf die Qualität der in der BISp-Formel enthaltenen Vor-Entscheidungen.

Tabelle 4: Exemplarische Einflüsse auf die Qualität der in der BISp-Formel enthaltenen Vor-Entscheidungen[32]

Formel-Parameter	Bezug[33]	Einflüsse für die Ermittlung bzw. Nutzung	Vor-Entscheidungen
Einwohner	Angaben zu den Einwohnern mit Haupt- und Nebenwohnsitz für den gegenwärtigen und den zukünftigen Planungszeitpunkt.	• Qualität der Einwohnerzahlen. • Wirkung kurzfristiger Einflüsse auf die Bevölkerungszahl. • Güte der Bevölkerungsprognose. • Je nach Kommune verfügbare Gliederung der Bevölkerungsprognose auf z. B. Stadtteile oder Gemeinden. • Aussagekraft der Bevölkerungsangaben in Bezug auf kommunale Grenzen überschreitende Sportteilnahme.[34]	• Auswahl der Datenquellen. • Gliederung der verfügbaren Daten in Altersgruppen. • Trennschärfe bzw. Gültigkeit der Daten für einzelne Teile der Kommune.
Aktivenquote	Abbildung der nach Alter und Geschlecht unterschiedlichen Sportteilnahme.	• Qualität der Ergebnisse einer Bevölkerungsbefragung als Abbildung der generellen Sportaktivität.	• Berücksichtigung der Sportarten. • Auswahl der zu Befragenden. • Bemühen um Bewohner, die mit Fragebögen i. d. R. schwer bzw. nicht erreicht werden können.

32 Siehe für einzelne Einflüsse auch Nagel 2006, 150–153.
33 Für die Charakterisierung des Bezugs siehe BISp 2000, 23 ff.
34 Vgl. Bach 2011, 319.

Formel-Parameter	**Bezug**[33]	**Einflüsse für die Ermittlung bzw. Nutzung**	**Vor-Entscheidungen**
Präferenzfaktor	Abbildung der in der Bevölkerung im Sommer und Winter vorhandenen Interessen an einzelnen Sportarten.	• Qualität der Ergebnisse einer Bevölkerungsbefragung als Abbildung der sportart-bezogenen Aktivität. • Annahmen über die Entwicklung der künftigen Sportaktivität.	• Angebot an Sportarten zur Auswahl. • Erfassung von aktuellen Entwicklungen bei den Sportangeboten.
Dauer	Zeitlicher Umfang der Sportausübung je Einheit.	• Qualität der Ergebnisse einer Bevölkerungsbefragung als Abbildung der sportart-bezogenen Aktivität.	• Berücksichtigung der verschiedenen Intensitätsmöglichkeiten von Sportangeboten.
Häufigkeit	Häufigkeit der Sportausübung pro Woche ohne Wettkampfbetrieb am Wochenende.	• Qualität der Ergebnisse einer Bevölkerungsbefragung als Abbildung der sportart-bezogenen Aktivität.	• Berücksichtigung der verschiedenen Intensitätsmöglichkeiten von Sportangeboten.
Zuordnungsfaktor	Verknüpfung von Sportart und Sportstätte.	• Zutreffen der getroffenen Zuordnungen. • Gültigkeit der Zuordnungen gemessen an neuen Sportangeboten abseits der klassischen Sportbezüge.	• Einschätzung neuer Sport-trends in Bezug auf Sportstättenzuordnung.
Belegungsdichte	Anzahl der Menschen die für eine Sportart sinnvoll gleichzeitig in einer Sportstätte aktiv sein können.	• Qualität der Einschätzung der Praktikabilität der Sportartausführung unter verschiedenen Leistungsbedingungen.	• Zuordnung Sportart – Belegungsdichte.

Formel-Parameter	Bezug[33]	Einflüsse für die Ermittlung bzw. Nutzung	Vor-Entscheidungen
Nutzungs-dauer	Zeitliche Verfügbarkeit einer Sportstätte in der Woche, ohne Wochen-enden.	• Qualität der verfüg-baren Daten.	Schulsporthallen – Ferienzeiten?
Auslas-tungsfaktor	Normativ festgelegtes Auslastungsziel für eine Sportanlage.	• Realitätsgehalt der Auslastungsper-spektive.	

(Quelle: eigene Übersicht)

Darüber hinausgehende Aspekte:

- Verstärkung durch die Annahmen zur Sportaktivität, welcher der Ermittlung der Zukunftswerte für den Sportstättenbedarf zugrunde liegen. Dies gilt insbesondere für den Zusammenhang von Sportaktivität und Altersgruppe, was z. B. durch die massive Bewerbung des Sports für ältere Menschen schon in Frage gestellt wird.[35]
- Auswahl von Methoden zur weitergehenden Einbindung der Bevölkerung in die Gestaltungsarbeit.
- Erreichung von Menschen für die Beteiligung.
- Modifizierung des Angebotskataloges in Bezug auf neue Angebote, u. a. auch Online-Angebote.
- Differenzierung und Prognose von Modewellen und ergiebigen Sportentwicklungen.
- Ggf. Ausklammerung von erwünschten Sportaktivitäten, die mangels Sportstätten zum Befragungszeitpunkt nicht ausgeübt werden konnten.[36]
- Bei Einbindung von Mitgliedschaftsdaten aus der Bestandserhebung der Sportverbände müssen Ungenauigkeiten u. a. wegen Doppelmitgliedschaften, Falschzuordnung zu Fachverbänden in Kauf genommen werden, da keine besseren Daten existieren.[37]
- Weiterhin kann die Standortpolitik von Profisportbetrieben und -ligen Einfluss auf die Sportartpräsenz haben. Ähnliches kann für das Vorhandensein bzw. die Streichung von Stützpunkten im Leistungssport gelten.

35 Vgl. Nagel 2006, 152. Mit den Annahmen bzw. der Greifbarkeit der Ableitung von künftiger Sportaktivität hat sich *Pitsch* sehr ausführlich auseinander gesetzt (vgl. Pitsch 2005).

36 Vgl. für die wirtschaftlichen Möglichkeiten Nagel 2006, 150.

37 Vgl. Steinbach & Hartmann 2007, 225.

- Forschungsökonomische Aspekte bei der Gestaltung der Sport(stätten)entwicklungsplanung.

4.4 Makro-Entscheidungen

Aus dieser Darstellung ergeben sich verschiedene Entscheidungsstufen, welche als Makro-Entscheidungen zu charakterisieren sind;

- Projektvergabe und damit verbunden
- eine Budgetierung für kommunale Ressourcen und damit einen Projektrahmen
- die Auswahl eines Projektpartners und Projektkonzeptes
- Instrumentelle Entscheidungen bei der Projektdurchführung
- Methodeneinsatz (Umfang, Qualität)
- Parameterabstimmung
- Nutzung und Einsatz der Ergebnisse
- Modifizierung der Ergebnisse im Zeitverlauf

Diese Makro-Entscheidungen beruhen i. d. R. auf einem intensiven Kommunikationsprozess zwischen den beteiligten Akteuren, was den Zeitfaktor fundierter strategischer Arbeit noch einmal hervorhebt.

5 Ansatzpunkte für die Unterstützung der kommunalen Sportentwicklung

Die Ausgangssituation ist nicht einfach. Die Planungsaufgabe zielt weiterhin stark auf langfristige Investitionen ab, sie bezieht sich auf ein breites Spektrum an beteiligten Akteuren und Varianten des Themas „Sport“. Im Hintergrund steht das Gebot wirtschaftlichen Handelns, da die Vorhaltung von Sportstätten bzw. die Unterstützung von Vereinen für die Unterhaltung eigener Sportstätten unter dem Aspekt der Knappheit zu diskutieren ist. Letztlich sind die wirtschaftlichen Möglichkeiten für die Projektdurchführung zu berücksichtigen.[38]

Bei weitergehender Einbindung der Sportvereine müssen deren Kapazitäten zur Projektbeteiligung, jedoch auch die Fähigkeiten und Bereitschaften berücksichtigt werden.[39] Dies ist ja schon bei der kooperativen Planung ein wesentlicher Aspekt, da mit der Breite und Intensität der Beteiligung die Qualität des Prozesses beeinflusst wird.

Für die folgende Skizze eines veränderten Ansatzes der Sportentwicklungsplanung sollen neben den wirtschaftlichen Aspekten v. a. die vorne im Beitrag zum Begriff „Strategie“ charakterisierten Aspekte des Lernbedarfes im Zeitverlauf, der Unwägbarkeit von Entwicklungen des Sportmarktes und die verbindliche Schaffung

---

38 Vgl. die Hinweise bei Nagel 2006.
39 Vgl. Freytag & Illmer 2011.

von Verantwortlichkeiten Grundlage sein. Einschränkungen aufgrund von suboptimalen Daten sind dabei in Kauf zu nehmen.

Da sich die Sportstättennutzung in dem Sinne der Sport(stätten)entwicklungsplanung primär auf die Sportvereine richtet, stehen sie auch im Mittelpunkt der Arbeit. Dennoch sind Verbindungen zu anderen für das lokale bzw. regionale Sportangebot relevanten Anbietern mit zu berücksichtigen.

Kernpunkt ist die Bewertung der Sportanlagensituation nicht mehr entlang der BISp-Berechnungsformel sondern auf Basis der strategischen Entwicklungskonzepte der örtlichen Vereine. Hinzu kommt eine noch zu klärende Puffergröße, um aktuellen Entwicklungen der Sportszene Rechnung tragen zu können. Unterstellt wird eine Planungsperiode von 10 Jahren, wohl wissend, dass der Immobilienbestand länger zur Verfügung steht. Nach 3 bzw. 6 Jahren ist eine Aktualisierungsrunde vorgesehen, in der die folgende Nutzungszeit durch eine angemessene Folgeplanung aufgenommen werden muss. Das vorgeschlagene Verfahren der Sportentwicklungsplanung lässt sich damit in drei Aufgabenblöcke aufsplitten:

Block 1: Schaffung von Datengrundlagen

- Bevölkerungsbefragung zum Sportverhalten. Wie bei dem bisherigen Vorgehen erfolgt eine repräsentative Befragung der Menschen vor Ort nach ihren aktuellen Sportaktivitäten. Ebenso werden fehlende Sportmöglichkeiten und für die angegeben Sportaktivitäten Tendenzen für die nächsten 3 und 6 Jahre erfragt (beibehalten, vermindern/ausbauen der Aktivität oder Aufgabe der Sportaktivität; Wettkampfteilnahme oder keine Wettkampfteilnahme). Mit diesen Informationen werden Daten erfasst, die sonst nicht verfügbar sind und auch auf keinem anderen Weg erlangt werden können. Die Unzulänglichkeiten einer Befragung, insbesondere im Hinblick auf die Erreichbarkeit einzelner Bevölkerungsgruppen, bedürfen einer entsprechenden Berücksichtigung. Zudem muss versucht werden, durch vorbereitende Sensibilisierung und Einbindung in weitere Projektschritte, diese möglichst klein zu halten.
- Mitgliedschaftsdaten der Sportvereine gemäß Bestandsmeldung. Trotz der eingeschränkten Aussagekraft gibt es hier gegenwärtig keine bessere Datengrundlage. Diese Daten können z.B. über einen Zeitraum der vergangenen 10 Jahre genutzt werden, um eine Grundlage für die Diskussion der Vereinsentwicklung zu erzielen.
- Kommunale Bevölkerungsprognose. Für die planende Kommune nach Möglichkeit kleinräumig, um z.B. auch besondere Effekte wie Neubaugebiete oder aus Stadtentwicklungsgründen spezifische Bevölkerungseinflüsse kleinräumiger einbeziehen zu können.
- Verknüpfung der Mitgliedschaftsdaten und der Bevölkerungsprognose zu einer Projektion der Vereinsentwicklung nach Altersgruppen und Sportartenbeteiligung mit der Bedingung, dass für den Verein keine spezifischen Veränderungen der Vereinsaktivität stattfinden. Damit ergibt sich eine Diskussionsgrundlage für die vereinsspezifische Entwicklungsplanung.

Block 2: Entwicklungsplanung

- Gemäß einem Leitfaden und unter Einbeziehung der in Block 1 angesprochenen Materialien haben die örtlichen Sportvereine für ihre einzelnen Sparten bzw. Angebote eine Planung zu erstellen, aus der die begründete Nutzung von Sportanlagen bzw. des öffentlichen Sportraums hervorgeht. Diese Planung wird nach einer Überprüfung zur Grundlage für eine Zielvereinbarung und die Aktualisierung der Sportentwicklungsplanung nach 3 bzw. 6 Jahren.
- In dieser Phase ist eine kompetente Unterstützung der entsprechenden Arbeiten in den Sportvereinen vorzunehmen. Diese kann z. B. als Hotline beim zuständigen Landessportbund erfolgen oder durch dessen Untergliederungen geleistet werden.
- Ergebnis ist eine Zusammenstellung der angeforderten Sporthallenkapazitäten; diese werden zu Belegungsplänen zusammengeführt und in die Clearingrunden eingebracht.
- Clearingrunden dienen dazu, die vorgelegten Planungen im Hinblick auf Kooperationen zwischen Akteuren mit Sportangeboten zu fördern. Diese Runden können lokalspezifisch in Clustern durchgeführt werden, die nach dem Zugang zu Sportanlagen örtlich bzw. sportspezifisch gebildet werden.
- Zur Einbindung der weiteren Akteure mit Sportbezug werden entsprechende moderierte Workshopangebote in das Verfahren eingebunden. Ähnlich der bisher schon praktizierten Formen.

Block 3: Aktualisierung der Sportentwicklungsplanung

- Nach 3 und nach 6 Jahren werden die entsprechenden Planungen der Sportvereine im Hinblick auf ihre tatsächliche Realisierung überprüft. Hierzu werden Teilnehmer- und Mitgliederzahlen des Vereins herangezogen und mit den Plangrößen aus der Vereinsplanung abgeglichen.
- Diese Aktualisierung kann dazu führen, dass die Belegung von Sportanlagen zurückgenommen, reduziert oder erweitert wird, wenn es die vorhandenen Kapazitäten zulassen. Ebenso können begründet neue Angebote eingeführt werden, die sich v. a. in den entwicklungsaktiven Bereichen des Trend- und Gesundheitssport ergeben.
- Der kritische Punkt dieser Phase ist die Verfügbarkeit von belastbaren Daten für die Entwicklung der Vereinsangebote bzw. die Nutzung der betreffenden Sportanlagen. Neben der Vertrauensvariante muss frühzeitig über die Einführung oder Nicht-Einführung einer fundierten Belegungsprüfung entschieden werden.

Mit der Schaffung einer Transparenz dieses Planungsprozesses durch eine Offenlegung der entsprechenden Planungen besteht die Chance, Vereine frühzeitig zu Kooperationen zu bewegen und die Mehrfachbesetzung einzelner Themen kritisch zu hinterfragen.

Mit einem Einsatz fortschrittlicher Technologien ist von einer Optimierung der Versorgung mit Sportstätten auszugehen. Im Sinne einer angemessenen Nutzung der Sportanlagen könnte mittels Zugangskarte (evtl. Deutscher Sportausweis) weitergehend noch mit RFID-Ausstattung[40] eine konkretere Belegungskontrolle erfolgen. Denkbar ist auch die Gestaltung einer auf den kommunalen Vereinsbereich gerichteten App, die eine z. B. wegen Turnierabwesenheit kurzfristige Freigabe einer Sportstättenkapazität ermöglicht.

Quellenverzeichnis

Bach, Lüder (2011): Sport und Sportstätten – Anspruch, Aufgabe und Gegenstand der strategischen Sportentwicklungsplanung in Städten und Gemeinden. – In: Louise Bielzer & Ronald Wadsack (Hrsg.): Betrieb von Sport- und Veranstaltungsimmobilien. Frankfurt a. M.: Peter Lang, 309–351.

Bielzer, Louise (2015): Iconic Sports Facilities as Parrt of a Destination's Tourism Potential? – In: Andreas Hebbel-Seeger; Thomas Horky & Hans-Jürgen Schulke (Hrsg.): Sport und Stadtmarketing. Norderstedt: BoD, 88–107.

Bielzer, Louise & Wadsack, Ronald (2011): Betriebswirtschaftliche Herausforderungen des Managements von Sport- und Veranstaltungsimmobilien. – In: Louise Bielzer & Ronald Wadsack (Hrsg.): Betrieb von Sport- und Veranstaltungsimmobilien. Frankfurt a. M.: Peter Lang, 53–127.

Buck, Alex; Hermann, Christoph & Lubkowitz, Dirk: Handbuch Trendmanagement. Frankfurt a. M.: Frankfurter Allgemeine.

Bundesinstitut für Sportwissenschaft (BISp; Hrsg.; 2000): Leitfaden für die Sportstättenentwicklungsplanung. Schorndorf: Hofmann.

Bundesinstitut für Sportwissenschaft (BISp; Hrsg.; 2009): 10 Thesen zur Weiterentwicklung von Sportanlagen. Schorndorf: Hofmann.

Deutsche Vereinigung für Sportwissenschaft (Hrsg.; 2010): Memorandum zur kommunalen Sportentwicklungsplanung. Hamburg: dvs.

Digel, Helmut (1988): Die öffentliche Sportverwaltung in der Bundesrepublik Deutschland. – In: Helmut Digel (Hrsg.): Sport im Verein und im Verband. Schorndorf: Hofmann, 60–80.

Eulering, Johannes (1988): Wo können die Menschen künftig (noch) ihren Sport treiben? Sport – Sportstätten – Sportumwelt. – In: Karlheinz Gieseler; Ommo Grupe & Klaus Heinemann (Hrsg.): Menschen im Sport 2000, Dokumentation des Kongresses „Menschen im Sport 2000". Schorndorf: Hofmann, 99–123.

Freytag, Gabriele & Illmer, Daniel (2011): Vereinsentwicklung gestalten – Hintergründe und Engpässe von Veränderungen in Sportvereinen. – In: Deutscher Olympischer Sportbund (Hrsg.): Sport im Verein – ein Handbuch, Band 1 Schriftenreihe Sportentwicklung des DOSB. Hamburg: Feldhaus/Czwalina, 167–176.

40 Radio Frequency Identification (Verfahren zur Kommunikation zwischen Transponder und Schreib-/Leseeinheit)

Fuhrmann, Holger (2013): Die Erweiterung des Sportbegriffs als Herausforderung für die kommunale Sportpolitik. Berlin: epubli.

Gleich, Ronald & Schentler, Peter (2010): Strategische und operative Planung in Kommunen. Berlin: Erich Schmidt.

Heinen, Edmund (1985): Einführung in die Betriebswirtschaftslehre, 9. Auflage. Wiesbaden: Gabler.

Hinterhuber, Hans H. (2004): Leadership, 3. Auflage. Frankfurt a. M.: FAZ-Institut.

Hinterhuber, Hans H. (2015): Strategische Unternehmensführung, 9. Auflage. Berlin: Erich Schmidt.

Hübner, Horst & Wulf, Oliver: Verhaltensbezogene Ansätze in der kommunalen Sportentwicklungsplanung. – In: Alfred Rütten; Siegfried Nagel & Robin Kähler (Hrsg.): Handbuch Sportentwicklungsplanung. Schorndorf: Hofmann, 109–117.

Köhl, Werner W. & Bach, Lüder (2006): Leitfaden für die Sportstättenentwicklungsplanung. Köln: Sport und Buch Strauß.

Mintzberg, Henry (1999): Strategy Safari. Wien: Ueberreuter.

Mombauer, Peter Michael (1988): Brauchen wir einen zweiten Goldenen Plan? Sportstätten von morgen (Referat). – In: Karlheinz Gieseler; Ommo Grupe & Klaus Heinemann (Hrsg.): Menschen im Sport 2000, Dokumentation des Kongresses „Menschen im Sport 2000“. Schorndorf: Hofmann, 197–209.

Münkler, Herfried (2016): Weiß er, was er will? – In: DIE ZEIT 12/2016, 42.

Nagel, Siegfried (2006): Verhaltensorientierte Sportentwicklungsplanung anhand des BISp-Leitfadens – dargestellt am Beispiel der Kommune Rottenburg/Neckar. – In: Erich Thöni; Martin-Peter Büch & Elmar Kornexl (Hrsg.): Effektivität und Effizienz öffentlicher Sportförderung. Schorndorf: Hofmann, 139–154.

Pitsch, Werner (2005): „Brauchbare“ und „unbrauchbare“ Verkürzungen bei der Sportstättenentwicklungsplanung. – In: Sportwissenschaft 3/2005, 310–331.

Rau, Thomas (2007): Betriebswirtschaftslehre für Städte und Gemeinden, 2. Auflage. München: Vahlen.

Schwark, Jürgen (2015): Spiel doch bei den Schmuddelkindern! Konversion von Industriestandorten zu Sportarealen in der Metropolregion Ruhr. – In: Andreas Hebbel-Seeger; Thomas Horky & Hans-Jürgen Schulke (Hrsg.): Sport und Stadtmarketing. Norderstedt: BoD, 118–136.

Steinbach, Dirk & Hartmann, Stephan (2007): Demografischer Wandel und organisierter Sport – Projektionen der Mitgliederentwicklung des DOSB für den Zeitraum bis 2030. – In: Sport und Gesellschaft 4/2007, 223–242.

Thompson, Walter R. (2013): Now trending: worldwide survey of fitness trends for 2014. – In: ACSM's Health Fitness Journal 6/2013, 10–20.

Thompson, Walter R. (2014): Worldwide survey of fitness trends for 2015: what's driving the market. ACSM's Health Fitness Journal 6/2014, 8–17.

Thompson, Walter R. (2015): Worldwide survey of fitness trends for 2016: what's driving the market. – In: ACSM's Health Fitness Journal 6/2015, 8–17.

Tibbe, Heinz (2015): Richtwertansätze – Renaissance der Orientierungswerte. – In: Alfred Rütten; Siegfried Nagel & Robin Kähler (Hrsg.): Handbuch Sportentwicklungsplanung. Schorndorf: Hofmann, 99–108.

Wadsack, Ronald (1992): Attraktives Ehrenamt. Witten: Verlag am Steinberg.

Wadsack, Ronald (2015): Legitimationskapital und Stadtmarketing im Sport. – In: Andreas Hebbel-Seeger; Thomas Horky & Hans-Jürgen Schulke (Hrsg.): Sport und Stadtmarketing. Norderstedt: BoD, 196–210.

Willimczik, Klaus (2007): Die Vielfalt des Sports. – In: Sportwissenschaft 1/2007, 19–37.

Wopp, Christian (2006): Handbuch zur Trendforschung im Sport. Aachen: Meyer & Meyer.

Wopp, Christian (2011): Vorausgeschaut – Perspektiven für die Sportvereine im Jahr 2020. – In: Deutscher Olympischer Sportbund (Hrsg.): Sport im Verein – ein Handbuch, Band 1 Schriftenreihe Sportentwicklung des DOSB. Hamburg: Feldhaus/Czwalina, 177–187.

Zahn, Peter (2013): Gebäudemanagement. – In: Hans-Peter Braun (Hrsg.): Facility-Management, 6. Auflage. Berlin & Heidelberg: Springer, 81–115.

Ronald Wadsack & Gabriele Wach

Die Bedeutung des organisierten Sports für das Stadtmarketing – eine Darstellung auf Basis des Legitimationskapital-Konzeptes[1]

Abstract: Es gibt vielfältige Bezüge zwischen Kommunen und Sport, wobei die Weite und Anzahl von den sportiven Aktivitäten abhängt. Stadtmarketing hat die Aufgabe, die Stadt für verschiedene Zielgruppen möglichst wirkungsvoll zu präsentieren, um z.B. Wirtschaftsansiedlungen zu fördern, neue Bewohner und Touristen anzuziehen. Dazu kann der Sport den einen oder anderen Beitrag leisten.
Nehmen wir die Sportvereine als wichtige Akteure, um die Grundlagen für eine solche Verknüpfung erfolgreich zu schaffen, so kann in der Ressourcenbetrachtung neben den Mitgliedern, Mitarbeitern, Finanzen, Infrastruktur und Rechten sowie dem Sozialkapital im Sinne der individuellen Vernetzung mit relevanten Ebenen bzw. Akteuren in der Kommune auch das Legitimationskapital genannt werden. Dahinter verbirgt sich eine systematische Charakterisierung der lokal-gesellschaftlichen Bedeutung des einzelnen Sportvereins. Gerade diese Bedeutung kann die Inhalte für die Verknüpfung mit dem Stadtmarketing transportieren.
Für das Erkennen des Legitimationskapitals ist ein Bezugspunkt in der Kommune erforderlich. Verschiedene Städte in Deutschland verfügen über eine Zahl von Zielen oder sogar ein Zielsystem. Daran entlang können die relevanten Leistungen des Sportvereins einsortiert werden. Ein Grundsystem für Orientierungspunkte des Legitimationskapitals wird in dem Beitrag vorgestellt und beispielhaft angewandt.

1 Bezugspunkte von Sport und Kommune als Ausgangspunkt der Betrachtung

Sport und Kommune sind in verschiedenster Art miteinander verbunden. Beispiele:

- Spitzensportliche Ereignisse als Aushängeschild für die entsprechende Kommune und als Anziehungspunkt für Touristen und Auslöser von Konsumausgaben.[2]
- Sportvereine können u.U. auch als Arbeitgeber und Auslöser von Konsum eine Rolle für die Kommune spielen.[3]

---

1 Eine erste Aufarbeitung dieses Themas wurde unter Wadsack 2015 veröffentlicht. Der Beitrag in diesem Band ist eine grundlegend überarbeitete und erweiterte Fassung.

2 Vgl. z.B. Kuske & Jürgens 2009.

3 Die kleinräumige Abgrenzung von wirtschaftlichen Wirkungen für Sport bzw. Sportvereine ist wegen der Schwierigkeiten bei der Beschaffung der notwendigen Datenbasis aufwändig. Eine Systematisierung bietet *Hickel* mit einer Anwendung für das Bundesland Bremen (vgl. Hickel et al. 2004). Ein Beispiel der Regionalisierung für Reiten und Pferdehaltung in einer Kommune ist in Wadsack 2014 zu finden. *Preuß*

- Sportliche Angebote der mehr als 90.000 Sportvereine in Deutschland auf verschiedenen Leistungsebenen des Wettkampfsports oder mit Fitness-, Freizeit- oder Trendsportangeboten als Betätigungsangebot primär für die ortsansässige Bevölkerung.
- Gesundheitssportliche Angebote als wichtiger Beitrag zur präventiven oder rehabilitativen Versorgung der Bevölkerung vor Ort.
- Gesellige Angebote der Sportvereine als Bestandteil des gesellschaftlichen Lebens. Ein typisches Beispiel sind Schützenfeste, Tage der offenen Tür oder Sommerfeste.
- Instrumenteller Sport in Verbindung mit integrativen und sozialen Zielsetzungen.[4]
- Sportvereine als subsidiärer Anbieter von relevanten Leistungen in den Kommunen mit einem dominanten Anteil freiwilligen Engagements in verschiedenen Verbindlichkeitsstufen.
- Als Partner der ortsansässigen Wirtschaft für Betriebssport, werbliche Maßnahmen (Sponsoring) oder die Wahrnehmung von CSR-Themen.

An diesen Beispielen sollte bereits deutlich werden, dass eine enge Beziehung zwischen Sportverein und kommunalem Erscheinungsbild bzw. kommunalem Agieren angenommen werden kann. Nicht umsonst unterstützen die Kommunen im Rahmen des Subsidiaritätsprinzips den Vereinssport.[5] „Für die Entwicklung der Kommunen ist der Sport von großer Bedeutung: Er ist kein isoliertes gesellschaftliches Feld, sondern fester und sinnierender Bestandteil der Kommunalpolitik."[6] Jedoch gilt es auch zu beachten, dass die klassische organisatorische Basis für Sportangebote regional in unterschiedlicher Weise erodiert. Viele andere Anbieter von Fitnessstudios und anderen kommerziellen Anbietern über Volkshochschulen bis hin zu verschiedenen sozialen Einrichtungen sowie der selbst organisierte Sport (Joggen, Skaten etc.) haben die Möglichkeit zur Sportausübung deutlich erweitert.[7] Dieser Beitrag bezieht sich in erster Linie auf den Vereinssport (organisierten Sport).

Um nun diese Verzahnung besser ausdrücken zu können, sollen zwei Perspektiven verknüpft werden. Für die Seite der kommunalen Darstellung das Stadtmarketing. Die Bedeutung des Sportvereins für das kommunale Gefüge wird als Legitimationskapital aufgefasst.

---

et al. (2012, 114–129) ermitteln Konsumausgaben pro sporttreibendem Menschen, welche einen Anhaltspunkt für das damit verbundene Finanzvolumen geben können.

4 Digel unterscheidet schon 1986 fünf verschiedene Sportmodelle, welche die Entwicklung der Vereinsangebote aufzeigen: Leistungssport, „Medien"Sport, Freizeitsport, Alternativsport und instrumenteller Sport. Vgl. Digel 1986, 39. Als instrumenteller Sport können z. B. Jugendarbeit, lebenslanges Lernen und Seniorenarbeit genannt werden. Vgl. verschiedene Beiträge in DOSB 2014 oder Breuer 2010, 130.

5 Vgl. Thieme & Wadsack 2013; Trosien 2013.

6 Stucke 2011, 89.

7 Vgl. z. B. Wetterich & Eckl 2007, 12.

Dementsprechend wird nach einer Vorstellung des Legitimationskapital-Konzeptes, welches wiederum in dem Ressourcenansatz der Betrachtung von Sportvereinen eingebettet ist, eine kurze Charakterisierung des Stadtmarketings vorgenommen. Abschließend werden diese beiden Perspektiven in Verbindung gebracht.

2 Betriebswirtschaftliches Ressourcenmodell des Sportvereins

Der ressourcenbasierte Ansatz ist in Deutschland seit den 1990er Jahren stärker in der allgemeinen betriebswirtschaftlichen Diskussion. Er beruht auf der Annahme, dass die Ressourcen eines Unternehmens eine zentrale Stellung für seinen Erfolg haben. „Ressourcen können allgemein definiert werden als die von einem Unternehmen kontrollierten Vermögenswerte, Fähigkeiten, Organisationsprozesse, Unternehmensattribute, Informationen und Wissensinhalte, die dem Management das Konzipieren und Implementieren von Strategien zur nachhaltigen Verbesserung der Effizienz und Effektivität des Gesamtunternehmens ermöglichen."[8]

Damit erfolgt eine abweichende Positionierung zu dem marktorientierten Ansatz, der die Branchen- und Umfeldbedingungen stärker in den Blick rückt.[9] *Steinmann & Schreyögg* führen vier Bedingungen auf, welche die besondere strategische Qualität von Ressourcen ausmachen können: Einmaligkeit, eingeschränkte Imitierbarkeit, fehlende Substituierbarkeit und der Wert der Ressourcen.[10] Ebenfalls bietet ein Bestand an verfügbaren Ressourcen die Chance auf geringere Abhängigkeiten in Entscheidungssituationen, da die Disposition über diese Ressourcen in eigenem Ermessen liegt.[11]

Anzusprechen ist ebenfalls die Unterteilung in tangible und intangible Ressourcen, zu letzteren zählen *Macharzina & Wolf* z. B. spezifische Wissensbestände, Lernfähigkeit, das Unternehmensimage oder die informationellen und sozialen Netzwerke.[12]

Schneider setzt noch einen anderen Akzent. Er betrachtet Ressourcen als „(...) in Märkten beschaffte Produktionsfaktoren, verändert bzw. veredelt durch Findigkeit und Können von Unternehmungsleitungen, Mitarbeitern oder externen Spezialisten zu unternehmungseigenen Merkmalen für Wettbewerbsfähigkeit. Während

8 Macharzina & Wolf 2012, 65.

9 Vgl. Macharzina & Wolf 2012, 64. Zu der wissenschaftlichen Einordnung siehe auch Steinmann & Schreyögg 2000, 225–227. Auf einzelne Anwendungen im Sportmanagement verweist Parkhouse 2005, 83–84.

10 Vgl. Steinmann & Schreyögg 2000, 188–189 a. a. O. mit Verweis auf Barney 1991 und Peteraf 1993.

11 Vgl. die Hinweise bei Laux & Liermann, 2005, 267–271 mit Verweis auf kostenmäßige Auswirkungen.

12 Vgl. Macharzina & Wolf 2012, 67.

Produktionsfaktoren von allen Konkurrenten in Märkten zu kaufen sind, verkörpern Ressourcen unternehmungsspezifische materielle und vor allem immaterielle Wirtschaftsgüter. Deren hauptsächliche Eigenschaften sind ein erschwerter Erwerb oder eine eingeschränkte Nachahmbarkeit durch Mitbewerber, z.B. die Fähigkeit zu Innovationen."[13] Diese Darstellung betont zusätzlich zu der vorhergehenden die Individualität einer Unternehmung[14] bzw. Organisation.

In der Übertragung auf Sportvereine wurden die zentralen Ressourcen aufgrund vielfältiger Einzelanalysen von Sportvereinen zusammengestellt (siehe Abbildung 1).

Abbildung 1: Ressourcenmodell des Sportvereins

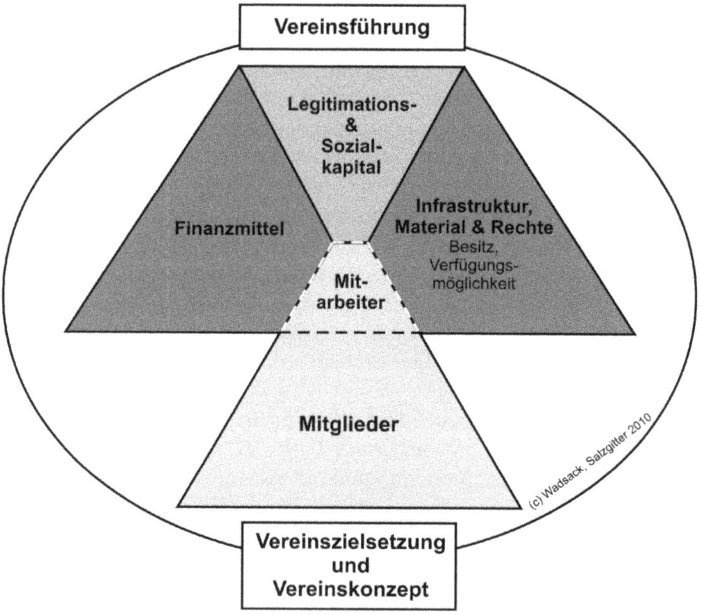

(Quelle: Wadsack & Wach 2010)

Dabei nehmen die Mitglieder in jedem Verein eine Sonderrolle ein, da sie aufgrund des Vereinscharakters selbst eine Ressource des Vereins sind.[15] Mitglieder haben eine formelle Mitgliedschaftsbeziehung zu dem Sportverein mit entsprechenden Rechten und Pflichten. Als Ressource dienen sie in der Anzahl als Ausdruck der

13 Schneider 1997, 60–61.
14 Vgl. Bruhn & Hadwich 2011, 10.
15 Vgl. Wadsack 2008.

relativen Bedeutung eines Sportvereins in seinem Einzugsgebiet. Im Rahmen des Wettkampfsportes abseits des Profisports sind sie die Leistungsträger der sportlichen Performance auf unterschiedlichen Leistungsebenen. Ebenfalls gestalten sie die Vereinsentwicklung in dispositiven oder ausführenden Funktionen mit.

Die weiteren Ressourcen sind

- Mitarbeiter in den verschiedenen Bindungsvarianten. Eine zentrale Besonderheit ist die herausragende Bedeutung der unentgeltlichen Mitarbeit, die in unterschiedlichem Maße durch bezahlte Mitarbeitsformen ergänzt wird.
- Finanzen aus unterschiedlichen Quellen. Dabei sind besonders Mitgliedsbeiträge, Zuwendungen aus öffentlichen Kassen, Vermarktungserlöse und Mittel aus Fundraisingaktivitäten zu nennen.[16]
- Infrastruktur & Rechte, welche sich u. a. auf die Nutzungsrechte für Schul- und andere Sportanlagen in nicht vereinseigener Trägerschaft beziehen. Diese können in der Regel nicht über einen Miet-Vertrag zugekauft werden, sondern unterliegen einem durch die Kommunalverwaltung geprägten Verteilungsprozess. Weiterhin sind Vermarktungsrechte für spezifische Vereinselemente (Trikotsponsoring, Naming Right für Sportanlagen) oder eingekaufte Rechte z. B. für spezifische Vereinsangebote (z. B. „Zumba") zu nennen.
- Legitimations- und Sozialkapital bilden eine grundlegende und intangible Ressource. „Auf jeden Fall kann Sozialkapital völlig ohne theoretisches Wissen gefördert werden, indem man selbst Freundlichkeit, Hilfsbereitschaft, Toleranz, Solidarität, Mitgefühl, Vertrauen und Gastfreundschaft und andere soziale Werte verbreitet, für die man kein Geld oder andere materielle Ressourcen benötigt."[17] Mit dem Sozialkapital soll hier die spezifische Vernetzung des Vereins über seine Akteure in dem regionalen bzw. lokalen Einzugsgebiet verstanden werden. Positives Sozialkapital braucht nach Gehmacher im weiteren Sinn die „Kultur einer Gemeinschaft"[18].

  Das Legitimationskapital leitet sich einerseits aus dem Aspekt der Gemeinnützigkeit ab, welches jedoch in der heutigen Diskussion häufig primär steuerrechtlich ausgeprägt ist.[19] Erst durch das faktische Engagement des Vereins werden die relevanten Themen besetzt, welche die gesellschaftliche Bedeutung des Sportvereins aufzeigen. Darüber hinaus kann spezifisches Engagement für die lokale / regionale Gemeinschaft das Legitimationskapital stärken. Insbesondere für die Erlangung von Aufmerksamkeit z. B. bei der freien Mittelverteilung wird das Legitimationskapital relevant.[20]

---

16 Für eine empirisch begründete Übersicht zu Einnahmepositionen vgl. z. B. Emrich et al. 2001, 301.

17 Dill 2015, 12.

18 Vgl. Gehmacher 2007, 1.

19 Vgl. z. B. Wadsack & Wach 2010.

20 Vgl. Wadsack & Wach 2010.

Die Vereinsführung hat dabei die Aufgabe, diese Ressourcen zu erhalten, zu beschaffen und durch entsprechende strategische Konzeptgestaltung und -umsetzung eine zukunftsfähige Vereinsarbeit zu gewährleisten.

Horch identifizierte im Zuge einer empirischen Untersuchungen Anfang der 1990er Jahre allgemein zu Vereinen[21] „dynamischer Vorstand“, „Mitgliederengagement“, „ehrenamtliche Mitarbeiter“, „staatliche und verbandliche Zuschüsse“, „hauptamtliche Mitarbeiter“ und „viele Mitglieder“ als wichtigste Ressourcen.[22] Diese Ressourcen finden sich in den verschiedenen Elementen des betriebswirtschaftlichen Ressourcenmodells für Sportvereine wieder.

3 Legitimationskapital als Bezugspunkt[23]

Bei Sportvereinen liegt im Gegensatz zu Wirtschaftsunternehmen eine weitgehende Mitgliederzentrierung vor. Die Realisierung ihrer Interessen sollte idealtypisch im Mittelpunkt des Vereinshandelns stehen. Insofern treten Vereinsmitglieder als Produzenten und Leistungsabnehmer auf. Nichtsdestoweniger werden auch Angebote kreiert, die sich an Nicht-Mitglieder richten oder die von einem gesamtgesellschaftlichen Anspruch – zumindest für das Einzugsgebiet des Vereins – getragen sind. Fairness- und Integrationskampagnen sind Beispiele dafür. Die Legitimation wäre entsprechend als akkumulierte gesellschaftliche Präsenz und Relevanz zu interpretieren.[24] Hinzu kommt die Sonderstellung des Sports in der Gesellschaft: „Der Sport ist einer der wenigen Gesellschaftsbereiche mit eigenständigem Rechtssystem. Er ist autonom, eine Parallelwelt, er fertigt seine eigenen Gesetze.“[25] Diese Sonderstellung, verbunden mit der veränderten gesellschaftlichen Stellung, erzwingt eine Auseinandersetzung mit der Daseinsberechtigung als Sportverein. Und dies umso mehr, als dass sich die Organisation um Unterstützung z. B. staatlicher Stellen[26] oder von Stiftungen bemüht. Eine Anschlussfähigkeit an diese benachbarten politischen und ökonomischen Systeme fällt schwer.

Es besteht die Schwierigkeit, den gesellschaftlichen Wert des Engagements sichtbar zu machen bzw. zu kommunizieren. Dazu findet sich im SRS-Leitfaden (Social Reporting Standard) zur wirkungsvollen Berichterstattung für soziale Organisationen folgende Anmerkung: „Nur selten werden die Wirkungslogik und erreichten Wirkungen systematisch dargestellt. Dabei sind Wirkungen das Lebenselixier gemeinnütziger Arbeit! Eine transparente Darstellung der eigenen Erfolge und

21 Dabei waren ca. 25 % Sportvereine in die Untersuchung eingegangen. Vgl. Horch 1992, 14.

22 Vgl. Horch 1992, 163.

23 Vgl. ausführlich Wadsack & Wach 2010. Soweit nicht explizit angegeben, beziehen sich die Ausführungen auf diese Quelle.

24 Angelehnt an die Formulierung von Bourdieu, der die gesellschaftliche Welt als akkumulierte Geschichte charakterisierte. Vgl. Bourdieu 1997, 49.

25 Hoeltzenbein 2010.

26 Als Beispiel einer kritischen Stellungnahme vgl. Kirsch & Kempf 2002.

Wirkungen kann einen erheblichen Beitrag zur Legitimation der eigenen Arbeit, zur Gewinnung von Ressourcen und zur Qualitätsentwicklung und Organisationssteuerung leisten."[27]

Der Legitimationsaspekt wird zudem in einzelnen Publikationen angesprochen. *Angerhausen* bezieht sich in ihrer Arbeit z.B. auf die „Legitimationsempfindlichkeit" von Wohlfahrtsverbänden.[28] „In besonderem Maße legitimationsempfindlich sind solche Organisationen, deren Ressourcenzufuhr nicht nur von ihren Absatz- und Zulieferermärkten abhängen, sondern auch von ihrer sozialen, politischen und moralischen Akzeptanz in den für sie maßgeblichen Umwelten."[29] Besonders die Verwendung öffentlicher Mittel, gleich welcher staatlichen Ebene, provoziert einen Legitimationsbedarf für die Mittelverwendung seitens der öffentlichen Hand.[30] *Schellberg & Walter* stellen fest, dass „der" SROI (Social Return on Investment) in Sozialunternehmen verschiedenartig konkretisiert werden muss, um Wirkungen von politischen Entscheidungen zu verdeutlichen, d.h. um eine Entscheidungs- und Legitimationshilfe für die Politik zu sein.[31]

Um eine Anschlussfähigkeit an die betriebswirtschaftliche Betrachtungsweise zu ermöglichen, wird hier das Konzept des Legitimationskapitals verwendet. Als Definition soll an dieser Stelle gelten: **Die Legitimation bzw. das Legitimationskapital drücken die sachlich argumentierte gesellschaftliche Bedeutung des Sportvereins zu einem bestimmten Zeitpunkt aus.** Das Pendant aus der Betrachterperspektive bietet die Reputation, welche die wahrgenommene Legitimation ausmacht und den Effekten der Wahrnehmung und Bewertung unterliegt.

Der Kapitalaspekt bezieht sich auf die Ansammlung von gesellschaftlich relevanten Aktivitäten im Zeitverlauf. Es ist davon auszugehen, dass zeitlich zurückliegende Aktivitäten je nach der vergangenen Zeit und ihrer Nachhaltigkeit für die Gesellschaft unterschiedlich gewertet in diesem Kapital enthalten sind. Sie berücksichtigt im übertragenen Sinne „Abschreibungen" für vergangene relevante Aktionen oder sogar gravierende Ab- oder Aufwertungen bei grundlegenden Änderungen des gesellschaftlichen Bedarfes. Ebenso ist eine Kapitalvernichtung denkbar, wenn dem Sportverein massive Verstöße gegen gesellschaftliche Konventionen angelastet werden.

Die Bewertung erfolgt immer wieder neu, da sich der Maßstab des gesellschaftlichen Bedarfs verändert. Das so angesammelte Kapital bildet die Grundlage für die „Einforderung" von Unterstützung und wird damit zu einer Ressource des Sportvereins. Ressourcenerhalt, -entwicklung und ihr ökonomischer Einsatz sind strategische Führungsaufgaben im Sportverein.

27 Social Reporting Initiative e. V. 2014, 2.
28 Vgl. Angerhausen 1998.
29 Angerhausen 1998, 21.
30 Vgl. Lösche 2010, 25.
31 Schellberg & Walter 2010, 47.

Legitimation, so wie wir sie hier verstehen wollen, ist dabei die Sichtweise der betrachteten Organisation selbst. Sie drückt aus, in welcher Form und in welchem Maße ein Sportverein oder -verband selbst seinen gesellschaftlichen Wert in sachlichen Maßstäben sieht und darstellt. Kurz gesagt, lässt sie sich in folgende Frage kleiden: Was macht die gesellschaftliche Bedeutung unseres Sportvereins aus, welche eine Unterstützung/Zusammenarbeit über die reine Mitgliederbeziehung hinaus rechtfertigt? Es geht um die Wahrnehmung gesellschaftlich relevanter Bedarfe und die Fähigkeit des Sportvereins, einen Beitrag zu deren Befriedigung zu leisten. Das Bewusstsein über die eigene Legitimation in diesem Sinne – oder entsprechende Defizite – ist eine relevante Größe für die Führungsarbeit.

Gemäß der oben vorgenommenen Einordnung von Legitimation als akzeptanzfähige Aussagen zur „Daseins- und Unterstützungsberechtigung“ einer Sportorganisation bedarf es entsprechender Kriterien.

Akzeptiert man nun die Bedeutung des Legitimationskapitals für Sportvereine, so stellt sich die Frage nach einer angemessenen Darstellungsform. Gerade in lokal überschaubaren Zusammenhängen erscheint dieses Legitimationskapital wie eine Art „Selbst – Verständlichkeit“. Die Betrachter „wissen“, was der Verein für ihre Gemeinschaft „bedeutet“. Für eine systematische Darstellung des Legitimationskapitals müssen andere Formen gewählt werden.

Letztlich haben *Wadsack & Wach* sechs Oberbegriffe gebildet, die sich durch weitere Aspekte spezifizieren lassen:

- Chancen für Kompetenzentwicklung (Beispielkriterien: Beitrag zu gesellschaftlichem Engagement, Mitarbeiterorientierung),
- Engagement der Mitglieder (Beispielkriterien: Solidarität/solidarisches Engagement, Partizipation „aller“ Mitglieder),
- Innovationsfähigkeit (Beispielkriterien: Empfindsamkeit, Kooperationsbereitschaft),
- Leadership (Beispielkriterien: Realität der mit dem Sport verbundenen gesellschaftlichen Werte, Glaubwürdigkeit),
- Operative Führung (Beispielkriterien: Finanzielle Solidität, Verlässlichkeit),
- Verantwortung gegenüber Gesellschaft und Umwelt (Beispielkriterien: Beteiligung an politischer Meinungs- und Willensbildung zu relevanten Themen, Aufgabenübernahme im Rahmen des (lokalen) Gemeinwohls).

Abbildung 2: Spinnennetz-Diagramm des Legitimationskapitals

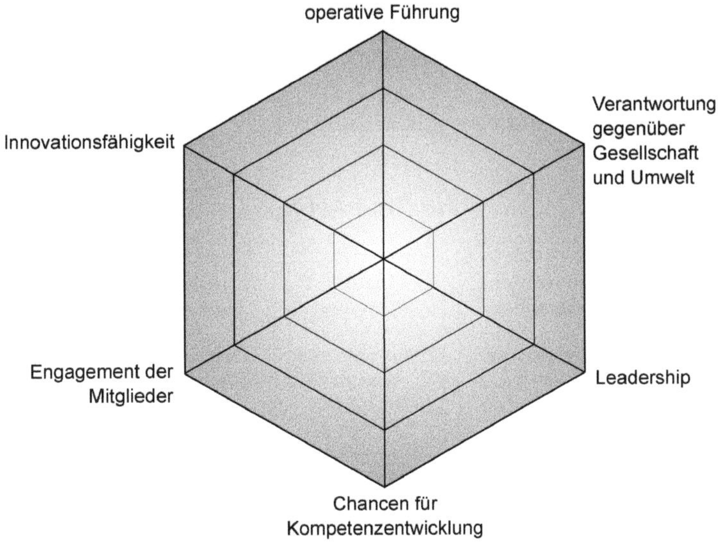

(Quelle: Wadsack & Wach, 2010)

Eine übersichtliche Form kann mittels eines Spinnennetz-Diagramms erstellt werden (siehe Abbildung 2), was allerdings eine Quantifizierung der Dimensionen und der zugeordneten Kriterien erfordert. Dieser Schritt scheint momentan noch schwierig. In den eben angeführten Oberbegriffen ist der Anspruch nachhaltigen Handelns insbesondere in dem Aspekt „Verantwortung gegenüber Gesellschaft und Umwelt" enthalten.

4 Anknüpfungspunkt Stadtmarketing

Eine Definition für Stadtmarketing lautet: „Umfassendes Stadtmarketing ist kooperative Stadtentwicklung mit dem Ziel der Aufwertung einer Stadt und ihrer Leistungen für Bürger, Wirtschaft und Auswärtige durch verbesserte Kommunikation und langfristige Partnerschaft zwischen allen, die an der Gestaltung des Lebensraumes Stadt mitwirken, durch gemeinsame Entwicklung und Umsetzung konkreter Projekte auf der Grundlage von partnerschaftlich erarbeiteten Leitlinien und offensiver, konsensorientierter Diskussion von Zielkonflikten."[32] *Frank* charakterisiert die Aufgabe des Stadtmarketing kurz mit der Herstellung eines positiven Image.[33] Abbildung 3 enthält eine Gliederung des Stadtmarketing, welche die

32 Grabow & Hollbach-Grömig 1998, 30.
33 Vgl. Frank 2011, 37.

einzelnen Aufgabenbereiche skizziert. Aufgekommen ist das Thema Stadtmarketing in Deutschland in den 1980er Jahren. Spätestens seit der Jahrtausendwende ist es Hoffnungsträger für die von finanziellen Klemmen und anderen Restriktionen veränderten Bedingungen vieler Kommunen.[34]

Abbildung 3: Stadtmarketing als ganzheitliches Konzept

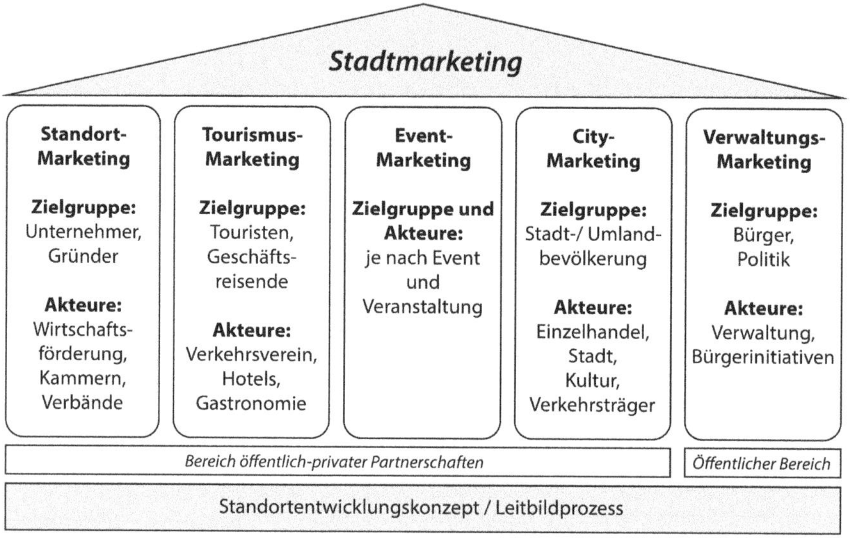

(Quelle: Block & Icks 2010, 4 mit Bezug auf das Bayerische Staatsministerium für Wirtschaft, Infrastruktur, Verkehr und Technologie)

Hierbei sind die grundlegenden Marketing-Bedingungen zu beachten: Herausarbeiten und Umsetzen eines Kerngedankens für das „Produkt Stadt“ und Umsetzung in eine wirkungsvolle Kommunikation in den relevanten Zielgruppen. *Flake* verweist mit Bezug auf *Töpfer* dementsprechend auf den Gedanken der „marktorientierten Führung einer Stadt“ unter Rückgriff auf das Verständnis des strategischen Managements.[35]

Als Ziel kann folgende Aussage genutzt werden: „Alle Bereiche einer Stadt, d. h. alle Organisationen, Institutionen, Einwohner etc., sollen in ihrer täglichen Arbeit in erster Linie an die Bedürfnisse der verschiedenartigen Zielgruppen denken. ... Stadtmarketing hat das Ziel, in einer Stadt eine optimistisch zu beurteilende Zukunft zu projektieren und wahrnehmbare gemeinsame Anstrengungen zu unternehmen.“[36]

34 Vgl. dazu Frank 2011, 38.
35 Vgl. Flake 2007, 8–9 m. w. N.
36 Konken 2006, 70.

Aus der Perspektive eines Ansatzes, welcher die Eigenlogik von Kommunen in das Zentrum stellt, bedarf es der individuellen Konstruktion der Gestalt der Stadt. Damit verbunden ist die Frage, was für eine spezifische Kommune im Vergleich mit anderen wirkungsvoll in Szene gesetzt werden kann.[37] Stadtmarketing entzieht sich so der Konzept-Standardisierung. „Dies bedeutet, dass alle Themen und Inhalte des Stadtmarketings systematisch an die Eigenlogik der zu vermarktenden Stadt anschließen müssen, um erfolgreich zu sein."[38] Diese Perspektive bietet eine Verbindung zum Legitimationskapital und lädt die Bedeutung der Vereinsaktivitäten auf. Schließlich sind die Sportvereine Mitgestalter dieser Eigenlogik.

Einige Städte haben ihre Zukunftsperspektiven mittlerweile in Zielsystemen formuliert und damit eine Art Arbeitsplan für die nächsten Jahre entworfen. Die folgende Übersicht enthält einige Aspekte, welche für die Stadt Mannheim als verbindlich erklärt wurden (siehe Abbildung 4).

Abbildung 4: Zielsystem der Stadt Mannheim

Strategie Stadt Mannheim	
„Mannheim als Deutschlands kompakteste Metropole wächst und entwickelt sich weiter als vielgestaltige, tolerante und bunte Stadt. Dabei versteht sich Mannheim in besonderer Weise als Stadt aktiver Einwohnerinnen und Einwohner und damit als Bürgerstadt."	Stärkung der Urbanität
	Talente überdurchschnittlich gewinnen, entwickeln und halten
	Zahl der Unternehmen und (qualifizierten) Arbeitsplätze in Mannheim steigern
	Toleranz bewahren, zusammen leben
	Bildungserfolg der in Mannheim lebenden Kinder, Jugendlichen und Erwachsenen erhöhen
	Die zentralen Projekte „Kulturhauptstadt 2020" und Masterplan Kreativwirtschaft erfolgreich umsetzen
	Stärkung des bürgerschaftlichen Engagements und der Mitwirkung

(Quelle: Stadt Mannheim 2013)

Die enthaltenen Ziele dienen gleichzeitig dazu, die Darstellung der Stadt zu fokussieren. Sie bieten ebenfalls einen guten Ansatzpunkt für die Verknüpfung mit dem Konzept des Legitimationskapitals von Sportvereinen. An entsprechenden Zielformulierungen kann die Bewertung des bestehenden Legitimationskapitals orientiert werden. Ebenfalls bieten diese mittelfristig angelegten Ziele eine Hilfe-

37 Vgl. Frank 2011, 39.
38 Frank 2011, 39.

stellung, wenn es um die positive Entwicklung des Legitimationskapitals gehen soll. Vereinsaktivitäten können ggf. besser im Hinblick auf den gemeinschaftlichen Nutzen abgeschätzt werden.

Dies lässt sich auch aus der Darstellung zu den Zielen der Landeshauptstadt München (2008/2009) und dem Beitrag der Sportförderung entnehmen. Darin wird das übergreifende Ziel der Imageförderung mit Breiten- und Freizeitsport, Spitzensport, Sportveranstaltungen, Vereinsservice und Infrastruktur/Sporträumen verknüpft.[39]

Ein weiteres sportspezifisches Beispiel bietet der SportService der Stadt Nürnberg: „Sport ist ein Massenphänomen und kann Grenzen, Sprachen und Kulturen überbrücken. Er prägt das Image einer Stadt: eine lebendige Sportstadt schafft Identität, bindet Talente und wirkt anziehend auf Menschen jeden Alters. Nürnberg ist Sportstadt."[40]

Das im Jahr 2013 von der Stadt Nürnberg gegründete „Team Nürnberg", als ein Netzwerk von Partnern aus Sport und Wirtschaft, hat folgende gemeinsame Ziele festgelegt:

- Vernetzung von Sport und Wirtschaft in der Region.
- Standortmarketing für die Stadt Nürnberg, die Region und Unternehmen der Privatwirtschaft.
- Gesteigerte Lebensqualität durch den Mehrwert von Sport und Bewegung.
- Bewegungsanreize für Kinder, Jugendliche und Erwachsene.
- Optimierte Entwicklungschancen für regionale Sportlerinnen und Sportler.
- Bindung talentierter Sportlerinnen und Sportler an die Region.
- Öffentlichkeitsarbeit für die Kooperation von Sport und Wirtschaft.
- Strahlkraft und Imagewirkung des Sports zum Nutzen regionaler Unternehmen.[41]

Die Herausforderung liegt nun darin, städtische Konzepte und Handlungen mit der Performance des örtlichen organisierten Sports stimmig zu verknüpfen.

5 Legitimationskapital und Stadtmarketing

Grundsätzlich ist eine Beziehung zwischen den beiden Perspektiven vorauszusetzen, da das Legitimationskapital ja an dem Nutzen eines Sportvereins für sein gesellschaftliches Umfeld ansetzt. *Kuron* verweist auf eine Untersuchung aus dem Jahr 2004, in der Sport und Freizeit zu den Top-Themen des Stadtmarketing gezählt wird.[42] Das HWWI-Ranking der Sportstädte in Deutschland zeigt ebenfalls die Be-

39 Vgl. Breuer 2010, 132.
40 Stadt Nürnberg-SportService 2013, 3.
41 Stadt Nürnberg-SportService 2013, 5.
42 Vgl. Kuron 2007, 8; auch: Franke 2015, 55–60.

deutung von Sport auf, indem Großstädte nach ihrer Ausstattung mit Sportstädten und der Präsenz von hochkarätigen Sportveranstaltungen eingestuft werden.[43]

Ausgehend von der Spinnennetzgrafik (Abbildung 2) können nun pauschal aus Sicht eines Stadtmarketings Bezugspunkte benannt werden, welche mit dem Konzept des Legitimationskapitals korrespondieren. Im Detail sind diese mit den Bedingungen in jeder einzelnen Kommune neu abzustimmen. Insofern kann die folgende Darstellung (Abbildung 5) nur beispielhaft erfolgen.

Abbildung 5: Bezugspunkte zwischen Legitimationskapital von Sportvereinen und Stadtmarketing

Kriterium Legitimationskapital	**Stadtmarketing** **Positive Korrespondenz**
Operative Führung	• Zuverlässigkeit in der Zusammenarbeit
Verantwortung gegenüber Gesellschaft und Umwelt	• Aufwertung der Stadt • Verlässliche Partnerschaft • Beteiligung an der Stadtentwicklung • Kooperations-Offenheit • Integrative Arbeit • Durchführung von CSR-Projekten • Beteiligung an / Übernahme von Sportstätten zur Entlastung der Kommune • Nachhaltiger Umgang mit kommunalen Ressourcen • Aktiver Netzwerkpartner im Kompetenzgebiet „Sport“
Leadership	• Strategische Ausrichtung der Vereinsarbeit • Aktiver Partner in der Sport- und Freizeitentwicklung
Chancen für Kompetenzentwicklung	• Besondere Qualität der Mitarbeitsmöglichkeiten • Kompetente Betonung spezifischer Lernfelder (Integration in der Zusammenarbeit, Genderaspekte, ...)
Engagement der Mitglieder	• Aktivierung von bürgerschaftlichem Engagement durch attraktive Mitarbeit
Innovationsfähigkeit	• Aufwertung der Stadt • Attraktivität des Angebotes für (Neu-)Bürger • Eventgestaltung zur Positionierung der Kommune

(Quelle: Eigene Darstellung)

43 Vgl. Vöpel 2011.

Wichtig ist es, die kommunikativen Inhalte des Marketing in geeigneter Form mit diesen Aspekten anzureichern. Dabei können zwei grundlegende Varianten unterschieden werden:

- Bei medial wirkungsvollen Sportveranstaltungen gilt es diese zu nutzen, um eine Verbindung zu der Stadt und ihren Attributen herzustellen.
- Bei eigenen Konzepten des Stadtmarketing ist jeweils die Einbindung von sportbezogenen Inhalten zu prüfen.

Wie schon angeklungen, sind auch negative Wirkungen denkbar, die sich im Extremfall als Vernichtung von Legitimationskapital auswirken. Massive Fankrawalle, Feindseligkeit gegenüber Menschen mit Migrationshintergrund, sexueller Missbrauch oder gravierende Misswirtschaft können als Beispiele genannt werden.

Konken betont bei der Beziehung von Stadtmarketing und Sport die primären Angebotsbereiche: „Abgesehen von dem Imagewert für den Ort, wirken sich Höchstleistungen in Verbindung mit medialer Bekanntheit auch positiv auf andere Handlungsfelder aus. Im Mittelpunkt des Interesses stehen dabei die Populärsportarten, über deren Leistungen die Medien kontinuierlich und ausführlich berichten. Aber auch ein vielfältiges Breitensportangebot trägt zur Attraktivität der Stadt bei und bereichert das Freizeitangebot."[44]

An einer für das Jahr 2000 erarbeiteten Stärken/Schwächen – Chancen/Risiken-Übersicht für die Stadt Frankfurt/Oder lassen sich deutliche Bezüge zu dem Legitimationskapital erkennen (siehe Abbildung 6).

Abbildung 6: SWOT-Analyse Bereich Sport, Frankfurt /Oder

Stärken/Chancen	**Schwächen/Risiken**
traditionelle Sportstadt, Leistungszentrum und Olympiastützpunkt (OSP), ausreichende sportbezogene Basisinfrastruktur, regionale wassertouristische Potenziale, Freizeitpark Helene-See, Weltmeister und Olympioniken als potenzielle Imageträger	Defizit an Freizeit- und Trendsportangeboten (Tennis, Golf u. a.), keine überregional bedeutenden Freizeitanlagen, keine touristische Vermarktung der Sportangebote, fehlende wassertouristische Infrastruktur

(Quelle: Kuron 2007, 66)

Letztlich beruht die analysierte Situation in wesentlichen Teilen auf den getroffenen Führungsentscheidungen in den Sportorganisationen. Sie wird in einer solchen, auf das Stadtmarketing ausgerichteten Betrachtung, als Gesamtheit gespiegelt.

44 Konken, 2006, 126.

6 Fazit

Beziehungen zwischen Stadtmarketing und Legitimationskapital lassen sich auf Basis dieser Betrachtungen bestätigen. Es kann angenommen werden, dass mit einer Zunahme strategischen Denkens und Handelns in Kommunen die Verknüpfung mit der Ressource Legitimationskapital systematisch in den Blick gerät.

Quellenverzeichnis

Angerhausen, S. (1998): Ende der Schonzeit. Die „neue" Legitimationsempfindlichkeit von Wohlfahrtsverbänden. – In: Arbeitskreis Nonprofit-Organisationen (Hrsg.): Nonprofit-Organisationen im Wandel, Stuttgart et al.: Kohlhammer, 21–45.

Bourdieu, P. (1997): Die verborgenen Mechanismen der Macht. Hamburg: VSA-Verlag.

Breuer, C. (2010): Der Beitrag des Sports zur Kommunal- und Regionalentwicklung. – In: W. Tokarski & K. Petry (Hrsg.): Handbuch Sportpolitik, Schorndorf: Hofmann, 128–140.

Bruhn, M. & Hadwich, K. (2011): Dienstleistungsproduktivität – Einführung in die theoretischen und praktischen Problemstellungen (Band 2). – In: M. Bruhn & K. Hadwich (Hrsg.): Dienstleistungsproduktivität, Wiesbaden: Springer/Gabler, 2–31.

Digel, H. (1986): Über den Wandel der Werte in Gesellschaft, Freizeit und Sport. – In: Deutscher Sportbund (Hrsg.): Die Zukunft des Sport, Materialien zum Kongress „Menschen im Sport 2000", Schorndorf: Hofmann, 14–43.

Dill, A. (2015): Was ist Sozialkapital?, – In: Basel Institute of Commons and Economics (Hrsg.): We measure your social capital and your commons, http://commons.ch/wp-content/uploads/sozialkapital20021.pdf; Zugriff: 06.01.2016.

DOSB (Hrsg.; 2014). Sport gestaltet Gesellschaft, Hamburg: Feldhaus

Emrich, E.; Pitsch, W. & Papathanassiou, V. (2001): Die Sportvereine, Schorndorf: Hofmann.

Flake, B. J. D. (2007): Stadtmarketing: Entwicklung einer städtischen Konzeption am Beispiel der bayerischen Landeshauptstadt München, Hamburg: Diplomica.

Frank, S. (2011): Stadtmarketing. – In: M. Löw & G. Terizakis (Hrsg.): Städte und ihre Eigenlogik, Frankfurt a.M. & New York: Campus, 37–46.

Franke, M. (2015): Städtische Bewerbungen um internationale Sportevents, Wiesbaden: Springer VS

Gehmacher, Ernst (2007): Sozialkapital – einfach erklärt. – In: http://www.heartsopen.com/docs/Sozialkapital%20einfach%20erklaert.pdf; Zugriff: 06.01.2016.

Grabow, B. & Hollbach-Grömig, B. (1998): Stadtmarketing – eine kritische Zwischenbilanz, Berlin: Deutsches Institut für Urbanistik.

Hickel, R.; Troost, A. & Troost, A. (2004): Sport und Ökonomie im Land Bremen, Bremen

Hoeltzenbein, K. (2010): Der Schein des Sports. – In: http://www.sueddeutsche.de/sport/affaeren-und-betruegereien-der-schein-des-sports-1.397883; Zugriff: 09.11.2014.

Horch, H.-D. (1992): Geld, Macht und Engagement in freiwilligen Vereinigungen, Berlin: Duncker & Humblot.

Kirsch, G. & Kempf, H. (2002): Staatliche Finanzierung des Sports – Ein Auslaufmodell? – In: H. Horch (Hrsg.): Finanzierung des Sports, Aachen: Meyer & Meyer, 254–266.

Konken, M. (2006): Stadtmarketing – Kommunikation mit der Zukunft, 2. Auflage, Meßkirch: Gmeiner.

Kuron, I. (2007): Stadtmarketing – Ein Leitfaden für die Praxis, 2. Auflage, Berlin: DSSW-Schriften.

Kuske, T. & Jürgens, A. (2009): Stadtsportmarketing. – In: Sponsors 6/2009, 30.

Laux, H. & Liermann, F. (2005): Grundlagen der Organisation, 6. Auflage, Berlin et al.: Springer.

Lösche, P. (2010): Sportpolity, Sportpolitics und Sportpolicy als theoretische Annäherung an eine Sportpolitikwissenschaft. – In: W. Tokarski & K. Petry (Hrsg.): Handbuch Sportpolitik, Schorndorf: Hofmann, 12–29.

Macharzina, K. & Wolf, J. (2012): Unternehmensführung, 8. Auflage, Wiesbaden: Springer/Gabler.

Parkhouse, B. L. (2005): The Management of Sport, 4. Auflage, Boston et al.: MacGraw-Hill.

Preuß, H.; Alfs, Chr. & Ahlert, G. (2012): Sport als Wirtschaftsbranche, Wiesbaden: Springer Gabler.

Schellberg, K. & Walter J. (2010): Mehrwert oder Kostenfaktor? Der Social Return on Investment in Sozialunternehmen, – In: Bundesarbeitsgemeinschaft Werkstätten für behinderte Menschen (2010): Werkstatt:Dialog, 6.2010, 44–47.

Schneider, D. (1997): Betriebswirtschaftslehre, Band 3: Theorie der Unternehmung, München & Wien: Oldenbourg.

Social Reporting Initiative e. V. (Hrsg.)(2014): SRS Social Reporting Standard, Leitfaden zur wirkungsvollen Berichterstattung – Erfolge sichtbar machen!, – In: http://www.social-reporting-standard.de/srs-leitfaden/download/; Zugriff: 06.01.2016.

Stadt Mannheim (2013): Beschlussvorlage: Ziele für den Haushalt 2014/15. – In: https://www.mannheim.de/sites/default/files/institution/13085/beschluss_gr_zielsystem2014-15_v206_2013.pdf; Zugriff: 24.02.2014.

Stadt Nürnberg – SportService (2013): Broschüre Team Nürnberg Starke Wirtschaft. Starker Sport. – In: https://www.nuernberg.de/internet/team_nuernberg/foerderung2014.html; Zugriff: 14.01.2016.

Steinmann, H. & Schreyögg, G. (2000): Management, 5. Auflage, Wiesbaden: Gabler.

Stucke, N. (2011): Kommunale Sportpolitik und Sportvereine – eine gesellschaftspolitisch bedeutsame Partnerschaft mit Perspektiven. – In: DOSB (Hrsg.): Sport im Verein – ein Handbuch, Hamburg: Czwalina, 89–98.

Thieme, L. & Wadsack, R.: Sportförderung, öffentliche. – In: Th. Bezold; L. Thieme; G. Trosien & R. Wadsack (Hrsg.): Handwörterbuch des Sportmanagements, 2. Auflage, Frankfurt a. M.: Lang, 311–316.

Vöpel, H. (2011): HWWI Sportstädteranking 2010, Hamburg. – In: http://www.hwwi.org/fileadmin/hwwi/Publikationen/Dossier/Sport/HWWI-Sportstaedteranking-2010.pdf; Zugriff: 14.11.2014.

Wadsack, R. (2008): Mitglieder- und Kundenorientierte Organisation von Vereinen und Verbänden. – In: A. Hermanns & F. Riedmüller (Hrsg.). Management-Handbuch Sportmarketing, 2. Auflage, München: Vahlen, 131–146.

Wadsack, R. (2014): Lokalökonomische Bedeutung von Pferdehaltung. – In: Stadt und Gemeinde 1–2/2014, 29–31.

Wadsack, R. (2015): Legitimationskapital und Stadtmarketing im Sport. – In: A. Hebbel-Seeger; Th. Horky & H.-J. Schulke (Hrsg.): Sport und Stadtmarketing, Norderstedt: BoD, 196–210.

Wadsack, R. & Wach, G. (2010): Legitimationskapital. – In: Sciamus – Sport und Management 4/2010, 1–14.

Wetterich, J. & Eckl, St. (2007): Einleitung – Zur Struktur, zum Wirkungsgefüge und zur Legitimation kommunaler Sportförderung. – In: St. Eckl & J. Wetterich (2007): Sportförderung und Sportpolitik in der Kommune, Berlin: Lit, 6–14.

Anne-Christine Schlangenotto

Das Naherholungsgebiet Salzgittersee als Raum für Sport und Freizeit

Abstract: Seit Beginn der Arbeiten zur Anlage des heutigen Sport-, Freizeit- und Erholungsgebietes Salzgittersee haben sich die Bewegungsbedürfnisse und Nutzungsansprüche der Bevölkerung stetig weiterentwickelt. Die hohen Besucherzahlen vielfältiger Nutzergruppen bergen zahlreiche Ansatzpunkte für Nutzungskonflikte. Hinzu kommen Anforderungen an ein ökologisches Gleichgewicht des Sees und seiner Uferzonen. Dem Städtischen Regiebetrieb als Betreiber des Sees und der Bäder, Sport und Freizeit Salzgitter GmbH, die für die Weiterentwicklung des Gebietes verantwortlich ist, obliegen die Erhaltung des Sees und seiner Anlagen sowie die Schaffung neuer attraktiver Angebote, die den zahlreichen Anspruchsgruppen gerecht werden, damit der See weiterhin zur Lebensqualität der Einwohner Salzgitters beitragen kann. Der vorliegende Artikel behandelt neben der Entstehung des Gebietes Themen wie das Gewässermanagement, Nutzungskonflikte und die Weiterentwicklung des Sees und seiner Anlagen.

1 Der Salzgittersee und seine Anlagen

In der Imagebroschüre sowie auf der Internetseite der Stadt Salzgitter wird der 75 Hektar große und künstlich angelegte Salzgittersee als „das Wassersportzentrum Südostniedersachsens“[1] mit zahlreichen Sport- und Freizeitmöglichkeiten auf und neben dem Wasser beworben und im Badegewässer-Atlas Niedersachsen sogar als „das Freizeitgebiet Nr. 1“[2] bezeichnet, das weder bei Kindern noch bei Erwachsenen Wünsche offen lässt. Er dient als Naherholungsgebiet für die umliegenden Stadtteile und zugleich als regionales Ausflugsziel für Sportler und Erholungssuchende. Eine Besonderheit des Salzgittersees ist seine Lage, die im Osten und Südwesten an das Ortsgebiet des Salzgitteraner Stadtteils Lebenstedt grenzt, wodurch der See für viele Einwohner fußläufig erreichbar und an den öffentlichen Personennahverkehr angeschlossen ist.

1.1 Entstehung und Entwicklung

Der See wurde in der Niederung der beiden Flüsse Fuhse und Flothe angelegt und sollte bereits nach den Plänen aus den späten 1930er Jahren, neben dem Hochwasserschutz, der Erholung der Bevölkerung dienen.[3] Zwar wurden diese Pläne

1 Stadt Salzgitter 2012, 16 und http://salzgitter.de/stadtleben/sport/salzgittersee.php
2 http://www.apps.nlga.niedersachsen.de/eu/batlas/index.php?p=bx&b=DENI_PR_TK25_3827_01
3 vgl. Gruber/Werkmeister/Heimer 1975, 17

zunächst nicht umgesetzt, im Jahr 1958 aber aufgrund des vorliegenden Bedarfs der Stadt an Infrastruktur für Freizeitaktivitäten wieder aufgegriffen,[4] so dass am 5. Oktober 1960 mit der Anlage des Salzgittersees begonnen wurde. Durch den Abbau von 5 Millionen Tonnen Kies im Nassbaggerverfahren entstand nach und nach bis zum Jahr 1977 die heutige Seefläche, wobei die Öffentlichkeit bereits ab Mai 1963 einen kleineren Teil des Sees zum Baden und Betreiben von Wassersport nutzen konnte.[5] Das mit dem Kies abgeräumte Gemisch aus Mutterboden, Schluff, Torf, Ton, Sand und Wasser wurde zur Aufspülung der entstandenen Uferflächen und somit zur Gestaltung des Geländeprofils und der Landschaft um den See herum genutzt.[6] Während der Baumaßnahmen wurde der Flusslauf der Fuhse umgelegt, so dass der Salzgittersee entgegen den ursprünglichen Plänen von deren Überschwemmungsgebiet abgetrennt ist. Der See wird aus Grundwasser aus wasserführenden Kies- und Sandschichten gespeist, die bei seiner Anlage angeschnitten wurden und besitzt keine oberirdischen Zu- und Abläufe, wodurch eine Beeinflussung der Wasserqualität des Badegewässers durch einlaufende Düngemittel oder Pestizide vermieden wird.[7] Innerhalb des Salzgittersees befindet sich eine 22,5 Hektar große Insel, die über eine Brücke mit dem südwestlichen Seeufer verbunden ist. Die endgültige Fläche des Salzgittersees, der in Abbildung 1 dargestellt ist, besitzt eine Nord-Süd-Ausdehnung von 2.120 Metern und eine West-Ost-Ausdehnung von 800 Metern, so dass die gesamte Wasserfläche ohne die Insel 75 Hektar beträgt. Seine Tiefe beträgt im Mittel 2,5 und an der tiefsten Stelle 17 Meter.[8] Nachdem zunächst der überwiegende Teil der zur Verfügung stehenden finanziellen Mitteln für die Schaffung der Wasserfläche des Salzgittersees verwendet wurde und sich die Sport- und Freizeitnutzung überwiegend auf diese und einen bereits bestehenden Badestrand mit Spiel- und Liegewiesen am Ostufer beschränkte, entwickelten die von der Stadt Salzgitter beauftragten Landschaftsarchitekten Dr. Hans Friedrich Werkmeister und Martin Heimer 1975 ein Gesamtkonzept „Erholung, Spiel, Freizeit", das auch die umliegenden Flächen einbezog.[9] Die Fläche des gesamten Sport-, Freizeit- und Erholungsgebietes Salzgittersee beträgt ca. 225 Hektar und macht somit ein Prozent der gesamten Stadtfläche Salzgitters aus.[10] Sie wird im Norden, Süden und Westen durch die Straßen Humboldallee und Westfalenstraße sowie im Osten durch die Siedlungen Lebenstedts begrenzt. Ergänzend wird das Gelände der Sportgemeinschaft Aero Salzgitter e. V. nördlich des Sees und der Westfalenstraße hinzugezählt.[11]

4 vgl. Stadt Salzgitter 2001, 2
5 vgl. Gruber/Werkmeister/Heimer 1975, 10 ff.; vgl. Stadt Salzgitter 2015a, 9
6 vgl. Gruber/Werkmeister/Heimer 1975, 17 f.
7 vgl. Spieker/Göring 2009, 2; vgl. Stadt Salzgitter 2015a, 10; vgl. Gruber/Werkmeister/Heimer 1975, 17
8 vgl. Gruber/Werkmeister/Heimer 1975, 13
9 vgl. Gruber/Werkmeister/Heimer 1975, 18
10 vgl. Stadt Salzgitter 1978, 3
11 vgl. Gruber/Werkmeister/Heimer 1975, 20

Abbildung 1: Übersichtskarte des Salzgittersees

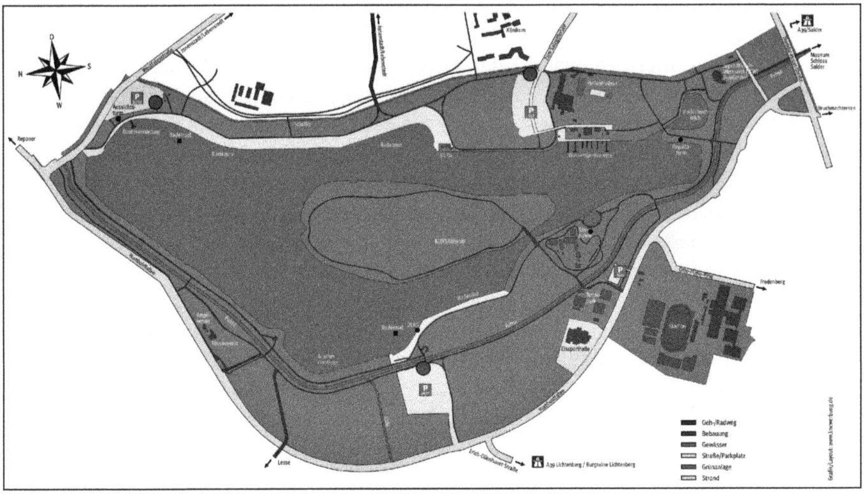

Quelle: LMC Werbung 2016

1.2 Anlagen und Angebote im Naherholungsgebiet Salzgittersee

Die Planungen der Stadt Salzgitter sehen eine räumliche Unterteilung in Funktionsbereiche für einzelne Nutzungszwecke vor. Hierbei wurden im Seekonzept die Widmungen Freizeitsport/aktive Erholung, Wettkampfsport, passive Erholung, Baden, Wassersport, Fremdenverkehr und eine gewerbliche Spielzone unterschieden,[12] wobei die tatsächliche heutige Anordnung aufgrund geänderter Rahmenbedingungen nicht gänzlich den ursprünglich gedachten Standorten entspricht und einige Vorschläge (noch) nicht umgesetzt worden sind.

Freizeitsport/aktive Erholung

Der Salzgittersee und seine direkte Umgebung bieten Besuchern zahlreiche fest installierte Sportanlagen, Sportgelegenheiten sowie temporäre Sportangebote auf und neben dem Wasser, von denen einige kostenpflichtig durch private Anbieter zur Verfügung gestellt werden, viele aber auch kostenlos nutzbar sind. Dem Bereich Freizeitsport und aktive Erholung ist die bereits 1975 geplante Freisportanlage auf der Südwestseite des Sees zuzuordnen. Hierzu gehören heute Spielfelder für Basket-, Fuß-, Hand- und Volleyball, Hockey und Badminton sowie Tischtennisplatten, eine Weitsprunganlage und eine 600 m lange Finnen-Laufbahn. Weiter zur

12 vgl. Gruber/Werkmeister/Heimer 1975, 19 f.

Humboldtallee liegen Tennisplätze und die 1978 eröffnete Eissporthalle. Ursprünglich angedachte und teilweise auch im Bebauungsplan ausgewiesene Anlagen wie ein Rodelhügel, eine Radrundstrecke eine Bahnengolfanlage oder eine Eisschnelllaufbahn wurden nicht realisiert oder mittlerweile bereits wieder zurück gebaut.[13]

Vergleichsweise neu ist die Discgolfanlage auf der Insel des Salzgittersees. Der Parcours wurde gemeinsam von Mitarbeitern der Bäder, Sport und Freizeit Salzgitter GmbH und Mitgliedern eines Discgolfvereins aus der Nachbarstadt Wolfenbüttel konzipiert, durch den Städtischen Regiebetrieb (SRB) errichtet und Ende 2011 eröffnet. Für Turniere, die regelmäßig hier stattfinden, sind die 12 fest installierten Bahnen der Anlage durch mobile Körbe erweiterbar.[14] Als eine von 12 Anlagen in Süd-Ost-Niedersachsen trägt der Parcours in Salzgitter zur hohen Verbreitung der Sportart im Braunschweiger Land bei. Bundesweit gibt es bisher 70 Discgolf-Parcours.[15]

Eine besonders intensive Nutzung erfahren die Ufer- und Nebenwege des Sees mit einer Gesamtlänge von 15 Kilometern.[16] Diese dienen neben Spaziergängern vor allem Joggern und (Nordic) Walkern, Inline Skatern und Fahrradfahrern als Bewegungsraum. Seit dem Jahr 2008 sind vier Lauf- bzw. (Nordic) Walkingstrecken mit verschiedenen Distanzen ab 5,7 km vom Niedersächsischen Leichtathletik-Verband als GesundAthletik®-Qualitätspfade zertifiziert und werden mit einem eigenen Flyer beworben.[17]

Weiterhin können Freizeitsportler am Strand des Salzgittersees zwei fest installierte Beachvolleyballnetze nutzen oder Beachsoccer spielen. Auch die regelmäßig gemähten Wiesen im Osten des Sees laden zu Sportspielen, wie Federball, Speedminton, Frisbee oder Fußball, ein.

Für die aktive Freizeitgestaltung von Kindern wurde 2008 direkt am Ostufer des Sees, neben der Rettungsstation der DLRG und in der Nähe der Flächen für Beachvolleyball und Beachsoccer der sogenannte Piratenspielplatz eröffnet. Mit einem eigenen Kletterbereich für Kleinkinder, Sand- und Wasserspielgeräten, einer großen und einer kleinen Rutsche sowie vielen anderen Bewegungsangeboten laden die 4.500 m² des Großspielplatzes Kinder bis 12 Jahren zu vielfältigen Möglichkeiten von Spiel und Bewegung ein.[18] Ein weiterer Spielplatz befindet sich am Westufer des Sees.

---

13 vgl. http://sfs-sz.de/binaries/bilder/salzgittersee/freisportanlage.jpg und Gruber/Werkmeister/Heimer 1975, 19; vgl. Stadt Salzgitter 1978, 3 f.

14 vgl. http://salzgitter.de/stadtleben/sport/salzgittersee/126010100000063593.php und http://sfs-sz.de/index.php/discgolf-am-salzgittersee

15 vgl. http://www.discgolf.de/parcours/

16 vgl. Stadt Salzgitter 2015a, 2 f.

17 vgl. http://salzgitter.de/stadtleben/sport/salzgittersee/laufstrecken.php und https://www.salzgitter.de/stadtleben/downloads/Salzgittersee_Laufstrecken.pdf

18 vgl. http://salzgitter.de/stadtleben/sport/salzgittersee/piratenspielplatz.php

Wettkampfsport

Als Anlage für den Wettkampfsport wurde im erweiterten Umfeld des Salzgittersees ein Stadion errichtet, in dem in erster Linie Leichtathletikwettkämpfe und Fußballspiele ausgetragen werden.[19] Aber auch die New Yorker Lions, ein American Football-Team aus Braunschweig, spielten schon öfter im „Stadion am Salzgittersee".[20]

Passive Erholung

Wer seine Freizeit zur passiven Erholung nutzen möchte, findet am Salzgittersee mehrere Zonen, in der Ruhe und Natur genossen werden, sich gesonnt oder beispielsweise Vögel beobachtet werden können. Hierzu zählt – trotz Discgolf-Parcours – die Insel, auf der auch mehrere Skulpturen des Programms KUNSTüberall ausgestellt sind.[21] Zudem befinden sich rund um den See mehrere Grillplätze, auf denen Grill- bzw. Lagerfeuer gestattet sind.[22] Weitere angedachte Anlagen, wie ein Bauernhof mit Streichelwiese, sind bisher nicht entstanden.[23]

Baden

Für Badende bietet der Salzgittersee insgesamt 5 Hektar Strandfläche. Diese teilt sich auf einen 1,2 km langen und 35 Meter breiten Sandstrand am Ostufer und einen 400 Meter und 10 Meter breiten Sandstrand am Westufer auf.[24] Zusätzlich gibt es vor beiden Stränden je eine künstliche Badeplattform.

Obwohl der größte Teil der Wasserfläche zur wassersportlichen Nutzung zur Verfügung steht, sind die Badebereiche zum Schutz der Schwimmer von dieser Erlaubnis ausgenommen und das Baden ist auch lediglich innerhalb dieser Bereiche gestattet.[25]

Direkt am Salzgittersee befindet sich auch das 1968 eröffnete Hallen- und Freibad Lebenstedt, das besonders mit seinem ganzjährig geöffneten Innenbereich eine wichtige Ergänzung für ortsansässige Freizeitschwimmer darstellt.[26]

---

19 vgl. http://salzgitter.de/stadtleben/sport/stadion.php

20 vgl. http://www.newyorker-lions.de/news/article/big6-2015-der-weg-zum-eurobowl-xxix-fuehrt-ueber-la-courneuve.html

21 vgl. http://sfs-sz.de/index.php/kunst-am-salzgittersee

22 vgl. Klingebiel 2009, 3 und http://sfs-sz.de/index.php/sport-und-freizeit-am-see

23 vgl. Gruber/Werkmeister/Heimer 1975, 20

24 vgl. Stadt Salzgitter 2015a, 3

25 vgl. Gruber/Werkmeister/Heimer 1975, 20 und Klingebiel 2009, 4 f.

26 vgl. http://www.hallenbad-lebenstedt.de/ und https://www.salzgitter.de/stadtleben/kultur/stadtgeschichte/chronik.php

Wassersport

Das Zentrum für den vereinsorganisierten Wassersport bildet der Sporthafen an der südlichen Ostseite des Salzgittersees. Hier liegen die Vereinsheime des Kanu-Club Salzgitter e. V., der Marinekameradschaft Salzgitter e. V. (Segeln), des Ruderclub am Salzgittersee e. V., des Segel-Club Salzgitter e. V. und der Wasserwanderer Salzgitter e. V. (Kanusport).[27] Weiterhin besitzt der Sporthafen eine öffentliche Slipanlage zur Ein- und Ausbringung von Wasserfahrzeugen. Ebenfalls am Ostufer liegt die Rettungsstation der Ortsgruppe Salzgitter-Lebenstedt der Deutschen Lebens-Rettungs-Gesellschaft, die auch für den Wasserrettungsdienst am Salzgittersee verantwortlich ist.[28] Lediglich die Anlagen des Angelsportvereins Fuhsetal e. V., der Tauchsportabteilung SEPIA des TG Jugenddorf Salzgitter e. V. und des Surf-Klub Salzgitter e. V. befinden sich im nördlichen Bereich des Sees. Hinzu kommt das Luftsportgelände der Sportgemeinschaft Aero Salzgitter e. V. (Segel- und Modellflug, Ballonfahren), das durch die Westfalenstraße vom restlichen Bereich des Naherholungsgebietes getrennt im Norden liegt. Die ansässigen Sportvereine haben ihre Grundstücke im Rahmen des Erbbaurechtes von der Stadt gepachtet, wobei seitens der Stadt die Größe der hierdurch dem Gebrauch der Allgemeinheit entzogenen Uferabschnitte möglichst gering gehalten wird.[29]

Zu den bereits kurz nach der Fertigstellung der Seefläche angelegten ganzjährig und kostenlos nutzbaren Einrichtungen gehört die 2.120 Meter lange Regattastrecke im östlichen Bereich des Sees, deren Bahnen internationalen Standards für Ruder- und Kanuwettkämpfe entsprechen und auf der jährlich ein Drachenbootrennen sowie verschiedene Meisterschaften im Rudern ausgetragen werden.[30]

Ein Tretboot- und Kanuverleih am nördlichen Ostufer und eine 2004 eröffnete Wasserskiseilbahn mit 780 Meter langem Rundkurs am Westufer des Sees sind in den Händen privater Betreiber. Sie sind kostenpflichtig und saisonal nutzbar.[31] Zusätzlich gibt es einen privaten Anbieter, bei dem unter anderem Stand-up-Paddeln und Flossbau für Gruppen gebucht werden können.[32]

Fremdenverkehr

In den Planungen von 1975 war im Norden und Nordwesten des Salzgittersees die Errichtung mehrerer Einrichtungen des Fremdenverkehrs vorgesehen. Konkret sollten ein Hotel, ein Restaurant und ein Campingplatz entstehen.[33]

---

27 vgl. http://sfs-sz.de/index.php/vereine-am-see
28 vgl. Gruber/Werkmeister/Heimer 1975, 18; http://salzgitter-lebenstedt.dlrg.de/info.html
29 vgl. Gruber/Werkmeister/Heimer 1975, 18 f.
30 vgl. Stadt Salzgitter 2015a, 7; vgl. Gruber/Werkmeister/Heimer 1975, 19
31 vgl. Stadt Salzgitter 2015a, 4
32 vgl. http://sfs-sz.de/binaries/pdf/salzgittersee/naventure_sup.pdf und naventure.de
33 vgl. Gruber/Werkmeister/Heimer 1975, 20

Während Hotel und Campingplatz nicht realisiert wurden, konnte im Frühjahr 2015 die Eröffnung des Restaurants Café del Lago gefeiert werden. Als weitere gastronomische Einrichtungen stehen das Restaurant Seeterrasse im Sporthafen und das Bistro am See an der Wasserskiseilbahn zur Verfügung. Ergänzend hierzu wird der See in den Sommermonaten von einem Eiswagen angefahren, mit dem auch ein Pachtvertrag geschlossen wurde.

Als Übernachtungsmöglichkeit im direkten Umfeld des Sees ist bisher lediglich ein Reisemobilstellplatz mit 12 Plätzen am Frei- und Hallenbad entstanden. Dieser verfügt über Strom- und Wasseranschlüsse sowie eine Entsorgungsstation und wurde 2010 eröffnet.[34] Laut Seeverordnung ist das „Aufstellen von Zelten, Wohnwagen oder ähnlichen transportablen oder fahrbaren Unterkünften" auf dem Gebiet um den Salzgittersee verboten.[35]

Gewerbliche Spielzone

Eine gewerbliche Spielzone als solche wurde bisher nicht realisiert. Am ehesten ist hierzu die Wasserskianlage zu zählen, da diese von einem privaten Betreiber erbaut wurde ohne, dass der Stadt Salzgitter Kosten für den Bau und Unterhalt der Anlage entstanden sind.

Weitere Infrastruktur

Für Besucher, die mit dem Auto anreisen, stehen am Salzgittersee vier große Parkplätze und weitere Stellflächen zur Verfügung, einer davon mit Stellflächen für Busse. Die Parkplätze sind so angeordnet, dass sie in kurzer Entfernung zu wichtigen Einrichtungen des Sees liegen.[36]

Seit Ende 2013 gibt es ergänzend zur älteren Anlage am Westufer auch am Ostufer des Sees eine fest installierte WC-Anlage.[37] Ergänzend hierzu werden in der Sommersaison an besonders stark frequentierten Stellen temporäre WCs aufgestellt.

Weiterhin können die Besucher des Naherholungsgebietes zwei Schutzhütten, einen Aussichts- und einen Regattaturm sowie Hundeauslaufwiesen und eine Hundebadestelle nutzen.

1.3 Limnologie und Gewässermanagement

Eine besonders auffällige Herausforderung für das Gewässermanagement des Salzgittersees stellt der starke Bewuchs eines Großteils der Seefläche mit Unterwasserpflanzen dar. Diese bilden zum Teil drei bis vier Meter lange Triebe aus, die bis an die Oberfläche heranreichen. So ist der See „aufgrund seiner großflächigen

34 vgl. http://sfs-sz.de/index.php/reisemobilstellplatz-am-see
35 Klingebiel 2009, 3
36 vgl. http://sfs-sz.de/binaries/pdf/salzgittersee/Seekarte2015.pdf
37 vgl. Stadt Salzgitter 2015a, 15

und starkwüchsigen Bestände an Unterwasserpflanzen als makrophytendominierter See einzustufen“[38].

Durch ihre starke Verbreitung im Salzgittersee sorgen die Unterwasserpflanzen für eine Nährstoffarmut im Wasser und ein geringes Algen- bzw. Phytoplanktonwachstum (Wasserblüten), so dass der See bei einem starken Bewuchs einen Trophiegrad von oligotroph (nährstoffarm und daher gering produktiv) bis mesotroph (mäßig produktiv) aufweist und sein Wasser ganzjährig klar bleibt.[39]

Trotz seiner positiven Auswirkungen auf die Wasserqualität ist der starke Pflanzenbewuchs allerdings hinderlich für die Ausübung der meisten Wassersportarten am See. Wasserpflanzen behindern nicht nur die Sicht von Schwimmern und Tauchern sondern können auch an Rudern und Paddeln oder an den Schwertern von Surfbrettern und Segelbooten hängen bleiben.[40]

Da der Salzgittersee von Anfang an als Freizeit- und Wassersportgewässer geplant und genutzt wurde, heute ein wichtiges Wassersportzentrum für die Region darstellt und weiterhin primär diesem Zweck dienen soll, ist eine Eingrenzung des Bewuchses erforderlich.[41] 1975 waren als Maßnahme gegen die Verkrautung zahlreiche Graskarpfen in den Salzgittersee eingesetzt worden.[42] Allerdings sorgte diese Entscheidung wegen des sehr hohen Nahrungsbedarfs der Fische für eine Vernichtung von übermäßig vielen Wasserpflanzen, so dass „der Grund des Salzgittersees biologisch tot“[43] war und das Wasser umzukippen drohte. Nachdem über 40 der Karpfen abgefischt worden waren, nahm der Unkrautwuchs wieder stark zu und der See verkrautete erneut.[44] Die Unterwasserpflanzen sind also von enormer Bedeutung für die Wasserqualität des Salzgittersees, stören aber zugleich den Wassersportbetrieb und die Badenutzung. Ohne den Nährstoffverbrauch durch die Unterwasserpflanzen würde sich der Trophiegrad des Sees vermutlich zu eutroph (nährstoffreich und hoch produktiv) entwickeln. Die Anforderungen an den Nährstoffgehalt eines Wassersportsees liegen bei einem geforderten Trophiegrad von mesotroph bzw. einem noch tolerierbaren Trophiegrad von eutroph. Für einen Badesee gilt oligotroph bis mesotroph als geforderter Trophiegrad und ebenfalls eutroph als noch tolerierbar.[45] Neben einer physischen Behinderung des Bade- und Wassersportbetriebs durch Verkrautung kann die Eutrophisierung eines Sees wegen der Wassertrübung zu einer verminderten Sicht führen. Zudem können Badegäste

38 Spieker/Göring 2009, 27
39 vgl. Spieker/Göring 2009, 29; vgl. Länderarbeitsgemeinschaft Wasser 1985, 188 f.
40 vgl. Deutscher Verband für Wasserwirtschaft und Kulturbau 1996, 23 ff.; vgl. Spieker/Göring 2009, 30 f.
41 vgl. Spieker/Göring 2009, 28 f.
42 vgl. Niedersächsischer Landesbetrieb für Wasserwirtschaft, Küsten- und Naturschutz 2010, 9
43 Hache 1996, o. S.
44 vgl. Hache 1996, o. S.
45 vgl. Deutscher Verband für Wasserwirtschaft und Kulturbau 1996, 3 f. u. 23; Länderarbeitsgemeinschaft Wasser 1985, 188

durch eine starke Algenentwicklung im Sommer Hautreizungen erleiden. Weiterhin ist eine Minderung des Erholungswertes von Seebesuchern durch faulende Wasserpflanzen möglich.[46]

Um den Nährstoffgehalt und damit die Wasserqualität nicht negativ zu beeinflussen aber trotzdem den Bewuchs durch Wasserpflanzen einzugrenzen, damit weiterhin ein möglichst unbeeinträchtigter Bade- und Wassersportbetrieb möglich ist, werden seit dem Jahr 1996 die Triebe der Pflanzen durch ein Mähboot abgeschnitten, wie es in Abbildung 2 zu erkennen ist.[47] Mit dem aktuell eingesetzten Boot erfolgt die Mahd bis zu einer Wassertiefe von 1,80 Metern insbesondere „auf den Hauptverkehrsflächen des Sees, dem östlichen Strandbereich sowie an der Wasserskianlage“[48].

Abbildung 2: Das Mähboot im Einsatz auf dem Salzgittersee

Quelle: Stadt Salzgitter 2012

Um ein Konzept für das Gewässermanagement des Salzgittersees zu erstellen beauftragte die Stadt Salzgitter 2008 das Planungsbüro KLS-Gewässerschutz. Im Rahmen der Erarbeitung wurden zunächst gewässerökologische Untersuchungen durchgeführt und eine Bewertung der Gewässersituation vorgenommen um unter Einbeziehung der verschiedenen Nutzergruppen ein Konzept zum zukünftigen Ma-

46 vgl. Deutscher Verband für Wasserwirtschaft und Kulturbau 1996, 4 f. u. 23
47 vgl. Spieker/Göring 2009, 1 u. 28 f.
48 Ritter 2014, o. S.

nagement der Unterwasserpflanzen im Salzgittersee zu entwickeln. Hierbei kam das Planungsbüro zu dem Schluss, dass im Rahmen des Gewässermanagements für den Salzgittersee „die Balance zwischen der notwendigen Reduzierung der Unterwasserpflanzen in den zum Baden und für den Wassersport genutzten Bereichen und dem zur Sicherung der guten Wasserqualität notwendigen Erhalt der Unterwasserpflanzenbestände gewahrt bleiben“[49] muss.

1.4 Eigentumsverhältnisse und Zuständigkeiten

Eigentümerin des Salzgittersees ist die Stadt Salzgitter. Als Betreiber wird sie vertreten durch den Städtischen Regiebetrieb (SRB), einen 100 prozentigen Eigenbetrieb der Stadt, der unter anderem für den Aufgabenbereich Unterhaltung, Planung und Bau von Grün- und Spielflächen verantwortlich ist.[50]

Für die Weiterentwicklung des Naherholungsgebietes Salzgittersee ist die Bäder, Sport und Freizeit Salzgitter GmbH (BSFS) zuständig, eine weitere zu 100 Prozent städtische Eigengesellschaft. Ebenfalls verantwortet und betreibt sie die im Umfeld des Sees gelegene Eissporthalle sowie das Stadion und organisiert Veranstaltungen am und auf dem See.[51]

Projekte, wie die Entwicklung und Umsetzung des Discgolfparcours oder der Bau der WC-Anlage, werden von Mitarbeitern des SRB und der BSFS gemeinsam durchgeführt.

2 Nutzung des Salzgittersees

Im Naherholungsgebiet Salzgittersee treffen zahlreiche unterschiedliche Nutzergruppen mit vielfältigen Ansprüchen und Bedürfnissen aufeinander. Bereits für den Sommer des Jahres 1975 wurde eine Besucherzahl von bis zu 40.000 Gästen pro Tag festgestellt.[52] Heute wird vom zuständigen Mitarbeiter der Bäder, Sport und Freizeit Salzgitter GmbH – ausgehend von 150 Saisontagen mit jeweils ca. 7.000 Besuchern und ca. 2.000 täglichen Besuchern an den übrigen 215 Tagen – eine jährliche Besucherzahl von 1,5 Millionen geschätzt. Hinzu kommen noch die Gäste der am See stattfindenden Veranstaltungen, des Hallenfreibades sowie der Eissporthalle.[53] Trotz der ganzjährigen Nutzung, beispielsweise des Wegenetzes durch Jogger, Spaziergänger und Radfahrer, konzentrieren sich die Besuche auf die Sommermonate, in denen wärmere Temperaturen zum Baden einladen, sowie auf die Wochenenden. So wurde 2006 bei einer Zählung ermittelt, dass 43 Prozent der

49 Spieker/Göring 2009, 29
50 vgl. Stadt Salzgitter 2015b, 137
51 vgl. Stadt Salzgitter 2015b, 9, 89 u. 94
52 vgl. Werkmeister/Heimer 1975, 25
53 vgl. Gespräch mit Wolfgang Philippsen von der Bäder, Sport und Freizeit Salzgitter GmbH am 22.12.2015

Parkplatznutzung am See auf die Tage Samstag und Sonntag entfallen. Wird der Freitag zum Wochenende hinzugerechnet sind es sogar 53 Prozent.[54]

Den ursprünglichen Plänen der Stadt Salzgitter entsprechend wird die Seefläche primär zur Wassersportausübung und zum Baden genutzt.[55] So ist der Salzgittersee auch als offizielle EU-Badestelle gemeldet und seine Badegewässerqualität wird während der offiziellen Badesaison vom 15. Mai bis 15. September seit 2008 durchgehend als ausgezeichnet eingestuft (Perzentilbeurteilung gemäß RL 2006/7/EG).[56] Erreicht im Winter die Eisschicht auf dem See eine Dicke von mindestens 15 Zentimetern, kann eine abgegrenzte Teilfläche des Sees offiziell zum Betreten auf eigene Gefahr freigegeben und zum Eislaufen genutzt werden.[57] Eine wasserwirtschaftliche Nutzung des Salzgittersees erfolgt nicht. Ebenso sind keine Flächen für den Naturschutz ausgewiesen.[58]

Um eine verträgliche gemeinsame Nutzung des Areals durch seine unterschiedlichen Anspruchsgruppen zu ermöglichen, wurde die Verordnung der Stadt Salzgitter über die Benutzung des Sport-, Freizeit- und Erholungsgebietes „Salzgittersee" erlassen und im Laufe der Jahre an aktuelle Gegebenheiten angepasst. In dieser sogenannten Salzgittersee-Verordnung ist beispielsweise der Zweck des Gebietes festgelegt, der in „der Förderung der öffentlichen Gesundheit, der sportlichen Betätigung und der Erholung der Bevölkerung"[59] liegt. Weiterhin regelt sie den Gemeingebrauch, beispielsweise indem sie Stellen zum Ein- und Ausbringen von Wasserfahrzeugen sowie Badezonen ausweist und Verkehrsvorschriften für die Wasserfläche enthält.[60]

2.1 Nutzergruppen

Direkte Anlieger des Salzgittersees sind die in Kapitel 1.2 genannten Sportvereine, die Wasserskianlage mit Gastronomie und die weiteren gastronomischen Betriebe. Im Osten und Südwesten grenzt das Naherholungsgebiet an Wohnsiedlungen, teilweise mit dichter Bebauung durch Mehrfamilienhäuser. Ebenfalls befinden sich das Klinikum Salzgitter, eine Jugend- und Kulturwerkstatt sowie ein Senioren- und Pflegeheim im nahen Umfeld des Salzgittersees.

54 vgl. Strauß 2008, 2
55 vgl. Niedersächsischer Landesbetrieb für Wasserwirtschaft, Küsten- und Naturschutz 2010, 16
56 vgl. http://www.apps.nlga.niedersachsen.de/eu/batlas/; vgl. http://www.apps.nlga.niedersachsen.de/eu/batlas/index.php?p=be
57 vgl. Klingebiel 2014, 3; https://www.salzgitter.de/rathaus/presse_news/2016/126010100000082848.php
58 vgl. Niedersächsischer Landesbetrieb für Wasserwirtschaft, Küsten- und Naturschutz 2010, 14
59 Klingebiel 2014, 1
60 vgl. Klingebiel 2014, 4 ff.

Durch die etwa 2.200 Mitglieder der zehn anliegenden Sportvereine[61] erfährt der Salzgittersee während deren Trainingszeiten und sonstigen Termine eine vereinsgebundene Nutzung. Beispielsweise bietet der Ruderclub am Salzgittersee acht Trainingstermine pro Woche für unterschiedliche Alters- und Leistungsgruppen seiner 83 Mitglieder auf dem See an.[62] Hinzu kommen Termine wie Wettkämpfe, Rudertreffen oder das An- und Abrudern zu Beginn und Ende einer Saison.[63] Außerdem werden in Kooperation mit Schulen Ruderkurse angeboten.[64]

Auch außerhalb der festen Trainingszeiten werden der Salzgittersee und die Vereinsanlagen durch Mitglieder der ansässigen Sportvereine zum Rudern, Kanu fahren, Surfen, Segeln, Angeln oder Tauchen genutzt. Ebenfalls erfolgt in diesen Sportarten eine Nutzung durch Besucher von außerhalb oder andere vereinsungebundene Sportler. Unabhängig von Sportvereinen erfolgen außerdem die Badenutzung, die Nutzung der Beachsportfelder und der Freisportanlage. Auch die Discgolfanlage auf der Insel kann ohne Vereinszugehörigkeit bespielt werden. Sind keine eigenen Discgolfscheiben vorhanden, können diese in der Eissporthalle oder an der Wasserski-Seilbahn ausgeliehen werden. Zudem stellt die Bäder, Sport und Freizeit Salzgitter GmbH vor Ort sowie auf ihrer Internetseite einen Parcours-Plan, auf dem die einzelnen Bahnen verzeichnet sind, und eine Scorecard zur Verfügung.[65] Das Wegenetz rund um den Salzgittersee wird nicht nur von vereinsungebundenen Sportlern sondern auch durch Laufgruppen von Sportvereinen zum Joggen und (Nordic-) Walken genutzt. Hinzu kommen Inline-Skater, Spaziergänger und Fahrradfahrer.

Durch Kunden kommerzieller Anbieter werden Wasserski und Wakeboarding, Stand Up Paddling sowie Tretbootfahren auf dem Salzgittersee betrieben.

Zusätzlich zu verschiedenen Sport- und Bewegungsaktivitäten werden die Flächen am Salzgittersee auch durch passive Erholungssuchende genutzt, beispielsweise zum Sonnenbaden alleine oder in der Gruppe und zum Picknicken bzw. Grillen.

2.2 Veranstaltungen

Zwischen den Monaten März und September finden – insbesondere an den Wochenenden – zahlreiche sportliche und außersportliche Veranstaltungen am und auf dem Salzgittersee statt.

Die älteste und traditionsreichste wiederkehrende Veranstaltung am See ist das Fackelschwimmen der Tauchgemeinschaft Sepia und der Bäder, Sport und Freizeit Salzgitter GmbH. Dieses findet seit 1974 – also schon bevor der Salzgittersee mit seiner heutigen Fläche fertig gestellt wurde – zu Ostern statt. Beim 42. Fa-

61 vgl. Bäder, Sport und Freizeit Salzgitter GmbH 2015, Stand: 16.12.2014

62 vgl. http://www.rc-am-salzgittersee.de/index.php/club/trainingszeiten; vgl. Bäder, Sport und Freizeit Salzgitter GmbH 2015, Stand: 16.12.2014

63 vgl. http://www.rc-am-salzgittersee.de/index.php/termine

64 vgl. http://www.rc-am-salzgittersee.de/index.php/club/trainingszeiten

65 vgl. http://sfs-sz.de/index.php/discgolf-am-salzgittersee

ckelschwimmen 2016 beobachteten mehrere Tausend Zuschauer wie Poseidon unter einem Feuerwerk dem durch Fackeln der Taucher beleuchteten Salzgittersee entsteigt.[66] Weitere Sportveranstaltungen am See sind das Discgolf-Turnier Salzgitter Island Challenge, der Drachenboot-Cup mit einem Fun-Cup für Vereins- und Freizeitteams, einem Firmen-Cup sowie dem Schüler-Drachenboot-Cup am darauffolgenden Montag[67], der Landessparkassen-Stiftungslauf und der Salzgitter Volkstriathlon[68]. Die offizielle Saisoneröffnung richten die anliegenden Vereine im jährlichen Wechsel aus. Mit der deutschen Meisterschaft im Wakeboarden, einem Wasserski-Schaulaufen (vgl. Abbildung 3), dem DLRG-Wasserrettungs-Cup, Ruderregatten oder beispielsweise dem Festival des Sports des Deutschen Olympischen Sportbunds und vielen anderen Aktionen werden zudem zahlreiche nicht regelmäßig stattfindende Veranstaltungen am See ausgerichtet.[69]

Abbildung 3: Wasserski-Schaulaufen auf dem Salzgittersee

Quelle: Dennis Lendeckel 2014

Als außersportliche Veranstaltungen beherbergt das Sport-, Freizeit- und Erholungsgebiet Salzgittersee Konzerte oder Events. Außerdem veranstaltete der Radiosender

66 vgl. https://www.salzgitter.de/rathaus/presse_news/2016/126010100000083480.php
67 vgl. http://www.drachenboot-sz.de/binaries/pdf/2016/anmeldungdbc2016.pdf
68 vgl. http://www.sfs-sz.de/index.php/veranstaltungen-2/year.listevents/2016/04/22/-
69 vgl. Stadt Salzgitter 2015b, 94

ffn unter Einbindung lokaler Vereine bis zum Ausstieg des Hauptsponsors jährlich im Sommer einen Kindertag mit einer musikalischen Bühnenshow und verschiedenen Spielstationen.[70]

Ein Großteil der Veranstaltungen am Salzgittersee wird – teilweise in Kooperation mit einem ansässigen Sportverein – durch die Bäder, Sport und Freizeit Salzgitter GmbH organisiert oder unterstützt bzw. genehmigt.

2.3 Nutzungskonflikte

Bereits die Bezeichnung Sport-, Freizeit- und Erholungsgebiet weist auf die beschriebene vielfältige und intensive Nutzung des Salzgittersees und seiner umliegenden Flächen durch verschiedene Anspruchsgruppen hin. Beispielsweise bezüglich der Nutzung von Räumen, der erzeugten Lautstärke oder der Entstehung von Gerüchen können daher Nutzungskonflikte unter Seebesuchern auftreten. Grundsätzlich hat die Stadt Salzgitter daher in der Salzgittersee-Verordnung folgendes festgehalten:

> „Jeder Benutzer hat sich so zu verhalten, dass kein anderer geschädigt, gefährdet oder mehr, als nach den Umständen unvermeidbar, behindert oder belästigt wird. Die Benutzung des Salzgittersees durch Fahrzeuge erfordert ständige Vorsicht und gegenseitige Rücksichtnahme.“[71]

Da Kanuten, Ruderer, Surfer und Segler ähnliche Flächen mit unterschiedlichen Geschwindigkeiten und Fahrverhalten ihrer Sportgeräte nutzen, kann auf dem Wasser eine zu hohe Bootsdichte zu Spannungen oder sogar Unfällen unter Wassersportlern führen. Als Gegenmaßnahme hierfür sind in der Salzgittersee-Verordnung Begrenzungen der Bootsgrößen und Segelflächen sowie entsprechende Verkehrsvorschriften mit Vorfahrts- und Ausweichregeln festgelegt. Zudem ist der Gemeingebrauch der Seefläche während der Betriebszeiten der Wasserskiseilbahn innerhalb der Anlage und für die Dauer von wassersportlichen Veranstaltungen ganz- oder teilweise ausgeschlossen. Durch die Ausweisung von Badezonen in denen das Befahren mit Wasserfahrzeugen – mit Ausnahme der Boote der DLRG – verboten ist, werden Schwimmer und Badende geschützt.[72] Damit Angler sich nicht durch den Sportbootverkehr auf dem See gestört fühlen bzw. diesen behindert greift der in der Seeverordnung festgehaltene Grundsatz der gegenseitigen Rücksichtnahme.

Gegenseitige Rücksichtnahme erfordert auch die Benutzung des Wegenetzes rund um den See durch Spaziergänger – zum Teil mit Kindern und/oder Hunden, Joggern und (Nordic) Walkern, Inlineskatern und Radfahrern. Für Nutzer wie Jogger, Walker und Skater stellen diese Wege eine Sportfläche dar, die sie möglichst ungestört und mit dem individuell gewollten oder möglichen Tempo nutzen wollen.

---

70 vgl.http://www.hallowochenende.de/nachrichten-und-aktuelles-aus-salzgitter/hauptsponsor-steigt-aus-ffn-muss-den-kindertag-in-salzgitter-absagen/; vgl. http://www.sfs-sz.de/index.php/salzgittersee-2/236-ffn-kindertag

71 Klingebiel 2014, 1

72 Klingebiel 2014, 5 ff.

Radfahrer nutzen die Strecken zum Teil ebenfalls zum sportlichen Fahren, zum Teil aber auch als Verkehrswege um von A nach B zu gelangen. Hundebesitzer nutzen dieselben Wege um ihre Haustiere Gassi zu führen, mit ihnen zu spielen und ihnen Bewegung zu verschaffen. Nicht zuletzt stellen die Wege beispielsweise für Familien einen beliebten Ort für gemeinsame Spaziergänge dar. Hierbei kommt es häufig vor, dass Kinder zu Fuß, mit Fahrrädern, auf Rollern oder Inline Skates vor, hinter oder neben ihren Aufsichtspersonen laufen oder fahren. Auch wenn der Hinweis auf gegenseitige Rücksichtnahme und Regeln, wie der Leinenzwang für Hunde außerhalb der ausgewiesenen Hundeauslaufwiesen und der Hundebadestelle[73], das Miteinander der vielen Nutzergruppen erleichtern sollen, treten doch immer wieder Konflikte und Gefährdungen auf. Beispiele hierfür sind Fußgänger, die sich durch freilaufende Hunde bedroht fühlen, Hundebesitzer, die ihren Tieren Auslauf ermöglichen möchten und aufgrund des Leinenzwangs eingeschränkt werden, Gruppen von Joggern oder Fußgängern, die die Wege für andere Seebesucher blockieren und Fahrradfahrer, die Fußgänger durch ihr überhöhtes Tempo gefährden und zum Ausweichen zwingen.[74] Das Aufkommen neuer Fortbewegungsmittel, wie etwa der Segways, und deren steigende Beliebtheit führen zu Diskussionen über den Bedarf weiterer Befahrungsregeln oder gar -verbote für die Wege durch das Sport-, Freizeit- und Erholungsgebiet.

Zwar sind am Salzgittersee keine Flächen explizit für den Naturschutz ausgewiesen, ein Teil der Erholung der Seebesucher dürfte aber auf dem Naturerlebnis liegen, dass durch das Wasser sowie die Tier- und Pflanzenwelt am und auf dem See ermöglicht wird. Gleichzeitig steht die intensive Nutzung des Gebietes durch Sportler und Erholungssuchende einer unbeeinträchtigten Entfaltung von Flora und Fauna entgegen bzw. verhindert beispielsweise der freie Wuchs von Unterwasserpflanzen einen ungestörten Sport- und Badebetrieb. Durch Eindringen in die Lebenszonen von Wasservögeln werden diese gestört. Wie das Beispiel der Graskarpfen (vgl. Abschnitt 1.3) zeigt, hat das Einbringen und Abfischen verschiedener Fischarten durch die Sportfischer aufgrund der Fraßgewohnheiten der Fische einen weitreichenden Einfluss auf das Ökosystem Salzgittersee. In der Seeverordnung wird auf den einzuhaltenden Vegetationsschutz und dessen Bedeutung für die „Leistungsfähigkeit des Naturhaushaltes des Salzgittersees und seiner Umgebung“[75] hingewiesen. Zum Schutz der Uferzonen und der dort heimischen Tier- und Pflanzenwelt wird das Ein- und Ausbringen von Wasserfahrzeugen lediglich an ausgewiesenen Stellen

73 vgl. https://www.salzgitter.de/rathaus/downloads/Leinenzwanggebiete_Lebenstedt_ak.pdf; vgl. Klingebiel 2014, 2

74 vgl. z.B. https://www.salzgitter.de/rathaus/presse_news/leserbriefe/126010100000027469.php; https://www.salzgitter.de/rathaus/presse_news/leserbriefe/126010100000050104.php

75 Klingebiel 2014, 1 f.

gestattet.[76] Zudem werden Verbote zur Fütterung von Vögeln und Fischen sowie zur Verwendung von Seife oder anderen Reinigungsmitteln ausgesprochen.[77]

Durch die direkte Nähe einiger Wohngebiete kommen deren Anwohner als Anspruchsgruppe hinzu, die nicht nur das Gebiet für ihre eigene Freizeitgestaltung und Erholung in Anspruch nehmen sondern ebenfalls nicht durch Veranstaltungen oder andere Nutzungen mit hoher Lautstärke in ihrer Ruhe gestört werden möchte. Hier entsteht durch abendliche Besuche des Sees durch Gruppen, die Musik hören oder sich laut unterhalten sowie Veranstaltungen mit erhöhtem Verkehrsaufkommen und Parkplatzbedarf, lauter Musik oder anderen Nebeneffekten ein Nutzungskonflikt zwischen dem Anspruch der Anwohner auf Ruhe und der öffentlichen Nutzung des Gebietes.

3 Erhaltung und Weiterentwicklung des Salzgittersees

Wie bereits in Abschnitt 1.3 beschrieben, bedeutet die Ermöglichung eines weitgehend uneingeschränkten Wassersportbetriebs auf dem Salzgittersee einen hohen Aufwand im Bereich des Gewässermanagements. Die Wasserqualität des Sees wird während der Badesaison regelmäßig kontrolliert und bekannt gegeben. Wesentliche Veränderungen des Trophiegrades würden die Ergreifung von Maßnahmen zum Erhalt des ökologischen Gleichgewichts erfordern. Weiterhin sind neben regelmäßigen Reinigungs-, Grünschnitt- und Mäharbeiten im gesamten Sport-, Freizeit- und Erholungsgebiet weitere Maßnahmen zum Erhalt der bereitgestellten Anlagen erforderlich: Unter anderem müssen Holzplanken an Stegen überprüft und bei Bedarf erneuert, die Spielgeräte auf Defekte und Gefahrenquellen untersucht sowie ggf. ausgetauscht oder repariert und die Parkplatzmarkierungen bei Verblassen nachgezogen werden. Auch die zur Böschungssicherung am Seeufer angebrachten Vorrichtungen in Form von Holzfaschinen am Nordwest-, Südwest- und Südostufer sowie Spundwänden aus Stahl im Bereich des Sporthafens und der Grundstücke der Wassersportvereine[78] bedürfen bei Verwitterung und zu starker Korrosion einer Restaurierung bzw. Erneuerung. Diese Aufgaben fallen in das Verantwortungsgebiet des Städtischen Regiebetriebs. Für die weitere Unterhaltung der von ihnen gepachteten Uferbereiche sind die jeweiligen Wassersportvereine auf eigene Kosten verantwortlich.

Beispiele wie das der inzwischen sanierungsbedürftigen und weniger stark genutzten Tennisplätze zwischen Freisportanlage und Humboldtallee zeigen den stetigen Weiterentwicklungsbedarf des Sport-, Freizeit- und Erholungsgebietes Salzgittersee. Die Anlagen und Angebote müssen von Zeit zu Zeit an die sich wandelnden Freizeit- und Bewegungsbedürfnisse der Besucher angepasst werden, um weiterhin attraktiv zu bleiben. Nachdem sich der Salzgittersee mit seinen Anlagen

---

76 vgl. Klingebiel 2014, 6

77 vgl. Klingebiel 2014, 3 f.

78 vgl. Niedersächsischer Landesbetrieb für Wasserwirtschaft, Küsten- und Naturschutz 2010, 5

zur aktiven und passiven Erholung der Bevölkerung bis zum Jahr 2000 „zu einem beliebten Freizeitgewässer mit hoher Nutzungsintensität“[79] entwickelt hat, beauftragte die Stadt das Büro BTE Tourismusmanagement, Regionalentwicklung zusammen mit zwei Landschaftsarchitekten mit einer Überprüfung der vorhandenen Angebote im Bezug auf aktuelle Anforderungen und Nutzungsbedürfnisse sowie potenzielle Weiterentwicklungen. Bestandteil der Arbeit war unter anderem die Prüfung anderer Nutzungsmöglichkeiten für die immer weniger genutzte Tennisanlage.[80] Als Ergebnisse wurden beispielsweise die Schaffung von Hundeauslaufwiesen und die Aufstellung von Betonbänken am Oststrand umgesetzt. Auch der im Jahr 2013 beschlossene Bau einer Seepromenade am Ostufer wurde im Gutachten bereits vorgeschlagen.[81] Andere Anregungen, wie die Einrichtung eines Skater-Treffs als Umnutzung der Tennisanlage, die terrassenförmige Umgestaltung der westlichen Liegewiese oder der Bau eines 9-Loch-Golfplatzes für Jedermann, wurden bisher nicht verwirklicht.[82] Weiterhin in Planung sind unter anderem der Umbau von zwei Tennisplätzen zu Rollhockeyfeldern – dieser scheiterte bisher an fehlenden finanziellen Mitteln, ein behindertengerechter Einstieg in den See am Weststrand und der Bau eines Bewegungsparcours bzw. Generationenparks.[83]

Auch die am See ansässigen kommerziellen Anbieter entwickeln ihre Angebote stetig weiter. So plant der Betreiber der Wasserskiseilbahn den Bau einer eigenen Anlage für Kinder neben der vorhandenen Seilbahn.

Bereits im Seekonzept von 1975 war ein Campingplatz am Salzgittersee vorgesehen. Auch im Gutachten „Naherholungsgebiet Salzgittersee“ aus dem Jahr 2000 wurde die „Einrichtung eines Campingplatzes am Westufer des Salzgittersees; zwischen Eissporthalle und Westparkplatz“ mit mindestens 300 Stellplätzen (Mischung aus Tourismuscamping, Dauercamping und Reisemobilstellplätzen) empfohlen.[84] Zwar wurde 2009 ein Reisemobilstellplatz am Hallenfreibad Lebenstedt am Ostufer des Salzgittersees eingerichtet, ein Campingplatz wurde bisher nicht gebaut. 2011 gab es einen Ratsbeschluss zur Prüfung des Standorts, der Kosten und der Perspektiven des Campingplatzprojekts, woraufhin die BTE Tourismusmanagement, Regionalmanagement mit der Erarbeitung eines Angebots- und Wirtschaftlichkeitskonzeptes

79 BTE Tourismusmanagement, Regionalentwicklung/Irene Lohaus + Peter Carl, Landschaftsarchitekten 2000, 1

80 vgl. BTE Tourismusmanagement, Regionalentwicklung/Irene Lohaus + Peter Carl, Landschaftsarchitekten 2000, 1

81 vgl. BTE Tourismusmanagement, Regionalentwicklung/Irene Lohaus + Peter Carl, Landschaftsarchitekten 2000, 10 ff.; vgl. Stadt Salzgitter, Referat für Kinder- und Familienförderung 2013, 21

82 vgl. BTE Tourismusmanagement, Regionalentwicklung/Irene Lohaus + Peter Carl, Landschaftsarchitekten 2000, 13 ff.

83 vgl. Philippsen, Wolfgang 2013, 1

84 vgl. BTE Tourismusmanagement, Regionalentwicklung/Irene Lohaus + Peter Carl, Landschaftsarchitekten 2000, 35 f.; BTE Tourismusmanagement, Regionalentwicklung 2011, 4

für einen Campingplatz am Salzgittersee beauftragt wurde.[85] Im Abschlussbericht dieses Konzeptes wird festgehalten, dass es sich beim Entschluss für oder gegen den Bau eines Campingplatzes, der mangels Attraktivität für potenzielle Investoren nur als eigene Investition der Stadt realisiert werden kann, um eine politische Entscheidung der Stadt Salzgitter handelt.[86]

Das Teilkonzept „Weiterentwicklung Salzgittersee", das die Allianz für die Region gemeinsam mit der Wirtschafts- und Innovationsförderung Salzgitter und der Stadt Salzgitter als Teil des Masterkonzeptes „Freizeit- und Tourismusentwicklung Salzgitter" entwickelt hat, baut erheblich auf die Umsetzung der bereits beschlossenen Seepromenade auf und zielt sowohl auf die Steigerung der Lebensqualität für vorhandene und zukünftige Anwohner als auch auf die touristische Entwicklung des Gebietes ab. Als erheblichen Vorteil für die Umsetzung von Weiterentwicklungsmaßnahmen zur Attraktivierung wird darin festgehalten, „dass die Stadt selbst Grundstückseigentümerin der infrage kommenden Flächen ist"[87]. So kann sie im Rahmen des vorhandenen Bebauungsplans über die Verwendung freier Flächen entscheiden und das Gebiet im Rahmen eines ganzheitlichen Konzeptes aus einer Hand gestalten.

Nicht nur bei verschiedenen Veranstaltungen, sondern auch bei baulichen Veränderungen oder der Schaffung neuer Angebote werden verschiedene Nutzergruppen des Sees mit einbezogen. So durften beispielsweise Kinder die Gestaltung des Piratenspielplatzes mit entwickeln, der Ort für die neu angelegte Hundebadestelle wurde in Abstimmung mit den anliegenden Sportvereinen ausgewählt und auch bei der Entwicklung des Gewässermanagementkonzeptes wurden die Probleme und Bedürfnisse der Vereine gehört. Allerdings leisteten die Vereinsmitglieder insbesondere zur Zeit des ersten Mähbootes, bei dem noch mehr menschlicher Einsatz erforderlich war, einen Großteil der Arbeit in Form von Arbeitsstunden selbst ab. Neben den bereits erwähnten Konzepten und Gutachten zur Weiterentwicklung des Salzgittersees führt die Bäder, Sport und Freizeit Salzgitter GmbH um Nutzungsbedürfnisse und Weiterentwicklungspotenzial zu erkennen immer wieder eigene Beobachtungen durch oder gibt entsprechende Beobachtungen in Auftrag. So fertigten etwa Studierende der Fachhochschule Braunschweig/Wolfenbüttel (heute Ostfalia Hochschule für angewandte Wissenschaften) 2005 eine Nutzer-Struktur-Analyse der Seebesucher an, bei der beobachtet und ausgewertet wurde, wann sich welche Nutzergruppen am See aufhalten und welche Sportarten ausgeübt werden.[88]

Die Erhaltung und Weiterentwicklung des Sport-, Freizeit- und Erholungsgebietes Salzgittersee sind für die Stadt Salzgitter aufgrund dessen „wesentlicher

---

85 vgl. BTE Tourismusmanagement, Regionalentwicklung 2011, 4

86 vgl. BTE Tourismusmanagement, Regionalentwicklung 2011, 46 ff.

87 Allianz für die Region/ Wirtschafts- und Innovationsförderung Salzgitter/Stadt Salzgitter 2015, 15

88 vgl. Fachhochschule Braunschweig/Wolfenbüttel, Projektmanagement SPM 6 2005

Bedeutung für die Standortqualität der angrenzenden Wohngebiete“[89] sowie für das Image der Stadt fortlaufende Aufgaben von hoher Bedeutung. Durch die sportlichen Nutzungsmöglichkeiten und am See stattfindende Veranstaltungen hat das Gebiet eine erhebliche örtliche, zum Teil aber auch überregionale Bedeutung.[90] Da sich allerdings Nutzungsansprüche und Sportpräferenzen im Laufe der Jahre ändern und der Salzgittersee für Besucher, die durch einen eigenen PKW mobil und bereit sind beispielsweise bis nach Braunschweig oder Wolfsburg zu fahren, in Konkurrenz zu anderen Seen mit zum Teil ähnlichen Angeboten steht, ist eine fortlaufende Anpassung der Sport- und Freizeitangebote in Zusammenhang mit regelmäßigen Investitionen erforderlich, um diese Bedeutung zu erhalten.

Literatur

Allianz für die Region/ Wirtschafts- und Innovationsförderung Salzgitter/Stadt Salzgitter (2015): Freizeit und Tourismus Salzgitter, Salzgitter (URL: http://www.salzgitter.de/rathaus/downloads/Freizeit_Tourismus.pdf, Zugriff: 15.04.2016)

Bäder, Sport und Freizeit Salzgitter GmbH (2015): Vereine am Salzgittersee – Mitgliedervolumen 2014, unveröffentlichte Quelle

BTE Tourismusmanagement, Regionalentwicklung (2011): Angebots- und Wirtschaftlichkeitskonzept für einen Campingplatz am Salzgittersee, Hannover

BTE Tourismusmanagement, Regionalentwicklung/Irene Lohaus + Peter Carl, Landschaftsarchitekten (2000): Naherholungsgebiet „Salzgittersee“, Freizeit- und erholungsfachliche Überprüfung und Ableitung von Maßnahmenvorschlägen, Gutachten im Auftrag der Stadt Salzgitter, Garten- und Friedhofsamt, Amt für Bildung und Sport, Hannover

Deutscher Verband für Wasserwirtschaft und Kulturbau e. V. (DVWK) (1996): Erholung und Freizeitnutzung an Seen – Voraussetzung, Planung, Gestaltung, in: DVWK-Merkblätter zur Wasserwirtschaft, Bonn: Wirtschafts- und Verlagsgesellschaft Gas und Wasser

Fachhochschule Braunschweig/Wolfenbüttel, Projektmanagement SPM 6 (2005): Nutzer-Struktur-Analyse des Salzgittersees, Salzgitter, unveröffentlichte Quelle

Gruber, Hans Eugen/Werkmeister, Hans Friedrich/Heimer, Martin (1975): „Salzgitter-See“, Hildesheim: Turnier

Hache, Heinz (1996): Unkraut soll nun mit Seil gekappt werden, Zwischen Hafen und Reppnerscher Bucht wuchern Wasserpflanzen bis zu drei Meter hoch, in: BZV Medienhaus GmbH: Salzgitter Zeitung vom 29.06.1996, Braunschweig

---

89 BTE Tourismusmanagement, Regionalentwicklung/Irene Lohaus + Peter Carl, Landschaftsarchitekten 2000, 5

90 vgl. BTE Tourismusmanagement, Regionalentwicklung/Irene Lohaus + Peter Carl, Landschaftsarchitekten 2000, 5

Hache, Heinz (1997): Es „blüht“ wieder, in: BZV Medienhaus GmbH: Salzgitter Zeitung vom 04.06.1997, Braunschweig

Klingebiel, Frank (2014): Verordnung der Stadt Salzgitter über die Benutzung des Sport-, Freizeit- und Erholungsgebietes „Salzgittersee“ (Salzgittersee-Verordnung), (Nichtamtliche) LESEFASSUNG, Salzgitter (http://salzgitter.de/rathaus/downloads/Seeordnung.pdf, Zugriff: 29.01.2016)

Länderarbeitsgemeinschaft Wasser (LAWA) (Hrsg.) (1985): Seen in der Bundesrepublik Deutschland, München: Woeste Druck Verlag

Niedersächsischer Landesbetrieb für Wasserwirtschaft, Küsten- und Naturschutz (2010): Wasserrahmenrichtlinie Band 3, Leitfaden Maßnahmenplanung Oberflächengewässer, Teil B Stillgewässer, Anhang II – Seeberichte, Salzgittersee, Norden

Philippsen, Wolfgang (2013): Weiterentwicklung des Sport-, Freizeit- und Erholungsgebietes Salzgittersee, unveröffentlichte Quelle

Ritter, Alexandra (2014): Das Mähboot hat schon 50 Tonnen Seekraut beseitigt, Das Gefährt des Regiebetriebs war in diesem Sommer bereits 160 Stunden auf dem Salzgittersee im Einsatz, in: BZV Medienhaus GmbH: Salzgitter Zeitung vom 12.08.2014, Braunschweig

Sanzin, Wolf-Dieter (2000): Sportschiffahrt und Gewässerschutz, in: Bayerisches Landesamt für Wasserwirtschaft, Institut für Wasserforschung (Hrsg.): Seen – Gewässerschutz, Nutzungen und Zielkonflikte, München: Oldenbourg Wissenschaftsverlag, S. 465–471

Spieker, Jürgen/Göring, Holger (2009): Konzept Gewässermanagement Salzgittersee, Hamburg

Stadt Salzgitter (2015a): Der Salzgittersee, Sport – Freizeit – Erholung, Salzgitter (http://salzgitter.de/stadtleben/downloads/Salzgittersee.pdf, Zugriff: 29.01.2016)

Stadt Salzgitter (2015b): Haushaltsplan 2015 der Stadt Salzgitter, Band I - Allgemeiner Teil (Teil A) - Beteiligungsbericht der Stadt Salzgitter, Salzgitter (https://www.salzgitter.de/rathaus/downloads/Beteiligungsbericht2015.pdf, Zugriff: 29.01.2016)

Stadt Salzgitter, Referat für Kinder- und Familienförderung (2013): Meilenstein 2013, Leitlinien – Salzgitter 2020 – Stadt mit Zukunft, Zwischenbilanz zu den Arbeitsergebnissen, Salzgitter (URL: https://www.salzgitter.de/rathaus/downloads/Meilensteine.pdf, Zugriff: 15.04.2016)

Stadt Salzgitter (2012): Salzgitter – Stadt der Kontraste, Salzgitter

Strauß, Walter (2008): Erfahrungsbericht über die saisonale Parkplatzbewirtschaftung am Salzgittersee 2008 durch die Sport und Freizeit Salzgitter GmbH, Salzgitter

Stadt Salzgitter (2001): Beschlussvorlage, Weiterentwicklung des Naherholungsgebietes Salzgittersee, Salzgitter

Stadt Salzgitter (1978): Bebauungsplan Leb 102 SZ-Lebenstedt Freizeitsport- u. Erholungszentrum Salzgittersee, Salzgitter (http://www.geoportal-salzgitter.de/data/b_plan/leb/leb102.pdf, Zugriff: 07.04.2016)

Internetquellen

http://www.apps.nlga.niedersachsen.de/eu/batlas/, Zugriff 07.04.2016

http://www.apps.nlga.niedersachsen.de/eu/batlas/index.php?p=bx&b=DENI_PR_TK25_3827_01, Zugriff 07.04.2016

http://www.apps.nlga.niedersachsen.de/eu/batlas/index.php?p=be, Zugriff 07.04.2016

http://www.apps.nlga.niedersachsen.de/eu/batlas/index.php?p=bm, Zugriff 07.04.2016

http://www.discgolf.de/parcours/, Zugriff 15.04.2016

http://www.drachenboot-sz.de/binaries/pdf/2016/anmeldungdbc2016.pdf, Zugriff 15.04.2016

http://www.hallenbad-lebenstedt.de/, Zugriff: 29.02.2016

http://www.hallowochenende.de/nachrichten-und-aktuelles-aus-salzgitter/hauptsponsor-steigt-aus-ffn-muss-den-kindertag-in-salzgitter-absagen/, Zugriff: 15.04.2016

naventure.de, Zugriff: 29.02.2016

http://www.newyorker-lions.de/news/article/big6-2015-der-weg-zum-eurobowl-xxix-fuehrt-ueber-la-courneuve.html, Zugriff: 29.02.2016

http://www.rc-am-salzgittersee.de/index.php/club/trainingszeiten, Zugriff: 15.04.2016

http://www.rc-am-salzgittersee.de/index.php/termine, Zugriff: 15.04.2016

http://salzgitter.de/stadtleben/sport/salzgittersee.php, Zugriff: 29.01.2016

http://salzgitter.de/stadtleben/sport/salzgittersee/laufstrecken.php, Zugriff: 29.02.2016

http://salzgitter.de/stadtleben/sport/salzgittersee/126010100000063593.php, Zugriff: 29.02.2016

https://www.salzgitter.de/stadtleben/downloads/Salzgittersee_Laufstrecken.pdf, Zugriff: 29.02.2016

http://salzgitter.de/stadtleben/sport/salzgittersee/piratenspielplatz.php, Zugriff: 29.02.2016

http://salzgitter.de/stadtleben/sport/stadion.php, Zugriff: 29.02.2016

https://www.salzgitter.de/stadtleben/kultur/stadtgeschichte/chronik.php, Zugriff: 29.02.2016

https://www.salzgitter.de/rathaus/presse_news/2016/126010100000082848.php, Zugriff: 07.04.2016

https://www.salzgitter.de/rathaus/presse_news/2016/126010100000083480.php, Zugriff: 15.04.2016 https://www.salzgitter.de/rathaus/downloads/Leinenzwanggebiete_Lebenstedt_ak.pdf, Zugriff: 15.04.2016

https://www.salzgitter.de/rathaus/presse_news/leserbriefe/126010100000027469.php, Zugriff: 15.04.2016

https://www.salzgitter.de/rathaus/presse_news/leserbriefe/126010100000050104.php, Zugriff: 15.04.2016

http://salzgitter-lebenstedt.dlrg.de/info.html, Zugriff: 09.02.2016

http://sfs-sz.de/index.php/vereine-am-see, Zugriff: 09.02.2016

http://sfs-sz.de/index.php/discgolf-am-salzgittersee, Zugriff: 29.02.2016

http://sfs-sz.de/binaries/bilder/salzgittersee/freisportanlage.jpg, Zugriff: 25.02.2016

http://sfs-sz.de/index.php/kunst-am-salzgittersee, Zugriff: 29.02.2016

http://sfs-sz.de/binaries/pdf/salzgittersee/naventure_sup.pdf, Zugriff: 29.02.2016

http://sfs-sz.de/index.php/reisemobilstellplatz-am-see, Zugriff: 29.02.2016

http://sfs-sz.de/binaries/pdf/salzgittersee/Seekarte2015.pdf, Zugriff: 29.02.2016

http://www.sfs-sz.de/index.php/veranstaltungen-2/year.listevents/2016/04/22/-, Zugriff: 15.04.2016

http://www.sfs-sz.de/index.php/salzgittersee-2/236-ffn-kindertag, Zugriff: 15.04.2016

Louise Bielzer

Sportstätten als Place Brands im interurbanen Wettbewerb

Mit zunehmender Mobilität der Menschen, der Internationalisierung von Unternehmen und einem allgemein sich verschärfenden Wettbewerb zwischen Städten sei es als Wirtschaftsstandort, aber auch als Tourismusdestination, kommt spezifischen, unverwechselbaren "Erkennungsmerkmalen" von Städten, in der Praxis ein immer höherer Stellenwert zu.[1] Damit einher geht die Notwendigkeit für Städte und Kommunen, sich von ihren Wettbewerbern zum Beispiel durch Entwicklung und langfristige Implementierung von Alleinstellungsmerkmalen zu differenzieren, eigene Place Brands aufzubauen und damit eine eigene Marke zu entwickeln, die entsprechend der Wettbewerbsebenen „regional", „national" und „international" positioniert werden kann.[2] Place Branding zum Beispiel durch Events und Flagship Buildings ist demzufolge wichtige Voraussetzung und Element kommunaler Vermarktungsstrategien.[3] Zentraler Faktor beim Place Branding ist, dass das Markenverständnis in diesem Fall losgelöst vom eigentlichen Nutzwert eines Gegenstandes ist. Besondere Herausforderungen bestehen in der Regel bei der Operationalisierung des Place Branding, wenn sich zeigt, dass aufgrund der überaus vielfältigen Stakeholder Place Brands weitaus schwieriger zu positionieren und zu managen sind als klassische Produktmarken (Product Brands).[4] Da Flagship Buildings ein zentrales Element im Place Branding Prozess darstellen und sich im Sportbereich zeigt, dass sich zusätzlich zu den Sportstätten, die aufgrund ihrer Geschichte und besonderer sportlicher Ereignisse zu „Ikonen" geworden sind, immer mehr Signature Architecture bei neu errichteten Sportstätten findet, liegt es nahe, die beiden Themen in Kombination zu betrachten.

Der vorliegende Beitrag versucht dementsprechend, die verschiedenen Typen und Dimensionen von sowie Perspektiven auf Sportstätten als Place Brands aufzuzeigen, erste Implikationen für den praktischen Umgang mit diesen Place Brands zu skizzieren und konkrete Chancen und Risiken ihrer Einbindung in das Marketing bzw. in die Positionierung(sstrategien) von Städten im Wettbewerb herauszuar-

---

1 Vgl. Ashworth, G. and Kavaratzis, M. (2010) (eds.): Towards effective place brand management: Branding European cities and regions. Cheltenham: Edward Elgar Publishing.

2 Vgl. Baker/Cameron (2008): S. 87.

3 Vgl. Ashworth, G. J. (2009): S. 14–19 sowie allgemein zur Rolle von Architektur Klingmann, A.: Brandscapes (2007): Architecture in the Experience Economy. MIT Press, Cambridge.

4 Vgl. Balakrishnan/Kerr (2013), S. 32 mit weiteren Nachweisen.

beiten. Eine Bewertung und Überprüfung der Anwendbarkeit existierender Place Branding Modelle[5] auf Sportstätten kann aufgrund der gegebenen Beschränkungen des Beitragsumfangs hingegen nicht geleistet werden und wäre Gegenstand weiterer Untersuchungen.

Im Rahmen des hier vorliegenden Beitrags werden den Ausführungen vor allem drei Verständnisebenen von Sportstätten zu Grunde gelegt:

1. Sportstätten werden als funktionale Räume für aktiven Sport einerseits und das Erleben von Sport in der heutigen Erlebnisgesellschaft andererseits verstanden. Hierbei steht die Architektur als gebauter Raum im Vordergrund. Eine Klassifikation von Sportstätten soll im vorliegenden Beitrag dementsprechend als Grundlage dienen, um später architektonische und performative, tangible und intangible Dimensionen ausgewählter Beispiele von Sportstätten als Place Brands aufzuzeigen. Hierbei gilt es herauszuarbeiten, welche Varianz von Sportinfrastruktur als Place Brands vorhanden ist, wie diese in ihrer Entstehung ggf. beeinflusst bzw. bewusst "konzipiert" wurde, und welche Implikationen dies für die Nutzung der Sportstätten in ihrem originären Zweck, aber auch als Element einer Destinationsmarketingstrategie mit sich bringen kann.
2. Entsprechend des Spatial Turn[6] werden Sportstätten über ihre architektonische Raumdimension hinweg zusätzlich als urbane Artefakte und symbolische Räume verstanden, die einen Großteil ihrer Bedeutung durch soziale Interaktion erlangen und zur Realitätskonstruktion beitragen. Sportstätten können aus kulturwissenschaftlicher Sicht – unter anderem aufgrund ihrer architektonischen und performativen Dimension – als Teil sowohl des kommunikativen als auch des kulturellen Gedächtnisses[7] aufgefasst werden, wenn sie auf Gruppen kulturell identitätsbildend wirken und die Funktion von Erinnerungsorten übernehmen.[8] Dies gilt traditionell besonders für Fans. Hierbei ist zu differenzieren,

---

5 So zum Beispiel das „Strategic Place Brand Management Model" (SPBM) von Hannah und Rowley (vgl. Hannah, S./J. Rowley (2013): A practitioner-led strategic place brand-management model. In: Journal of Marketing Management, Vol. 29, Nos. 15–16, S. 1782–1815 mit einer Aufarbeitung weiterer existierender Modelle zum Place Branding), das „Place Brand Essence Model" von Skinner (vgl. Skinner, H. (2011): In search of the genius loci: The essence of a place brand. In: The Marketing Review, Vol. 11, No. 3, S. 281–292) oder das "4D Model of Place Brand Management" von Balakrishnan und Kerr (vgl. Balakrishnan, M./G. Kerr (2013): The 4D Model of Place Brand Management. In: Sonnenburg, S./L. Baker (eds.): Branded Spaces. Experience Enactments and Entanglements. Wiesbaden: Springer, S. 31–42.)

6 Vgl. z.B. Löw, M. (2008): The constitution of space: The structuration of spaces through the simultaneity of effect and perception. In: European Journal of Social Theory, Vol. 11, Issue 1, S. 25–49.

7 Vgl. Assmann, J. (1988): S. 10–14.

8 Vgl. Zierold, M.: The Digital Stadium – Fan Cultures' Remembering Sports Arenas on the Internet. Abgerufen am 30. Dezember 2015 unter http://www.inter-disciplinary.net/wp-content/uploads/2009/03/zierold-paper.pdf

ob die jeweilige Sportinfrastruktur ausdrücklich als Erinnerungsstätte konzipiert wurde, wie es bei Sportmuseen der Fall ist[9], oder ob sie aufgrund persönlicher Erlebnisse, sei es für gesellschaftliche Gruppen (Fans) oder ganze Nationen, zu einer Erinnerungsstätte werden. Gerade Stadien können, wie Zierold in seinem Beitrag „The Digital Stadium“ beschreibt, zentrale Ausgangs- und Bezugspunkte für die Identitätsbildung und Erinnerung, ja sogar das kollektive Gedächtnis sein. Er unterscheidet zwei Arten, wie Stadien zu Erinnerungsstätten („memory sites“) werden können: zum einen durch Ritualisierung, wenn ein Stadion nicht primär aufgrund eines speziellen darin ausgetragenen Spiels Erinnerungsstätte wird, sondern vielmehr aufgrund von wiederholten, im Stadion geteilten Erfahrungen einer sozialen Gruppe, wobei ritualisierte Verhaltensweisen und Traditionen typisch sind. Zum anderen können sie ereignisbedingt zu einem Erinnerungsort werden, wenn sie mit einem spezifischen positiven (Gewinn einer Weltmeisterschaft o. ä.) oder auch mit einem spezifischen negativen (Katastrophen im Stadion o. ä.) Ereignis dauerhaft assoziiert werden.[10] Interessant ist im Zusammenhang von Sportstätten als Erinnerungsorten, dass immer mehr im aktiven Profisport genutzte Sportstätten mit internationalem Bekanntheitsgrad eigene Museen, also bewusste Erinnerungsorte, in ihr Mantelnutzungskonzept inkludieren (so zum Beispiel das Eintracht Frankfurt Museum[11] in Frankfurt, das Borussia Dortmund Museum (Borruseum)[12] in Dortmund, das Manchester United Museum[13] in Manchester oder das Wimbledon Lawn Tennis Museum[14] in Wimbledon/London). Indem zentrale Ereignisse und historische Meilensteine in der Geschichte der Sportstätte oder ihres Hauptnutzers (gewonnene Meisterschaftstitel des Hometeams o. ä.) museal inszeniert werden, wird die performative Dimension der Sportstätte dauerhaft manifestiert und damit die Erinnerung stimuliert. Somit können auch eine Brücke zwischen verschiedenen Zielgruppen der Sportstätte und neue Potenziale in der Vermarktung geschaffen werden.

3. Zuletzt sind Sportstätten aus urbanistischer und tourismuswirtschaftlicher Sicht als Place Brands zu verstehen, wenn sie im Rahmen der Vermarktungsstrategien

---

9 Laut DOSB gab es bereits 2010 bis zu 80 Sportmuseen in Deutschland: http://www.dosb.de/de/service/sport-mehr/news/detail/news/die_bedeutung_von_sportmuseen_und_sportarchiven_nimmt_zu/ (abgerufen am 30. Dezember 2015) Eine vollständige Liste aller existierenden Sportmuseen in Deutschland – oder gar weltweit – scheint nicht verfügbar.

10 Vgl. Zierold, M. S. 5–7.

11 Vgl. http://www.eintracht-frankfurt-museum.de/cms/pages/intro.php, abgerufen am 30. Dezember 2015

12 Vgl. http://www.bvb.de/Der-BVB/Borusseum/Borusseum, abgerufen am 30. Dezember 2015

13 Vgl. http://www.manutd.com/en/Visit-Old-Trafford/Museum-And-Stadium-Tour/Welcome.aspx, abgerufen am 30. Dezember 2015

14 Vgl. http://www.wimbledon.com/en_GB/visitandtickets/museum_and_tour_accessibility.html, abgerufen am 30. Dezember 2015

von Städten bewusst als Differenzierungsmarkmal eingesetzt werden. Neben ihrer Funktion im Grundversorgungsangebot von Städten für ihre Bürger und ihre Rolle als Identifikationspunkt bzw. identitätsbildender Faktor für die Bürger ist also klar ihre Rolle als "Touristenmagnet" zu sehen. Diese Rolle können sie einerseits aufgrund ihrer performativen Dimension – einmalige Sportveranstaltungen, aber auch Veranstaltungsserien bzw. Hometeams (Place Branding by Sports Events bzw. Place Branding by Sports Teams), die die Immobilie regelmäßig bespielen –, andererseits auch aufgrund ihrer baulichen Dimension (Place Branding by Sports Architecture) einnehmen. Somit kommt den Feldern Sporttourismus ebenso wie Architekturtourismus als theoretische Bezugspunkte eine wesentliche Rolle zu. In der Praxis ist zu beachten, dass sich die zeitliche Dimension (temporär versus permanent) sowie auch der Unsicherheitsfaktor (sportliche Performance, Gefahr des Abstiegs oder Misserfolg des Events etc.) je nach Art des Place Branding durch Sport individuell unterscheiden.

Im Kontext von Architektur als Place Brands finden sich – nicht nur bezogen auf Sportstätten, sondern auch bezogen auf andere Typen von Veranstaltungsstätten wie Kultur- und Kongresszentren oder Theater- und Konzerthäuser – Begriffe wie "iconic buildings" und "signature architecture"[15], "starchitecture"[16] oder "archibrands" immer häufiger in Publikationen und auch öffentlichen Diskussionen um Sinn und Nutzen solcher Bauprojekte wieder. Dementsprechend kommt der Thematik „Ikonisierung" von Sportstätten sowohl aus performativ-historischer Sicht als auch aus moderner, architektonischer Sicht im vorliegenden Beitrag ein besonderer Stellenwert zu.

Sportstättenarchitektur findet sich demzufolge sowohl aus akademischer als auch aus berufspraktischer Perspektive thematisch interdisziplinär zwischen Architektur, Stadtentwicklung, Tourismus, Destination Branding und Marketing wieder. Wissenschaftliche Bezugspunkte und Implikationen bestehen zu Sozial- und Kulturwissenschaften ebenso wie zu Marketing und Urbanistik.

Innerhalb des vorliegenden Beitrags, der als explorative Ideenskizze zu verstehen ist, werden zu den oben beschriebenen Verständnisebenen und Bezugspunkten zentrale Veröffentlichungen aufgegriffen. Je nach Perspektive stehen unterschiedliche Aspekte bei der Betrachtung von Sportinfrastruktur im Vordergrund, wobei ein disziplinenübergreifender, umfassender Ansatz sowohl in Literatur als auch in der Praxis zumeist nicht verfolgt wird.

Der vorliegende Beitrag erläutert zunächst zentrale Begrifflichkeiten des gerade skizzierten theoretischen Bezugsrahmens wie Place Branding und Signature Archi-

15 Vgl. Vgl. z.B. Fuerst F./P. McAllister, C. B. Murray (2011): Designer Buildings: Estimating the Economic Value of "Signature Architecture". In: Environment an Planning A, volume 43, S. 166–184.

16 Vgl. z.B. Ponzini, Davide: The Values of Starchitecture (2014): Commodification of Architectural Design in Contemporary Cities. In: Organizational Aesthetics 3(1) 2014: S. 10–18

tecture sowie Architektur- und Sporttourismus. Sodann werden verschiedene Typen von Sportstätten im Überblick vorgestellt und ihre Potenziale als Place Brands skizziert. Speziell im Hinblick auf die diskutierten Iconic Sports Facilities wird in den darauf folgenden Paragraphen versucht, verschiedene Formen von Ikonizität von Sportstätten herauszuarbeiten und darzustellen, welche Implikationen sich daraus für Place Branding und die Vermarktungsstrategien von Städten ergeben können. Der Beitrag schließt mit einer kurzen Zusammenfassung der skizzierten Ansätze und einem Ausblick auf weitere mögliche Forschung bzw. auch mögliche empirische Untersuchungen.

Place Branding und Signature Architecture

Place Branding selbst ist kein neues Phänomen. Ashworth weist darauf hin, dass bereits mit dem Erhalt des Stadtrechts in der Geschichte in vielen Städten die Errichtung von öffentlichen Bauten, die Entwicklung bestimmter Feste, Zeremonien, Wappenbildung und weiterer Merkmale einherging, allesamt Faktoren, die die Einzigartigkeit und Unverwechselbarkeit einer Stadt sicherstellen und zur Identifikation und Identitätsbildung der Bürger beitragen sollten.[17] Ebenso wenig ist die Errichtung einzigartiger Gebäude mit überregionaler Strahlkraft neu. Ob Wolkenkratzer oder Brückenbauten, spektakuläre Architektur findet sich seit Jahrhunderten im Erscheinungsbild von Städten wieder, die damit ihre ökonomische Position dokumentieren.[18] „Signature Architecture", „Flagship Buildings" oder „Icon Buildings" sind auch was den Sportbereich anbelangt seit der Antike bekannt, wenn beispielsweise mit dem Kollosseum oder dem Circus Maximus in Rom politische Stärke und Wohlstand dokumentiert wurden.[19]

Zusammenfassend kann Place Branding als „idea of discovering or creating some uniqueness, which differentiates one place from others in order to gain a competitive brand value"[20] definiert werden. Es ist zu beachten, dass durchaus unterschiedliche wissenschaftliche Perspektiven in der Diskussion um Place Branding eingenommen werden können: städtebauliche oder architekturgeleitete, sozialwissenschaftliche oder marketingorientierte, um nur einige zu nennen. Lucarelli und Brorström geben in ihrem 2013 erschienenen Aufsatz „Problematising place branding research: A meta-theoretical analysis of the literature" einen Überblick über unterschiedliche wissenschaftliche Perspektiven auf Place Branding und entsprechende Veröffentlichungen.[21]

17 Vgl. Ashworth, G. J. (2009): S. 10.
18 Vgl. Ashworth, G. J. (2009): S. 14.
19 Vgl. Fried, Gil (2010): S. 6–7.
20 Ashworth, G. J. (2009): S. 9.
21 Vgl. Lucarelli, A./S. Brorström (2013): Problematising place branding research: A meta-theoretical analysis of the literature. In: The Marketing Review, Vol. 13, Issue 1, S. 65–81.

Vergleichsweise neu hingegen ist der Trend, „Signature Architects", Architekten als eigene Marken, bewusst bei Stadterneuerungsprozessen einzusetzen und damit eine eher moderne Art des Place Branding zu verfolgen. Auch hier sind klassische Prämissen von Branding und Markenkommunikation – z.B. Aufmerksamkeit zu erregen und in Medien und der öffentlichen Diskussion präsent zu sein – gegeben. Darüber hinaus ist jedoch auch Ziel, die Attraktivität der baulichen Projekte bzw. der Stadt im Allgemeinen für Investoren zu erhöhen.[22] Signature Architects ist gemeinsam, dass sie über eine umfangreiche Medienpräsenz verfügen, auf der ein großer Teil ihrer Reputation beruht. Problematisch ist hingegen oftmals die Abgrenzung des einzelnen Architekten von seinem Architekturbüro, wenn nicht eindeutig klar ist, wem das Design des Bauprojekts zuzuschreiben ist.[23] Nichtsdestotrotz kann es gelingen, über die „Architekten-Marke" einen zusätzlichen Wert zu generieren, der nicht nur städtebaulich relevant ist, sondern auch ein Element im Architekturtourismus werden kann.[24]

Flagship Buildings und der Marketingwert von „Signature Architecture" werden im wissenschaftlichen Diskurs häufig aus urbanistischer Perspektive oder aus Marketingperspektive thematisiert. Erste Versuche, den tatsächlichen ökonomischen Wert von Signature Architecture auch empirisch nachzuweisen, unternahmen Fuerst et al, als sie 2010 Untersuchungsergebnisse veröffentlichten, inwiefern Büroräume von Signature-Architekten in den USA auch Premiummieten bzw. Kaufpreise erzielten.[25] Sie weisen darauf hin, dass designgeleitete Stadterneuerung auf der Prämisse beruht, dass sich iconic buildings auch auf das benachbarte Umfeld positiv auswirken. Generell sei es jedoch schwierig, die ökonomischen Effekte von Design zu messen, da Design als multidimensionales Konzept nicht nur Form und Funktion, sondern auch Image und Symbolismus inkludiert[26] und kulturell unterschiedlich perzipiert und eingeordnet wird. Die Problematik der Subjektivität bei der Beurteilung von Designqualität manifestiert sich auch bei Diskrepanzen zwischen Designexperten und der Öffentlichkeit bei der Beurteilung von Flagship Buildings.[27]

Einen guten Überblick über Veröffentlichungen zum Thema Architektur, Design und Starchitecture im Kontext von Stadtentwicklung und als Element interurbanen Wettbewerbs bietet Ponzini.[28] Er unterstreicht die Chancen, die Signature Architecture hinsichtlich der Erzielung höherer Mietpreise und einer höheren Attraktivität von Bauprojekten für Investoren mit sich bringt, und bemängelt gleichzeitig das

---

22 Vgl. Ponzini, D. (2014): S. 11.

23 Vgl. Fuerst et al. S. 171.

24 Vgl. Ockman, J./S. Frausto (2005) (eds.): Architourism: Authentic, Escapist, Exotic, Spectacular. Munich: Prestel Publishing.

25 Vgl. Fuerst F./P. McAllister, C. B. Murray: Designer Buildings: Estimating the Economic Value of "Signature Architecture". In: Environment an Planning A 2011, volume 43, S. 166–184, hier S. 166/167.

26 Vgl. Fuerst et al S. 168.

27 Vgl. Fuerst et al. S. 169.

28 Cf. Ponzini, D.: loc. cit., p. 11.

Fehlen umfassender Forschung, die über die Betrachtung der ökonomische Dimension von Starchitecture hinausgeht.[29]

Zu beachten ist, dass Signature Architecture allein kein Garant ist, um zum Place Branding einer Stadt beizutragen, wie die so genannten „Cathedrals in the desert"[30] oder auch die im Sportbereich immer häufiger diskutierten „White Elephants"[31] bezeugen. Ungenutzte Sportinfrastruktur, die in Folge der Austragung internationaler Sport Hallmark Events als gewissermaßen ‚negative Legacy' auszumachen ist, ist von zahlreichen Events wie beispielsweise den Olympischen Sommerspielen in Athen[32] oder der Fußballweltmeisterschaft 2010 in Südafrika[33] bekannt, und belegt, dass Signature Architecture grundsätzlich in ein städtebauliches Gesamtkonzept eingebunden und Teil einer integrierten Vermarktungsstrategie der Destination sei muss, um erfolgreich im Place Branding Prozess genutzt werden zu können.[34]

Architektur- und Sporttourismus

Während der Literaturstand zu Destinationsmarketing, Place Branding und Tourismus ausgesprochen umfangreich und mannigfaltig ist, ist die wissenschaftliche Auseinandersetzung mit Architekturtourismus noch vergleichsweise in den Anfängen. Sofern Architektur Gegenstand tourismuswirtschaftlicher Publikationen ist, geht es zumeist um historische Monumente oder Tourismus zu Stätten kulturellen Erbes. Die Betrachtungsperspektive war traditionell dementsprechend eher diejenige, Architekturtourismus als Teil von Kulturtourismus oder „heritage tourism" zu sehen.[35] Zeitgenössische Architektur fand hingegen kaum Berücksichtigung.

Doch Architekturtourismus im nicht-historischen Sinn wird seit nunmehr mehreren Jahren vorwiegend in englischsprachigen wissenschaftlichen Publikationen zum Thema aufgegriffen, was sich auch in der Bildung eigener Begriffe wie „architourism"[36] zeigt. Jüngere Publikationen – an dieser Stelle sei auf Spechts „Architectural Tourism. Building for Urban Travel Destinations" verwiesen[37] – unterstreichen, dass Architekturtourismus im Kontext von Stadtentwicklung, Raumplanung und

---

29 Cf. ibid.

30 Ashworth, G. J. (2009): S. 16.

31 Vgl. Barclay, J. (2009): S. 64–65.

32 Vgl. z. B. http://www.dailymail.co.uk/news/article-1036373/Abandoned-derelict-covered-graffiti-rubbish-What-left-Athens-9billion-Olympic-glory.html, abgerufen am 12/6/2014

33 Vgl. z. B. http://www.theglobeandmail.com/sports/soccer/world-cup/white-elephants/article19064519/ and http://www.foxnews.com/sports/2014/07/10/white-elephants-4-world-cup-stadiums-look-for-fans-games-events-to-pay-16/, abgerufen am 12/6/2014

34 Vgl. Ashworth, G. J. (2009): S. 15/16.

35 Vgl. Smith, M./N. MacLeod/M. H. Robertson (2011): S. 30.

36 Vgl. Ockman, J./S. Frausto (2005)

37 Vgl. Specht, J. (2014): Architectural Tourism. Building for Urban Travel Destinations. Wiesbaden: Springer.

Destinationsmarketing zu sehen ist und weit mehr als den Besuch historischer Stätten umfasst. Specht sowie auch die anderen genannten Autoren fokussieren zwar auf zeitgenössische Architektur und Tourismus, doch finden sich auch hier keine ausdrücklichen Bezüge zu Veranstaltungsstätten bzw. spezifisch Sportstätten als Place Brands und ihrer Bedeutung in der Destinationsvermarktung.

Architektur mit Sportstätten verknüpfend, dabei allerdings die Perspektive des Place Branding und Tourismus vernachlässigend, widmet sich Hornes Beitrag "Architects, stadia and sport spectacles: Notes on the role of architects in the building of sport stadia and making of world-class cities" der Rolle von Architekten und Sportinfrastruktur im Rahmen von Stadtentwicklung. Seine Veröffentlichung kann insofern als wesentlicher Beitrag angesehen werden, als er die Auswirkungen, die Architekten auf Städte haben aufzeichnet und führende Architekturbüros für Sportarchitektur vorstellt. Er unterstreicht, dass weiterführende Forschung hinsichtlich der sozialen Rolle von Sportarchitektur und Architekten betrieben werden sollte,[38] eine Aufforderung, die man dahingehend ergänzen kann, dass auch die vielfältigen Stakeholder von Sportinfrastruktur – Träger, Nutzer, Veranstaltungsorganisatoren, Anwohner etc. – berücksichtigt und ihre mögliche Zusammenarbeit mit Destination Marketing Organizations mit dem Ziel einer integrativen Vermarktung der Sportarchitektur verstärkt beleuchtet werden sollte.

Betrachtet man Sportstätten als mögliche Place Brands, stellt Sporttourismus einen weiteren theoretischen Bezugspunkt dar. Er lässt sich als "the active, passive or nostalgic engagement with sports and sports-related activities while travelling away from one's normal place of residence"[39] definieren, beinhaltet also sowohl touristische Aktivitäten der aktiven Sportler als auch der Zuschauer von Sportevents. Die hier gewählte Definition von Sporttourismus nach Smith et al. nimmt zudem „nostalgic engagement“[40] als Motivation für Sporttourismus auf, also die sehnsuchtsgetriebene, nostalgische Beschäftigung mit Sport, die in touristischer Aktivität resultiert. Dies ist unter anderem vor dem Hintergrund der oben angesprochenen Sportmuseen als Erinnerungsorte, aber auch generell von Sportstätten als urbane Artefakte und Teil des kulturellen Gedächtnisses ein wichtiger Aspekt, der zudem explizit in Veröffentlichungen aufgegriffen wird.[41]

In der Literatur zum Themenfeld "Sporttourismus" dominieren Veröffentlichungen zum Sport Event Tourismus, im Vergleich zu durch nationale oder internationale Sportveranstaltungen induzierten Tourismusströmen.[42] Hierbei liegt der Fokus

38 Vgl. Horne, J. (2011): Architects, stadia and sport spectacles: Notes on the role of architects in the building of sport stadia and making of world-class cities. In: International Review for the Sociology of Sport, Vol. 46, Issue 2, S. 205–227.

39 Vgl. Smith, M./N. MacLeod/M. H. Robertson (2011): S. 165.

40 Ebd.

41 Vgl. Zum Beispiel Gibson, H. (2002): Sport Tourism at a Crossroad? Considerations for the Future. In: Gammon, S./J. Kurtzman (eds.): Sports Tourism: Principles and Practice. Eastbourne: Leisure Studies Association, pp. 111–128.

42 Vgl. Gibson, H. (2002): S. 115 mit weiteren Nachweisen.

einerseits auf den Motiven der Zuschauer für die Reisen zu den Veranstaltungen, andererseits auf den Auswirkungen, die die Austragung der Sportevents auf und für die Destinationen hat.[43] Darüber hinaus erlangen der aktive Sporttourismus sowie spezielle Formen von Sporttourismus wie zum Beispiel „adventure tourism" in der Literatur mehr und mehr Aufmerksamkeit.[44]

Spezifisch für Sportstättentourismus finden sich Publikationen zum Beispiel von John[45] oder Gammon and Fear[46], die allerdings eher auf historische Bezüge abzielen. Zeitgenössische Sportstätten, die als architektonische Ikonen eigenständige Tourismusströme bedingen könnten (vgl. Architekturtourismus), scheinen noch keine weitergehende Behandlung in der tourismus- oder sportwirtschaftlichen Literatur gefunden zu haben.

Sportstätten und ihre Potenziale als Place Brands

Bevor nun aus einer marketingpraktischen Perspektive die Potenziale von Sportstätten als Place Brands näher beleuchtet werden sollen, gilt es, die Bandbreite von Sportstätten aufzuzeigen und erste Implikationen hinsichtlich einer möglichen Positionierung derselben als Place Brands im interurbanen Wettbewerb abzuleiten.

Grundsätzlich lassen sich Sportstätten hinsichtlich verschiedener Faktoren differenzieren:

- im Hinblick auf die Entstehung in „natürlich" bzw. architektonisch geschaffen
- entsprechend der Trägerschaftsstruktur, die sich in öffentlich vs. privat oder privat-öffentlich differenzieren lässt[47]
- im Hinblick auf die performative Dimension in "dry" sports, Wassersport und Eissport, was spezifische Anforderungen an Architektur, Raum- und Funktionskonzept der Sportstätte mit sich bringt
- ferner im Hinblick auf die Kernnutzung in Freizeitsport vs. Profisport,
- im Hinblick auf spezifische Sportnutzungen in Monosport vs. Multisport sowie Individualsport vs. Mannschaftssport
- etc.

---

43 Vgl. z.B. Solberg, H. A./H. Preuss, H. (2013). Major Sport Events and Long-Term Tourism Impacts. In: Weed, M. (Ed.): Sport & Leisure Management, London: Sage Publications, S. 359–381 or for specific regions like South Africa see e.g. Fourie, J./K. Spronk (2011): South African Mega-Sport Events and Their Impact on Tourism. In: Journal of Sport & Tourism, Vol. 16, Issue 1, S. 75–97.

44 Vgl. z.B. Shephard, G./S. Evans (2005): Adventure Tourism – Hard Decisions, Soft Options and Home for Tea: Adventures on the Hoof'. In: Novelli, M. (ed.): Niche Tourism: Contemporary Issues, Trends and Cases. Oxford: Butterworth-Heinemann, S. 201–209 sowie Hudson, S. (2008): Sport and Adventure Tourism. New York: Haworth Press.

45 Vgl. John, G. Stadia and tourism (2002): S. 53–60.

46 Vgl. Gammon, S./V. Fear (2005): Stadia tours and the power of backstage. In: Journal of Sport Tourism, Vol. 10, Issue 4, S. 243–252.

47 Vgl. Bielzer, L. (2013): S. 432–433.

Die Zuordnung einer Sportstätte erfolgt je nach Differenzierungskriterien auch zu mehr als nur einer Kategorie.[48]

Die nachfolgende Tabelle zeigt in vereinfachter Form, welche Implikationen sich für das kommunale Place Branding mittels Sportstätten ergeben, je nachdem, wie eine Sportstätte hinsichtlich ihrer Entstehung, Trägerschaft und Kernnutzung eingeordnet werden kann:

Tabelle 1: (Eigene Abbildung): Entstehungsart, Kernnutzung und Trägerschaft von Sportstätten und ihre Place-Branding-Implikationen

Entstehungsart der Sportstätte	**Kernnutzung der Sportstätte und Trägerschaft**	**Implikationen für kommunales Place Branding**
„natürlich"	Freizeitsport, „Sportstätte" in privater Trägerschaft (i. d. R. in Deutschland Vereine)	relativ unveränderbares Produkt, zu erwartendes geringeres Interesse am Place Branding, da Freizeitsportnutzung und vergleichsweise wenig überregionaler Wettbewerb
„natürlich"	Freizeitsport, „Sportstätte" in öffentlicher Trägerschaft (i. d. R. in Deutschland Kommunen und Städte)	relativ unveränderbares Produkt, zu erwartendes höheres Interesse am Place Branding, da öffentlicher Träger (=> Standortmarketing)
„natürlich"	Freizeitsport, „Sportstätte" in öffentlich-privater Trägerschaft (PPP)	relativ unveränderbares Produkt, zu erwartendes geringeres Interesse am Place Branding, da Freizeitsportnutzung und vergleichsweise wenig überregionaler Wettbewerb, ggf. gesteigerter Abstimmungsbedarf
„natürlich"	Profisport, „Sportstätte" in privater Trägerschaft	relativ unveränderbares Produkt, zu erwartendes höheres Interesse am Place Branding, da überregionale Medienaufmerksamkeit durch Profisport ó Place Brands steigern die Attraktivität für Sponsoren

48 Vgl. Wadsack, R. (2011): S. 46/47 mit weiteren Nachweisen

Entstehungsart der Sportstätte	Kernnutzung der Sportstätte und Trägerschaft	Implikationen für kommunales Place Branding
„natürlich"	Profisport, „Sportstätte" in öffentlicher Trägerschaft	relativ unveränderbares Produkt, zu erwartendes hohes Interesse am Place Branding, da überregionale Medienaufmerksamkeit => Standort- und Stadtmarketing
„natürlich"	Profisport, „Sportstätte" in öffentlich-privater Trägerschaft (PPP)	relativ unveränderbares Produkt, zu erwartendes hohes Interesse am Place Branding, da überregionale Medienaufmerksamkeit, aber gesteigerter Abstimmungsbedarf zwischen öffentlichem/n und privatem/n Partner/n
„architektonisch geschaffen"	Freizeitsport, „Sportstätte" in privater Trägerschaft (i. d. R. in Deutschland Vereine)	veränderbares, aber auch „trendbestimmtes" Produkt, zu erwartendes geringeres Interesse am und Potenzial für Place Branding, da Freizeitsportnutzung (oder Betriebssport) mit in der Region regionaler Reichweite
„architektonisch geschaffen"	Freizeitsport, „Sportstätte" in öffentlicher Trägerschaft (i. d. R. in Deutschland Kommunen und Städte)	veränderbares, aber auch „trendbestimmtes" Produkt, aufgrund der öffentlichen Trägerschaft zu erwartendes höheres Interesse am Place Branding (=> Stadtmarketing), aber wegen Freizeitsportnutzung nur regionales Potenzial
„architektonisch geschaffen"	Freizeitsport, „Sportstätte" in öffentlich-privater Trägerschaft (PPP)	veränderbares, aber auch „trendbestimmtes" Produkt, durch Freizeitsportnutzung nur mäßige Potenziale für Place Branding zu erwarten, ggf. höherer Abstimmungsbedarf zwischen öffentlichem/n und privatem/n Partner/n

Entstehungsart der Sportstätte	**Kernnutzung der Sportstätte und Trägerschaft**	**Implikationen für kommunales Place Branding**
„architektonisch geschaffen"	Profisport, „Sportstätte" in privater Trägerschaft	veränderbares, aber auch „fremdbestimmtes" Produkt (Wettbewerbsauswirkungen, Anforderungen der Sporteventveranstalter etc.), hohes Interesse am Place Branding zu erwarten (=>) Attraktivität der Sportstätte für Sponsoren, Medienaufmerksamkeit durch Profisport
„architektonisch geschaffen"	Profisport, „Sportstätte" in öffentlicher Trägerschaft	veränderbares, aber auch „fremdbestimmtes" Produkt (Wettbewerbsauswirkungen, Anforderungen der Sportevent-veranstalter etc.), sehr hohes Interesse am Place Branding zu erwarten (=>) Attraktivität der Sportstätte für Sponsoren (Medienaufmerksamkeit durch Profisport), zudem Standort- und Stadtmarketing
„architektonisch geschaffen"	Profisport, „Sportstätte" in öffentlich-privater Trägerschaft (PPP)	veränderbares, aber auch „fremdbestimmtes" Produkt (Wettbewerbsauswirkungen, Anforderungen der Sporteventveranstalter etc.), höheres Interesse am Place Branding zu erwarten, aber gesteigerter Abstimmungsbedarf zwischen öffentlichem/n und privatem/n Partner/n

Dementsprechend bieten aus urbaner Perspektive besonders die Sportstätten, die regelmäßig für professionellen Sport genutzt werden, architektonisch geschaffen und sich in Trägerschaft der öffentlichen Hand befinden, Potenzial für erfolgreiches Place Branding, da hier aufgrund der Nutzung die umfassendste mediale Aufmerksamkeit für die Sportstätte zu erwarten ist und der Träger an einer erfolgreichen Positionierung der Stadt insgesamt im interurbanen Wettbewerb das größte Interesse haben dürfte.

Betrachtet man Sportstätten generell aus Place Branding-Perspektive ist interessant, dass gerade Fußballstadien, traditionell in der Trägerschaft der öffentlichen Hand, schon historisch in ihren Namen oftmals auf geographische Gegebenheiten oder Spezifika der Stadt rekurrierten und damit eine eigene Form von Place Brands darstellten. Exemplarisch sei hier auf das Wembley Stadium, London/U.K., das Old Traffort Stadium, Manchester/U.K., das Westfalen-Stadion Dortmund/Deutschland oder das Weser-Stadion Bremen/Deutschland verwiesen. Erst durch die Kommodifizierung von Stadien, unter anderem manifestiert in der Vergabe der Namensrechte an Unternehmen, rückte diese Form von Place Brands in den Hintergrund.

Iconic Sports Facilities und ihre Potenziale als Place Brands

Einigkeit bezüglich der Definition einer "Iconic Sports Facility", einer ikonischen Sportstätte, besteht nicht. Es ist jedoch offensichtlich, dass es sich bei diesen speziellen Sportimmobilien um einzigartige Architektur handeln und eine Haupt- oder wesentliche Nutzung durch Sport gegeben sein muss. Wird spektakuläre, unverwechselbare Architektur im Sportbereich eingesetzt, die in den Medien nicht nur um ihrer selbst willen („Guggenheiming“[49]) präsent ist, sondern auch ob der sportlichen Ereignisse, Siege des Hometeams oder speziellen Veranstaltungen, gewinnt die Architektur selbst symbolische Bedeutung und Wert. Folgt man dem bereits oben kurz skizzierten Konzept des Spatial Turn wird Raum nicht nur durch Architektur definiert, sondern auch durch die performative Dimension, durch soziale Interaktion alle Beteiligten, durch einzigartige, mit anderen geteilte Erfahrungen und Emotionen. Die Sportstätte kann Geschichten erzählen, Emotionen verkörpern und individuelle Beziehungen zu und mit ihren Nutzern aufbauen. Für die Zuschauer der Sportevents heißt das ebenso wie für die Sportler selbst, dass der umbaute Raum gleichzeitig zu einem symbolischen Raum wird. Damit tragen ikonische Sportstätten zur Erfahrung einer Destination und somit auch zur Schaffung und Aufrechterhaltung des immateriellen Wertes einer Destination bei und können selbst zu performativ geprägten Sportstättenikonen werden.

Speziell für den Fan liegt die Ikonizität einer Sportstätte in der Regel also eher in der performativen Dimension begründet, beispielsweise im Team, das in einem Stadion (regelmäßig) seine Spiele austrägt oder auch in entscheidenden Siegen des eigenen Teams in auratischen Stadien.[50] Zierold sieht dies bestätigt, wenn Stadionnamen als pars pro toto für das gesamte Sporterlebnis stehen[51] (z.B. Wembley).

Dennoch stellt sich die Frage, ob sich abgesehen von den oben skizzierten performativ geprägten Sportstättenikonen weitere Sportstättenikonentypen definieren lassen. Betrachtet man die zahlreichen Sportstätten, die aufgrund ihrer Historie

---

49 Ashworth, G. J. (2009): S. 15

50 Vgl. Gammon, S. J. (2011): S. 122.

51 Vgl. Zierold, M. (o.J.): S. 7.

eine besondere Aura erlangt haben – beispielhaft sei hier neben bekannten Fußballstadien wie Santiago Bernabéu in Madrid, das Olympiastadion Berlin oder Old Trafford in Manchester auch auf Wimbledon und den All England Lawn Tennis Club mit seinen Courts oder die Rennbahn in Ascot verwiesen – liegt es nahe, auch über historische Sportstättenikonen nachzudenken. Die Zuordnung von Beispielen dieser Kategorie sollte dann nicht nur basierend auf den ausgetragenen Events – wiederum der performativen Dimension –, sondern auch zum Beispiel auf Grundlage von architekturbezogenen Kriterien wie erlangten Denkmalschutzgraden o. ä. erfolgen.

Folgt man der Feststellung, dass mehr und mehr für den Profisport bzw. im Rahmen großer Sport Hallmark Events genutzter Sportstätten eigens Signature Architekten mit dem Design beauftragt werden, ergibt sich die Überlegung der Existenz reiner Sportarchitekturikonen, die auch ohne performative Dimension oder Historie als Ikonen bezeichnet werden können. Die Schwierigkeit, Qualität von Architektur oder Design zu messen, wurde bereits oben erläutert. Für wissenschaftliche Zwecke könnte eine Zuordnung von Sportstätten zur Kategorie der Architekturikonen dennoch beispielsweise auf Grundlage der Erlangung bestimmter Auszeichnungen des beauftragten Architekten wie zum Beipiel dem Pritzker-Preis erfolgen. Die quasi zweckgesteuerte Entwicklung von Ikonizität durch das Beauftragen von Signature Architects wie Zaha Hadid (Aquatic Facilities London et al.), Norman Foster oder Jacques Herzog und Pierre de Meuron (Allianz Arena München) ist ein vergleichsweise neues Phänomen, das sich vorwiegend bei Städten finden lässt, die um die Austragung internationaler Sport Hallmark Events wie Olympische Spiele oder Weltmeisterschaften bieten. Einige Städte wie London oder Dubai scheinen generell eine Art "signature architecture strategy" als Grundlage ihrer Stadtentwicklung implementiert zu haben, betrachtet man die in den vergangenen Jahren und derzeit entwickelten öffentlichen Bauten, darunter auch verschiedene Formen von Sportinfrastruktur.[52]

Gerade für den Sportbereich gilt allerdings, dass neben dem bewussten Einsatz von Stararchitekten auch eine Reihe von Architekturbüros am Markt etabliert sind, die NICHT mit der Marke eines einzelnen Architekten in Verbindung gebracht werden, sondern qua ihrer Expertise im Sportstättenbau eine Art Dachmarke geworden sind wie beispielsweise HOK (Helmuth, Obata and Kassabaum).[53]

Ferner finden sich über die genannten Ikonenvarianten hinaus auratische Sportimmobilien, die kulturell individuell und mit verschiedenen geographischen Reichweiten einen gewissen Ikonenstatus erlangt haben, dies jedoch in der Regel wiederum im Rekurs auf Sportevents in der Vergangenheit.

Die nachfolgende Tabelle versucht einen ersten Überblick über verschiedene Dimensionen und Kategorien von Ikonizität bei Sportstätten zu geben:

---

52 Für ältere Beispiele wie Barcelona oder Beijing vgl. Maennig, W./S. du Plessis (2009): S. 64.

53 Cf. Horne, J. (2011): S. 211–214.

Tabelle 2: (Eigene Abbildung): Mögliche Dimensionen und Kategorien von Ikonizität

Dimension von Ikonizität	**Ikonentyp**	**Prägendes Merkmal**	**Beispiele**
Reichweite	Globale Sport-stättenikone,	als Sportstätte weltweit bekannt und in den Medien präsent	Maracanã Stadium, Rio de Janeiro, Brasilien; Ascot Rennstrecke, England
	Internationale oder Nationale Sportstättenikone	als Sportstätte international bekannt, aber mit einer in der Regel nationalspezifischen Erfahrung verknüpft => Gedächtnisort, Ikone im kulturellen Gedächtnis einer Nation	Wembley Stadion in Wembley, London, U.K., nationalspezifische Erfahrung aus deutscher Sicht Wembley Tor; Wankdorf Stadion, Bern, Schweiz, nationalspezifische Erfahrung aus deutscher Sicht Weltmeistertitel 1954
Ursprung der Ikonizität	Historische Sportstättenikone	als Sportstätte aufgrund ihrer (positiven wie negativen) Geschichte bzw. geschichtlicher Ereignisse bekannt	Avus Rennstrecke, Berlin, Deutschland
	Architekturikone	als Sportstätte aufgrund des federführenden Architekten/ Architekturbüros mit entsprechenden Auszeichnungen/Preisen bekannt	Beijing National Stadium, bekannt als "Bird's Nest" mit spezifischer kultureller Bedeutung, Peking, China
	Historische Architekturikone	Mischform der beiden zuvor genannten, erkennbar an Denkmalschutzstatus	Olympiastadion Berlin, Deutschland

Dimension von Ikonizität	**Ikonentyp**	**Prägendes Merkmal**	**Beispiele**
	Naturikonen	als „Sportstätte“ bzw. Sportgebiet aufgrund seiner natürlichen Lage bekannt, wiederum eng mit traditionellem Sportevent verknüpft	Kieler Förde => Kieler Woche
	Multiperformativ geprägte Sportstättenikone	Oftmals traditionsaufgeladene, standortgebundene Multisportevents	Madison Square Garden, New York, USA => Heimspielstätte der New York Knicks (NBA) und der New York Rangers (NHL)
	Monoperformativ geprägte Sportstättenikone	Oftmals traditionsaufgeladene, standortgebundene Monosportevents	Holmenkollbakken, Oslo, Norwegen (Skisprungschanze seit 1892)

Wie die Beispiele in der Tabelle zeigen, ist der Status mancher Sportstättenikonen durchaus verschiedenen Dimensionen zu verdanken. Die Kategorien sind also nicht trennscharf. Nichtsdestotrotz kann eine Kategorisierung die Einordnung von Sportstätten als Place Brands hinsichtlich der adäquaten Vermarktungs- und Kommunikationsaktivitäten erleichtern.

Die oben bereits erwähnten weißen Elefanten – qua ihres Designs durchaus als Architekturikone einzustufen – zeigen, dass Sportstättenarchitektur nicht autotelisch ist und dass es für die Erlangung und Aufrechterhaltung von Ikonizität und Authentizität eines entsprechenden Nutzungskonzepts zur Ausformung einer ikonisierenden performativen Dimension bedarf. Ikonizität scheint somit vielmehr der performativen Dimension geschuldet, für die die Architektur den Raum bietet, der dann seinerseits zu einem auch symbolischen Raum wird und dadurch eine eigene Identität entwickelt, die ggf. – zumindest für eine gewisse Zeit – auch losgelöst von der performativen Dimension aufrechterhalten und als Place Brand vermarktet werden kann. Denkt man dies konsequent weiter, hieße das allerdings auch, dass die Beauftragung von Signature Architects um der Architektenmarke selbst willen, ohne jedoch das Nutzungskonzept der Sportstätte – eben die performative Dimension – zu betrachten, aus urbaner und Place Branding-Perspektive nicht zielführend wäre.

Chancen und Risiken von Sportstätten als Place Brands und Iconic Sports Facilities

Die Chancen und Risiken, die Sportstätten als Place Brands und Produktelement des Marketingmixes einer Stadt mit sich bringen, hängen in ihrer Bestimmung zunächst davon ab, aus welcher Perspektive man die Immobilien als „Produkt" bzw. Produktelement des Marketingmixes betrachtet. Die Perspektiven können beispielsweise folgende sein:

- die der öffentlichen Hand bzw. der Stadtverwaltung und Politik, verantwortlich für Stadtplanung und Stadtentwicklung (oftmals als Auftraggeber)
- die eines involvierten Architekten oder Projektentwicklers (Auftragnehmer)
- die des Sportstättenbesitzers (privat oder öffentlich), verantwortlich für den Bauunterhalt der Sportstätte
- die des Sportstättenbetreibers (privat oder öffentlich), verantwortlich für den Betrieb und die Instandhaltung der Sportstätte
- die der Einwohner
- die der Nutzer der Sportstätte
- die der vor Ort tätigen Stadtmarketingorganisation, verantwortlich für die Positionierung der gesamten Stadt
- etc.

Aus Gründen der Übersichtlichkeit soll im Rahmen dieses Beitrags nun lediglich die Perspektive der Stadt eingenommen werden, die als Planerin, Bauherrin, Besitzerin und/oder Betreiberin zentrale Funktionen bei einer Sportstätte erfüllen kann und der die Gesamtpositionierung der Stadt im interurbanen Wettbewerb obliegt. Zu beachten ist, dass Sportstätten als Place Brands, die sich wie oben dargestellt in großer Abhängigkeit von der performativen Dimension befinden, zu den generell weniger kontrollierbaren Produktelementen im Marketingmix einer Stadt gehören. Die folgende Abbildung verdeutlicht, wie Sportstätten als Place Brands in das Gesamtsystem einer Stadt eingebunden sind:

Abbildung 1: Sportstätten als Place Brands im Gesamtsystem einer Stadt (Eigene Abbildung)

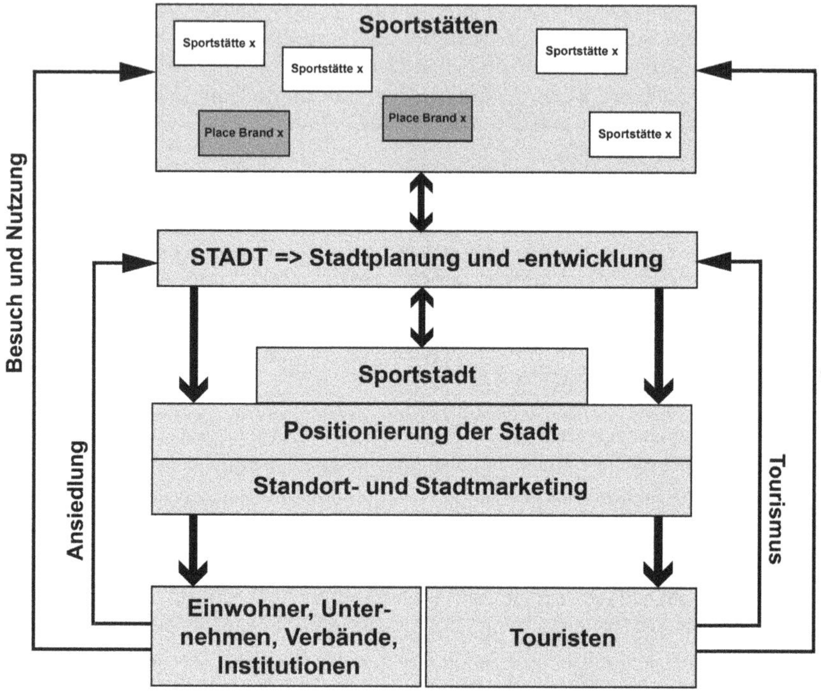

Besondere Chancen und Potenziale als Produktelement im Marketingmix einer Stadt haben Sportstätten als Place Brands bzw. iconic sports facilities nun in folgender Hinsicht:

- Besonders wenn zur unverwechselbaren Architektur wie im Fall vieler iconic sports facilities eine spezielle und möglichst dauerhafte performative Dimension (z.B. regelmäßig wiederkehrende Sportevents, Turniere, Hometeams o.ä.) hinzukommt, ist dieses USP für andere Städte im Wettbewerb nur schwer bis gar nicht zu kopieren. Wenn allerdings die performative Dimension nicht oder nicht ausreichend gegeben ist – wie im Fall der „White Elephants"– können gerade architektonisch einzigartige iconic sports facilities eher zu einem Problemfall für die Destination werden, da die Architektur „bleibend" und nur schwer „zu verbergen" ist.[54]

54 Specht beschreibt in seinem Artikel "Architecture and the Destination Image: Something Familiar, Something New, Something Virtual, Something True" für alle iconic facilities die Gefahr einer Dominanz allein der Architektur, des Artefakts, von ihm

- Signature Architecture kann die umliegende Gegend generell aufwerten und damit zu einer größeren Attraktivität von benachbarten Grundstücken und Bauten für Investoren oder Mieter führen. Insofern bieten auch iconic sports facilities aus Stadtentwicklungsperspektive die Chance, ganze städtische Areale zu attraktivieren.
  An dieser Stelle muss jedoch darauf hingewiesen werden, dass ein ganzer sports signature district, wie er beispielsweise für die London Olympics 2012 in London's East End entwickelt wurde, zwar zur nachhaltigen Konversion eines problematischen Stadtteils wesentlich beitragen kann, allerdings auch negative Folgen wie zum Beispiel gestiegene Mietpreise mit sich bringt.[55]
- Wenn die Sportstätte(n) als Place Brands von einem Signature Architect designt wurden, kann entsprechend des sich entwickelnden Nischensegments „Architekturtourismus" versucht werden, neue touristische Zielgruppen zu erreichen. Hierzu bedarf es allerdings einer sinnvollen Verknüpfung der Signature Architecture mit passenden anderen touristischen Angeboten sowie einer spezifisch auf diese Zielgruppen ausgerichteten Marketingkommunikation.
- Nicht zuletzt liegt ein Vorteil von Sportstätten als Place Brands und ggf. auch Teil des kollektiven Gedächtnisses in ihrer Permanenz. Im Gegensatz zu zeitlich begrenzten, oftmals auch nur einmaligen Sporthallmarkevents wie Olympische Spiele oder Meisterschaften, die ihrerseits zeitlich begrenzt ein zentrales Element in Stadtmarketingkonzepten sein können, können Sportstätten aufgrund ihrer Permanenz kontinuierlich in der Positionierung einer Stadt im interurbanen Wettbewerb genutzt werden.

Andererseits birgt die Permanenz von Sportstätten auch die Verpflichtung in sich, die Architektur in entsprechendem Zustand zu halten, da andernfalls negatives Destination Branding wie im Fall der „White Elephants" droht.[56] Hieran schließen sich weitere Risiken von Sportstätten als Place Brands, besonders der architektonisch ikonischen Sportstätte, an:

als "context" bezeichnet, gegenüber der entsprechenden Nutzung, in seinen Worten "content" ikonischer Gebäude, was für die gesamte Destination negative Folgen haben kann. Vgl. Specht, J. (2013): S. 48. Die gilt auch für iconic sports facilities.

55 Vgl. Dugan, E.: Olympics Legacy: Did the Games succeed in rejuvenating East London? In: The Independent from 17th of July 2013, http://www.independent.co.uk/sport/olympics/olympics-legacy-did-the-games-succeed-in-rejuvenating-east-london-8711691.html, abgerufen am 10. August 2015, sowie Department for Culture, Media and Sport (ed.): Beyond 2012. The London 2012 Legacy Story. London 2012, p. 26. Abrufbar unter https://www.gov.uk/government/publications/beyond-2012-the-london-2012-legacy-story

56 Vgl. z.B. Malone, A.: "Abandoned, derelict, covered in graffiti and rubbish: What is left of Athens' £9billion Olympic 'glory", nachzulesen unter http://www.dailymail.co.uk/news/article-1036373/Abandoned-derelict-covered-graffiti-rubbish-What-left-Athens-9billion-Olympic-glory.html#ixzz3145adwNc, abgerufen am 12/06/2014

- Zum einen handelt es sich bei Sportstätten um ausgesprochen spezifische Immobilien, die je nach Typus nur geringes bis gar kein Drittverwertungspotenzial aufweisen.[57] Wird die Sportstätte also nicht mehr wie originär geplant genutzt, ist eine Umnutzung kaum möglich bzw. mit hohen Kosten und oftmals Kompromissen in der künftigen Nutzung verbunden (z. B. Schwimmbäder, die heute als Party- und Eventlocations genutzt werden).
- Darüber hinaus sind gerade iconic sports facilities, genutzt für Ligasportbetrieb oder intentionale Sportevents, durch oftmals deutlich höhere Bau- und Betriebsfolgekosten gekennzeichnet[58], verfügen sie doch nicht nur über spektakuläres und damit teures Design, sondern müssen sie darüber hinaus auch die spezifischen Anforderungen von Verbänden, Ligen oder anderer Sportveranstalter erfüllen.[59]
- Letztlich besteht bei iconic sports facilities ferner das zwar nicht ökonomisch, aber doch politisch und sozial relevante Risiko, dass diese aufgrund ihres ungewöhnlichen Designs keinen Anklang bei der lokalen Bevölkerung finden, ja dass sie sogar aufgrund des höheren Kostenrisikos bzw. der tatsächlich höheren Kosten, die bei Sportstätten im Besitz und Betrieb der öffentlichen Hand letztlich vom Steuerzahler getragen werden müssen, abgelehnt werden.

Zusammenfassung und Ausblick

Wie die obigen Ausführungen gezeigt haben, bieten ikonische Sportstätten als Place Brands generell großes Potenzial für Städte bei ihrer Positionierung im interurbanen Wettbewerb. Allerdings ist zu beachten, dass dem individuellen Nutzungskonzept sowie Trägerschaftsmodell ebenso eine zentrale Wichtigkeit zukommt, wie der jeweiligen Art bzw. Ausprägung von Ikonizität. Sportstättenarchitektur selbst ist keinesfalls autotelisch. Für die Erlangung und Aufrechterhaltung von Ikonizität und Authentizität bedarf es zum Beispiel eines entsprechenden Nutzungskonzepts basierend auf regelmäßigem Profisportbetrieb, also einer ikonisierenden performativen Dimension. Die unverwechselbare Architektur scheint vielmehr den Raum zu bieten, in dem sich die performative Dimension ausformt. Damit kann sie selbst zu einem auch symbolischen Raum werden, der ggf. auch losgelöst von der performativen Dimension als Place Brand vermarktet werden kann. Zu beachten

---

57 Vgl. dazu allgemein auch Fay, Y. (2005): Branding the Nation: What is Being Branded. In: Journal of Vacation Marketing, Vol. 12, Issue 1, S. 5–14.

58 Vgl. z. B. Downie, A.: Brazil World Cup Stadiums 50 percent over budget: report available at http://www.reuters.com/article/2014/12/04/us-soccer-world-brazil-idUSKCN0JI24220141204, last accessed on 12/10/2014

59 Vgl. beispielhaft die Anforderungen der FIFA an Fußballstadien, die Austragungsort von Weltcup-Begegnungen sind: "Football Stadiums: Technical recommendations and Requirements", abrufbar unter http://www.fifa.com/mm/document/tournament/competition/football_stadiums_technical_recommendations_and_requirements_en_8211.pdf, zuletzt abgerufen am 12/13/2014

ist allerdings, dass ikonische Sportstätten als Place Brands aufgrund ihrer in der Regel bestehenden Abhängigkeit von der performativen Dimension zu den generell weniger kontrollierbaren Produktelementen im Marketingmix einer Stadt gehören und sie sich durch eine ausgesprochen vielfältige und komplexe Stakeholderstruktur auszeichnen. Umso wichtiger ist es, dass sie in eine holistische Marketingstrategie der Stadt eingebunden sind.

Aus wissenschaftlicher Sicht sind sowohl innerhalb der diversen akademischen Disziplinen als auch interdisziplinär vielfältige weitere Untersuchungen zur Bedeutung von ikonischen Sportstätten als Place Brands von Städten möglich. Empirische Untersuchungen könnten beispielsweise – entsprechend bestimmter geographischer Gebiete – Aufschluss darüber geben, wie groß der Anteil an signature architects (z.B. Pritzker-Preisträger) in bestimmten Sportstättensegmenten wie beispielsweise den Fußballstadien einer ersten Liga oder den Sportstätten anderer professioneller Sportligen ist. Auch die vielfältigen Stakeholder von Sportinfrastruktur – Träger, Nutzer, Veranstaltungsorganisatoren etc. – könnten in ihrem Zusammenspiel analysiert und ihre mögliche Zusammenarbeit mit Destination Marketing Organizations mit dem Ziel einer integrativen Vermarktung der Sportarchitektur untersucht werden.

Wie bereits eingangs erwähnt, konnte eine Bewertung und Überprüfung der Anwendbarkeit existierender Place Branding Modelle auf Sportstätten aufgrund der gegebenen Beschränkungen des Beitragsumfangs nicht geleistet werden. Hier böten sich wiederum zahlreiche weitere Untersuchungen an. Auch eine qualitativ-empirische Analyse von Sportstätten zum Beispiel ausgewählter Sportsegmente oder geographischer Regionen hinsichtlich der verschiedenen Typen von Ikonizität könnte weitere interessante Aufschlüsse zur Thematik liefern.

In diesem Zusammenhang wäre es auch von Interesse, Praktiker z.B. aus dem Bereich Stadtmarketing zu ihrem Umgang mit Sportstätten als Place Brand zu befragen und so den Kreis zwischen einer eher theoretischen und der praktischen Auseinandersetzung mit der Thematik zu schließen.

References

Ashworth, G. and Kavaratzis, M. (2010) (eds.): Towards effective place brand management: Branding European cities and regions. Cheltenham: Edward Elgar Publishing.

Ashworth, G. J. (2009): The Instruments of Place Branding: How Is It Done? In: European Spatial Research and Policy. Vol. 16, No. 1, S. 9–22.

Assmann, J. (1988): Kollektives Gedächtnis und kulturelle Identität. In: Kultur und Gedächtnis, S. 9–19.

Baker, M. J./E. Cameron (2008): Critical Success Factors in Destination Marketing. Tourism & Hospitality Research, Vol. 8 Issue 2, S. 79–97.

Balakrishnan, M./G. Kerr (2013): The 4D Model of Place Brand Management. In: Sonnenburg, S./L. Baker (eds.): Branded Spaces. Experience Enactments and Entanglements. Wiesbaden: Springer, S. 31–42.

Barclay, J. (2009): Predicting the costs and benefits of mega-sporting events: Misjudgement of Olympic proportions? In: Economic Affairs 06/2009; 29(2), S. 62–66.

Bielzer, L. (2013): Trägerschaftsmodelle. In: Bezold, T./ Thieme, L./ Trosien, G./ Wadsack, R. (Hrsg.): Handwörterbuch des Sportmanagements. 2. Auflage, Peter Lang Verlag, Frankfurt am Main, S. 432–443.

Fay, Y. (2005): Branding the Nation: What is Being Branded. In: Journal of Vacation Marketing, Vol. 12, Issue 1, S. 5–14.

Fourie, J./K. Spronk (2011): South African Mega-Sport Events and Their Impact on Tourism. In: Journal of Sport & Tourism, Vol. 16, Issue 1, S. 75–97.

Fuerst F./P. McAllister, C. B. Murray (2011): Designer Buildings: Estimating the Economic Value of "Signature Architecture". In: Environment an Planning A, volume 43, S. 166–184.

Fried, Gil (2010): Managing Sport Facilities. 2nd edition. Human Kinetics.

Gammon, Sean/Victoria Fear (2005): Stadia tours and the power of backstage. In: Journal of Sport Tourism Vol. 10, Issue 4, pp. 243–252.

Gammon, S. J. (2011): Sporting' new attractions? The commodification of the sleeping stadium. In: Sharpley, R./P. R. Stone (eds):Tourist Experience: Contemporary Perspectives. Oxon: Routledge, S. 115–126.

Gibson, H. (2002): Sport Tourism at a Crossroad? Considerations for the Future. In: Gammon, S./J. Kurtzman (eds.): Sports Tourism: Principles and Practice. Eastbourne: Leisure Studies Association, pp. 111–128.

Hannah, S./J. Rowley (2013): A practitioner-led strategic place brand-management model. In: Journal of Marketing Management, Vol. 29, Nos. 15–16, S. 1782–1815.

Horne, J. (2011): Architects, stadia and sport spectacles: Notes on the role of architects in the building of sport stadia and making of world-class cities. In: International Review for the Sociology of Sport, Vol. 46, Issue 2, S. 205–227.

Hudson, S. (2008): Sport and Adventure Tourism. New York: Haworth Press.

John, G. (2002): Stadia and tourism. In: Gammon, S./J. Kurtzman: Sports Tourism: Principles and Practice. Eastbourne: Leisure Studies Association. pp. 53–60.

Klingmann, A.: Brandscapes (2007): Architecture in the Experience Economy. MIT Press, Cambridge.

Lucarelli, A./S. Brorström (2013): Problematising place branding research: A meta-theoretical analysis of the literature. In: The Marketing Review, Vol. 13, Issue 1, S. 65–81.

Löw, M. (2008): The constitution of space: The structuration of spaces through the simultaneity of effect and perception. In: European Journal of Social Theory, Vol. 11, Issue 1, S. 25–49.

Maennig, W./S. du Plessis (2009): Sport Stadia, Sporting Events and Urban Development: International Experience and the Ambitions of Durban. In: Urban Forum 2009, Vol. 20: S. 61–76.

Ockman, J./S. Frausto (2005) (eds.): Architourism: Authentic, Escapist, Exotic, Spectacular. Munich: Prestel Publishing.

Ponzini, Davide: The Values of Starchitecture: Commodification of Architectural Design in Contemporary Cities. In: Organizational Aesthetics 3(1) 2014: S. 10–18.

Shephard, G./S. Evans: Adventure Tourism – Hard Decisions, Soft Options and Home for Tea: Adventures on the Hoof'. In: Novelli, M. (ed.): Niche Tourism: Contemporary Issues, Trends and Cases. Oxford: Butterworth-Heinemann 2005, S. 201–209.

Skinner, H. (2011): In search of the genius loci: The essence of a place brand. In: The Marketing Review, Vol. 11, No. 3, S. 281–292.

Smith, Melanie/Nicola MacLeod/Margaret Hart Robertson (2011): Key Concepts in Tourist Studies. London: Sage.

Solberg, H. A. & Preuss, H. (2013). Major Sport Events and Long-Term Tourism Impacts. In M. Weed (Ed.), Sport & Leisure Management, London: Sage Publications, pp. 359–381.

Specht, J. (2014): Architectural Tourism. Building for Urban Travel Destinations. Wiesbaden: Springer.

Specht, J. (2013): Architecture and the Destination Image: Something Familiar, Something New, Something Virtual, Something True. In: Sonnenburg, S./L. Baker (eds.): Branded Spaces. Experience Enactments and Entanglements. Wiesbaden: Springer, pp. 43–61.

Wadsack, R. (2011): Sportanlagen – Vielfalt und Systematisierungsansätze. In: Bielzer, L./R. Wadsack (eds.): Betrieb von Sport- und Veranstaltungsimmobilien. Managementherausforderungen und Handlungsoptionen. Frankfurt: Peter Lang, S. 35–50.

Zierold, M. (o.J.): The Digital Stadium – Fan Cultures' Remembering Sports Arenas on the Internet. Abgerufen am 30. Dezember 2015 unter http://www.interdisciplinary.net/wp-content/uploads/2009/03/zierold-paper.pdf

Internetquellen

http://www.dosb.de/de/service/sport-mehr/news/detail/news/die_bedeutung_von_sportmuseen_und _sportarchiven_nimmt_zu/, abgerufen am 30. Dezember 2015 http://www.eintracht-frankfurt-museum.de/cms/pages/intro.php, abgerufen am 30. Dezember 2015

http://www.bvb.de/Der-BVB/Borusseum/Borusseum, abgerufen am 30. Dezember 2015

http://www.manutd.com/en/Visit-Old-Trafford/Museum-And-Stadium-Tour/Welcome.aspx, abgerufen am 30. Dezember 2015

http://www.wimbledon.com/en_GB/visitandtickets/museum_and_tour_accessibility.html, abgerufen am 30. Dezember 2015

http://www.dailymail.co.uk/news/article-1036373/Abandoned-derelict-covered-graffiti-rubbish-What-left-Athens-9billion-Olympic-glory.html, abgerufen am 12/6/2014

http://www.theglobeandmail.com/sports/soccer/world-cup/white-elephants/article19064519/

http://www.foxnews.com/sports/2014/07/10/white-elephants-4-world-cup-stadiums-look-for-fans-games-events-to-pay-16/

Torben Quickert

Die regionalwirtschaftliche Bedeutung des Handball-Bundesligisten THW Kiel

Abstract: *„Sport facilities put a city on the map".* Profisportvereine eignen sich aufgrund ihrer breiten gesellschaftlichen Relevanz ideal als Image- und Identifikationsobjekte. Die Tatsache, dass in der Stadt Kiel mit dem THW der erfolgreichsten Handballbundesligisten der letzten 20 Jahre ansässig ist, lässt darauf schließen, dass auch dieser Verein eine regionalwirtschaftliche Bedeutung in Bezug auf seine Stadt vorzuweisen hat. Wie andere Kommunen auch, ist Kiel einer schwankenden sozio-ökonomischen Dynamik ausgesetzt – aber eine Konstante bleibt: Der erfolgreiche THW Kiel.

1. Einleitung

> *„Kiel ist nur Kiel, ne?"- „Das ist Fördestadt " – (...) – „Kiel ist Handballhochburg, aber Segel-Mekka".- „Und die Sprottenstadt"!*[1]

Die fiktiven Charaktere der NDR2-Radiocomedy beschreiben die Stadt Kiel wie sie für viele nach außen wirkt. Diese Attribute können geographischen Gegebenheiten („Förde"), ein bekanntes Produkt („Sprotte") oder sportliche Zusammenhänge („Segeln", „Handball") sein – sie alle dienen zur Steigerung des Bekanntheitsgrads und des Images einer Stadt nach außen. In den letzten 20 Jahren haben vor allem die Bundesliga-Handballer des THW Kiel mit ihren sportlichen Erfolgen auf nationaler und internationaler Ebene dafür gesorgt, dass die Stadt Kiel regelmäßig in den Medien eine breite Erwähnung findet und diese zur deutschen „Handballhochburg" wurde.

Neben den Effekten von Image und Bekanntheit stecken hinter einem Profisportverein wie dem THW Kiel auch nachfrageseitige Effekte, die direkt oder indirekt auf die regionale Wirtschaft wirken. Der Profisportverein bietet Arbeitsstellen, investiert in Sachkapital und fragt Vorleistungen nach, die Einkommens- und Beschäftigungseffekte auslösen. Die ausverkaufte „Sparkassen-Arena" sorgt an den Heimspieltagen für einen zusätzlichen Konsum durch die Zuschauer. Der Profisportverein ist als ist ein Dauer-Event zu verstehen, der Impulse für die regionale Wirtschaft initiiert.

Mit der Handball-Bundesliga, der Champions-League und ggf. dem DHB-Pokal hat der THW Kiel ca. 25 Heimspiele in der Saison. Die Zuschauer zeigen in ihren finanziellen Ausgaben, ihren räumlichen Interaktionen und die dadurch geför-

1 Norddeutscher Rundfunk (2012): Podcast „Frühstück bei Stefanie". Folge „Metropolen". http://www.ndr.de/ndr2/start/fruehstueck_bei_stefanie/podcast/audio150923_podcastID-podcast2956.html. Abgerufen am 12.03.12

derte regionale Identität einen wichtigen Bezug zum THW Kiel auf. Aber auch die Sponsoren/Partner des Handball-Bundesligisten sehen in dem Sportverein einen wichtigen Standortfaktor und versuchen die Beziehung zu ihm zu pflegen.

Im Folgenden soll aufgezeigt werden, welche nachfrageseitigen Zuschauereffekte der THW Kiel für die Regionalwirtschaft erzielt. Daneben wird auf die angebotsseitigen Effekte des Handball-Bundesligisten eingegangen, die sich auf den Standortfaktor, das Image und die regionale Identifikation auswirken.

2. Methodik

Für die Berechnung und Darstellung der regionalwirtschaftlichen Bedeutung des THW Kiel wurde eine Vielzahl von empirischen Methoden benutzt. So wurden zwei (jeweils für Fans und Sponsoren/Partnern) vollstandardisierten Online-Fragebögen sowie teilstandardisierte Experteninterviews angewendet.

Der Online-Fragebogen wurde durch den THW Kiel über das soziale Netzwerk „Facebook" und den Newsletter des THW-Freunde-Clubs verbreitet. Die exakte Stichprobe bezüglich der Fans liegt bei N = 1934 und die Stichprobe bei den Sponsoren ist N = 52.

Bei der Auswahl der Interviewpartner wurden fünf verschiedene Experten aus der Wissenschaft, der Presse und dem Verein befragt.

3. Sport als Wirtschaftsfaktor

Knapp ein Drittel der deutschen Bevölkerung ist besonders an sportlichen Themen interessiert und gibt insgesamt 23 Mrd. Euro für Konsumgüter im Sport aus. Mit 40 % haben Eintrittsgelder dabei den größten Anteil. Weitere wichtige Posten sind die Verpflegung bei Sportevents mit 20,1 % und die Gebühren für Medien mit 13,3 %. Die Ausübung von Sport sorgt für ein Gesamtvolumen von 112,6 Mrd. Euro. Der sportbezogene Gesamtkonsum der privaten Haushalte in Deutschland beträgt 103,2 Mrd. Euro, was 9,7 % des gesamten Konsums der Haushalte entspricht (Preuß et. al. 2012, 163).

Tendenzen der zunehmenden Kommerzialisierung haben zu Sportformen wie Show-Sport und Konsum-Sport geführt. Dabei sind Zeit und Einkommen, also räumliche Interaktionen, die Voraussetzungen für den passiven Sportkonsumenten, der den Sport unmittelbar im Stadion/in der Sporthalle oder über die Medien verfolgt. Man spricht vom Zuschauersport (Horn 2005, 10 f.), der durch den Wertewandel in der Gesellschaft ein wachsendes Interesse erfährt und in Sportgroßveranstaltungen und Ligen angeboten wird. Solche Ereignisse werden nicht nur individuell, sondern auch durch die Familie und Gruppen wahrgenommen. Die Nachfrage ergibt sich aus dem Erlebnis und der Mischung von Sport und Entertainment (Hickel 2002, 9).

Die Wirkungen, die ein Profisportverein auf die Wirtschaft seiner Region ausübt, werden unterschieden zwischen Nachfrage und Angebot. Die quantitativen nachfrageseitigen Effekte haben Einfluss auf das Einkommen, die Beschäftigung und den Konsum. Auf der qualitativen Ebene befinden sich die angebotsseitigen Effekte, wie Image, regionale Identität und Standortfaktoren (siehe Abb. 1)

Abbildung 1: Wirkungen und Effekte von Profisportvereinen

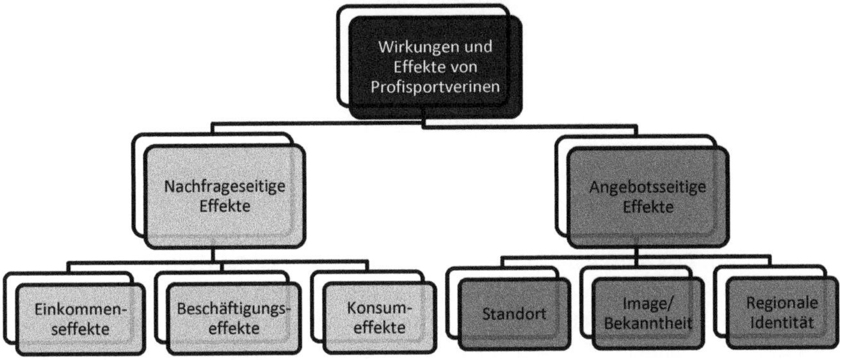

(Quelle: Eigene Darstellung)

4. Der Handball in Kiel und seine Fans

4.1 Der THW Kiel

Der THW Kiel hat im Jahr 2015 seine 20. Deutsche Meisterschaft gefeiert. Das bedeutete den achten Titel in den letzten neun Jahren. Der Rekordmeister ist auch Rekordpokalsieger (9mal) und dreimaliger Champions League Sieger (zuletzt 2012). Ferner besitzt der THW mit 9,5 Mio. Euro den höchsten Etat in der Handball-Bundesliga.

Die Heimspiele des THW Kiel werden in der „Sparkassen-Arena" ausgetragen, in der 10.260 Besucher Platz finden. Das Besondere in Kiel ist, dass seit Jahren die Halle eine fast 100 %ige-Auslastung erfährt. Diese konstant hohen Besucherzahlen werden durch die Vergabe von Dauerkarten erreicht. Beim THW Kiel spricht man von „Stammblattinhaber". Die Stammblätter sind hochbegehrt in der Region und werden i. d. R. nur vererbt oder für viel Geld angeboten. Der THW Kiel hat durch die Dauerkarten eine jährlich gesicherte Einnahmequelle und muss nicht um Zuschauer werben (Stefanescu 2008, 253 ff.).

Der Handballsport ist, weit abgeschlagen nach dem Fußball, die Mannschaftsportart Nummer Zwei in Deutschland (Preuß 2012, 111). Bei dem reinen TV-Interesse verfolgen 17 % der Sportinteressierten den Handball im Fernsehen. Unter den Sportinteressierten kennen 73 % den THW Kiel. Das ist der höchste Wert in der HBL.

Über 60 % Bekanntheit haben aber auch die Vereine VfL Gummersbach, TBV Lemgo und der SC Magdeburg.

In den deutschen Profiligen gibt es nur insgesamt drei „echte" Marken. In einer Studie wurde gefragt, von welchem Bundesligisten man ein klares Vorstellungsbild hat und von welchem man weiß, wofür der Club steht. Der THW Kiel erzielt dabei den zweithöchsten Wert mit 78,8 %, nur die Fußballer des FC Bayern München (92,3 %) liegen vor den Kielern. Selbst Borussia Dortmund hat einen niedrigeren Wert (46,5 %) und steht damit an dritter Stelle. Der THW wird mehrheitlich als „Championsmarke" wahrgenommen, liegt aber auch in der Kategorie „Kultmarke" vorn. Als „Championsmarke" wird eine sportliche wie wirtschaftliche Dominanz mit einer polarisierenden Wirkung sowie einer hohen Zuneigung der Anhängerschaft verstanden. In der Handball-Bundesliga nimmt der THW daher eine einmalige Stellung ein (Sponsors 2013).

Das Einzugsgebiet eines Sportvereins lässt sich über die Größe des räumlichen Potenzials definieren. Auf der einen Seite ist die geographische Lage entscheidend, zum anderen der Einfluss von anderen Profisportvereinen im näheren Umfeld (Vöpel, 2008, 44). Das Zuschauerpotenzial des THW Kiel ist faktisch ausgereizt. Die Nachfrage übersteigt durch den hohen Dauerkartenanteil das Angebot.

Der THW Kiel besitzt ein starkes regionales Einzugsgebiet. Das lässt sich an der Verteilung der Dauerkartenbesitzer deutlich erkennen. Direkt aus Kiel kommen 46,8 % der Fans. Noch signifikanter wird das räumliche Bild, wenn man die angrenzenden Kreise Plön und Rendsburg-Eckernförde in die Betrachtung quantitativ hinzuzieht. So decken diese Kommunen 90,7 % der Dauerkarteninhaber des THW Kiel ab.

4.2. Die Fans des THW Kiel

Der THW-Fan ist im Durchschnitt 41 Jahre alt. Die am stärksten vertretene Bevölkerungsgruppe ist mit 61,3 % die Gruppe der „Mid-Ager" (20–49 Jahren). Der Anteil der Gruppe „Best Ager" beträgt hingegen 26,2 %. Unter den Dauerkartenbesitzern ist ein höherer Anteil der „Best-Ager" vorzuweisen (38,1 %). Obwohl es sich um eine Online-Umfrage handelte, waren nur 10,4 % der Teilnehmer unter 20 Jahre.

Der Anteil der Männer, die an der Umfrage teilgenommen haben, ist mit 65,4 % deutlich höher als der Anteil der Frauen mit 35,6 %. Als ein Grund dafür kann das höhere Sportinteresse von Männern (35,9 %) gegenüber Frauen (21,2 %) in Deutschland aufgeführt werden. Die Sportkultur gilt noch immer als sehr männerdominierend (Preuß et al. 2012, 113).

Für das weitere Fanverhalten ist die Betrachtung der Dauerkartenbesitzer aus der Umfrage wichtig. Ungefähr die Hälfte der Dauerkartenbesitzer (53 %) besuchen auch Spiele der EHF-Champions-League (CL). Daraus wird deutlich, dass bei den CL-Spielen das Problem von Angebot und Nachfrage teilweise gelöst wird. Die Hälfte des Kartenkontingents der CL geht also an Fans, die sonst keine Chance haben, die Bundeliga-Spiele zu sehen.

Die langfristige Dauerkartenbindung des Kieler-Publikums wird in der Frage nach der Fandauer ersichtlich. Knapp 50 % der Stammblattinhaber sind über 20 Jahre Fan des THW. Nur 2,4 % sind in den letzten fünf Jahren THW-Anhänger geworden. Die Fans ohne Dauerkarte treten am häufigsten in der Rubrik „5 bis 10 Jahre" auf (34,7 %).

Das „Hobby/Handballinteresse" ist mit 58,3 % mit Abstand der häufigste Grund für einen Besuch der Sparkassen-Arena für die Dauerkartenbesitzer. Die Selbstverständlichkeit, am Heimspiel des THW teilzunehmen, lässt den Eventeffekt mindern. Die Dauerkartenbesitzer gehen zu 36,1 % mit einem Familienmitglied und zu 32,7 % mit Freunden zu den Heimspielen.

Abbildung 2: Der durchschnittliche THW-Kiel-Fan

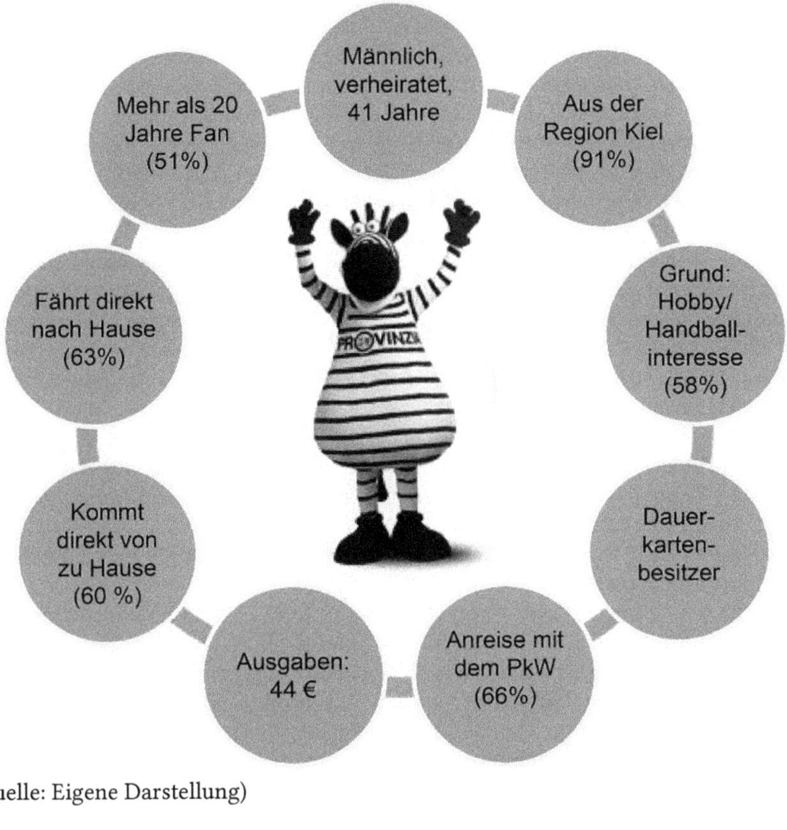

(Quelle: Eigene Darstellung)

Zusammenfassend bestätigt sich auf der einen Seite das familiäre und bodenständige Image, das dem THW und seinen Fans attestiert wird. Auf der anderen Seite wird die langfristige Bindung der Fans deutlich. Bezogen auf die Anreise (66 % mit dem Pkw) und der direkte Weg zur Arena (60 %) sowie direkt wieder nach Hause (63 %), ist ein Verhalten erkennbar, das sich in den sozioökonomischen Ergebnissen widerspiegelt. Nach Borland/MacDonald (2003) hegen Zuschauer immer bestimmte Erwartungen an den Besuch einer Sportveranstaltung. Sie unterscheiden dabei verschiedene Faktoren. Die THW-Fans sind dabei den Konsumentenpräferenzen zuzuordnen. Die Gewohnheit ein Profispiel einer Mannschaft zu besuchen, da man ein langjähriger Fan ist und seine Freizeit und sozialen Kontakte daran geknüpft hat.

5. Regionalökonomische Effekte des THW Kiel

Die regionalökonomischen Effekte werden mit der touristischen Wertschöpfungsanalyse ermittelt. Dieses Verfahren bezieht sich auf die Ausgaben der Besucher und der dadurch induzierten Wertschöpfung (Metzler 2007, 53). Aus diesem Grund lässt sich die Analyse auf die Zuschauer des THW Kiel adaptieren. Die Primärimpulse wurden aus der Konsumnachfrage der Zuschauer ermittelt. Diese bilden die Grundlage für die weiterführende Wertschöpfungs- und Einkommenseffekte. Die touristische Wertschöpfungskette wird in insgesamt fünf Schritten ermittelt und in Abb. 3 dargestellt.

Für die Ermittlung *(1)* der *Bruttoumsätze* wird die Anzahl der Heimspiele mit den durchschnittlichen Ausgaben multipliziert. Da die Konsumausgeben und Zuschauerzahlen zwischen der Bundesliga und der Champions-League variieren, muss dies berücksichtigt werden. In den kalkulierten 25 Heimspielen in einer Saison werden 251.330 Zuschauer errechnet die im Durchschnitt 43,69 € ausgeben. Daraus resultieren 10.980.378 € Bruttoumsätze.

Die Berechnung *(2)* der *Nettoumsätze* erfolgt durch Abzug der Mehrwertsteuer. Dieser Schritt ist wichtig, um Einkommens- und Beschäftigungseffekte darzustellen und einen Vergleich mit der volkswirtschaftlichen Gesamtrechnung zu gewährleisten. Aufgrund von unterschiedlichen Mehrwertsteuersätzen wird ein Durchschnittswert von 13 % angenommen. Abzüglich der Mehrwertsteuer wird pro Saison ein Nettoumsatz von 9,55 Mio. Euro erwirtschaftet.

Die (3) *Einkommenseffekte der 1. Umsatzstufe* (EW 1) stellen die direkten wirtschaftlichen Effekte dar. Sie umfassen die Anteile der errechneten Nettoumsätze, die direkt als Löhne und Gehälter an Mitarbeiter ausgezahlt oder direkt zu den Gewinnen der Betriebe verwendet werden. Der direkte Primärimpuls von einem Profisportverein geht von ihm selbst aus. Er beschäftigt die Lizenzmannschaft (Spieler, Trainer, Betreuer, Scouts etc.), das Management und ein Verwaltungsteam (Marketing, Rechnungswesen etc.). Diese Anteile sind auch als Wertschöpfungsquote bekannt. Für die weitere Vorgehensweise müssen aufgrund der verschiedenen Wertschöpfungsquoten die Durchschnittswerte der relevanten Quoten benutzt werden. Die durchschnittliche Wertschöpfungsquote wurde dort mit 40 % veranschlagt. So entstehen Einkommenswerte von 3,82 Mio. Euro.

Indirekte Einkommens- und Beschäftigungseffekte entstehen vor allem durch Vorleistungen, die ein Profisportverein aus der regionalen Wirtschaft bezieht, um seine Dienstleistung „Profisport“ anzubieten. Vorleistungen sind in dem Produktionsprozess verbrauchte, verarbeitete und umgewandelte Waren. Diese Posten können aus Leistungen von Werbeagenturen, Catering, Ordnungsdienste oder Sportausrüster bestehen. Des Weiteren kann der Verein größere Investitionen in das Sachkapital tätigen. Bestes Beispiel ist der Neubau oder die Erweiterung einer Sportarena (Vöpel 2008, 42).

Da Vorlieferungen nur teilweise aus der Region bezogen werden können, werden die indirekten Einkommen zu einem gewissen Anteil intraregional wirksam. Dieser Anteil wird als *(4) Einkommenseffekte der 2. Umsatzstufe* (EW 2) bezeichnet. Sie ergeben sich aus denjenigen Anteilen der Nettoumsätze, die von den Unternehmen für Vorleistungen ausgegeben werden. Wie bei der 1. Umsatzstufe wird nur ein Teil zu Löhnen Gehältern und Gewinnen. Aus diesem Grund wird ein pauschaler Näherungswert von 30 % als Wertschöpfungsquote zugrunde gelegt (Maschke 2007, S. 136). Insgesamt ergibt sich also aus dem indirekten Einkommen von 5,7 Mio. Euro, das für Güter und Dienstleistungen an Lieferanten geht, ein zusätzliches Einkommen von 1,72 Mio. Euro für die Stadt Kiel.

Summiert man die beiden (5) *Umsatzstufen* erhält man die gesamten Einkommenswirkungen von 5,54 Mio. Euro. Diese gesamte Wertschöpfung hat einen Anteil von 0,15 Euro am gesamten Volkseinkommen der Stadt Kiel (3,7 Mrd. Euro). Das induzierte Einkommen wird mit Hilfe des Pro-Kopf-Einkommens berechnet. Diese Arbeitsplatzäquivalenz beträgt 346 Arbeitsplätze. Das Beschäftigungsäquivalent bedeutet, dass 346 Arbeitnehmer ein Jahreseinkommen durch die Anwesenheit des THW Kiel erhalten. Anders ausgedrückt: 346 Arbeitsplätze hängen an den Heimspielen des THW.

Die Konsumausgaben der Besucher und die Ausgaben der Dienstleister initiieren weitere Vorleistungs- und Investitionseffekte, da zusätzliche Güter bei Zulieferern gekauft werden. Es entwickelt sich ein umfassendes Netzwerk von Lieferverflechtungen regional gebundener Unternehmen. Die erhöhten Einkommen sorgen für induzierte Effekte bei den Arbeitnehmern und die Mehrarbeit wiederum für mehr Arbeitsplätze (Fanelsa 2007, 45).

Abbildung 3: Die regionalökonomischen Effekte des THW Kiel

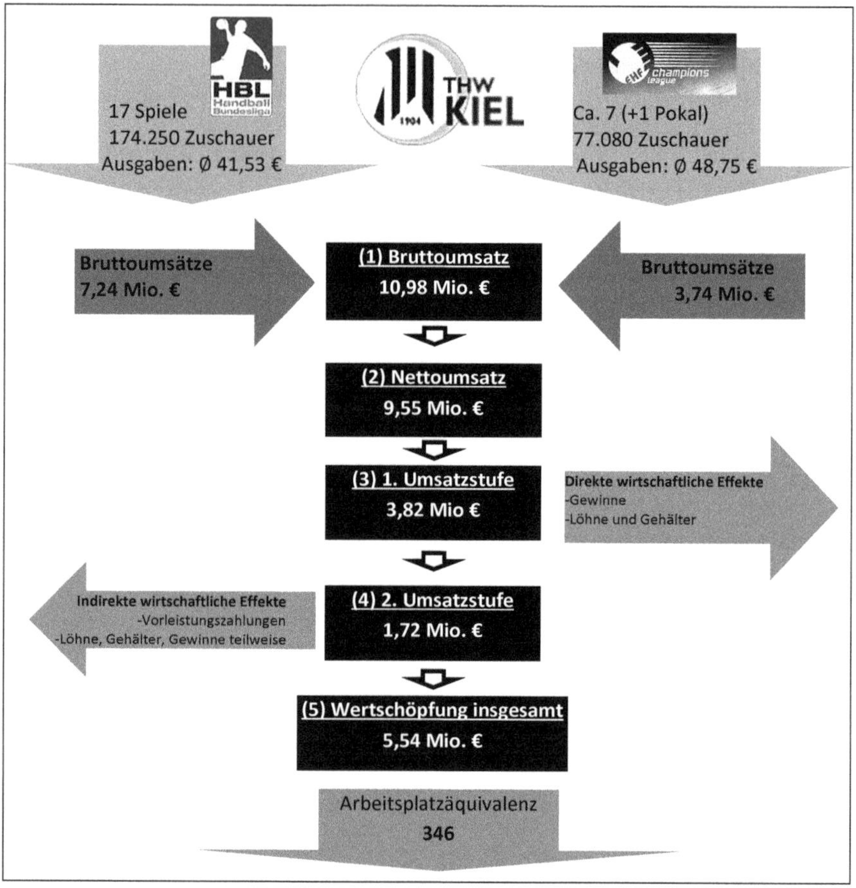

In vielen Studien hat sich gezeigt, dass es keinen statistisch signifikanten Zusammenhang zwischen der Existenz von Sportvereinen und der Entwicklung von Beschäftigung und Einkommen gibt. „The economic impact of sports teams in proporation to a typical metropolitan economy is diminutive" (Siegfried/Zimbalist 2000, S. 621). Die Analysen über die regionalökonomischen Effekte ergeben Anteile an Volkseinkommen von ca. 0,03 bis 0,3 %. Die Regionen werden davon kaum profitieren und der i. d. R. positive Befund vieler Studien ist mit Vorsicht zu betrachten (Hamm et al. 2006, 35).

Ein attraktiver Profisportverein zieht Besucher an. Wenn die Zuschauer und Fans aus der Region kommen, wird regionales Einkommen gebunden. Diese ortsansässigen Besucher sind in ihrer Freizeit zeitlich limitiert. Wenn der Profisportverein nicht existiert, ist davon auszugehen, dass die Besucher mit anderen Unterhaltungsmöglichkeiten den Sportevent substituieren und dort das Geld ausgeben. Wenn diese sogar außerhalb der Region liegen, wandern die Effekte aus. Ortsfremde Besucher sorgen für einen Export-Basis-Sektor, da Sie Kapital in die Region einbringen. Sie verbinden ihren Arenabesuch mit komplementären Freizeitaktivitäten in der Stadt und erzeugen zusätzliche Einkommens- und Beschäftigungseffekte (Siegfried/Zimbalist 2000, 105).

Der Anteil von 0,15 %, der durch den THW Kiel am Volkseinkommen der Stadt Kiel erwirtschaftet wird, liegt auch in der eben erwähnten Spanne. Die Wirkungen auf die Stadt Kiel sind daher auch nicht über zu bewerten. Zum Vergleich: Im Jahr 2012 hat der gesamte Tourismus in Kiel einen Anteil von 9,1 % am Volkseinkommen erwirtschaftet (Kiel Marketing, 2013).

6. Angebotsseitige Effekte des THW Kiel

6.1. Standortfaktor

Indirekte Sogeffekte

Sportvereine agieren als mittelständische Unternehmen und unterscheiden sich deutlich von anderen Unternehmen, in dem sie durch ihre besondere Bekanntheit in der Bevölkerung, der Nutzung von Sportinfrastruktur (Stadien) und dem Eventcharakter bei Heimspielen eine besondere Rolle einnehmen. Die Sportvereine nehmen zusätzlich Einfluss auf Standortentscheidungen von Unternehmen. Diese können direkt oder indirekt erfolgen (Hamm et al. 2006, 31).

Weiche Standortfaktoren tragen in den Entscheidungenfindungen von Unternehmen und Politik eine immer größere Bedeutung. Der THW Kiel als Profisportverein ist als ein weicher Standortfaktor zu charakterisieren. Die befragten Sponsoren bestätigen diese Aussage, in dem sie dem THW Kiel als Förderer für kommunale Aktivitäten auf im Stadtmarketing (96 %) und der Wirtschafsförderung (63 %) sehen. Harte Standortfaktoren wie der Unternehmensbestand (30,2 %) oder Unternehmensansiedlung (9,3 %) finden kaum bzw. gar keine Zustimmung (siehe Abb.4).

Abbildung 4: Einfluss des THW Kiel auf die kommunale Entwicklung

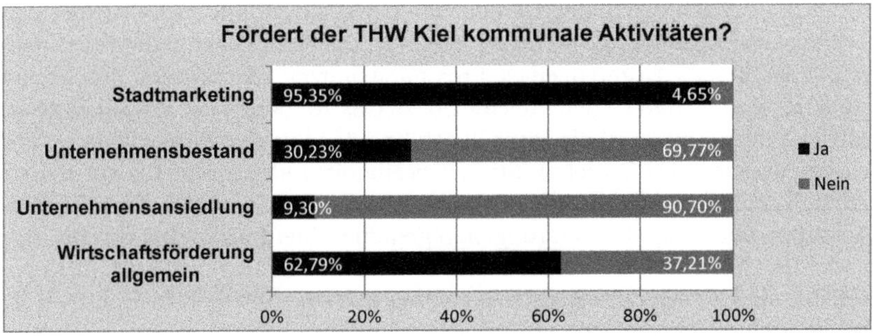

(Quelle: Eigene Darstellung)

Der THW Kiel bietet seinen Partnern viele Möglichkeiten, ihre Marke zu präsentieren und mit anderen Geschäftspartnern aus der Region in Kontakt zu treten. In den Business-Logen kann eine Hospitality-Leistung in Anspruch genommen werden. Dieses bietet Firmen, vor allem in Kiel, Kontaktpflege mit Geschäftspartner zu praktizieren, die Mitarbeiter zu motivieren oder neue wirtschaftliche Verflechtungen einzugehen. Das Engagement begründen die Sponsoren vor allem in dem guten „Kontaktpflege/Hospitality"-Angebot (32 %). Auf den weiteren Positionen folgen die „Steigerung des Images" (26,8 %) und der „Bekanntheit" (23,7 %). Tatsächlich haben laut der Umfrage schon 56,1 % der befragten Sponsoren mit Unternehmen aus dem Partner-Netzwerk zusammengearbeitet. Größere wirtschaftliche Verflechtungen zwischen Partnern sind aber nicht zu erwarten. Die Experten sehen in dem THW Kiel weiterhin einen Familienbetrieb für die Sponsoren, der nicht aus überregionalen, sondern vielmehr aus kleineren regionalen Sponsoren besteht und eine hohe Identifikation aufweist. Alle größeren Partner hätten einen regionalen Bezug, seien aber dennoch national oder sogar international tätig. Von Seiten der Vereinsführung kommt es vor der Saison zu vermehrten Anfragen, um die Kontakte weiter zu streuen. Der THW Kiel wird als Mittel für die Anbahnung neuer Geschäfte anerkannt. Viele Geschäfte werden an den Spieltagen abgewickelt. Für regionale Sponsoren gibt es einen Treffpunkt.

Direkte Sogeffekte

Für den THW Kiel als Handball-Bundesligist wird hinsichtlich der Sportgroßveranstaltungen von ligabezogenen Events gesprochen. Obwohl Sportgroßveranstaltungen und Events im Allgemeinen als einmalige und einzigartige Ereignisse wahrgenommen werden, sind sie als wiederkehrendes Ereignis zu verstehen (Winkler 2007, 34). Burmann/Nitschke (2004, 15) sehen in ihre Studie den SV Werder Bremen als Dauer-Event für den Standort. Nach Allan et al (2007, 3) unterscheiden sich diese „small-scale sports events" von den einmaligen Sportgroßveranstaltungen durch die Nutzung bestehender Infrastruktur, weniger kommunaler Unterstützung, der besseren Organisation und der Regelmäßigkeit.

Der Standort der „Sparkassen-Arena" ist für mögliche Kopplungsseffekte ideal. Darunter verstehen sich komplementäre Freizeitbeschäftigungen, die mit dem Sportveranstaltungsbesuch verbunden werden, wie z. B. Gastronomie, Einzelhandel oder andere Freizeitbeschäftigungen (Hamm 1998, 45). Die Arena liegt in der Innenstadt und erfüllt dadurch die Kriterien eines „Proximitätsnutzen", der von den Zuschauern aufgrund der räumlichen Lage in Reichweite zu Gastronomie oder Einzelhandel zu erzielen ist. Eine mündliche Befragung in den Kneipen und den Restaurants, ob und ggf. wie sie von dem THW Kiel profitieren, ergibt ein anderes Bild. Bis auf wenige Ausnahmen erzielen die Gaststätten kaum Nutzen durch Heimspiele des THW Kiel. Die Aussagen über Umsatzsteigerungen gegenüber einem normalen Öffnungstag variieren von „gar nicht" bis maximal „ca. 30 %". Eine Herausforderung für Kopplungseffekte sind die Anwurfzeiten, nicht einheitlich sind und sowohl innerhalb der Woche als auch am Wochenende stattfinden können.

Die traditionsbewussten und langjährigen THW-Fans sind in ihren Interaktionen sehr darauf bedacht, direkt von zu Hause (60 %) bzw. nach Hause (62 %) zu reisen. Die Gastronomie wird vor dem Spiel von lediglich 11 % der Fans und nach dem Spiel von nur 14 % aufgesucht. Dieser „Proximitätsnutzen" gilt auch für andere touristische Attraktionen, wenn Theater, spezielle Gastronomie und Entertainment mit dem Arenabesuch kombiniert wird (Crompton 1995, 46). Wobei der Tourismusbegriff durch den Aufenthalt von Tagesgästen in Kiel zu erklären ist. Wesentlicher passiver Sporttourismus ist nicht zu erwarten. Die Herausforderung von Angebot und Nachfrage spielt dabei aber eine Rolle.

Die Hotels profitierten vor allem von den Gästemannschaften und Delegierten, die zumeist einen Tag vorher anreisen. Ansonsten sei bei der Anzahl der Übernachtungen keine Steigerungen durch den THW Kiel zu erzielen. Auswärtsfans, also Fans von den Gästemannschaften, gebe es wenige in Kiel, vor allem nicht in der Champions-League. Dementsprechend sind keine erheblichen wirtschaftlichen Effekte von „auswärtigen Fans" der Gästemannschaften zu erwarten.

6.2. Image und Bekanntheit

Während die Bürger eines Gebietes sich ein Selbstbild machen, erzeugen Außenstehende ein Fremdbild des Gebietes. Genauer gesagt, erkennen die Einwohner die Stärken und Schwächen von innen sehr genau und pflegen eine Einstellung zu ihrem Heimatort, während Außenstehende eine fremde Stadt eher durch oberflächliche Eigenschaften wie touristische Sehenswürdigkeiten oder Profisportvereine wahrnehmen (Gröppel-Klein/Baun 2001, 355).

Für Unternehmen ist der wichtigste weiche Standortfaktor das Image einer Stadt, welches bei der Standortwahl von Bedeutung sein kann. Die Zunahme von freizeitorientieren Diensten führt auch zu einem Bedeutungsgewinn von Sportvereinen als „Image-Builder" einer Region (Hamm et al, 2006, 30). Die Charakterisierung einer Region erfolgt über Klischees und Attribute, welche medial mit einem bestimmten Raumbild in Verbindung gebracht werden. Mit zunehmender Entfernung vom Untersuchungsort wird der mediale Einfluss immer größer (Schmidtke 2005, 88).

Kiel und der THW

Die Stadt Kiel erfährt allgemein ein sehr maritimes Image. In vielen Umfragen liegen solche Assoziationen an den ersten Stellen, wenn nach dem Ruf der Stadt gefragt wird. Das Marketing der Stadt verkauft sich deswegen seit 2008 als „Sailing City". Dabei sind die Bundesliga-Handballer des THW Kiel nicht einmal in der Auswahlliste bei Assoziationen, die man mit Kiel verbindet. Im Gegensatz dazu wird in der Studie von 2008 der THW Kiel von mehr als 40 % der Befragten als typisch für die Stadt erkannt (Kiel Marketing 2008, 2012).

Der sportliche Erfolg bzw. Misserfolg einer Sportmannschaft kann sich auch auf das Image einer Region und einer Stadt auswirken. Das positive Sportimage wird hier aber verwendet, um das eigentlich Raumbild zu verstecken und die negative Assoziation zu manipulieren (Burmann/Nitschke, 2005; Ipsen 1986, 926).

Die Experten sehen die Wirtschaftsstruktur von Kiel als nicht durch dauerhaft anhaltenden Erfolg geprägt. Die ökonomische Leistungsstärke ist im deutschlandweiten Vergleich nicht sehr hoch einzuordnen. Daher kann der THW Kiel ein Gegenpol zu dieser vermeintlichen wirtschaftlichen Schwäche der Stadt bilden. Die dauerhaften sportlichen Erfolge der Handball überdecken wirtschaftliche Misserfolge. Diese Wirkung ist endogen, also für die Bürger größer anzunehmen, da den Kielern wohl bewusst ist, dass ihre Stadt ökonomisch nicht besonders leistungsstark ist.

Ob die Wirtschaftskraft von Kiel in weiten Räumen Deutschlands eingeschätzt werden kann, ist fraglich. Aber auch hier kann die Assoziation „Kiel = erfolgreich" aufgrund des Handballs ankommen. Das Image der Stadt Kiel steht im Gegensatz zum Image des THW Kiel. Die extrem sportlichen Erfolge des THW decken sich nicht mit den Erfolgen der Stadt Kiel. Der wirtschaftliche Erfolg einer Region ist unabhängig von dem sportlichen Erfolg bzw. umgekehrt. Als Beispiel ist das Ruhrgebiet zu nennen: Eine strukturschwache Region erfährt regelmäßig sportlichen Erfolg über seine Fußballvereine.

6.3 Regionale Identität

Wie aus dem vorherigen Gliederungspunkt schon hervorging, stellen Sportvereine in strukturschwachen Regionen mit einer hohen Arbeitslosigkeit einen wichtigen Identifikationspunkt, der sich als regionale Identität abzeichnet. Bezüglich des Ruhrgebietes stellt der VfL Bochum ein positives Beispiel dar – er wird im Vergleich zu anderen Fußball-Bundesligisten als familiär, volksnah, wenig arrogant und regional stärker verwurzelt eingestuft. Daraus ist eine hohe Standortbildung und ein hohes Identifikationspotenzial zu erkennen (Willms 2004, 78). „Regionale Identität bezeichnet allgemein das Verbundenheitsgefühl der Bewohner sowie der ansässigen öffentlichen, wirtschaftlichen und kulturellen Akteure mit ihrer Region" (Schmidtke 2012, 87).

Im besten Fall soll ein „Heimatgefühl" in der Bevölkerung entstehen. Diese emotionale Beziehung zu einem Raum und seinen Zeichen und Symbolen führt zu Verbundenheit und Identifikation. Der Profisportverein wird darauf ein Symbol in der Region und ein Mitwirken in einem Fan-Club fördert das soziale Engagement. Sportvereine sorgen für eine quantitativ höhere regionale Identifikation mit der Stadt. Sportfans identifizieren sich verstärkt mit der Kommune, fühlen sich schneller heimisch und haben allgemein eine höhere emotionale Bindung zu raumbezogenen Symbolen (Bale 2000).

Identifikation und Identität mit einem Sportverein erzielen dementsprechend einen Nutzen für eine Region oder Stadt mit sich. Aus Sicht der Kommune ist ein Verein eine emotionale Infrastruktur. Aus Sicht der Bewohner beziehen sie ein „psychisches Einkommen" aus dem Verein. Sie freuen sich über Erfolg und ärgern sich über Niederlagen. Die Erfolge können sogar personalisiert werden und dadurch eventuell die Arbeitsproduktivität oder die Stimmung in der Kommune steigern. Weitere Effekte sind das Zusammengehörigkeitsgefühl und der Einsatz im Gemeinwesen. Es entsteht ein „Wir-Gefühl", da gemeinsame Erfahrungen erlebt werden. Die Menschen eines Ortes werden durch den Sport zusammengebracht. Ferner erfolgt diese soziale Integration über gesellschaftliche Schichten hinweg. Daraus entwickelt sich eine regionale Identität, die Stolz und Selbstvertrauen vermittelt. Der Sportverein als Identifikationsobjekt und die Zugehörigkeit einer Fangemeinde erzeugt Lebensqualität und Geborgenheit (Hamm 1998, 46; Horn 2005, 57 f.)

Bestärkt werden die Ergebnisse zu dem Freizeitwert, in den Fragen zu den Selbsteffekten, die der THW Kiel auf die Fans ausübt (Abb. 5). 93,2 % der Befragten sehen in dem Handballverein ein Freizeitvergnügen. Eine wichtige Kategorie hinsichtlich der Abschätzung von regionaler Identität ist das stärkere Heimatgefühl. An dieser Stelle macht es Sinn, auf die Resultate der Kieler einen Blick zu werfen. Mehr als Dreiviertel (77,3 %) haben ein größeres Heimatgefühl bezüglich der Stadt Kiel durch den THW gewonnen. Ein eigenes Selbstwertgefühl, das durch den THW Kiel initiiert wird, geben nur 35 % an. Mit Blick auf die regelmäßigen Siege des THW wird dieses der Umfrageergebnisse nach anscheinend als selbstverständlich hingenommen, so dass keine emotionalen Stimmungen gefühlt werden.

Abbildung 5: Selbsteffekte des THW Kiel auf die Zuschauer

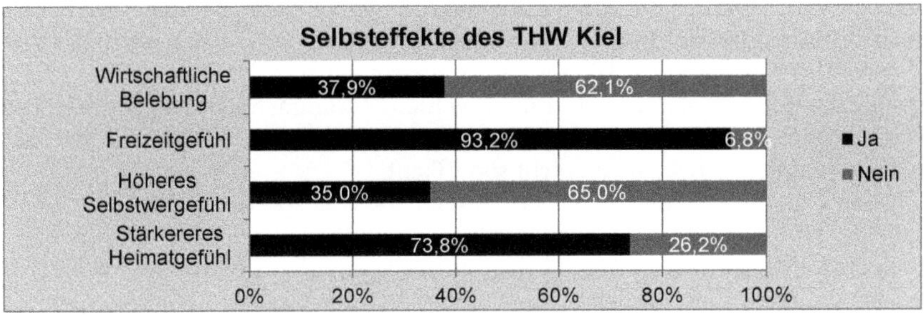

(Quelle: Eigene Darstellung)

Weiche Güter wie die Stimmung und Emotionen sind von tragender Bedeutung. Das Gefühl „Der THW ist Deutscher Meister" ist ein weiches Gut. Kurzfristig kann der sportliche Erfolg einer Mannschaft Emotionen und Stimmungen in der Gesellschaft herbeirufen. Diese flachen aber auch sehr schnell wieder ab und sollten keinen Einfluss auf die Ergebnisse in den Umfragen dieser Arbeit haben. Der THW Kiel sei hervorragende Freizeitunterhaltung, die wiederkehre und durch den THW einen regelmäßigen sportlichen Erfolg garantiere.

Die Begeisterung für den THW ist bei den Kielern sehr groß. Das Selbstwertgefühl ist spürbar. Die Präsenz und das Interesse an dem THW Kiel in der Öffentlichkeit äußern sich auch darin, dass Mitmenschen sich über die Spiele unterhalten. Interessant ist, dass sich das Thema in vielen gesellschaftlichen Schichten wiederfindet, egal ob im Yacht-Club oder in der Kneipe um die Ecke. Das macht die integrative Wirkung des THW deutlich. Die Menschen verbinden etwas Positives mit dem THW.

7. Fazit

Die Stadt Kiel ist den gleichen wirtschaftlichen und sozialen Schwankungen unterlaufen wie jede andere Kommune in Deutschland auch. Arbeitslosenquoten fallen, Einwohnerzahlen steigen und politische Führungen in der Stadtpolitik wechseln. In Kiel gibt es aber zwei bedeutende Konstanten, die sich so schnell nicht ändern werden. Das ist zum einen die „Kieler Woche" als jährlicher Großevent und der Handball-Bundesligist THW Kiel. Letzterer bewegt wie kein anderer Verein oder andere Institution regelmäßig die Massen innerhalb der Stadt. Seit über 25 Jahren ist jedes Heimspiel in der Bundesliga ausverkauft. Dauerkarten sind in Kiel ein knappes Gut, die schon über den eigentlichen materiellen Wert hinausgehen.

Die regionalökomischen Effekte wurden in dieser Arbeit anhand des durch die Zuschauer generierten Primärimpulses berechnet Die Zuschauereffekte sind stetig und gleichmäßig. Jährlich besuchen über 250.000 Zuschauer, die insgesamt ca. 25 Heimspiele. Die Bruttoumsätze belaufen sich dabei jährlich auf ca. elf Millionen Euro. Im Durchschnitt gibt jeder Zuschauer knapp 44 Euro pro Spiel aus. Dieser Nachfrageimpuls sorgt für Einkommens- und Beschäftigungswirkungen in der Kieler Wirtschaft. Sollte der THW Kiel nicht vorhanden sein, ist davon auszugehen, dass die Ausgaben woanders subsituiert werden. Zusammenfassend geht man von keiner großen ökonomischen Bedeutung für die Stadt aus, denn der Anteil am Volkseinkommen von 0,15 % ist nicht signifikant.

In den Expertengesprächen hat sich gezeigt, dass der sportliche Erfolg des THW Kiel eine Art Imagetransfer leistet. Der Faktor Handball überstrahlt den ökonomischen Faktor, denn die image- und bekanntheitssteigernden Effekte durch den THW Kiel für die Stadt Kiel wurden in der Online-Umfrage bestätigt. Die sogenannten angebotsseitigen Effekte wurden deutlich besser bewertet als die wirtschaftlichen Faktoren. Der THW Kiel ist unbestritten ein Aushängeschild der Stadt. Auch die regionale Identität, die der THW Kiel schafft, ist auf der emotionalen Ebene ein nicht zu unterschätzender Faktor.

Die angebotsseitigen Effekte des THW Kiel sind letztendlich weit wichtiger anzusehen, als die monetären Effekte. Der THW Kiel gehört zu Kiel wie das Meer und der Hafen. Daran wird sich auch in den nächsten Jahren nichts ändern, auch wenn der THW Kiel nicht wie gewohnt deutscher Meister wird. Die Sparkassen-Arena wird weiterhin ausverkauft sein und die Zuschauer setzen weiterhin mit ihrem Besuch des Handball-Spiels Geld um.

Die Stadt Kiel bleibt durch den Handball ein mediales Thema in Deutschland und Europa. In einer sich wandelnden Gesellschaft, ist eine identifikationsbildende Konstante für eine Stadt und ihren Bürgern von immer größerer Bedeutung,

Literaturverzeichnis

Allan, G./Dunlop, S./Swales, K. (2007): The economic impact of regular season sporting competitons: The Glasgow old firm football spectators as sports tourists. Glasgow

Bale, J. (2000): Human Geography and the Study of Sport. In: Coakley, J/Dunning, E. (HRSG.): Handbook of Sport Studies, (S. 171–186). London

Borland, J./ MacDonald, R. (2003): Demand for Sport. In: Oxford Review of Economic Policy, Heft 19, S. 478–502. Oxford

Burmann C./ Nitschke, A. (2005): Bewertung von Sponsorships und Marketing-Events. Ökonomisierung der Imagewirkungen von Werder Bremen auf die Stadt Bremen. Bremen

Crompton, J.L (2004): Beyond economic impact: An alternative Rationale for the Public Subsidy of Mayor Leage Sports Facilities. In: Journal of Sport Management, Heft 18, S. 40–56.

Crompton, J.L. (1995): Economic impact analysis of sports facilities and events: Eleven sources of misapplication. Journal of Sport Management, Heft 9, 14–35.

Fanelsa, D. (2003): Regionalwirtschaftliche Effekte sportlicher Großveranstaltungen. Die internationalen Galopprennen Baden-Baden. Baden-Baden

Gans, M./Horn, M./Zemann, C, (2003): Sportgroßveranstaltungen – ökonomische. Ökologische nd soziale Wirkungen. Bonn

Goebel, C./ Hamm, R. (2008): Angebotsseitige regionalwirtschaftliche Effekte einer Sportgroßveranstaltung. In: List Forum für Wirtschafts- und Finanzpolitik, Heft 1, S. 8–27. Düsseldorf

Gröppel-Klein, A./ Baun, D. (2001): Stadtimage und Stadtidentifikation – eine empirische Studie auf der Basis einstellungstheoretischer Erkenntnisse. In: Tscheulin, D./ Helmig, B. (Hrsg.): Branchenspezifisches Marketing, Grundlagen-Besonderheiten-Gemeinsamkeiten, S. 351–373. Wiesbaden

Hamm, R. (1998): Regionalwirtschaftliche Effekte eines Fußballbundesligisten. In: Raumforschung und Raumordnung, Heft 1, S. 43–48. Heidelberg

Hamm, R/ Janßen-Timmen, R./ Moos, W. (2006): Regionalwirtschaftliche Effekte eines Fußball-Bundesligavereins. Forschungsvorhaben im Auftrag von Borussia Mönchengladbach. Möchengladbach

Hickel, R. (2002): Thesen zur Konzipierung einer Sportökonomie: Zukunft der Arbeit, globale Einflüsse und Konsequenzen für den Sport. In: Buch, M.-P./Maenning, W./ Schulke, H.-J.: Regional-und sportökonomische Aspekte von Sportgroßveranstaltungen. Dokumentation des Hamburger „Sport und Ökonomie“ anlässlich der HEW Cyclassics vom 17.-18.08.2001. Köln

Horn, M. (2005): Steigerung des Gemeinwohls durch die Ausrichtung einer Sportgroßveranstaltung. Mannheim http://www.kiel-marketing.de/fileadmin/media/Dateien/doc/kima_markenbooklet_web.pdf

Kiel Marketing (2013): Wirtschaftliche Bedeutung des Tourismus in Kiel. Internetquelle vom 14.04.2013: http://www.kiel-marketing.de/kiel-marketing/kiel-marketing-ev/tourismus.html

Maschke, J. (2005): Tagesreisen der Deutschen. München

Metzler, D. (2007): Regionalwirtschaftliche Effekte von Freizeitgroßeinrichtungen. Eine methodische und inhaltliche Analyse. In: Münchner Studien zur Sozial- und Wirtschaftsgeographie.

Preuß, H./ Alfs, C./Ahlert, G. (2012): Sport als Wirtschaftsbranche. Der Sportkonsum privater Haushalte in Deutschland. Wiesbaden

Schmidtke, H. (2005): Stadt- und Regionalentwicklung in strukturschwachen Raum: Welche Bedeutung nimmt Fußballbundesligist FC Hansa Rostock ein? Berlin

Siegfried, J/ Zimablist, A. (2000): The Economics of Sports Facilities and their communities. In: Journal of Economic Perspective, Heft 3, S. 95–114. Nashville

Sponsors (2012): Finanzreport deutscher Profisportligen. Internetquelle vom 23.03.2013: http://www.sponsors.de/?id=71&no_cache=1&tx_ttnews[tt_news]=30866& tx_ttnews[backPid]=465. (Online Archiv, nur mit Zugangsdaten)

Stefanescu, C. (2008): "Erbschafftsangelegenheit". In: Eggers, E.: Schwarz und Weiss. Die Geschichte des Rekordmeister THW Kiel, S. 253–256. Göttingen

Willms, W. (2004): Die regionalwirtschaftliche Bedeutung des Profi-Fußballs am Beispiel des VFL Bochum 1848 e.V. In: Hamann, P./ Schmidt. L./ Welling, M. (Hrsg.): Ökonomie des Fußballs, S. 61–85. Wiesbaden

Winkler, C. (2011): Emotionalisierung und Markenwahrnehmung bei Sportevents. Am Beispiel der Rhein-Neckar Löwen in der SAP-Arena. Hamburg

Projektgruppe FDU[1] (Ronald Wadsack)

Kommunale Sportpolitik – ein Aufriss

Abstract: Die kommunale Sportförderung ist eine wesentliche Triebkraft für die Sportmöglichkeiten der Bevölkerung, v. a. wenn man abseits der höheren Leistungssportebenen und des Profisports schaut. Sie beruht auf dem Zusammenspiel von Politik und Verwaltung in der jeweiligen Kommune und ist sehr individuell ausgeprägt.
Akteure und Eckpunkte der kommunalen Sportpolitik werden in dem Beitrag systematisch angesprochen. Insbesondere wird auch das Neue Steuerungsmodell aufgegriffen, welches besonders auf der kommunalen Ebene mittlerweile Verbreitung gefunden hat. Damit verschiebt sich das Verständnis des kommunalen Wirtschaftens von der kameralistischen Haltung hin zu einer betriebswirtschaftlichen Betrachtungsweise. Dies bleibt nicht ohne Folgen auf den Sport bzw. die Sportförderung. Ebenfalls werden Hinweise erarbeitet, welche Unterschiede zwischen der Sportpolitik in einer Stadt und in einem Landkreis erkennbar sind.
Letztlich wird eine Systematik vorgeschlagen, wie bei aller Unterschiedlichkeit der kommunalen Sportpolitik-Arrangements ein Ansatz für vergleichende Diskussionen zwischen Kommunen zu diesem Themenkomplex gefunden werden kann.

1 Kommunale Sportpolitik und Sportförderung als Objekt der Betrachtung

Die Verteilung öffentlicher Gelder im Bereich Sport sieht sich, wie die gesamte öffentliche Verwaltung, im strukturellen Wandel. Ihr wird eine erhöhte Transparenz abverlangt sowie der Nachweis eines Nutzens, welcher aus Aufwendungen resultieren soll. Dies betrifft sämtliche staatlichen Ebenen. Besonders beachtenswert ist es in diesem Kontext, dass sich die kommunale Ebene, trotz ihres hohen Anteils an Aufwendungen für den Sport, von der wissenschaftlichen Erschließung her unterrepräsentiert sieht (vgl. Thieme 2007a: 161). Dies mag auch daran liegen, dass Sportpolitik und Sportförderung auf kommunaler Ebene jeweils sehr spezifisch durch lokale und regionale Bedingungen ausgeprägt sind und sich deshalb einer Systematisierung widersetzen.

Kommunale Sportpolitik ist in Deutschland ein wichtiger Faktor für die Entwicklung des Sports. Auch wenn sich in den letzten Jahrzehnten neben den Sport-

1 Dieser Beitrag beruht auf der deutlich gekürzten und punktuell aktualisierten Fassung eines Projektberichtes, der im WS 2013/2014 an der Ostfalia Hochschule für angewandte Wissenschaften im Rahmen des Master-Studiengangs „Führung in Dienstleistungsunternehmen" erarbeitet wurde. Als Studierende waren beteiligt: Gesine Cohrs, Kristina Dolezych, Stefanie Greite, Marcus Grosche, Julien Karn, Gunnar Kothrade, Kristina Müller, Yvonne Elisabeth Riquelme Ahumada, Kevin Storbeck, Florian Wiechmann, Andreas Wiegand.

vereinen ein ganzes Spektrum anderer Anbieter etabliert und das Thema Sport an Vielfalt zugenommen hat, sind die Sportvereine weiterhin ein wichtiger Bestandteil.

Diese Arbeit zeigt wesentliche Aspekte der kommunalen Handlungsfelder Sportpolitik und Sportförderung auf. Dabei steht der „normale" organisierte Sport im Vordergrund, Sportgroßereignisse und Profisport bleiben außerhalb der Betrachtung. Entsprechend sind wesentliche Wirkungszusammenhänge herauszuarbeiten und Handlungslinien zu identifizieren. Am Ende des Beitrages wird in exemplarischer Form eine Struktur angerissen, wie die kommunale Situation des Sports in einer ersten Übersicht erfasst und ggf. zwischen verschiedenen Kommunen verglichen werden kann.

Im Rahmen dieser komprimierten Darstellung werden zunächst Eckpunkte des kommunalen Agierens als Rahmen für den Bezugspunkt Sport dargestellt (Abschnitt 3). Dabei spielt besonders die Einführung des Neuen Steuerungsmodells eine wichtige Rolle. Eine Charakterisierung kommunaler Sportpolitik erfolgt in Abschnitt 4, gefolgt von der kommunalen Sportförderung in Abschnitt 5. Letztlich werden zwei Systematisierungsansätze angerissen, mit denen die Diskussion zu diesem Thema unterstützt werden kann (Abschnitt 6).

2 Ausgewählte Eckpunkte kommunalen Agierens

Aus Platzgründen können hier nur wenige zentrale Themen kurz angesprochen werden, um die Hinführung zu dem Thema der kommunalen Sportpolitik zu gewährleisten.

2.1 Einordnung der Kommune im System der Bundesrepublik Deutschland

Die Bundesrepublik Deutschland zeichnet sich als föderaler Staat aus, der aus einem Zusammenschluss von 16 Bundesländern besteht. Dabei können der Bund als übergeordneter Zentralstaat und die Länder als sogenannte Gliedstaaten bezeichnet werden. Diese kleineren Organisationseinheiten, Kommunen als ihre kleinste Einheit, besitzen selbst Staatsqualität; das bedeutet, sie verfügen über einen hohen Autonomiegrad. Dieser Autonomiegrad spiegelt sich in einer eigenen Legitimität, Rechte- und Kompetenzverfügung wieder. Trotz dieser zwangsläufigen Herausbildung von Ungleichheiten zwischen den Ländern und Kommunen bilden die Grundrechte auf der einen Seite und das Grundgesetz der Bundesrepublik Deutschland auf der anderen nach Einschätzung des Verfassungsrechtlers Josef Isensee ein unitaristisches, das bedeutet auf Vereinheitlichung abzielendes, Moment. Somit ist immer ein gewisses Maß an Einheitlichkeit gegeben, neben der gewährten Vielfalt und Flexibilität. (vgl. Münch 2008: 4–6)

2.2 Kommunen in Deutschland – Aufgaben und Handlungsgrundlagen

Der Begriff der „Kommune" wird in Deutschland als Synonym für die Begriffe der Gemeinde, der kreisfreien Stadt, der kreisangehörigen Stadt und des Landkreises verwendet (vgl. BOGUMIL/HOLTKAMP 2013: 8). In Bezug auf die Thematik der Kommunen besagt das Deutsche Grundgesetz in Artikel 28 [Verfassungsmäßige Ordnung in den Ländern (Homogenitätsgebot); Gewährleistung der kommunalen Selbstverwaltung], Absatz 2: „Den Gemeinden muss das Recht gewährleistet sein, alle Angelegenheiten der örtlichen Gemeinschaft im Rahmen der Gesetze in eigener Verantwortung zu regeln. Auch die Gemeindeverbände haben im Rahmen ihres gesetzlichen Aufgabenbereichs nach Maßgabe der Gesetze das Recht der Selbstverwaltung. [...]" (BUNDESZENTRALE FÜR POLITISCHE BILDUNG 2001: 25).

Inhaltlich wird die kommunale Selbstverwaltung von sechs Hoheitsgebieten bestimmt (siehe Tabelle 1). Die vorgenommene Einteilung wird anhand weniger ausgewählter Beispiele ergänzt.

Tabelle 1: Hoheitsgebiete der Kommune

Hoheitsgebiet	Charakterisierung
Gebietshoheit	Tatsächliche Wahrnehmung der Staatsgewalt (= die Ausübung der Macht innerhalb eines Staates durch dessen Organe wie z. B. die Verwaltung)
Finanzhoheit	• eigene Einnahmen • Bestimmung der Aufgaben • Verwaltung des eigenen Vermögens
Rechtssetzungshoheit	Regelung eigener Angelegenheiten durch Satzung
Organisationshoheit	Ausgestaltung der internen Organisation
Personalhoheit	• Auswahl, • Einstellung, • Beförderung • und Entlassung von Beamten und Beschäftigten
Planungshoheit	eigenständige planerische Gestaltung innerhalb des Kreisgebietes

Quelle: Eigene Darstellung in Anlehnung an: BOGUMIL/HOLTKAMP 2013: 16

Zur Durchführung der Aufgaben bedarf es entsprechender Finanzen. Die Kommunen können auf drei Wegen Einnahmen erzielen. Neben Steuern, welche öffentliche Abgaben sind, die vom Staat von natürlichen und juristischen Personen erhoben werden, stellen Gebühren und Beiträge zwei weitere Einnahmequellen dar. Hierbei wird die Höhe der Gebühren bzw. Beiträge auf kommunaler Ebene durch eine Satzung von den einzelnen Gemeinden festgelegt. Öffentliche, kommunale Haushalte werden jedoch überwiegend durch Steuern finanziert. (vgl. Dahme 2011: 115 f.)

„Von besonderer Bedeutung für die Kommunen sind die Einkommenssteuer und die Gewerbesteuer" (vgl. Dahme 2011: 115). Die Gewerbesteuer darf nach Artikel 106 GG von den Kommunen alleinig erhoben werden. Die Lohn- und Einkommenssteuern werden zunächst vom Bund erhoben und später an die Kommunen durch die Länder anteilig ausgeschüttet. (vgl. Dahme 2011: 115)

Ferner wurde ein Länderfinanzausgleich geschaffen, der eine Unterteilung in Geber- und Nehmer-Länder unterscheidet. Bundesländer wie Hessen, Bayern, Baden-Württemberg, Hamburg und Nordrhein-Westfalen sollen geografische Benachteiligungen oder infrastrukturelle Defizite der anderen elf Bundesländer durch Umverteilung von Steuereinnahmen ausgleichen. So wurden im Jahr 2007 insgesamt 7,872 Mrd. Euro zwischen den Bundesländern umverteilt. Stärkstes Geber-Land ist Hessen, daneben Bayern und Baden-Württemberg, stärkstes Nehmer-Land ist Berlin vor Sachsen.[2] (vgl. Münch 2008: 50 f.)

Das Pendant auf kommunaler Ebene bildet der kommunale Finanzausgleich, der von den Ländern zu regeln ist (vgl. z. B. Rau 2007: 87 f., Bogumil/Holtkamp 2013: 20; kritisch Jungfer 2005: 45–48). Die finanzielle Lage der Kommunen in Deutschland ist extrem unterschiedlich, bis hin zum Eingreifen der Aufsichtsbehörden des jeweiligen Bundeslandes (vgl. Bogumil/Holtkamp 2013: 60–67). 2011 standen z. B. 33,5 % der nordrhein-westfälischen Kommunen unter Nothaushaltsrecht (vgl. Bogumil/Holtkamp 2013: 64).[3]

---

2 2015 betrug der Finanzausgleich zwischen den Bundesländern insgesamt 9,595 Mrd. Euro; Geberländer waren Bayern, Baden-Württemberg, Hessen, Hamburg; stärkstes Nehmerland Berlin, danach Sachsen und NRW. Vgl. http://de.statista.com/statistik/daten/studie/71763/umfrage/geber-und-empfaenger-beim-laenderfinanzausgleich/; Zugriff: 8.8.2016

3 Die Zahl hat sich inzwischen verändert: 2011–144 Städte und Gemeinden; 2012 – nur noch 29 (vgl. http://www.derwesten.de/politik/die-finanzlage-der-staedte-entspannt-sich-id7633034.html; Zugriff: 8.8.2016). Derzeit wirtschaften 174 aller 427 NRW-Kommunen mit einem Haushaltssicherungskonzept bzw. Haushaltssanierungsplan, das sind rund 41 Prozent. Besondere Probleme um den Haushaltsausgleich zu erreichen, haben vor allem Großstädte. 44 der 74 großen und größeren Städte (rund 60 Prozent) befinden sich im laufenden Haushaltsjahr in der Haushaltssicherung. (vgl. Städtetag NRW, 23. 04. 2014; NRW-Städten fehlt Spielraum für Investitionen – Hilfen bei Sozialleistungen zwingend; http://www.staedtetag-nrw.de/presse/mitteilungen/069456/index.html; Zugriff: 8.8.2016)

2.3 Das Neue Steuerungsmodell

Sozioökonomische Herausforderungen der Kommunalpolitik haben in den letzten Jahrzehnten des 20. Jahrhunderts die Politiker zum Handeln in der Kommunalverwaltung veranlasst (vgl. Bogumil/Holtkamp 2013: 60–77). Als Konsequenz dieser beschriebenen Herausforderungen, mit denen vor allem die Kommunen zu kämpfen hatten bzw. haben, entwickelten sich zwei Themenbereiche heraus: betriebswirtschaftliche Orientierung der Kommunalverwaltung und Partizipationstrend (vgl. Bogumil/Holtkamp 2013: 78).

Der Begriff New Public Management (NPM) wurde zu Beginn der 1990er-Jahre geprägt. Dabei tangiert der Begriff durch sein ungeschlossenes System die Bereiche der Volks- und Betriebswirtschaftslehre und der Politik- sowie Rechtswissenschaften. Durch die vielschichtige und zahlreiche Verwendung des Begriffs NPM in der Vergangenheit ist eine klar definierte Grenze schwer zu ziehen. (vgl. Knappe 2010: 56)

Zur Vereinfachung kann verallgemeinert werden, dass NPM als normatives Konzept einer umfassenden Volks- und Staatsreform mit dazugehörigen reformorientierten Steuerungs- und Führungslehren verstanden wird; eine post-bürokratische Doktrin des öffentlichen Sektors, die den Weberschen Idealtypus der Rationalität und Legitimität überwindet und privatwirtschaftliche Managementtechniken beinhaltet, mit dem Oberziel, einem flächendeckenden Staats- und Bürokratieversagen vorzubeugen. (vgl. Knappe 2010: 57) Auf einer tieferen operativen Ebene kann NPM als Ober- und Sammelbegriff einer Vielzahl von einzelnen konkreten Elementen der Verwaltungsreform verstanden werden. Dabei wird nach einer externen Strukturreform (außenorientierte Elemente) zwischen Staat, Verwaltung und Bürgern und einer Binnenreform der Verwaltung an sich unterschieden (vgl. Knappe 2010: 57). Das New Public Management wird in seiner deutschen Form als das Neue Steuerungsmodell (NSM) verstanden (vgl. Bogumil/Holtkamp 2013: 78).

Externe Strukturreform/außenorientierte Elemente

Veränderungen im Verhältnis zwischen Politik und Verwaltung stellen auf kommunaler Ebene die beabsichtigte Trennung von Politik und Verwaltung dar. Es ist elementar, sowohl eine klare Zuordnung der strategischen Entscheidungen im Zuständigkeitsbereich des von der Bevölkerung gewählten Rates, als auch eine Abgrenzung von Detailentscheidungen im Verantwortungsbereich der Verwaltung, vorzunehmen. Mittels Zielvorgaben und Kennzahlen, die der Rat fixiert, soll sichergestellt werden, dass die Verwaltung Aufgaben effizient umsetzt. (vgl. Bogumil/Holtkamp 2013: 84 f.)

Veränderungen im Außenverhältnis wurden erst später, im Laufe der 1990er-Jahre, konkret thematisiert und umgesetzt. Hierbei wird zum einen der Bürger als Kunde der Kommunalverwaltung gesehen, zum anderen sollen Wettbewerbselemente, wie zum Beispiel Benchmarking, Markttests sowie Vergabefahren, das NSM „unter Strom" setzen. (vgl. BOGUMIL/HOLTKAMP 2013: 85 f.)

Binnenreform der Verwaltung

In der Binnenreform steht der Wandel der klassisch-bürokratischen Kommunalverwaltung hin zu einer stärker nach betriebswirtschaftlichen Vorbildern orientierten Organisations- und Steuerungsstruktur klar im Vordergrund. Hierbei können Elemente der Dezentralisierung (Abbau von Hierarchie und Hierarchieebenen), Output-Steuerung und Personalentwicklung als die Kernelemente nach der Konzeption der KGSt (Kommunale Gemeinschaftsstelle für Verwaltungsmanagement) ausgemacht werden. (vgl. BOGUMIL/HOLTKAMP 2013: 82)

Heutzutage haben nahezu alle deutschen Kommunen Elemente des Neuen Steuerungsmodelles in unterschiedlichem Maße implementiert. Auf kommunaler Ebene ist das NSM keineswegs Pflicht, denn das Prinzip der Selbstverwaltung einer jeden Kommune in Deutschland wurde in diesem Punkt nicht beschnitten. Nennenswert ist dabei, dass das NSM, fast ausschließlich auf kommunaler Ebene zu finden ist. Auf Landes- und Bundesebene hingegen herrschen noch immer „die alten" Formen vor, so im Finanzbereich z. B. die Kameralistik.

Probleme können in einer politischen Neuausrichtung nach Wahlen auftreten, die Konsequenzen für die Verwaltung und unterschiedliche Bereiche haben können; eine Verschiebung von Zielen und somit Andersgewichtung bei der Priorisierung von Produkten steht an.

Tabelle 2 zeigt die Dimensionen des NSM, welche sich in erster Linie in Binnen- und Außendimension aufteilt. Sie erleichtert die Einordnung der relevanten Modernisierungselemente, welche der Betriebswirtschaftslehre entstammen. Es wird zwischen einem „Kernmodell" (Binnendimension) und einem „erweiterten Modell" (Außendimension) unterschieden (vgl. BOGUMIL 2008: 326).

Tabelle 2: Dimensionen des Neuen Steuerungsmodells

Binnendimension		**Außendimension**
Verhältnis Politik-Verwaltung	**Ablösung des klassischen Bürokratiemodells**	
Trennung von Politik- und Verwaltung (*Was* und *Wie*) • politische Kontrakte • politisches Controlling • Produktbudgets	**Verfahrensinnovationen** • dezentrale Fach- und Ressourcenverantwortung • Outputsteuerung über Produkte • Budgetierung • Controlling • Kosten-Leistungs-Rechnung • Kontraktmanagement	**Kundenorientierung** • Qualitätsmanagement • One-Stop-Agencies
	Organisationsinnovationen • Konzernstruktur • zentraler Steuerungsdienst • Querschnittsbereiche als Servicestellen	**Wettbewerbselemente** • Vermarktlichung • Privatisierung • Leistungsvergleiche
	Personalinnovationen • Kooperations- und Gruppenelemente • Anreizsysteme • modernes Personalmanagement • betriebswirtschaftliches Wissen • ganzheitliche Arbeitszusammenhänge	

Quelle: Bogumil/Kuhlmann 2004: 53

Das Gesamtverständnis der Gestaltung des kommunalen Führungskonzeptes berührt die Governance-Diskussion mit ihren verschiedenen Ausprägungen (vgl. z. B. Tabatt-Hirschfeld 2009; Fürst 2010; Knappe 2010). Sie kann hier nicht weiter aufgenommen werden.

4 Sport in Deutschland

4.1 Vereinssport in der kommunalen Sportlandschaft

Sport spielt heutzutage eine entscheidende Rolle im Leben vieler Einwohner und Bürger Deutschlands. Eine erste Grobunterscheidung kann in der Differenzierung des aktiven und passiven Sports ausgemacht werden. Der aktive Sport beschreibt dabei das aktive Sporttreiben in Vereinen oder Fitnesseinrichtungen; der passive Sport hingegen bezieht sich auf den Zuschauersport, also das passive Verfolgen von z. B. Fußball-Bundesliga-Spielen oder Olympischen Spielen live in den Wettkampfstätten oder als Medienkonsum.

Die Anbieterlandschaft in einer Kommune ist vielfältig (Abbildung 1). Neben den klassischen Sportvereinen haben auch andere Nonprofit-Organisationen dieses Angebotsfeld für sich entdeckt. Zudem finden sich verschiedene kommerzielle Angebote, allen voran die Fitnessstudios.

Abbildung 1: Skizze der Anbieterlandschaft für Teilnehmer- und Zuschauersport (eigene Grafik WADSACK *2015)*[4]

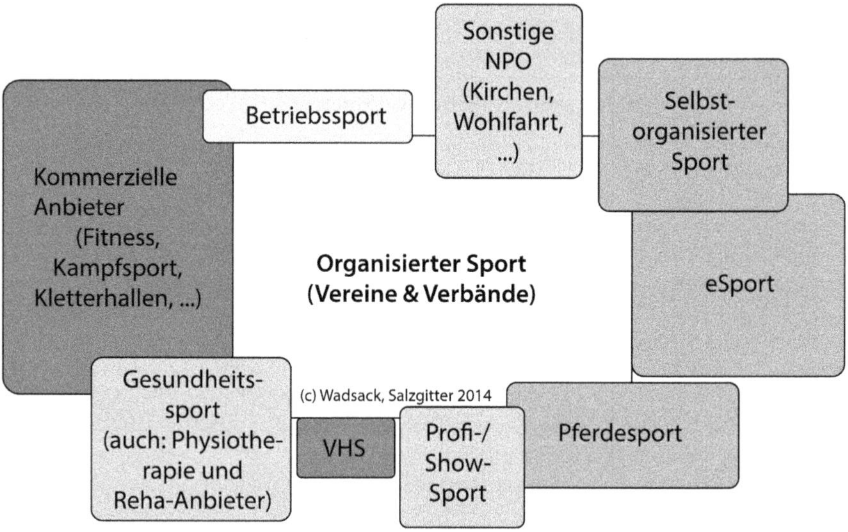

Auch wenn es z.B. zwischen ländlichen und städtischen Gebieten deutliche Unterschiede gibt, ist der organisierte Sport in Vereinen und Verbänden weiterhin von großer Bedeutung. Die Sportvereine sind dabei die kommunale Aktivitätsebene des organisierten Sports mit dem Deutschen Olympischen Sportbund (DOSB) an der Spitze, den Bundesfachverbänden für die einzelnen olympischen und nicht-olympischen Sportarten, den Landessportbünden für die einzelnen Bundesländer, Sportverbände mit besonderen Aufgaben und ggf. jeweils weitergehende Untergliederungen. Auf kommunaler Ebene können z.B. Kreis- und Stadtsportbünde eingerichtet sein, um die Interessenvertretung vor Ort zu bündeln. (vgl. z.B. TROSIEN 2013a)

Als Aufgaben für die Kommunen kommen neben dem Betrieb der, von den Vereinen mitgenutzten Schulsportstätten, die Unterhaltung von öffentlichen Spiel- und

4 „eSport" steht für elektronischen Sport, als Wettkämpfe per Computerspielen.

Sporträumen, der Unterhalt von Zuschauersportstätten oder die Unterstützung von Sportevents wie Marathonläufen oder Radsportveranstaltungen hinzu.

4.2 Sportpolitik in der Bundesrepublik Deutschland und die öffentliche Sportverwaltung

„In der Arena der Sportpolitik geht es im Wesentlichen um die Verteilung und Legitimation staatlicher Mittel für den Sport: Sportpolitik ist dabei im Kontext des deutschen Sozialstaates zu sehen und zu interpretieren, jedenfalls ist diese Sicht sowohl die Perspektive staatlicher Institutionen wie auch die des organisierten Sports." (LÖSCHE 2010, in: WADSACK/WACH 2010: 8)

Sportförderung ist eine Ordnungsaufgabe der Bundesrepublik Deutschland, das bedeutet, der Staat unterstützt den organisierten Sport nach dem Subsidiaritätsprinzip. Der Staat tritt dort ein, wo die eigenen Möglichkeiten des Vereins oder des Verbands erschöpft sind, um gesellschaftliche Aufgaben zu erfüllen. (vgl. DOSB 2003: 64: Zugriff vom 16.01.2014; TROSIEN 2013b)

Die Selbstverwaltung des Sports und die öffentliche Sportverwaltung müssen zwangsläufig in engem Kontakt stehen, da Sportförderung per Grundgesetz zu den freiwilligen Selbstverwaltungsaufgaben einer Kommune gehören. Die Sportstättenplanung und der Bereich Schulsport stellen hingegen eine pflichtige Selbstaufgabe einer jeden Kommune in Deutschland dar, was bedeutet, dass die Kommunen diese Aufgaben erfüllen müssen, ihnen aber die Ausführung selbst überlassen bleibt.

Unterschiedlichste Ausprägungen und Einordnungen des Sports innerhalb der Bundesländer bedingen eine höchst heterogene Landschaft im Bereich der Fördersysteme. Fortfolgend sollen kurz die prominentesten Bereiche der Sportpolitik und -förderung in Bund, Land und Kommune skizziert werden.

Im Zuge der Recherchen verdichtete sich das Bild, dass die Verwaltungsmodernisierung unterschiedliche Formen der Einflussnahme auf den Sport ausübt. Das NSM zielt auf den effizienten Einsatz der finanziellen Mittel ab und fördert somit den Begründungsbedarf für die Sportförderung.

„Die Verwaltungsreformbewegung in Deutschland hat auch die Sportverwaltungen in erheblichem Maße erreicht und verändert. ... Eine herausragende Stellung nehmen – ... – die Elemente der neuen Steuerung sowie die Verlagerung der Betreuung von Sportanlagen an die Vereine ein." (HORCH/SCHÜTTE 2003: 89 in: WADSACK 2013, S. 404)

Da im Sinne des Neuen Steuerungsmodells einer kommunalen Ausgabe gleichzeitig immer eine Leistung gegenüber stehen muss (vgl. Reinermann 2011: 265), ergibt sich für den Sport die Problematik der Quantifizierbarkeit des erbrachten Outputs.

Bei finanziell notleidenden oder schwachen Kommunen ist der Trend zu verzeichnen, keine oder kaum noch kommunale Verantwortung im Themenbereich Sportstättenbau oder insgesamt in der Sportverwaltung zu übernehmen. Sportanlagen werden dabei entweder *an Vereine verlagert* oder in *Public-Private-Partnership*-Modellen verankert. (vgl. HORCH/SCHÜTTE 2003: 89 in: WADSACK 2013, S. 250)

In Deutschland gibt es 231.441 Sportstätten auf die sich 91.000 Sportvereine verteilen. 2005 waren ungefähr 60 % dieser Sportanlagen in der Hand kommunaler Verwaltung. Die Tendenz, acht Jahre später, zeigt einen Anstieg der vereinseigenen Sportanlagen (2005: 40 %, 2013: 46,9 %). Grund für diese Entwicklung ist die „angespannte Lage der kommunalen Haushalte", die die Kommunen dazu zwingt, Nutzungsgebühren für ihre Sportstätten zu erheben. Ferner besteht ein Investitions- und Modernisierungsstau für Sportstätten in Deutschland von über 42 Mrd. Euro, sodass mittlerweile von der „Vernachlässigung der deutschen Sportstätten" die Rede ist. (vgl. DOSB 2013 b: Zugriff vom 16.01.2014; vgl. RWGV 2006: S. 11 ff.: Zugriff vom 16.01.2014)

4.3 Sportpolitik auf kommunaler Ebene

Sportförderung auf kommunaler Ebene ist als freiwillige Aufgabe bzw. Leistung zu sehen und daher disponibel in der Massenbudgetierung. In finanziell gesunden Kommunen kann der Sport stärker gefördert werden, als in finanziell schwachen. Dabei ist die Sportförderung abseits der Schulsportanlagen den freiwilligen Aufgaben zuzuordnen und steht hier u. U. mit kulturellen Angeboten in Konkurrenz. Die freiwilligen Aufgaben können bei Finanzknappheit besonders unter Druck geraten.

Die Aktivitäten der kommunalen Sportverwaltung sind sehr heterogen. So sind, nach Wichtigkeit geordnet (vgl. Horch/Schütte 2003: 66 in: Wadsack 2013):

- die *direkte finanzielle Sportförderung* in Form von Subventionen und Zuschüssen,
- die *indirekte Sportförderung* durch Vergabe, Verwaltung und Wartung von Sportanlagen sowie Beratungen für Vereine/Sportler/etc. (Inanspruchnahme von Leistungen zu nicht kostendeckenden Gebühren) und
- die *Sportentwicklungsplanung* als Rahmenkonzept für Fördermaßnahmen zu nennen.

Auf kommunaler Ebene ist zu beobachten, dass in den 1950er und 1960er Jahren in Deutschland immer mehr Sportämter eingerichtet wurden. In kleineren Kommunen können diese Sportämter den unterschiedlichsten Dezernaten zugeordnet sein, in größeren Kommunen bzw. Städten sind eigenständige Sportämter nicht selten. (vgl. Thieme 2013: 278) Teils findet eine Ausgliederung in 100-prozentige Tochterunternehmen der Kommune statt.

Dies ist nur eine mögliche Entwicklungsvariante, um die Aufgaben kommunaler Sportverwaltung effizienter abzuwickeln. Weitere sind neben dem Eigenbetrieb auch die Aufgabenübertragung an den organisierten Sport. (vgl. Thieme 2008: 150 f.)

Herauszustellen ist, dass die Aufgaben der kommunalen Sportverwaltung wenig reglementiert sind. Sie werden mehr oder weniger von Lobbyismus auf Politik-Ebene beeinflusst und mitunter gesteuert. (vgl. Metz 2007: 31, in: Wadsack 2013: 403)

4.4 Conclusio zur deutschen Kommune im Kontext der Sportpolitik

Abbildung 2 trägt die angerissenen Aspekte zusammen. Hierbei ist vereinfacht die deutsche Kommune mit ihren Eigenschaften und Akteuren – Rat, Bürgermeister und Verwaltung – dargestellt; dem gegenüber stehen die Bürger/Einwohner. Darüber hinaus sind auch die, für diese Forschungsarbeit bearbeitete Thematik der kommunalen Sportpolitik, vorherrschenden Akteure sowie ihre Aufgabenbereiche aufgeführt. Der Bereich der Governance soll ein verbindendes Element zwischen Politik/öffentliche Verwaltung und der Bevölkerung darstellen; mit ihren Instrumenten des Neuen Steuerungsmodells und der unterschiedlichen Partizipationsformen wird eine erhöhte Legitimitätsfunktion beabsichtigt.

Abbildung 2: Die deutsche Kommune – allgemeine und sportspezifische Aufgaben und Pflichten

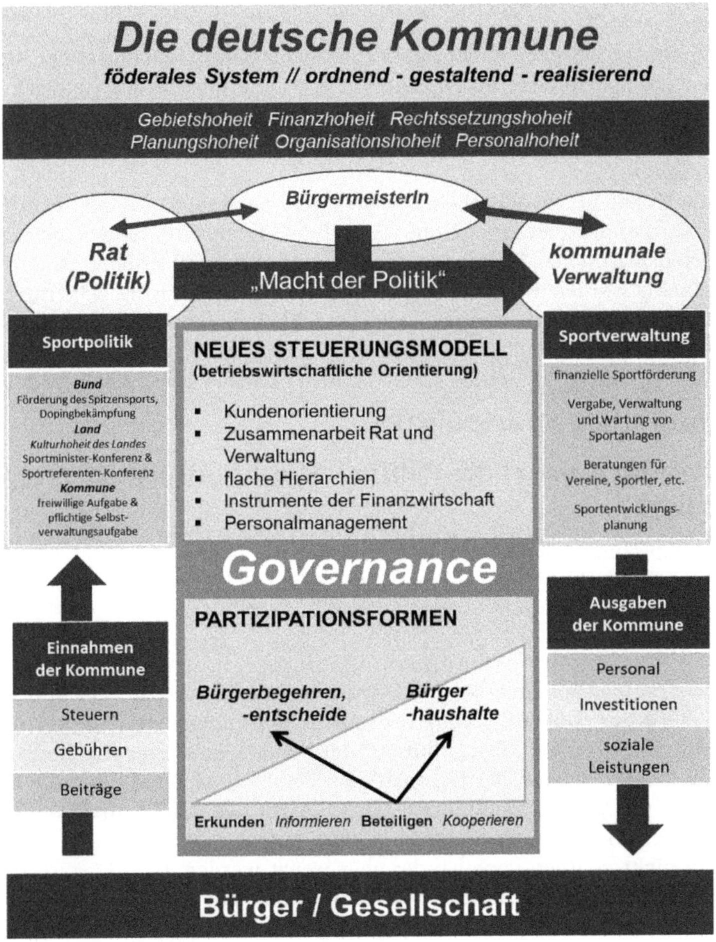

Quelle: Projektgruppe FDU / eigene Darstellung

Die Kommune finanziert sich aus den eigenen direkten Einnahmen und indirekt zugewiesenen Zuflüssen vom Staat. In seiner Idealform bestimmt der Rat mit dem ihm vorsitzenden Bürgermeister über die strategische Ausrichtung einer Kommune und stellt den Etat auf. Die Verwaltung soll diesen Zielen entsprechend das Budget operationalisieren. Die „Macht der Politik" verhindert jedoch eine optimale Umsetzung, bzw. wirkt heute sogar vermehrt in die erste Stufe ein. Elemente der Legitimitätssicherung bzw. -steigerung, wie bspw. das Neue Steuerungsmodell oder unterschiedlichste Partizipationsformen, sollen dem entgegen wirken bzw. dies verhindern. Die Ausgaben einer Kommune, deren Oberziele im Optimalfall von der Politik grob umrissen und von der Verwaltung in Kennzahlen umgewandelt wurden, werden in den Bereichen Personal, allgemeine Investitionen und soziale Leistungen getätigt.

Die kommunale Sportpolitik besteht ebenso aus politischen und administrativen Akteuren. Die Sportpolitik (untergliedert in ihre Funktionsebenen) ist allgemein der Politik/dem Rat zuzuordnen; die Sportverwaltung der kommunalen Verwaltung. In der Sportverwaltung werden, wie auch im obigen Beispiel ausgeführt, die Strategien operationalisiert.

Wurde früher in der öffentlichen Verwaltung nach dem Maximal-Prinzip (maximalen Output mit gegebenem Input erreichen) verfahren, so soll heute durch das NSM nach dem Minimal-Prinzip (gegebenen Output mit minimalen Input erreichen) gewirtschaftet werden. Beispiele zeigen, dass eine Integration des NSM nur bedingt realisierbar ist. Gründe hierfür liegen hauptsächlich in den Aufgaben und Pflichten der Kommunen.

5 Kommunale Sportpolitik

5.1 Sport im Kontext der Politik – Sport Polity, Politics und Policy

In diesem Abschnitt soll der Sport in den Bereich der Politik unter Einbezug der verschiedenen politischen Dimensionen *Polity, Policy und Politics* eingeordnet werden.

Sportpolity

Das Feld *Sportpolity* beinhaltet die Institutionen und Akteure der Sportpolitik. Hierbei wird laut Lösche (2010) von einem Mehrebenensystem, vertikal und horizontal, ausgegangen. Dort sind auf der vertikalen Ebene vier Institutionen zu finden, beginnend mit der Europäischen Union, dem Bund, über die Bundesländer bis hin zu den Kommunen. Die horizontale Ebene umfasst die Exekutive, Legislative und Judikative, wobei auf der kommunalen Ebene die Gewalten nicht deutlich voneinander abgegrenzt werden. (vgl. Lösche 2010: 14) In diesem Kontext ist zu erwähnen, dass im Bundestag und in vielen Landtagen der parlamentarische Sportausschuss vorzufinden ist. Laut Artikel 30 des Grundgesetzes ist der Sport grundsätzlich dem Aufgabenbereich des Landes zuzuordnen. Der Sport fällt in den Zuständigkeitsbereich des Bundes, wenn dieser den gesamten Staat repräsentiert, wie es bspw. bei Weltmeisterschaften der Fall ist, bei Auslandsbeziehungen oder wenn Organisationen mit Sportbezug, z. B. der DOSB, gefördert werden. Die Förderung des Hochleistungssportes, die Finanzierung der Leistungszentren und die Gehälter der Bundestrainer fallen ebenfalls in den Bereich des Bundes. Primär ist die Sportpolitik im Ministerium für Inneres verankert, jedoch wird die Sportpolitik auch in anderen Bundesministerien thematisiert, wiez. B. das Ministerium für Verteidigung, mit der Aufgabe der Spitzensportförderung oder das Ministerium für Bildung, mit der Förderung des Hochschulsports. (vgl. Lösche 2010: 15)

Auf Länderebene liegt der Hauptaspekt der Sportpolitik auf der Förderung des Freizeit-, des Breiten- und des Schulsports. Zudem werden die Kommunen bei der Finanzierung von Übungsleitern und Trainern sowie beim Sportstättenbau unterstützt. Auf dieser Ebene agiert die ständige Konferenz der Sportminister der Länder als zentrales Koordinationsgremium der Sportpolitik. (vgl. Lösche 2010: 16) Die Kommunen sind ebenfalls an der Förderung des Freizeit- und Breitensports beteiligt. Dazu kommt die finanzielle Unterstützung bei der Unterhaltung und dem Bau der Sportstätten. Die Wichtigkeit der Kommunen zeigt sich in der Finanzierung des Sportes, da 80 % der sportlichen Förderung durch die Kommunen getragen werden (vgl. Lösche 2010: 16). Eine weitere wichtige Gruppe der politischen Akteure sind die Interessengruppen, die auf den verschiedenen Ebenen als Lobbyisten in der Politik agieren. Im organisierten Sport gehören dazu die Vereine, die Kreis- und Landessportbünde, die Spitzenverbände und der DOSB (vgl. Lösche 2010:17).

Der DOSB ist der oberste Sportverband Deutschlands und wurde 2006 durch die Zusammenlegung des Deutschen Sportbundes und des Nationalen Olympischen Komitees gegründet. Dieser eingetragene Verein, unter Leitung des Präsidenten Alfons Hörmann, hat über 27,8 Mio. Mitglieder aus 91.000 Turn- und Sportvereinen. 8,75 Mio. Freiwillige engagieren sich ehrenamtlich in den Vereinen, bspw. als Trainer oder Übungsleiter. Der DOSB vertritt die Interessen des organisierten Sports gegenüber der Politik. (vgl. DOSB 2013c: Zugriff vom 03.12.2013)

Auf der kommunalen Ebene sind es die Vereine, die die Interessen ihrer Mitglieder gegenüber der Politik vertreten. Deutschlandweit gibt es über 300.000 gemeinnützige Vereine. Laut Lösche haben die Vereine „durch ihre hohe Zahl an Mitgliedern, Funktionären und Ehrenmitgliedern ein großes Potential, auf die Kommunalpolitik Einfluss zu nehmen, was in der Tat häufig geschieht" (Lösche 2010: 18).

Weitere nicht-staatliche Akteure, wie bspw. die Sportartikelhersteller, Gewerkschaften oder private Sportanbieter, runden die Interessengruppen ab. Abschließend ist zu sagen, dass Politik, Sport, Gesellschaft und Ökonomie nicht genau voneinander trennbar sind und vor allem auf lokaler und regionaler Ebene Überschneidungen aufweisen. (vgl. Lösche 2010: 19)

Sportpolitics

Der Bereich *Sportpolitics* befasst sich mit den Entscheidungsprozessen in der Sportpolitik, der Durchsetzung der Interessen, der Inhalte und der Ziele des Sportes gegenüber der Politik. Da in die Entscheidungsprozesse viele politische Akteure involviert sind und dadurch ein unübersichtliches System entsteht, treten die Sportorganisationen als Netzwerker in diesen Prozessen auf. Die Bedeutung dieses Lobbyismus zeigt die Tatsache, dass der DOSB einen Lobbyisten in Berlin platziert hat, der Verbindungen zur Politik pflegt, z. B. den Kontakt zur Bundesregierung und der Opposition. (vgl. Lösche 2010: 19 f.)

Auf lokaler Ebene ist die Beeinflussung der Politik durch den Sport sehr hoch. Dies liegt vor allem an Doppelmitgliedschaften der Politiker, sowohl auf politischer, als auch auf sportlicher Ebene, und den starken Verflechtungen von Kommunalpolitik und Kommunalsport. Der Einfluss des Sports auf die Kommunalpolitik erfolgt meist informell und findet bspw. während Gesprächen auf Sportplätzen oder in Turnhallen statt. Durch diesen Lobbyismus versucht der Sport seine Interessen durchzusetzen und Gelder zu akquirieren, da die Kommune den größten Geldgeber des Breitensports darstellt. (vgl. Lösche 2010: 21)

Doch auch die Politik versucht den Sport für sich zu nutzen. Auf der lokalen Ebene wird versucht, durch Mitgliedschaften in Vereinen, Wähler zu gewinnen. Durch Ämter im Sport, bspw. als Sportfunktionär, versuchen Politiker mehr Prestige zu erlangen, sowohl innerparteilich als auch bei den Bürgern. Somit profitieren Sport und Politik voneinander (vgl. Lösche 2010: 22). Lösche merkt ebenfalls an, dass mit Lobbyismus auch das Thema der Korruption einhergeht: „Je stärker Teile des Sports kommerzialisiert, ökonomisiert und professionalisiert werden, umso eher wird sich über die Politikarena Sport der Schatten, der Verdacht der Korruption legen." (Lösche 2010: 21)

Sportpolicy

Die Sportpolicy geht auf die Inhalte und Ziele der Sportpolitik, einerseits aus der Sicht des Staates sowie andererseits aus Sicht des organisierten Sports, ein.

Aus staatlicher Sicht ist anzumerken, dass die Sportpolitik „eine selbstverständliche Aufgabe der öffentlichen Hand im Rahmen der Daseinsvorsorge" (Lösche 2010: 22) darstellt. Sportpolitik lässt sich vielen Bereichen zuordnen. Sie wird in der Literatur als Gesellschaftspolitik gesehen, aber diese weist auch Aspekte der Gesundheits-, Bildungs- oder Sozialpolitik auf. In der Summe zeigt sich, dass der Sport einen wichtigen Baustein in der Politik darstellt. (vgl. Lösche 2010: 22) Der Hauptaspekt der staatlichen Sportpolitik liegt in der Förderung, sowohl direkt als auch indirekt durch den Steuerverzicht für Vereine oder die preisgünstige Nutzung von Sportstätten (vgl. Lösche 2010: 23 f.). Aus Sicht des organisierten Sportes ist es das oberste Ziel, den Sport zu einer Pflichtaufgabe zu machen. In diesem Zusammenhang sollte der Sport in das Grundgesetz aufgenommen werden, denn ohne gesetzlichen Rückhalt haben die Sportakteure keine Planungssicherheit, z. B. in Bezug auf die Sportförderung. (vgl. Lösche 2010: 24) Durch die finanzielle Abhängigkeit des Sports von der staatlichen Sportförderung werden dem Staat Möglichkeiten eröffnet, Forderungen an den Sport durchzusetzen. Als Beispiel kann hier die Kürzung von Fördermitteln für den Spitzensport bei unzureichenden Dopingtests genannt werden. (vgl. Lösche 2010: 25) Abschließend ist zu sagen, dass die Politik und der organisierte Sport voneinander abhängig und nicht explizit zu trennen sind. Jedoch wirken die staatlichen Akteure durch die Mittelvergabe an den organisierten Sport stark auf diesen ein. Vor allem die fehlende gesetzliche Sicherheit führt dazu, dass der organisierte Sport vorrangig auf gut funktionierende Netzwerke zwischen Staat und Sport zurückgreift, um seine Interessen artikulieren zu können.

5.2 Akteure der kommunalen Sportpolitik

Im Bereich der kommunalen Sportpolitik nehmen verschiedene Akteure Einfluss. Nassmacher hat die Akteure auf kommunaler Ebene schematisch in seinem „kommunalpolitischen Entscheidungssystem“ nach der gesellschaftlichen Funktion verortet. Abbildung 3 zeigt, dass die Akteure „Bereiche/Ämter“ und „Verbände“ im Zentrum des Entscheidungssystems, angrenzend an Verwaltung und Rat, liegen. Wie schon angesprochen, kann die verwaltungsmäßige Zuständigkeit für Sport aber auch auf eine städtische Tochtergesellschaft ausgegliedert sein.

Abbildung 3: Kommunalpolitisches Entscheidungssystem

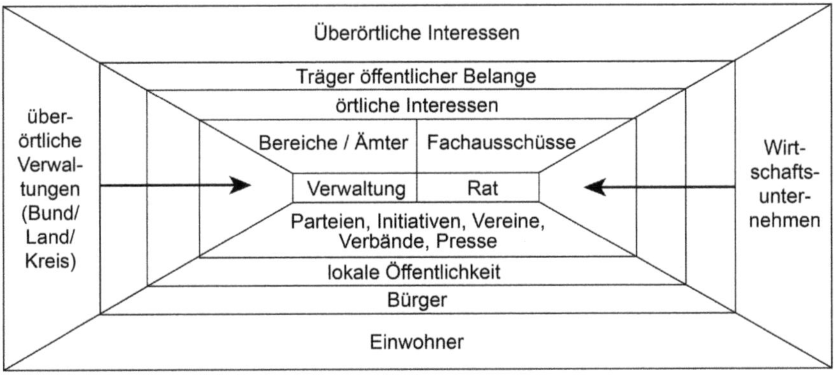

Quelle: Nassmacher/Nassmacher 2007: 229

Das Zentrum des kommunalen Entscheidungsprozesses bilden sowohl der Rat, der über Beschlüsse entscheidet, als auch die Verwaltung, die diese Entschlüsse umsetzen muss. Beide sind in unterschiedliche Zuständigkeiten aufgeteilt; so gibt es bspw. meistens einen eigenen Fachausschuss für den Bereich Sport und ein Sportamt, welches für die Umsetzung der Entschlüsse des Sportausschusses zuständig ist (vgl. NASSMACHER/NASSMACHER 2007: 229ff.).

Des Weiteren versucht NASSMACHER zu verdeutlichen, dass mehrere Institutionen Einfluss auf die Entschlüsse des Rats nehmen wollen, um ihre Vorstellungen bei den Entschlussfassung einzubringen. Laut NASSMACHER/NASSMACHER können die Institutionen in folgende vier Kategorien aufgeteilt werden: Einwohner, Wirtschaftsunternehmen, überörtliche Interessen und überörtliche Verwaltungen. Diese Faktoren werden im späteren Verlauf des Beitrags wieder aufgegriffen. Nachfolgend wird auf zwei Akteure eingegangen, die vermutlich einen hohen Impact auf den Sport auf kommunaler Ebene haben.

Sportausschuss

Der Sportausschuss bildet einen der Kernakteure der kommunalen Sportpolitik. Die Aufgaben des Sportausschusses charakterisieren sich exemplarisch für die Stadt Krefeld folgendermaßen: „Der Sportausschuss ist zuständig für die Beratung und Entscheidung grundsätzlicher Angelegenheiten des Sports, der städtischen Sporteinrichtungen, der Planung von Sportstätten und der städtischen Bäder. Bei Angelegenheiten mit finanziellen Auswirkungen ist die Entscheidungsbefugnis allerdings beschränkt." (STADT KREFELD: Zugriff vom 15.12.2013). Der Sportausschuss entscheidet weiterhin „über den Erlass von Richtlinien über die Gewährung von Zuschüssen zur Förderung des Sports und über Auszeichnungen und Ehrungen für hervorragende sportliche Leistungen" (STADT KREFELD: Zugriff vom 15.12.2013).

Kreis-/Stadtsportbund

Ein weiterer wichtiger Akteur im Zusammenhang der kommunalen Sportpolitik ist der Kreis-/Stadtsportbund. In den meisten Fällen hat jede Gebietskörperschaft einen eigenen zuständigen Sportbund, der sich wiederum in den jeweiligen Landessportbund integriert (vgl. KREISSPORTBUND WOLFENBÜTTEL: Zugriff vom 15.12.2013). Das Selbstverständnis eines Kreisbundes soll anhand des Kreisportbundes Wolfenbüttel dargestellt werden: „Der Kreissportbund ist ein auf freiwilliger Grundlage beruhender Zusammenschluss aller im Landkreis ansässigen gemeinnützigen Vereine, die Sport mit dem wesentlichen Ziel der körperlichen Ertüchtigung ausüben und fördern." (KREISSPORTBUND WOLFENBÜTTEL: Zugriff vom 15.12.2013) Allerdings wird darauf hingewiesen, dass die Aufgaben selbst auferlegt sind und daher von Kreis zu Kreis abweichen können. Der Aufbau der Sportbünde folgt einer konsequenten Gliederung von der kommunalen bis zur Bundesebene (Stadt-/Kreissportbund – Landessportbund – DOSB) (vgl. KREISSPORTBUND WOLFENBÜTTEL: Zugriff vom 15.12.2013).

5.3 Rahmenbedingungen der kommunalen Sportpolitik

Auf der Grundlage der sozialwissenschaftlichen Theorie der Strukturierung nach GIDDENS entwickelte THIEME (2007a: 162ff.) ein vorläufiges Modell zum Wirkungsgefüge der kommunalen Sportförderung, dem aus Sicht des Sports auf kommunaler Ebene vermutlich wichtigsten Inhalt der kommunalen Sportpolitik.

Im Rahmen dieses Wirkungsmodells stellen die beteiligten Akteure, das heißt die kommunale Sportverwaltung, die kommunale Sportpolitik und der organisierte Sport, jeweils ein für sich selbständiges soziales System dar (vgl. THIEME 2007b: 119). Diese sozialen Systeme sind dabei ein reproduziertes Ergebnis von Akteurs- oder Kollektivbeziehungen, die innerhalb des geschlossenen Systems als regelmäßige „soziale Praktiken" (THIEME 2007a: 164) ausgeübt werden (vgl. GIDDENS 1997: 77, in: THIEME 2007a: 164). Zusammengefasst bedeutet dies, dass das Handeln der Akteure im Wesentlichen durch die vorgegebene Struktur innerhalb des sozialen Systems bestimmt wird. Die individuellen sozialen Handlungen der Systemakteure sind demnach kein Ergebnis, das durch die sozialen Akteure selbst hervorgebracht wird (vgl. GIDDENS 1997: 52, in: THIEME 2007b: 119). In jedem sozialen System existieren darüber hinaus sogenannte Strukturmomente und Strukturzwänge, die einen Einfluss auf das individuelle Handeln und die Entscheidungen der Akteure nehmen und dieses maßgeblich beeinflussen (vgl. GIDDENS 1997: 342, in: THIEME 2007a: 164). Während die Strukturmomente als eine Art Handlungskontext fungieren, und somit das individuelle Handeln der Akteure zum einen ermöglichen und zum anderen aber auch beschränken können (vgl. GIDDENS 1997a: 230f., in: THIEME 2007a: 164), ist ein soziales System in Gänze den „Einflüsse[n] aus verschiedenen Strukturzwängen" (THIEME 2007a: 164) ausgesetzt (vgl. GIDDENS 1981, in: THIEME 2007a: 164). Strukturzwänge stellen somit „übergeordnete Orientierungspunkte für das Handeln [innerhalb] der sozialen Systeme" dar (THIEME 2007a: 165). Indem die Strukturzwänge „Lage, Raum und Zeit [...] binden" (THIEME 2007a: 164), stellen sie die „soziale Reproduktion" (THIEME 2007a: 164) fortwährend sicher (vgl. GIDDENS 1981, in: THIEME 2007a: 164).

Abbildung 4: Vorläufiges Modell des Wirkungsgefüges kommunaler Sportförderung

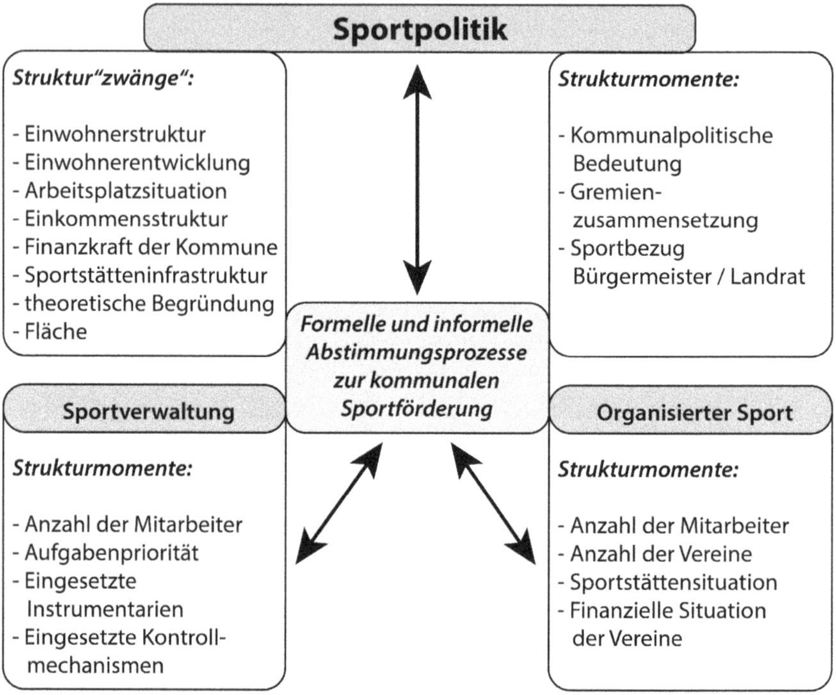

Quelle: Eigene Darstellung in Anlehnung an: THIEME 2007a: 167

Im Kontext des Wirkungsgefüges kommunaler Sportförderung verfügt jedes einzelne der drei oben genannten Systeme über eine Vielzahl ermöglichender bzw. beschränkender Strukturmomente (vgl. THIEME 2007b: 120), die der Abbildung 4 zu entnehmen sind.

Es zeigt sich, dass der Bereich der *kommunalen Sportpolitik* grundlegend durch die folgenden Strukturmomente geprägt wird (vgl. THIEME 2007a: 167): einerseits die kommunalpolitische Bedeutung des Sports im Allgemeinen, andererseits sowohl die Zusammensetzung der politischen Gremien als auch die Affinität des Bürgermeisters oder Landrates für das Thema Sport, was sich in seinem Sportbezug äußert. Alle Elemente nehmen einen gesonderten Einfluss auf die allgemeinen „situativen Abstimmungsprozesse" sowie die generelle Höhe des Sporthaushaltes (vgl. THIEME 2007b: 120). Das bedeutet vorrangig, dass die Sportpolitik vor allem durch die aktiven politischen Akteure und ihr grundsätzliches Interesse am Sport ermöglicht bzw. beschränkt wird.

Das soziale System der *kommunalen Sportverwaltung* wird primär durch den, in der Organisationsstruktur verankerten, Grad der Autonomie der Sportverwaltung sowie die Mitarbeiteranzahl innerhalb der öffentlichen Verwaltung begünstigt bzw. limitiert (vgl. THIEME 2007b: 120). Vor allem die Anzahl der Verwaltungsmitarbeiter, die sich mit dem Thema Sport befassen, nimmt einen großen Einfluss darauf, wie routiniert die Abstimmungen zu diesem Thema innerhalb der Verwaltung ablaufen können und wie umfassend das Thema allgemein bearbeitet werden kann (vgl. THIEME 2007b: 120). Als weitere Strukturmomente der Sportverwaltung sind die Instrumentarien, die zur Erfüllung ihrer Aufgaben eingesetzt werden, zu betrachten und den dazu im Bezug stehenden eingesetzten Kontrollmechanismen, die der Effektivitäts- und Effizienzprüfung der eingesetzten Instrumentarien dienen sollen (vgl. THIEME 2007b: 120). Die Sportförderung als auch ihre Instrumente werden im Kapitel 4.1.5 näher erläutert.

Das letzte soziale System, das im Kontext des Wirkungsgefüges eine Rolle spielt, ist der *organisierte Sport*. Die kommunale Sportförderung wird in Bezug auf den organisierten Sport hauptsächlich durch die Anzahl der Mitglieder und die Zahl der Vereine beschränkt bzw. ermöglicht (vgl. THIEME 2007b: 120). Es ist nachvollziehbar, dass eine kommunale Sportförderung ohne bzw. mit nur minimaler Anzahl an Mitgliedern und Vereinen nicht sinnvoll wäre. Weitergehend ist es aber auch die finanzielle Situation der Sportvereine innerhalb der Kommune, die das Sporttreiben an sich überhaupt erst ermöglicht und wesentlich die Fülle an Sportangeboten bestimmt. Abschließend kann die tatsächliche bzw. die wahrgenommene Stärke der Einflussnahme des organisierten Sports auf die Abstimmungsprozesse und Entscheidungen zur kommunalen Sportförderung als begrenzendes bzw. ermöglichendes Strukturmoment gesehen werden. (vgl. THIEME 2007b: 120)

Besonderheiten eines Landkreises hinsichtlich der Rahmenbedingungen

Das politische Handeln, nach Auffassung von NASSMACHER, ist auf kommunaler Ebene keineswegs so ausdifferenziert, wie zwischen Bund und Bundesländern (vgl. NASSMACHER/NASSMACHER 2007: 228).

STUBENRAUCH fasst in der nachfolgenden Tabelle die Struktur der möglichen Aufgaben eines Landkreises zusammen.

Tabelle 3: Die Aufgaben eines Landkreises

Staatliche Aufgaben der Kreisverwaltung	**Selbstverwaltungsaufgaben des Landkreises**
Kreisverwaltung als Landesbehörde: • Kommunalaufsicht, Gemeindeprüfung Auftragsangelegenheiten, z. B.: • Straßenverkehr, Kfz-Zulassung, Fahrerlaubnisse • Ausländer- und Staatangehörigkeitsrecht • Bauaufsicht • Gewerberecht • Gesundheitsämter, Veterinäraufgaben, Lebensmittelüberwachung • Naturschutz, Landespflege • Denkmalschutz • Waffen-, Jagd- und Fischereirecht	Pflichtaufgaben der Selbstverwaltung, z. B.: • Abfallwirtschaft • Trägerschaft von Gymnasien, berufsbildenden Schulen und Förderschulen • Sozial- und Jugendhilfe • Rettungsdienst • Brand- und Katastrophenschutz • Bau und Unterhaltung von Kreisstraßen Freie Selbstverwaltungsaufgaben, z. B.: • Kulturförderung, Brauchtum • Musikschulen • überörtliche Wirtschaftsförderung • überörtliche Fremdenverkehrsförderung • Partnerschaften

Quelle: Stubenrauch 2011: 19, Zugriff vom 15.01.2014

Nach Stubenrauch muss bei den Aufgaben eines Landkreises zuerst zwischen staatlich auferlegten Aufgaben der Kreisverwaltung und den Selbstverwaltungsaufgaben des Landkreises unterschieden werden. Zu den staatlich auferlegten Aufgaben gehört zum einen der Auftritt als untere Landesbehörde, sowie spezifische Auftragsangelegenheiten des Staates, wie z. B. die Bauaufsicht.

Die Selbstverwaltungsaufgaben teilen sich in zwei Bereiche. Zum einen Pflichtaufgaben der Selbstverwaltung, wie bspw. die Trägerschaft von weiterführenden Schulen. Zum anderen gibt es freie Selbstverwaltungsaufgaben, wie z. B. Kulturförderung. Unter diesem Bereich ist auch die Sportförderung einzuordnen (vgl. Stubenrauch 2011: 19, Zugriff vom 15.01.2014)

Zusammenfassend ist zu sagen, dass sowohl Landkreise als auch kreiseigene Gemeinden für die Erfüllung öffentlicher Aufgaben verantwortlich sind. Die Landkreise unterstützen die ihnen angehörenden Gemeinden und Samtgemeinden bei der Erfüllung ihrer Aufgaben und sorgen für einen angemessenen Ausgleich der Gemeindelasten. Somit üben sie auch eine Aufsichtsfunktion aus. (vgl. MI Niedersachsen o. J.: Zugriff vom 15.01.14)

Als Besonderheit gegenüber kreisfreien Städten ist jedoch zu beachten, dass der Umfang der Abstimmungsnotwendigkeiten deutlich zunimmt, da die Interessen der kreisangehörigen Gemeinden zu berücksichtigen sind. Eine weitere Untergliederung ergibt sich aus der Einbindung von Samtgemeinden, die ihrerseits wieder eigene Interessensgruppierungen bilden.

5.4 Inhalte und Beweggründe der kommunalen Sportpolitik

Wie THIEME (2003) beschreibt, wurde in den Zeiten des Wiederaufbaus kommunaler Strukturen nach dem zweiten Weltkrieg, auch der Themenbereich Sport immer wichtiger. Sportvereine und -verbände bildeten sich neu, jedoch waren zu diesem Zeitpunkt die Sportstätten größtenteils zerstört. Folglich legte sich der Fokus der Sportpolitik hauptsächlich auf die Verbesserung der Sportstättensituation; die Aufgabe des Sports war es Angebote zu schaffen. Daraus entstanden 1956 die „Richtlinien für die Schaffung von Erholungs-, Spiel- und Sportanlagen" und in ihrer Weiterführung der „Goldene Plan", ein 15-Jahres-Plan, in dem 17,4 Mrd. DM für die Verbesserung der Sportstättensituation bereitgestellt wurden. (vgl. THIEME 2003: Zugriff vom 21.11.2013)

Bis heute sind sowohl der Sportstättenbau als auch die Sanierung der in die Jahre gekommenen Sportanlagen, große Bestandteile der kommunalen Sportpolitik. Wobei sich die Politik hierbei stark am Wettkampfsport orientiert und nur geringfügig auf die Nachfrage nach anderen, nicht vereinsorganisierten Sportmöglichkeiten eingeht (vgl. THIEME 2003: Zugriff vom 21.11.2013).

Die finanzielle Förderung des organisierten Sports nimmt einen großen Teil der Sportpolitik ein. Um die Vereine gleichberechtigt zu behandeln, wird diese in Sportförderrichtlinien festgelegt. Hierbei konzentrieren sich die Kommunen meist auf Pauschalbeträge pro Kopf (z. B. für Jugendliche Vereinsmitglieder oder Übungsleiter) sowie dem Ausgleich von Defiziten. (vgl. THIEME 2003: Zugriff vom 21.11.2013) Da die Freiwilligenarbeit eine bedeutende Ressource für den organisierten Sport darstellt, ist die Förderung des Ehrenamts aus Sicht des DOSB ein ebenso wichtiger Bereich der Politik. Dazu gehört die finanzielle Unterstützung als auch eine Anerkennungskultur. (vgl. DOSB 2008: 6: Zugriff vom 21.11.2013) Als Beispiel können, zusätzlich zu den Pauschalbeträgen, Ehrungen für ehrenamtliches Engagement genannt werden.

Hieraus ist abzulesen, dass sich aus der historischen Entwicklung heraus in der Sportpolitik eine Konzentration auf die Bereiche Sportstätten und (meist finanzielle) Sportförderung ergeben hat. THIEME (2003) fasst zusammen, dass diese Betrachtung der kommunalen Sportpolitik nicht ausreichend ist, da diese sich selber Beschränkungen ihrer Wirkungsmöglichkeiten auferlegt und somit Anpassungen unausweichlich seien. (vgl. THIEME 2003: Zugriff vom 21.11.2013)

In der Kooperationsvereinbarung „Starker Sport – starke Städte und Gemeinden" (2008) zwischen dem DOSB, dem Deutschen Städtetag und dem Deutschen Städte- und Gemeindebund wurden 2008 acht zentrale Handlungsfelder beschrieben, die zukünftig für die Entwicklung des Sports und der Kommunen entscheidend sein sollen. Im Folgenden werden die Handlungsfelder benannt und kurz erklärt (vgl. DOSB 2008: 5 ff.; Zugriff vom 21.11.2013):

- *Sport-, Sportstätten- und Stadtentwicklung*
  Die Sportentwicklung muss sich dem demografischen Wandel sowie den sich wandelnden Bedürfnissen und den daraus entstehenden veränderten Anfor-

derungen an vorhandene und geplante Sportstätten stellen. Die Sportentwicklungsplanung ist nicht separat zu sehen, sondern findet seinen Platz gemeinsam mit anderen Bereichen in der Stadtentwicklungspolitik.

- *Sport und Ehrenamt*
  Ehrenamtliche Tätigkeiten sind eine der Hauptressourcen von Sportvereinen und benötigen ein Umfeld, das das Ehrenamt unterstützt. Dazu gehören bspw. Planungssicherheit, Anerkennung des ehrenamtlichen Engagements und unbürokratische Strukturen bei Kooperationen.
- *Sport und Bildung*
  Die Bereitschaft zum Sport wird im Kindesalter gebildet und bietet die Möglichkeit durch den Sport die Persönlichkeit zu entwickeln und sich zu bilden. Wichtig hierfür sind für Kinder geeignete Bewegungsräume, die ohne Gefahren zu erreichen sind.
- *Wettkampf- und Leistungssport*
  Der Wettkampf- und Leistungssport ist mit seinen Werten wie Fairplay, Toleranz und Solidarität ein Imageträger der Stadt und bringt häufig Vorbilder für die Jugend hervor. Die kommunale Sportpolitik bildet hierfür im Breitensport die Grundlage.
- *Sport und Gleichstellung*
  Gemeinsames Sporttreiben bietet die Möglichkeit Grenzen der Gleichstellung zwischen Geschlechtern und Kulturen zu überwinden. Dadurch entsteht eine Verbindung zu gleichstellungspolitischen Aufgaben.
- *Sport und Gesundheit*
  Sport dient der Gesunderhaltung des Menschen und der Herstellung einer besseren Lebensqualität im Alter.
- *Sport und Integration*
  Der Sportverein ist ein Treffpunkt für sozial und kulturell unterschiedlichen Menschen und erfüllt somit eine Integrationsfunktion.
- *Sport und Umwelt*
  Die Umwelt ist für den Sport besonders bei Großevents ein Spannungsfeld, das häufig zu Diskussionen führt. Hier gibt es viele Möglichkeiten, den Sport umweltbewusster zu betreiben.

Das Deutsche Institut für Urbanistik (Difu) behandelte in einem Bericht Anfang des Jahres 2013 ebenfalls die aktuellen Aspekte der kommunalen Sportpolitik und stellte mehrere Diskussionspunkte dar. Ein wichtiger Punkt ist hierbei die integrierte Sport- und Sportraumentwicklungsplanung, bei der hervorgehoben wird, dass die Themen der Sportentwicklungsplanung nicht nur den Bereich Sport betreffen, sondern ebenso zahlreiche andere Bereiche. (vgl. Difu 2013: Zugriff vom 21.11.2013) „So ist für eine Weiterentwicklung der Sportraumangebote nicht allein die finanzielle Ausstattung maßgeblich, sondern vielmehr auch das synergetische Zusammenwirken aller Beteiligten bei der Planung, Bewirtschaftung und Nutzung der Sportinfrastruktur." (Difu 2013: Zugriff vom 21.11.2013)

THIEME (2003) sieht das Zusammenwirken der unterschiedlichen Politikfelder ebenfalls als wichtigen und bis jetzt vernachlässigten Punkt in der Sportpolitik an (vgl. THIEME 2003: Zugriff vom 21.11.2013). Ein weiterer Aspekt ist die Weiterentwicklung der Kooperationen mit Bildungsstätten, wie z. B. Ganztagsschulen. Das Difu greift diesen Punkt als Bildungsentwicklung ebenfalls auf und empfiehlt die Weiterentwicklung der Strukturen, um den Sport dauerhaft mit dem Bildungssektor zu vernetzen (vgl. DIFU 2013: Zugriff vom 21.11.2013).

Ein weiteres Themenfeld im Sport ist die Nachhaltigkeit. Besonders im Sportstättenbau hält hier der Gedanke des nicht zu vernachlässigen ökologischen Aspekts Einzug. (vgl. DIFU 2013: Zugriff vom 21.11.2013)

Zusammenfassend lässt sich erkennen, dass die Sportpolitik zahlreiche Verknüpfungspunkte zu anderen Politikfeldern, wie bspw. zur Schulpolitik (z. B. durch gemeinsame Nutzung der Sporthallen und Kooperationen mit Ganztagsschulen), zur Migrationspolitik, aber auch zur Bau-, Umwelt- (Sportstättenbau) und Gesundheitspolitik.

Bei der Frage nach den Beweggründen der Kommunalpolitik den Sport zu fördern, werden meist die positiven Effekte, die der Sport auf die Gesellschaft hat, aufgeführt. Laut dem Bundeministerium des Innern ist die „Förderung des Breitensports [...] eine gesamtstaatliche Aufgabe, die vornehmlich von Kommunen und Ländern wahrgenommen wird." (BUNDESMINISTERIUM DES INNERN o. J.(a): Zugriff vom 21.11.2013) Das BMI sieht den Sport außerdem als eine sinnvolle Freizeitbetätigung, da er auf ein gesundes Leben und die Gemeinschaft positiv einwirkt (vgl. BUNDESMINISTERIUM DES INNERN o. J.(a): Zugriff vom 21.11.2013). Des Weiteren werden häufig Werte, die der Sport insbesondere Kindern und Jugendlichen vermitteln soll, als wichtige Bereicherung der Gesellschaft angeführt. Das BMI zählt hierbei bspw. die folgenden Werte auf (vgl. BUNDESMINISTERIUM DES INNERN o. J. (a): Zugriff vom 21.11.2013):

- Engagement,
- Verlässlichkeit,
- Teamgeist,
- Fairplay und
- Toleranz.

RITTNER und BREUER (2004) bestätigen ebenfalls, dass die Begründung der Sportförderung der Politik in den positiven Effekten der zugeschriebenen Gemeinwohlfunktionen Integration, Sozialisation, Demokratie und Gesundheitsfunktion zu finden ist (vgl. RITTNER/BREUER 2004: VII). Sie bekräftigen dieses Motiv mit der Aussage, dass der organisierte Sport aus ihrer Sicht tatsächlich in den genannten Bereichen eine große Beteiligung am Gemeinwohl besitzt (vgl. RITTNER/BREUER 2004: 216). Daher ist es wichtig, dass bereits für Kinder und Jugendliche Zugangsmöglichkeiten zum Sport vorzufinden sind, um motorische Fähigkeiten zu schulen und die Gesundheit zu verbessern (vgl. DOSB 2008: 7; Zugriff vom 21.11.2013).

Der Sport ist nach BREUER ein meritorisches Gut, das sich bei alleiniger Marktregelung nicht selbst finanzieren könnte, da die Nachfrage geringer wäre als es für die Gesellschaft von Vorteil wäre. Bspw. decken Bäder meist nur 20 % ihrer Betriebskosten ab, so dass der Betrieb ohne Bezuschussung nicht möglich wäre (vgl. Breuer 2010: 129). Aus einem rein ökonomischen Blickwinkel heraus ist der Betrieb von Bädern für eine Kommune daher nicht sinnvoll. Daher wird die Subventionierung von Bädern über den meritorischen Charakter des durch sie bereitgestellten Gutes gerechtfertigt (vgl. Schneider/Thieme 2011: 197).

Ein weiterer Grund zur Förderung des Sports ist der positive Einfluss auf das Image der Stadt. Viele Städte bezeichnen sich gern als „Sportstadt", da mit dieser Bezeichnung bestimmte positive Werte verbunden sind. Hierbei ist insbesondere auch die Unterstützung von Sportevents zu nennen, die ebenso imageverbessernd wirken als auch die Erwartung eines ökonomischen Mehrwerts erfüllen sollen, z. B. der Konsum durch Touristen (vgl. Breuer 2010: 130).

Die Motive der kommunalen Sportpolitik liegen, zusammenfassend betrachtet, darin begründet, dass Sport ein öffentliches Gut ist und positive Effekte in Bereichen erwirkt, die für die Erreichung der politischen Ziele der Kommune besonders wichtig sind. Die Kommunalpolitik möchte also mit Hilfe des Sports in ihrer Kommune bestimmte Wirkungen erreichen. Folgende Tabelle zeigt als abschließendes Beispiel die strategischen Ziele der Sportförderung in München und ihre Verknüpfungspunkte mit dem Sport.

Tabelle 4: Strategische Ziele der Sportförderung in der Landeshauptstadt München (2008/2009)

Kommunalpolitisches Wirkungsziel		**Handlungsfeld**	
1	Gesundheitsförderung	a	Breiten- und Freizeitsport
2	Ganzheitliche Persönlichkeitsentwicklung	b	Mädchen- und Frauensport
3	Soziale Integration	c	Migrantensport
4	Gleichstellung von Mann und Frau	d	Behindertensport
5	Gemeinschaft/Solidarität fördern	e	Schulsport
6	Wirtschaftsförderung	f	Seniorensport
7	Imageförderung	g	Gesundheit
		h	Spitzensport
		i	Sportveranstaltungen
		j	Vereinsservice
		k	Infrastruktur/Sporträume

Quelle: Eigene Darstellung in Anlehnung an: Breuer 2010: 132

Das von Wadsack/Wach entwickelte Konzept des Legitimationskapitals setzt genau an diesem Punkt an, indem es die Bedeutung der faktischen Arbeit eines Sportvereins in Relation zu einer kommunalen Zielsetzung in das Zentrum der Betrachtung stellt (vgl. Wadsack/Wach 2010).

6 Sportförderung

6.1 Sportförderung als öffentliche Aufgabe

Bei dem Sport handelt es sich um eine öffentliche Aufgabe (vgl. MITTLER 2009: 99). In diesem Zusammenhang ist es notwendig zu erwähnen, dass die Sportförderung ebenso eine öffentliche Ausgabe darstellt. MITTLER stellt diese Aufgabe als „[...] heute eigentlich unbestritten." dar (2009: 99). Daher muss auf der einen Seite eine ausreichende Förderung des Sports ein Anliegen sein, dem eine überdurchschnittliche Bedeutung zukommt. Auf der anderen Seite muss dafür gesorgt werden, dass die sportliche Förderung im Speziellen, aber auch die grundsätzliche Förderung von gemeinnützigen Aktivitäten, sich nicht gegenseitig ausschließen (vgl. MITTLER 2009: 99). Somit wird unter Sportförderung die Erbringung aller direkten und indirekten finanziellen und materiellen Aufwendungen verstanden, die die öffentliche Hand (Bund, Länder, Kommune) dem Sport zur Verfügung stellt (vgl. ECKL/WETTERICH 2007: 6).

Der Staat fördert auf unterschiedliche Weise, neben vielen anderen Bereichen, auch den Sport. Diese Förderung kann auf drei verschiedenen Ebenen in Deutschland geschehen. Zum Beispiel durch direkte Zuwendungen aus den öffentlichen Haushalten auf der Bundesebene, auf der Landesebene oder auf der kommunalen Ebene. Jedoch wird die Sportförderung in den meisten Fällen mit einem direkten finanziellen Geldzufluss in Verbindung gebracht, dieser stellt aber nur einen Teil der gesamten Sportförderung dar (vgl. THIEME/WADSACK 2013). Der Aufbau der Sportförderung wird in Abbildung 5 deutlich.

Abbildung 5: Formen der öffentlichen Sportförderung

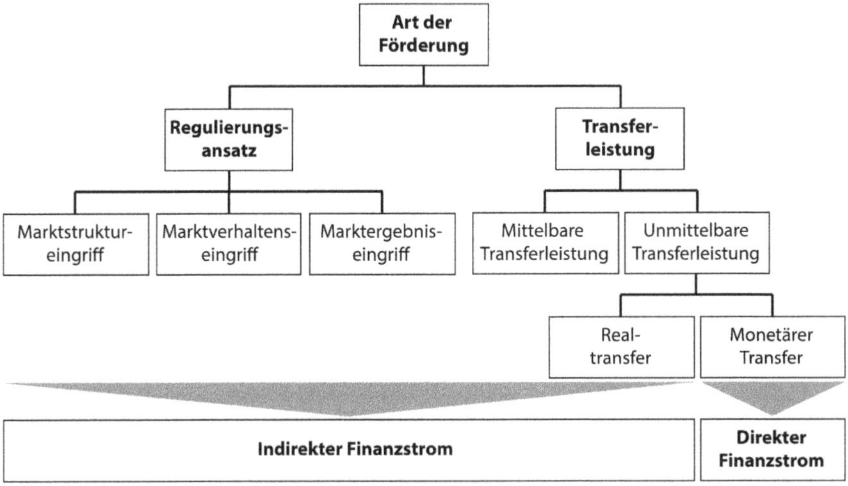

Quelle: Eigene Darstellung in Anlehnung an: LANGER 2006: 39

Der Regulierungsansatz beinhaltet Eingriffe in das Marktgeschehen. Mit dem Ziel, dass einem Wirtschaftsbereich, wie in diesem Beispiel dem Sport, Vorteile verschafft werden können. Diesem gegenüber stehen die mittelbaren Transferleistungen, welche bspw. Steuervergünstigungen umfassen. (vgl. AHLERT/STÖVER 2008: 1)

Unmittelbare Transferleistungen finden sich in den öffentlichen Haushalten wider, welche dem Sport in Form von Güter- und Leistungsbereitstellung zugute kommen. Dabei sind zum Beispiel Sportanlagen zu erwähnen, welche den Sportvereinen kostenfrei oder stark vergünstigt zur Verfügung gestellt werden, als auch durch den schon angesprochenen direkten finanziellen Geldzufluss. Ein wichtiger Aspekt ist in diesem Zusammenhang, dass die Förderung des Sports sich als Zuschuss zu den schon vorhandenen bzw. eingenommenen Mitteln versteht. Dabei darf nicht verkannt werden, dass sich die Sportvereine primär durch ihre Mitglieder und vor allem durch deren Beiträge finanzieren. (vgl. BREUER/WICKER 2008: 18)

6.2 Herausforderungen der kommunalen Sportförderung

Die Herausforderung der Sportförderung, besonders in der Kommunalpolitik liegt darin, diese mit der finanziellen Lage der jeweiligen Kommune und des Landkreises in Verbindung zu bringen. Diese ist in einer Vielzahl von Kommunen als angespannt anzusehen. Daraus folgend, wird die bisher selbstverständliche, aber dennoch freiwillige Aufgabe der öffentlichen Hand zunehmend hinterfragt. (vgl. Thieme 2007a: 161, in: THIEME/WADSACK 2013: 312)

Welche entscheidende Rolle der Sportförderung dabei die Kommunen spielen, wird durch folgende Zahlen verdeutlicht: „Von den 3,9 Milliarden Euro, die Bund, Länder und Gemeinden im Jahre 2002 für den Sport ausgaben, entfielen knapp 80 % (3,1 Milliarden Euro) auf die Gemeinden." (vgl. Thieme 2007a: 161, in: THIEME/WADSACK 2013: 312). Anhand dieser Verteilung der Förderung des Sports auf die verschiedenen Ebenen wird die allgemeine Bedeutung der kommunalen Sportpolitik für den Sport deutlich.

Als Folge der angespannten Haushaltlage der öffentlichen Kassen und Verwaltungsverfahren, die die Finanzsituation der öffentlichen Hand transparenter und entscheidungsrelevanter darstellen, geraten Bund, Länder und Kommunen bei der Legitimation der Sportförderung immer mehr unter Rechtfertigungsdruck. Dabei ist der gesellschaftliche Nutzen solcher Aufwendungen, die größtenteils auf den Steuerzahlungen der Bürger und Bürger beruhen, deutlicher als bisher nachzuweisen. (vgl. vgl. Thieme 2007a: 161, in: THIEME/WADSACK 2013: 312)

Anhand dieser Herausforderungen, die primär den organisierten Sport auf der kommunalen Ebene betreffen, wird deutlich, wie komplex aber auch heterogen sich dieses Feld der Sportförderung in den einzelnen Kommunen und Ländern darstellt. Ein Grund dafür ist, dass der Sport bzw. dessen Förderung nicht im Grundgesetz berücksichtigt wird. Es besteht, im Zuge der Kulturhoheit eine Zuständigkeit der Bundesländer für die Sportförderung. (vgl. THIEME/WADSACK 2013: 312) PRIO formuliert diese Zuständigkeit folgendermaßen: „Staatliche Sportförderung wird nach dem Grundsatz der Freiwilligkeit gewährt; daran ändert auch die Tatsache nichts, dass [sic!] es in [einigen] [...] Bundesländen[...] sogenannte Sportfördergesetze gibt. In dieser Freiwilligkeit liegen Chancen und Gefahren – für den Staat und für den Sport." (Prio 1984: 35)

Auch wenn diese Formulierung vor fast dreißig Jahren niedergeschrieben wurde, stimmen dessen Kernelemente noch heute. Die Gefahren, welche in der heutigen Zeit für den Sport existieren, sind vor allem finanzieller Natur, d. h. die Förderung des Sports kann aufgrund der angespannten finanziellen Situation in den Kommunen nicht aufrechterhalten werden.

6.3 Gründe für Sportförderung (Legitimationen)

Im Zentrum der öffentlichen Sportförderung stehen in Deutschland drei Grundsätze (vgl. Langer 2006: 47 f.):

- Die Autonomie des Sports,
- die partnerschaftliche Zusammenarbeit sowie
- die Subsidiarität.

Zu beachten ist, dass diese drei Grundsätze sich in der Praxis beeinflussen können und gewisse Problembereiche entstehen. So können Zuschüsse des Staats nach dem Subsidiaritätsprinzip Auswirkungen auf die Autonomie des Sports hervorrufen. Eine vollkommene Umsetzung der Prinzipien wird in der Realität nicht erreicht, jedoch ist zu betonen, dass der Sport wie auch der Staat immer wieder auf sie zurückgreift und als Fundament des Sports in Deutschland sieht. (vgl. Haring 2010: 36)

Autonomie des Sports

Einer der Kernpunkte im Rahmen der öffentlichen Sportförderung ist die Autonomie des Sports. Der Sport ist somit unabhängig vom Förderer und besitzt das Recht der Selbstverwaltung. In diesem für ihn geschaffenen Freiraum übernimmt er Organisation und Verantwortung (vgl. Bundesministerium des Innern 2010: 17; Zugriff vom 14.01.2014). Interessant im Kontext des Verbands- und Vereinswesen ist das Grundrecht der Vereinigungsfreiheit im Grundgesetz. Dieses gewährleistet, dass alle Deutschen unabhängig von staatlichem Einfluss das Recht besitzen, Vereine zu gründen (Artikel 9 Abs. 1 GG). Des Weiteren erlaubt es, den Zweck des Vereins sowie seinen Namen frei zu bestimmen und deren Organisation zu gestalten. Zudem besitzt der organisierte Sport die Erlaubnis Mittel und Wege zur Erfüllung der selbstgesetzten Aufgaben zu bestimmen und eigene sportbezogene Werte zu definieren.

Obwohl der Sport in Deutschland beim Gebrauch von Geldern aus dem öffentlichen Bereich an gesetzliche Vorschriften gebunden ist, besitzen die Verbände und Vereine große Freiheiten bei der Ausgabe (vgl. Haring 2010: 35).

Partnerschaftliche Zusammenarbeit

Aufbauend auf dem Prinzip der Autonomie des Sports wird eine partnerschaftliche Zusammenarbeit zwischen Staat und Sport auf allen Ebenen angestrebt. Hervorzuheben ist, dass jeder Partner in seinem Bereich autonom und eigenverantwortlich handelt, jedoch zur selben Zeit ein enges, aufeinander abgestimmtes, Arbeiten vorliegt. Ein gutes Beispiel hierfür sind die vom jeweiligen Land an die Landessportbünde zugeteilten finanziellen Zuwendungen, die bei der Verwendung aber an die Richtlinien des Landes gebunden sind (vgl. HARING 2010: 36).

Subsidiarität

Als dritte und letzte Besonderheit des Sports wird im Folgenden das Subsidiaritätsprinzip genauer dargestellt, da diesem im Zusammenhang mit der Sportförderung in Deutschland und dem föderalen System eine entscheidende Bedeutung zukommt.

Der Begriff subsidiär leitet sich aus dem lateinischen Wort *subsidiarius* ab und bedeutet im engen Sinne „als Aushilfe dienend" (STOWASSER/PETSCHENIG/SKUTSCH 2005: 489). Dies bringt zum Ausdruck, dass es sich bei subsidiärer Hilfe, um eine Art der Unterstützung handelt, die sich ergänzend auf bestimmte Maßnahmen oder Aktivitäten bezieht. Kern dieses Prinzips ist es, dass staatliche Hilfe erst dann einsetzt, wenn vorher alle Instanzen auf den Ebenen unterhalb des Bundes diese Hilfe nicht oder nicht im vollem Umfang leisten konnten. Dabei ist die staatliche Sportförderpolitik diesem Prinzip verpflichtet. Ausnahmen stellen dabei staatliche Eigenverantwortlichkeiten (Schulpflicht und dem Schulsport) dar, die auf anderen Verantwortlichkeiten basieren (vgl. TROSIEN 2013b: 416). Die staatliche Förderung wird unter der Prämisse der Besonderheit der Subsidiarität wie folgt definiert: „Staatliche Sportförderung ist subsidiär und setzt daher voraus, dass die Organisationen des Sports die zu fördernden, im Bundesinteresse liegenden Maßnahmen nicht oder nicht vollständig aus eigenen Mitteln finanzieren können." (TROSIEN 2013b) In der Bundesrepublik Deutschland liegt die Kulturhoheit im Kompetenz- und Verantwortungsbereich der Länder. Diese verfassungsrechtliche Kompetenzregelung, wie sie im Sportbericht der Bundesregierung genannt wird, wird wie folgt formuliert: „Nach Artikel 30 GG ist die Ausübung der staatlichen Befugnisse und die Erfüllung der staatlichen Aufgaben Sache der Länder, soweit das Grundgesetz keine andere Reglung trifft oder zulässt. Das Grundgesetz enthält keine ausdrückliche Bestimmung für die Sportförderung des Bundes." (BUNDESTAG 2012: Zugriff vom 19.12.2013) In diesem Aspekt wird die Freiwilligkeit dieser Leistung „Sportförderung" noch einmal verdeutlicht. Dennoch folgt darauf im Sportbericht der Bundesregierung der Zusatz, dass „[G]leichwohl ist allgemein anerkannt, dass ebenso wie die Kulturförderung des Bundes sich auch die Sportförderung auf ungeschriebene Gesetzgebungs- und Verwaltungszuständigkeiten aus der Natur der Sache oder kraft Sachzusammenhangs mit einer ausdrücklichen ausgewiesenen Kompetenzmaterie gründet." (BUNDESTAG 2012: Zugriff vom 19.12.2013) Somit besteht im Rahmen der ungeschriebenen Kompetenzen und den daraus resultierenden Auslegungsfragen im Wesentlichen ein Konsens zwischen Bund und Ländern. Trotz dieser rechtlichen Grundlagen gibt es eine verwirrende Praxis (TROSIEN 2013: 417). Somit ist nicht alles eine Frage der Auslegung, was auf Basis subsidiärer Förderung möglich ist.

TROSIEN stellt in Bezug auf diese Auslegungsproblematik folgende Frage: „Warum beispielsweise die Olympiamannschaften des Deutschen Olympischen Sportbundes e. V. hinsichtlich der Einkleidungs- und Entsendekosten zu den Standorten der Olympischen Spiele gefördert werden, bleibt der praktischen Auslegung überlassen, denn der prinzipiellen Begründung." (TROSIEN 2013b: 417) Anhand dieses Beispiels wird deutlich, dass die Auslegung der subsidiären Unterstützung vermutlich nicht immer einer prinzipiellen Begründung folgt, sondern eher der praktischen Auslegung der Förderung und des Förderbereiches abhängig ist.

Im Gegensatz zu der eben dargestellten direkten Sportförderung umfasst die indirekte Förderung bspw. die Anerkennung der Gemeinnützigkeit aller Sportvereine und somit die Gewährung eines steuerlichen Vorteils für diese. Die Motivation für diese indirekte Sportfördermaßnahme liegt darin, dass allen Sportvereinen in Deutschland eine gleiche Grundlage verschafft werden solle. (vgl. TROSIEN 2013b)

Goldener Zügel der Politik gegenüber dem organisierten Sport

Zu beachten ist in diesem Kontext auch der sogenannte „goldene Zügel" der Politik gegenüber dem organisierten Sport, der die Autonomie des Sports durch die staatliche Sportförderung einschränkt (vgl. HEINEMANN 1996: 177 ff.). HARING stellt in seiner Analyse der Sportförderung in den Bundesländern fest, dass staatliche Sportförderung eine große Bedeutung für den organisierten Sport besitzt (vgl. 2010: 266 f.). Der organisierte Sport kann sich keinen Konflikt leisten, da er im Rahmen seiner Arbeit auf die Unterstützung der staatlichen Förderung angewiesen ist. Das Beispiel Baden-Württemberg zeigt exemplarisch den geringen Einfluss des organisierten Sports: „Seine formale Autonomie beruht auf gesetzlichen Vorschriften und seine reale Autonomie auf dem guten Verhältnis zur Politik" (HARING 2010: 267). Das Beispiel Sachsen-Anhalt zeigt, dass in Krisenzeiten das Bundesland die Förderung einseitig beenden kann und der organisierte Sport keine effektive Möglichkeit des Einspruchs besitzt (vgl. HARING 2010: 267).

6.4 Gründe für Sportförderung

Ohne die staatliche Förderung wäre ein Sportvereinsangebot, wie wir es heute kennen, nicht möglich. Doch der zunehmende Mangel an öffentlichen Mitteln führt zu einer Legitimationsdiskussion der öffentlichen Sportförderung (vgl. ECKL/WETTERICH 2007: 10). Zudem stehen immer geringere Fördergelder zunehmenden Sportausgaben gegenüber (vgl. KÄHLER 2006: 87). Daher ist speziell die Frage, „ob und mit welcher Begründung der Staat in welchem Umfang Finanzmittel" (vgl. KIRSCH/KEMPF 2002: 253) zur Verfügung stellt, von großer Bedeutung.

Zumeist wird in der Literatur die „Gemeinwohlfunktion" (Eckl/Wetterich 2007: 10) oder die „große gesellschaftliche Bedeutung des Sports" (Bundesministerium des Innern 2010: 13; Zugriff vom 14.11.2013) als wichtigste Begründung der Förderung genannt. Wange (1988: 289) sieht zudem, dass der Sport dem Staat hilft, indem er als Gegenleistung Aufgaben staatlicher Organe wahrnimmt, die der Staat aus eigener Leistungsfähigkeit nur sehr schwer und mit intensiven Anstrengungen bewältigen könnte (vgl. Eckl/Wetterich 2007: 10). Im Fokus stehen hier folgende Schwerpunkte:

- *Gesundheit*:
  Der Sport fördert als sinnvolle Freizeitbetätigung eine gesunde Lebensweise (vgl. Bundesministerium des Innern o. J.(a): Zugriff vom 21.11.2013) und soll somit zur Entlastung des Gesundheitssystems beitragen (vgl. Langer 2006: 271).
- *Persönlichkeitsentwicklung*:
  Der Sport prägt jeden Menschen. Als wichtige Kraftquelle fördert er das Selbstbewusstsein und motiviert zu Leistung und Wettbewerb. Er hilft Höhen und Tiefen besser zu verarbeiten und lehrt Regeln einzuhalten. Zudem können die zentralen Werte des Sports – Engagement, Verlässlichkeit, Respekt und Teamgeister – in andere Lebensbereiche übertragen werden. (vgl. Bundesministerium des Innern 2010: 13; Zugriff vom 14.01.2014).
- *Integration*:
  Der schnellste Weg ausländische Bürger in das soziale Umfeld zu integrieren ist der Sport (vgl. Wange 1988: 289). Speziell der Vereinssport bietet großes „Integrationspotenzial" und verbindet Menschen über sprachliche, soziale und kulturelle Grenzen (vgl. Bundesministerium des Innern 2010: 13; Zugriff vom 14.01.2014).
- *Jugendarbeit*:
  Neben der sportlichen Betätigung von Jugendlichen ist vor allem der soziale Wert („von der Straße holen") des Sports für Jugendliche ein entscheidender Faktor (vgl. Wange 1988: 289).
- *Arbeitsplätze:*
  Durch Sport werden Arbeitsplätze geschaffen. Bspw. in der Sportartikelindustrie (vgl. Wange 1988: 289). Etwa 800.000 Personen in Deutschland arbeiten im Bereich Sport (vgl. Meyer/Ahlert 2000: 155).
- *Wirtschaftspolitischer Faktor:*
  Sport fördert die Attraktivität der Kommunen durch bspw. sportliche Großevents oder erfolgreiche Vereine. So sind sie entscheidende Faktoren für die ansässige Gastronomie, Hotellerie oder andere Industrie (vgl. Wange 1988: 290). Das sportbezogene Bruttoinlandsprodukt betrug im Jahr 2008 bei ca. knapp 73,1 Mrd. Euro (vgl. Bundesministerium für Wirtschaft und Energie 2013: 2; Zugriff vom 14.01.2014).

- *Repräsentation:*
  Sportliche Erfolge oder Großveranstaltungen, wie eine Fußball-Weltmeisterschaft, führen zu positiven Prestigewirkungen der Bürger oder des Landes. Es können sogar außenpolitische Wirkungen erreicht werden (vgl. Langer 2006: 271).

Dies allein ist aber als Legitimierungsgrund, vor allem gegenüber anderen kommunalpolitischen Handlungsfeldern, noch nicht ausreichend. Sobald der Sport jedoch aus eigener Kraft die Produktion dieser „Kollektivgüter“ (Kirsch/Kempf 2002: 256) nicht mehr gewährleisten kann, bietet speziell die Theorie der meritorischen Güter eine gute Argumentationsgrundlage. Hier greift der Staat regulierend ein, sobald die Nachfrage nach gewissen, von der Gesellschaft gewünschten Gütern, nicht mehr vom Markt erbracht werden kann. Vor allem im Rahmen der Förderung der Vereine wird dies als einen großen Vorteil mit Mehrwert für die Gesellschaft gesehen (vgl. Eckl/Wetterich 2007: 11).

Des Weiteren ist es von wachsender Bedeutung über das heutige System des Sports nachzudenken. Es existieren immer mehr verschiedene Akteure, die ihre eigenen Interessen vertreten. Darauf aufbauend muss die Frage gestellt werden, wer trägt in welchem Umfang mit welcher Art von Unterstützungen zum Gemeinwohl bei und ist somit förderungsfähig (Kirsch/Kempf 2002: 255). Um sicher zu gehen, dass die staatlichen Fördermittel auch für den eigentlichen Zweck eingesetzt werden, wäre eine Kontrolle der Ausgaben sinnvoll (vgl. Eckl/Wetterich 2007: 11).

Auch die Entwicklung der letzten Jahre außerhalb des organisierten Sports muss beachtet werden, um eine gerechte Förderungsstruktur zu gewährleisten (vgl. Eckl/Wetterich 2007: 12). Immer mehr Menschen treiben außerhalb des Vereins Sport. Ein gutes Beispiel sind zunehmende Mitgliederzahlen in Fitnessstudios (Gronau 2012: 3, Zugriff vom 19.01.2014). Auch neue Netzwerke des Sports außerhalb des Vereinswesens (Jugendgruppen, Gesundheitswesen, Altenpflege usw.) müssen beachtet werden (vgl. Eckl/Wetterich 2007: 12). Daumann (2006: 101 f.) fordert in diesem Rahmen eine Entwicklung weg von der verbandsorientierten Förderung hin zu einer subjektorientierten Sportförderung.

Zusammenfassend kann gesagt werden, dass der Sport als sinnvolle Freizeitbeschäftigung der öffentlichen Hand vielfältige Gründe und Anlässe zur Förderung bietet, jedoch eine ständige Kontrolle der Geförderten und Überprüfung der Prozesse eine notwendige Bedingung ist, um eine ausreichende Legitimation zu gewährleisten.

6.5 Formen und politische Steuerungsinstrumente der Sportförderung

Wie in den vorangehenden Kapiteln erwähnt, erfolgt die Förderung des Sports in der Bundesrepublik Deutschland durch die öffentliche Hand. Diese wird auf verschiedenen Ebenen betrieben, wobei eine Aufgabenteilung zwischen Bund, Ländern und Kommune zu beachten ist. (vgl. Eckl/Wetterich 2007: 6)

Die Förderung durch den *Bund* beschränkt sich auf den Spitzensport (vgl. THIEME/WADSACK 2013: 312–313). Dazu zählen im Wesentlichen der Leistungs- und Hochleistungssport, indem bspw. Olympiastützpunkte, Wettkämpfe, Trainer oder hauptamtliche Führungskräfte im Sport bezuschusst werden (vgl. ECKL/WETTERICH 2007: 6). Hinzu kommt die Pflege der Beziehungen zu auswärtigen Staaten sowie der Auslandsbeziehungen zu Verbänden und Vereinen. Der Bund unterstützt zusätzlich die Spitzenverbände bei der Erfüllung ihrer Aufgaben. Die Bundesförderung für den Sport unterteilt BÜCH in folgende vier Bereiche (1999: 172):

- Herstellung der Leistungspotenziale für internationale Wettkämpfe (insbesondere: Vorbereitung der Athleten),
- Schaffung von Sportinfrastruktur für Training und Wettkämpfe,
- Schöpfung wissenschaftlicher Erkenntnisse für den Sport und
- Unterstützung des Sports bei hervorgehobenen, übergeordneten Aufgaben.

Die Ausführung dieser Förderung seitens des Bundes wird in enger Zusammenarbeit mit dem DOSB durchgeführt (vgl. THIEME/WADSACK 2013).[5]

Auf der *Länderebene* ist die Sportförderung aufgrund der föderalen Struktur der Bundesrepublik Deutschland relativ heterogen. Dabei kann sowohl die Zuständigkeit für den Sport in den einzelnen Bundesländern, welchem Ministerium der Sport zugeordnet ist, sich unterschiedlich darstellen, als auch die Verankerung der Sports in den Landesverfassungen (Verfassungsrang oder eigene Sportgesetze). (vgl. ECKL/WETTERICH 2007: 7)

Der Schwerpunkt der Länder bezüglich der Sportförderung liegt in der Förderung der Landessportbünde, des Sportstättenbaus und des Schulsports (vgl. THIEME/WADSACK 2013). Unter die Förderung des Schulsports fallen in besonderem Maße die Sportlehrerausbildung und der Schulsport. Der Schulsport charakterisiert sich dadurch, dass er eine Pflichtaufgabe darstellt, die in den Verfassungen der Länder niedergeschrieben ist. Weiterhin sind die jeweiligen Länder für die Bezuschussung von Übungsleitern, für den Leistungssport (D-Kader-Athleten bzw. Sportler), die Unterstützung besonderer Zielgruppen sowie für weitere Bereiche, wie z. B. Sportmedizin, Jugend- und oder Behindertensport zuständig. (vgl. ECKL/WETTERICH 2007: 7)

Der Gegenstand der *kommunalen Sportförderung* ist in einem weiteren Sinne der nicht-organisierte Breiten- und Freizeitsport. Diese stellt sich beispielhaft durch den Bau von (Rad-)Wegen oder der Betrieb sowie die Unterhaltung von Hallen- und Freibädern dar. In einem engeren Sinne ist die kommunale Sportförderung Förderer des organisierten Sports. Diese zeichnet sich vor allem durch den Bau und Unterhalt von Sport-, Spiel- und Freizeitanlagen und die direkte Förderung der Sportvereine in unterschiedlicher Form dar. (vgl. ECKL/WETTERICH 2007: 7)

5 Aktuell (Sommer 2016) befindet sich die Neustrukturierung der Spitzensportförderung in einer intensiven Diskussion.

Um diesen Anforderungen gerecht zu werden, verfügen die jeweiligen Kommunen zumeist über eigene Verwaltungseinheiten, die die Betreiberfunktion für die kommunalen Sportstätten wahrnehmen. Die Grundlage für derartige Unterstützungen seitens der Kommune sind Sportförderrichtlinien, welche die allgemeinen Voraussetzungen für eine Förderung festlegen. Bspw. zum einen die Förderung der Jugendarbeit innerhalb eines Vereins, dass jeder Sportverein einen festen Betrag für jedes minderjährige Mitglied erhält. Zum anderen, dass Sportvereine, deren Mitglieder an nationalen oder internationalen Meisterschaften teilnehmen, dabei finanziell unterstützt werden. Zudem werden in diesen Richtlinien die Unterhaltungszuschüsse für Sportvereine geregelt, wie z. B. dass ein Sportverein für seinen eigenständig unterhaltenen Tennisplatz pro Quadratmeter einen bestimmten Betrag von der Kommune als Zuschuss erhält (vgl. Thieme/Wadsack 2013)

Die Umsetzung der kommunalen Sportförderung ist aufgrund der unterschiedlichen regionalen, aber auch historischen Entwicklungen sowie des auf der Freiwilligkeit beruhenden Ansatzes der Förderung, als extrem dispers zu charakterisieren und bezieht sich auf einzelne Förderbereiche und -bedingungen (vgl. Thieme/Wadsack 2013: 315).

Politische Steuerungsinstrumente in der Sportförderung

Um die Sportförderung konkret umzusetzen, benötigt der Staat bestimmte Instrumente zur Steuerung. Diese können in direkte und indirekte Instrumente (siehe Abbildung 6) unterschieden werden (vgl. Braun/Giraud 2003: 149 ff.).

Abbildung 6: Politische Steuerungsinstrumente in der Sportförderung

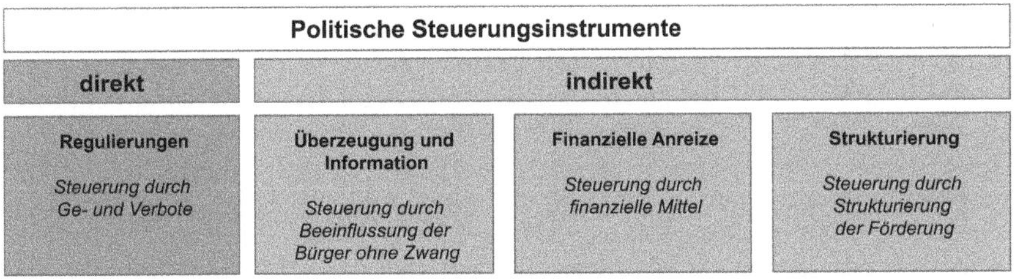

Quelle: Eigene Darstellung in Anlehnung an: Braun/Giraud 2003: 150

Im Bereich der *direkten Instrumente* befinden sich sämtliche Arten von Regulierungen. Beispiele für diese Ge- und Verbote sind Genehmigungen von Wanderwegen, Lärmschutzregulierungen auf Sportplätzen oder das Verbot privater Sportwetten (vgl. Haring 2010: 44 f.).

Daneben stehen drei *indirekte Instrumente*. Die *Überzeugung und Information* beeinflusst die Bürger in ihren Entscheidungen, ohne dabei jegliche Art von Zwang auszuüben. Beispiele sind Kampagnen wie *Sport ist gesund*. *Finanzielle Anreize* ermöglichen des Weiteren auch Steuerung. Abschließend bietet die *Strukturierung* eine

Möglichkeit, „die Adressaten über die Bereitstellung von Verhaltensangeboten in Form von ‚sozialen Verhaltensarrangements' zu beeinflussen" (Braun/Giraud 2003: 155). Sportförderrichtlinien strukturieren somit die Sportförderung, wobei die Umsetzung aber in der Selbstverwaltung des organisierten Sports liegt (vgl. Haring 2010: 45).

6.6 Ausblick – Sport als Querschnittsaufgabe der Kommunalpolitik

In einem Bericht der Demo (Die Monatszeitschrift für Kommunalpolitik) aus dem Jahr 2008 wurde über das Forum „Kommunale Sportpolitik" in Berlin berichtet. In diesem Artikel wurde der Sport als zukünftige Querschnittsaufgabe in der Kommunalpolitik beleuchtet. Weiterhin sind mehrere Experten befragt worden, inwieweit der Sport zukünftig gefördert werden muss, da der größte Teil der in Deutschland aktiven Sportler in den Sportvereinen der Kommunen aktiv ist. Sowohl die Kommunen, als auch Sportvereine, würden jedoch vor großen Herausforderungen, wie dem demografischen Wandel sowie der Verknappung der öffentlichen Mittel, stehen. (vgl. Demo 2008: Zugriff vom 15.12.2013)

Weiterhin wird in diesem Bericht kritisiert, dass in der öffentlichen Wahrnehmung ausschließlich der Spitzensport eine wichtige Rolle spielt. Während des Forums äußerte sich vor allem der Bürgermeister der Stadt Baunatal kritisch zu dieser medialen Berichterstattung: „Die Vereine vor Ort machen eine hervorragende Jugend- und Seniorenarbeit. Sie leisten einen wichtigen Beitrag und entlasten damit die öffentliche Hand. Gleichzeitig brauchen aber auch sie selbst Entlastung" (Demo 2008: Zugriff vom 15.12.2013).

Schaub sieht den Sport als verzweigenden Faktor, der Sozial-, Jugend- und Bildungspolitik im Zusammenhang mit Arbeitsmarkt, Wirtschaft, Tourismus und Kultur deutlich verbessern kann. Vor allem Sport in Verbindung mit der Bildungspolitik ist ein Feld, das seiner Meinung nach in Zukunft höchste Priorität haben muss, gerade im Hinblick auf die Ganztagsschulen. (vgl. ebd.). Hebborn, Dezernent beim Deutschen Städtebund für Sportpolitik, beschreibt allerdings, dass Sport, vor dem Hintergrund der schlechten Haushaltssituation, immer öfter zu einer freiwilligen Aufgabe der Kommunen herabgestuft und somit auch öfter gestrichen wird. Dies ist seiner Ansicht nach nicht akzeptabel. (vgl. Demo 2008: Zugriff vom 15.12.2013)

In der nachfolgenden qualitativen Analyse wird diese Thematik des Sports als Querschnittsaufgabe in der Kommunalpolitik weiter untersucht. Es sollen bestehende Schnittmengen innerhalb der Verwaltungen analysiert und gleichzeitig zukunftsfähige Überschneidungen innerhalb der Systeme untersucht werden.

7 Diskussionsansätze für die Gestaltung der kommunalen Sportförderung

Im Rahmen der Projektarbeit wurden zwei Diskussionsraster entwickelt, welche eine lokale bzw. regionale Diskussion um die Sportförderung unterstützen können. Das eine richtet sich auf die Situation in der jeweiligen Kommune, das andere auf den Vergleich mit einer anderen Benchmarking-Kommune. Zu diesem Zweck wurden jeweils Kriterien erarbeitet, die als Ausgangspunkt einer entsprechenden Gestaltungsdiskussion genutzt werden können.

Zunächst gilt es, eine Abstimmungsdiskussion zwischen Vertretern der Kommune und des organisierten Sports in die Wege zu leiten, um eine gemeinsame Zielorientierung zu erarbeiten. In Abbildung 7 sind exemplarisch die Ergebnisse einer im Rahmen des Projektes erfolgten Befragung abgebildet, welche jeweils eine Gruppe von Vertretern der Kommunen und des organisierten Sports beantwortet hat. Vorausgegangen ist eine Abstimmung von relevanten Entwicklungsperspektiven für den lokalen Sport.

Abbildung 7: Wichtigkeit von sportbezogenen Themen in exemplarischen Kommunen

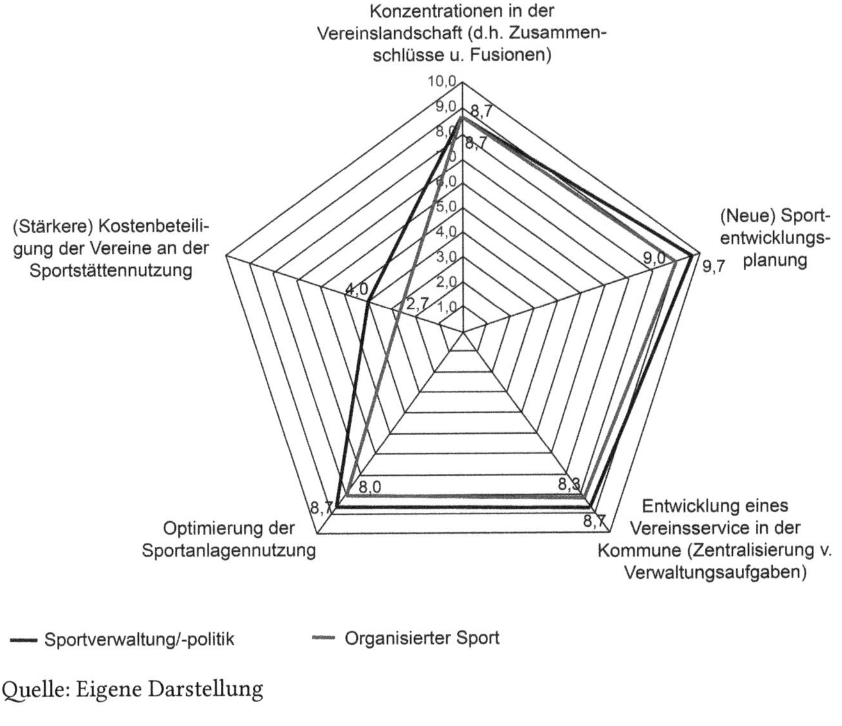

Quelle: Eigene Darstellung

Ausgehend von diesen Befragungsergebnissen können Abweichungen in den Zielperspektiven und die Ausgestaltung der Maßnahmen für die Zielerreichung sowie entsprechende Meilensteinpläne erarbeitet werden. Damit erhält die Kooperation von organisiertem Sport und Kommune eine konkretere Gestalt.

Die zweite Betrachtungsperspektive richtet sich auf einen inter-kommunalen Vergleich verschiedener Parameter, die mit der Sportförderung in Verbindung gebracht werden können. Dabei gehen nach bisheriger Auslegung dieses Instrumentes folgende Aspekte ein:

- Einwohnerzahl der Stadt / des Landkreises
- Summe der direkten Sportförderung je organisiertem Mitglied
- Höhe der Verschuldung je Einwohner
- Anzahl der organisierten Mitglieder in den Sportvereinen
- Altersquotienten (AQ als Quotient der Sportler über 40 Jahre und unter 40 Jahre).

Eine beispielhafte Darstellung findet sich in Abbildung 8. Wenn nun die Vergleichskommunen entsprechend als Benchmarking-Partner abgestimmt wurden, lässt sich an den entsprechenden Abweichungen eine Diskussion zu Unterschieden und Ursachen der jeweiligen Sportförderung ergänzend zu der vorherigen Darstellung anknüpfen.

Stadt	Sportförderung je organisiertem Mitglied	Organisierte Mitglieder	Verschuldung je Einwohner	Ü40-Quotient	Einwohnerzahl
1	38,3	23,8	429,86	0,75	240.000
2	19,13	27,34	3127,55	0,8	105.000
3	29,52	33,01	211,93	0,82	120.000

Abbildung 8: Inter-kommunaler Vergleich verschiedener Parameter

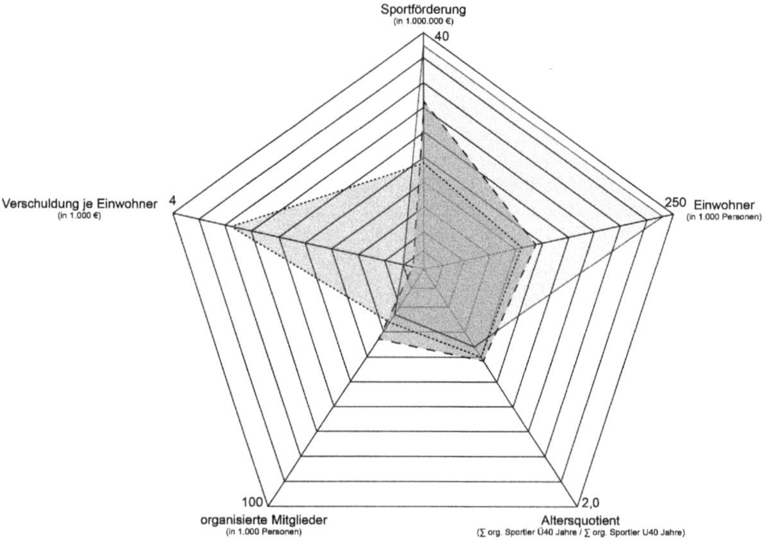

Quelle: Eigene Darstellung

Abbildung 9 zeigt die Netzdiagramme beispielhaft anhand verschiedener Kommunen im direkten Vergleich.

Abbildung 9: Exemplarischer Vergleich der Netzdiagramme verschiedener Kommunen

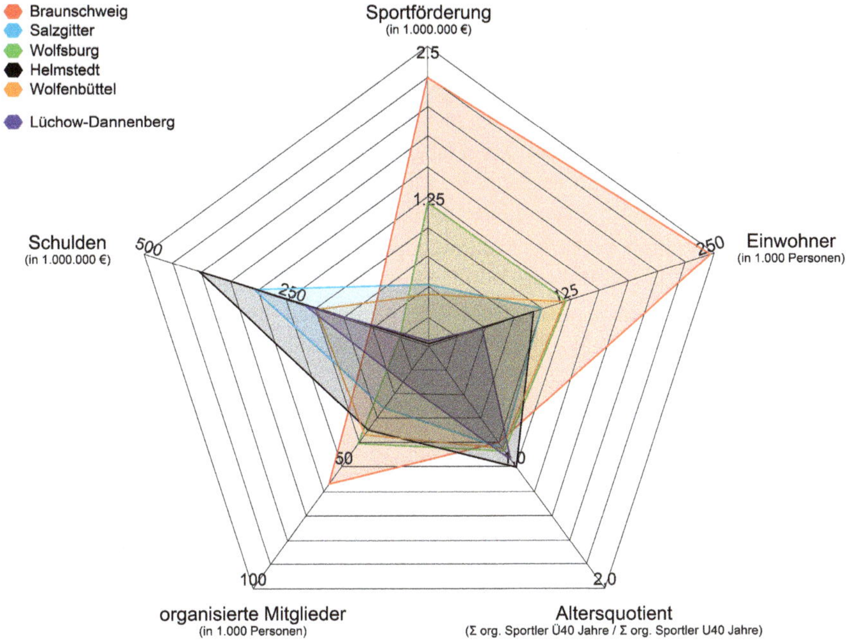

Quelle: Eigene Darstellung

Eine gewisse Unschärfe ergibt sich aus den verfügbaren Daten des organisierten Sports bzw. der Kommunen. Die Mitgliederzahlen der Sportvereine sind durch Mehrfachmitgliedschaften oder nicht mehr aktive Mitglieder ungenau. Die Daten zu den für Sportförderung eingesetzten Finanzen sind von der Zurechnung innerhalb der kommunalen Buchhaltung (interne Leistungsverrechnung) bzw. von den ausgewiesenen Werten abhängig.

Letztlich kann eine solche erste Darstellung jedoch die Transparenz für die kommunale Sportförderdiskussion erhöhen und zu der gesamten strategischen Sportentwicklung in einer Kommune beitragen.

Literatur

Ahlert, G./Stöver, B. (2008): Entwicklung der öffentlichen Ausgaben für Sport im vereinten Deutschland. Gesellschaft für Wirtschaftliche Strukturforschung mbH: Osnabrück

Bogumil, J. (2008): Evaluation kommunaler Verwaltungsmodernisierung. In: Fisch, R./Müller, A./Beck, D. (Hrsg.) (2008): Veränderungen in Organisationen, Stand und Perspektiven. 1. Auflage, VS Verlag für Sozialwissenschaften: Wiesbaden, S. 325–350

Bogumil, J./Kuhlmann, S. (2004): Zehn Jahre Verwaltungsmodernisierung – Ansätze einer Wirkungsanalyse. In: Jann, W. et. al: Status-Report Verwaltungsreform – Eine Zwischenbilanz nach 10 Jahren. edition sigma: Berlin, S. 51–63

Bogumil, J./Holtkamp, L. (2013): Kommunalpolitik und Kommunalverwaltung, Eine praxisorientierte Einführung. Bundeszentrale für politische Bildung: Bonn

Breuer, C. (2010): Der Beitrag des Sports zur Kommunal- und Regionalentwicklung. In: Petry, K./Tokarski, W., Handbuch Sportpolitik. Hofmann-Verlag: Schorndorf, S. 128–141

Breuer, C./Wicker, P. (2008): Sportvereine in Deutschland, Sportentwicklungsbericht 2007/2008, Analyse zur Situation der Sportvereine in Deutschland. Sportverlag Strauß: Köln.

Braun, D./Giraud, O. (2003): Steuerungsinstrumente. In: Schubert, K./Bandelow, N. (Hrsg.) (2003): Lehrbuch der Politikfeldanalyse, Oldenbourg Verlag: München, S. 147–174

Büch, M.-P. (1999): Sportförderung durch den Bund – ökonomisch betrachtet. In: Trosien, G. (Hrsg.): Die Sportbranche, Wachstum, Wettbewerb, Wirtschaftlichkeit. 2. Auflage, Campus Verlag: Frankfurt a. M., New York, S. 165–178

Bundeszentrale für politische Bildung (2001): Grundgesetz für die Bundesrepublik Deutschland. Deutscher Taschenbuch Verlag: Berlin

Dahme, H.-J. (2011): Kommunale Finanzen und Finanzierung kommunaler Sozialleistunge. In: Dahme, H.-J./Wohlfahrt, N. (Hrsg.) (2011): Handbuch Kommunale Sozialpolitik. VS Verlag: Wiesbaden

Daumann, F. (2006): Fragen der Effektivität und Effizienz öffentlicher Sportförderung. In: Sportwissenschaft, Ausgabe 36, S. 99–103

Eckl, S. /Wetterich, J. (2007): Sportförderung und Sportpolitik in der Kommune. Band 5, LIT-Verlag: Berlin

Fürst, D. (2010): Regional Governance. In: Benz, A./Dose, N. (2010): Governance-Regieren in komplexen Regelsystemen, Eine Einführung. 2. Auflage, VS Verlag: Wiesbaden, S. 49–68

Haring, M. (2010): Sportförderung in Deutschland, Eine vergleichende Analyse der Bundesländer. Verlag für Sozialwissenschaften: Wiesbaden

Heinemann, K. (1996): Staatliche Sportpolitik und Autonomie des Sports. In: Lüschen, G./Rütten, A. (Hrsg.) (1996): Sportpolitik, sozialwissenschaftliche Analysen, Springer Verlag: Stuttgart, S. 177–197

Jungfer, K. (2005): Die Stadt in der Krise. Bundeszentrale für politische Bildung: Bonn

Kirsch, G./Kempf, H. (2002): Staatliche Finanzierung des Sports – Ein Auslaufmodell?. In: Dorsch, H. et al. (Hrsg.) (2002): Finanzierung des Sports. Apprimus Wissenschaftsverlag : Aachen, S. 254–266

Knappe, R. (2010): Die Eignung von New Public Management zur Steuerung öffentlicher Kulturbetriebe. Gabler Verlag: Wiesbaden

Langer, M. (2006): Öffentliche Förderung des Sports, Eine ordnungspolitische Analyse. Duncker & Humblot: Berlin

Lösche, P. (2010): Sportpolity, Sportpolitics und Sportpolicy als theoretische Annäherung an eine Sportpolitikwissenschaft. In Petry, K./Tokarski, W. (2010): Handbuch Sportpolitik. Hofmann- Verlag: Schorndorf

Meyer, B./Ahlert, G. (2000): Die ökonomischen Perspektiven des Sports. Hofman-Verlag: Schorndorf

Mittler, G. (2009): Die steuerliche Förderung des Sports aus politischer Sicht. In: Büch, M.-P-./Maenning, W./Schulke, H.-J. (Hrsg.) (2009): Sportfinanzierung, Spannungen zwischen Markt und Staat. Hamburg University Press: Hamburg, S. 99–108

Münch, U. (2008): Föderalismus in Deutschland, Informationen zur politischen Bildung. Band 298, 1. Quartal 2008, Bundeszentrale für politische Bildung: Bonn, Berlin

Nassmacher, H./Nassmacher, K.-H. (2007): Kommunalpolitik in Deutschland. 2. komplett überarbeitete Auflage, Verlag für Sozialwissenschaften: Wiesbaden

Prio, R. (1984): Grundsätze staatlicher Sportförderung. In: Bundeszentrale für politische Bildung (Hrsg.): Gesellschaftliche Funktionen des Sports. Bundeszentrale für politische Bildung: Bonn, S. 34–47

Rau, Th. (2007): Betriebswirtschaftslehre für Städte und Gemeinden, 2. Auflage. Vahlen: München

Reinermann, H. (2011): New Public Management. In: Lewinski-Reuter, V./Lüddemann, S. (Hrsg.) (2011): Glossar Kulturmanagement. VS Verlag für Sozialwissenschaften: Wiesbaden, S. 263–271

Rittner, V./Breuer, C. (2004), Gemeinwohlorientierung und soziale Bedeutung des Sports. In: BiSp, Wissenschaftliche Berichte und Materialien des Bundesinstituts für Sportwissenschaft 2004/02. 2. Aufl., Sportverlag Strauß: Köln, S. 271–276

Schneider, S./Thieme, L. (2011): Zum Management von Schwimmbädern. In: Wadsack, R. (Hrsg.): Betrieb von Sport- und Veranstaltungsimmobilien. Peter Lang GmbH: Frankfurt a. M., S. 191–213

Stowasser, J. M./Petschenig, M./Skutsch, F. (2005): STOWASSER. Auflage 2005, Oldenbourg Verlag: München

Tabatt-Hirschfeldt, A. (2009): Leistungsorientierung in der Kommunalverwaltung. ZIEL Verlag: Augsburg

Thieme, L. (2007a): Ausgewählte Aspekte im Wirkungsgefüge kommunaler Sportförderung, Modelltheoretische Betrachtungen und empirische Befunde. In: Klein, M.-L., Kurscheidt, M. (Hrsg.) (2007): Neue Perspektiven ökonomischer Sportforschung. Hofmann-Verlag: Schorndorf, S. 161–178

Thieme, L. (2007b): Zur kommunalen Sportförderung in Rheinland-Pfalz. In: Eckl, S./Wetterich, J. (Hrsg.) (2007): Sportförderung und Sportpolitik in der Kommune. LIT-Verlag: Münster, S. 113–161

Thieme, L. (2013): Sportamt. In: Bezold, T. et al. (Hrsg.): Handwörterbuch des Sportmanagement, 2. Auflage. Peter Lang GmbH: Frankfurt a. M., S. 278–280

Thieme, L./Wadsack, R. (2013): Sportförderung, öffentliche. In: Bezold, T. et al. (Hrsg.): Handwörterbuch des Sportmanagement, 2. Auflage. Peter Lang GmbH: Frankfurt a. M., S. 311–316

Trosien, G. (2013a): Sportselbstorganisation. In: Bezold, T. et al. (Hrsg.): Handwörterbuch des Sportmanagements, 2. Auflage. Peter Lang GmbH: Frankfurt a. M., S. 361–366

Trosien, G. (2013b): Subsidiaritätsprinzip. In: Bezold, T. et al. (Hrsg.): Handwörterbuch des Sportmanagements, 2. Auflage. Peter Lang GmbH: Frankfurt a. M., S. 416–417

Wadsack, R. (2013): Sportverwaltung, öffentliche. In: Bezold, T. et al. (Hrsg.): Handwörterbuch des Sportmanagement, 2. Auflage. Peter Lang GmbH: Frankfurt a. M.; S. 401–405

Wadsack, R./Wach, G. (2010): Legitimationskapital als Ressource von Sportvereinen. In: SCIAMUS 4/2010, S. 1–14

Wange, W. (1988): Der Sport im Griff der Politik, von den olympischen Spielen der Antike bis Heute. Bund-Verlag: Köln

Internetquellen

Bundesministerium des Innern (BMI) (o. J.(a)): Sport. http://www.bmi.bund.de/DE/Themen/Sport/sport_node.html, Zugriff vom 21.11.2013

Bundesministerium des Innern (BMI) (o. J. (b)): Sport, Sportpolitik des Bundes. http://www.bmi.bund.de/DE/Themen/Sport/Sportpolitik/sportpolitik_node.html, Zugriff vom 23.11.2013

Bundesministerium des Innern (BMI) (2010): 12. Sportbericht der Bundesregierung. http://www.bmi.bund.de/SharedDocs/Downloads/DE/Veroeffentlichungen/12_sportbericht.pdf?__blob=publicationFile, Zugriff vom 14.01.14

Bundesministerium für Wirtschaft und Energie (2013): Die ökonomische Bedeutung des Sports in Deutschland, Ergebnisse des Sportsatellitenkontos. http://www.bmwi.de/Dateien/BMWi/PDF/Monatsbericht/Auszuege/07-2013-sport,property=pdf,bereich=bmwi2012,sprache=de,rwb=true.pdf, Zugriff vom 14.01.14

Bundestag 2012: Grundgesetz für die Bundesrepublik Deutschland. http://www.bundestag.de/bundestag/aufgaben/rechtsgrundlagen/grundgesetz/gg.html, Zugriff vom 19.12.2013

Demo-Monatszeitschrift für Kommunalpolitik (2008): Sport als gesellschaftspolitische Querschnittsaufgabe. http://www.demo-online.de/sport-als-gesellschaftspolitischequerschnittsaufgabe, Zugriff vom 15.12.2013

Difu (2013): Difu-Berichte 1/2013 – Rahmenbedingungen und aktuelle Aspekte kommunaler Sportpolitik. http://www.difu.de/publikationen/difu-berichte-12013/rahmenbedingungen-und-aktuelle-aspekte-kommunaler.html, Zugriff vom 21.11.2013

DOSB (2003): Sport in Deutschland. http://www.dosb.de/fileadmin/fm-dsb/arbeitsfelder/wiss-ges/Dateien/Sport_in_Deutschland.pdf, Zugriff vom 16.01.2014

DOSB (2008): Starker Sport – starke Städte und Gemeinden. http://www.dosb.de/fileadmin/fm-dosb/arbeitsfelder/wiss-ges/Kooperationsvereinbarung.pdf, Zugriff vom 21.11. 2013

DOSB (2013a): DOSB-Organisation, Mitgliedsorganisationen, Die Sportfamilie. http://www.dosb.de/de/organisation/mitgliedsorganisationen/, Zugriff vom 16.01.2014

DOSB (2013b): Deutschland vernachlässigt seine Sportstätten. http://www.dosb.de/de/sportentwicklung/sportentwicklungs-news/detail/news/deutschland_vernachlaessigt_seine_sportstaetten/, Zugriff vom 16.01.2014

DOSB (2013c): Daten und Fakten. http://www.dosb.de/de/organisation/organisation/, Zugriff vom 03.12.2013

Gronau, N. (2012): Die Entwicklung kommerzieller Fitnessanbieter und in Deutschland. http://issuu.com/fitnessmanagementinternational/docs/entwicklung_kommerzieller_fitnessanbieter_final2, Zugriff vom 19.01.14

KGSt (2013): Projekt „Vom NSM (Neues Steuerungsmodell) zum KSM (Kommunales Steuerungsmodell)", KGSt®-Programmbereich „Organisationsmanagement". http://www.kgst.de/themenfelder/organisationsmanagement/projekte-organisationsmanagement/vom-nsm-zum-ksm.dot, Zugriff vom 13.12.2013

Kreissportbund Wolfenbüttel (o. J.): Satzung. http://www.ksb-wf.de/content/download/satzung_ksb_wf.pdf, Zugriff vom 15.12.2013

Niedersächsisches Ministerium für Inneres und Sport (o.J.): Das Niedersächsische Ministerium für Inneres und Sport, Förderer und Partner des Sports. http://www.mi.niedersachsen.de/portal/live.php?navigation_id=15010&article_id=62832&_psmand=33, Zugriff vom 20.12.2013

Rheinisch Westphälischer Genossenschafts Verband (Rgwv) (2006): Sportstättenfinanzierung, Ein Geschäftsfeld für Genossenschaften. http://www.rwgv.de/_downloads/Gruender-Service/sportstaettenstudie.pdf, Zugriff vom 16.01.2014

Stadt Krefeld (o.J.): Aufgaben des Sportausschusses. http://www.krefeld.de/C12574F7004CE990/html/47B6B3D5A6D48255C125753200499A49?opendocument&nid1=62172_11693, Zugriff vom 15.12.2013

Stadt Salzgitter (2007): Sportförderung der Stadt Salzgitter. https://app-8.salzgitter.de/buergerinfo/___tmp/tmp/45-181-136645093968/645093968/00179290/90-Anlagen/06/SportfoerderungAnlage_4_Schaubild.doc, Zugriff vom 19.01.14

Stadt Salzgitter (2013a): Monatsbericht. http://www.salzgitter.de/rathaus/downloads/Monatsbericht_201310.pdf, Zugriff vom 14.12.2013

Stadt Salzgitter (2013b): Wirtschaft. http://www.salzgitter.de/wirtschaft/wirtschaftsstandort/index.php, Zugriff vom 14.12.2013

Stadt Salzgitter (2013c): Haushaltsentwurf 2014. http://www.salzgitter.de/rathaus/downloads/Haushaltsentwurf_2014.pdf, Zugriff vom 14.12.2013)

Stadt Salzgitter (2013d): Gewerbesteuer im Sinkflug. http://www.salzgitter.de/rathaus/presse_news/2013/126010100000071608.php, Zugriff vom 14.12.2013

Stadt Salzgitter (2013e): Rat der Stadt Salzgitter. http://app.salzgitter.de/buergerinfo/pa021.asp, Zugriff vom 14.12.2013

Stadtsportbund Braunschweig (o. J.(a)): Bewegungswerkstatt West. http://www.ssb-bs.sport-id.de/www.ssb-bs.sport-id.de-bewegungswerkstatt-weststadt, Zugriff vom 15.12.2013

Stadtsportbund Braunschweig (o. J.(b)): Braunschweiger Modell. http://www.ssb-bs.sport-id.de/Braunschweiger%20Modell, Zugriff vom 15.12.2013

Stadtsportbund Braunschweig (o. J.(c)): Präsidium. http://www.ssb-bs.sport-id.de/Pr%C3%A4sidium, Zugriff vom 17.12.2013

Stadt Wolfsburg (o. J.(a)): Sport in Wolfsburg. http://www.wolfsburg.de/irj/portal/anonymous?NavigationTarget=imperiafully://de/signpost/4afd6f8c.xml/Wegweiser/Themen/Sport, Zugriff vom 22.11.2013

Stadt Wolfsburg (o. J.(b)): Bevölkerungsbericht 2013. http://www.wolfsburg.de/irj/go/km/docs/imperia/mam/portal/strategische_planung_stadtentwicklung_statistik/pdf/stadt_wolfsburg_-_bev__lkerungsbericht_2013.pdf, Zugriff vom 22.11.2013

Stadt Wolfsburg (o. J.(c)): Rat und Verwaltung. http://www.wolfsburg.de/irj/go/km/docs/imperia/mam/portal/kommunikation/pdf/ratundverwaltung/broschuere_webansicht.pdf, Zugriff vom 27.11.2013

Stadt Wolfsburg (o. J.(d)): Wolfsburger weiterhin schuldenfrei, Haushaltsvolumen liegt bei rund 474 Mio. Euro. http://www.wolfsburg.de/irj/portal/anonymous?NavigationTarget=imperiafully://de/townhall/49c0f8b2.xml/Rathaus/Rathaus/Kommunikation/Nachrichten/News%202013/032670&NavigationContext=i

mperiafully://de/townhall/49c0f8b2.xml/Rathaus/Rathaus/Kommunikation/Nachrichten/News%202013, Zugriff vom 13.12.2013

Stadt Wolfsburg (o. J.(e)): Wolfsburger Statistik 2013. http://www.wolfsburg.de/irj/go/km/docs/imperia/mam/portal/kommunikation/pdf/daten_fakten/statistik_flyer_2013_online.pdf, Zugriff vom 15.12.2013

Stadt Wolfsburg (o. J.(f)): Geschäftsbereich Sport. http://www.wolfsburg.de/irj/portal/anonymous?NavigationTarget=imperiafully://de/townhall/49c0f8b2.xml/Rathaus/Rathaus/Sport%20%26%20B%C3%A4der/Sport-%20%26%20B%C3%A4derverwaltung, Zugriff vom 22.11.2013

Stadt Wolfsburg (o. J.(g)): Ratsgremien. http://www.wolfsburg.de/irj/portal/anonymous?NavigationTarget=imperiafully://de/townhall/49c

Stubenrauch, H. (2011): Städte, Landkreise, Verbandsgemeinden und Gemeinden. www.politische-bildung-rlp.de/.../Zur_Sache_Kommunalsystem.pdf, Zugriff vom 15.01.2014

Thieme, L. (2003): Kommunale Sportpolitik in der Sackgasse?. http://www.hs-koblenz.de/fileadmin/media/profiles/wirtschafts__ und_sozialwissenschaften/thieme/Veroeffentlichung/Sportpolitik.pdf, Zugriff vom 21.11.2013

Marcus Grosche

Lokaler Machtindex – Grundlegende Überlegungen

Abstract: Ohne die staatliche Sportförderung wäre der organisierte Sport in Deutschland drastischen bis mitunter existentiell-bedrohenden Einschnitten ausgesetzt. Aufgrund des föderalen Systems der Bundesrepublik Deutschland liegt dabei die Sportförderung des organisierten Sports in den Händen der Kommunen, die trotz eines damit verbundenen latent unwirtschaftlichen Handelns dem Sport eine gewichtige gesellschaftliche Stellung zuteilwerden lassen. Im Kampf um Fördermittel und gegen die Liquidation überwiegen nicht selten vereinseigene Interessen. Gemeinwohlorientiertes Handeln sowie die lokale Harmonie müssen dabei oftmals hinten anstehen. Der vorliegende Beitrag unternimmt grundlegende Überlegungen zur Entwicklung eines lokalen Machtindexes auf Basis des *Global Sports Political Power Index*. Eine Identifizierung und Gewichtung kommunaler Machtpositionen stellen die Basis für eine aufbauend zu erfolgende Generierung von Daten dar, die final zu einem *Lokalen Machtindex* in den unterschiedlichsten Bereichen des organisierten Gemeinschaftslebens, z. B. in gemeinnützigen Sportvereinen, zusammengefasst werden können.

1 Einleitung

Die öffentliche Sportförderung genießt in Deutschland eine spezielle Stellung: Immer geringer werdende Fördergelder stehen zunehmenden Sportausgaben gegenüber.[1] Gemeinnützige Sportvereine wären ohne diese staatlichen monetären, wie auch nicht-monetären, Mittel nicht selten existenziell bedroht. In den Prozessen der Fördermittelvergabe vertreten dabei mehr und mehr Akteure (vereins-)eigene Interessen.

Die Mittelvergabe erfolgt in der Bundesrepublik Deutschland mit einer Aufgabenteilung zwischen Bund, den Ländern und den einzelnen Kommunen.[2] Findet auf Bundesebene eine Beschränkung auf den Spitzensport statt, im Wesentlichen auf den Leistungs- und Hochleistungssport, und liegt in den Ländern ein Schwerpunkt in der Förderung der Landessportbünde, des Sportstättenbaus und des Schulsports,[3] so ist auf kommunaler Ebene der Breiten- und Freizeitsport als Gegenstand öffentlicher Sportförderung im Fokus.[4] Die kommunale Sportförderung kann demnach als Förderer des organisierten Sports angesehen werden, im Rahmen dessen Sport-,

1 Vgl. Kähler 2006, 87
2 Vgl. Eckl/Wetterich 2007, 6
3 Vgl. Thieme/Wadsack 2008, 176
4 Vgl. Eckl/Wetterich 2007, 7

Spiel- und Freizeitanlagen errichtet und unterhalten werden sowie gemeinnützige Sportvereine eine direkte monetäre Unterstützung erfahren.[5]

Der vorliegende Beitrag unternimmt grundlegende Überlegungen zur Entwicklung eines lokalen Machtindexes. Eine Identifizierung und Gewichtung kommunaler Machtpositionen stellen die Basis für eine aufbauend zu erfolgende Generierung von Daten dar, die final zu einem *Lokalen Machtindex* in den unterschiedlichsten Bereichen des organisierten Gemeinschaftslebens, z.B. in gemeinnützigen Sportvereinen, zusammengefasst werden können.

Aspekte von Macht und Herrschaft werden zum Einstieg beschrieben, folgend von einem kurzen Abriss des föderalen Systems der Bundesrepublik Deutschland. Akteure aus Politik und Verwaltung sowie Externe werden im Rahmen des kommunalen Entscheidungssystems näher skizziert.

Es sei bereits an dieser Stelle darauf hingewiesen, dass es sich um eine rein theoretische Einschätzung handelt und interne, z.B. lokal bedingte, Abhängigkeiten nicht beachtet werden können.

2 Der *Global Sports Political Power Index*

Als Impuls für diesen Beitrag diente der 2013 von Broberg/Bak Lyck entwickelte *Global Sports Political Power Index*[6], im Rahmen dessen eine Bewertung Dänemarks aus sportpolitischer Sicht vorgenommen wurde. Hierbei wurden alle Mitgliedsländer des International Olympischen Komitees (IOC) analysiert und in einem Vergleich eine Rangreihenfolge hinsichtlich der sportpolitischen Einflussnahme erarbeitet.

Das Hauptziel der internationalen Strategie des Dänischen Nationalen Olympischen Komitees und der Sport-Konföderation von Dänemark ist es, möglichst viele einflussreiche Positionen mit dänischen Sportfunktionären in ihrem jeweiligen internationalen Sportverband besetzt zu haben. Neben der eigentlichen Wahl jener Personen in gewisse Gremien oder Führungspositionen, stellen die Messung der Ziele und deren finaler Erfolg bei der Umsetzung eine Herausforderung dar.

Insgesamt wurden 118 Verbände und Organisationen in der Analyse betrachtet, ausgewählt anhand der mächtigsten nationalen und internationalen Föderationen bzw. Organisationen im Bereich der Sportpolitik. Hierbei konzentrierten sich Broberg/Bak Lyck bei der Analyse auf die Vorstände bzw. die höchste Verbands- und Organisationsebene sowie auf die Mitglieder mit Wahlberechtigung, da diese die Basismacht besitzen, um Einfluss auf den dänischen Sport zu nehmen. Es wurden von Mai bis Juli 2013 sowohl Nationalität als auch Geschlecht aller 118 Mitglieder inklusive deren PräsidentIn recherchiert bzw. durch Nachfrage ergänzt; auf kleinere Fehler in den Aufzeichnungen aufgrund undurchsichtiger Strukturen bei den Verbänden/Organisationen wurde ferner hingewiesen. Änderungen im Kongress des

5 Vgl. Eckl/Wetterich 2007, 7

6 Vgl. Broberg/Bak Lyck 2013, Zugriff vom: 19.08.2015

IOC, die im September 2013 beschlossen wurden, konnten darüber hinaus beachtet werden. Insgesamt wurden 1.634 Personen in die Analyse einbezogen.

Es wurde angemerkt, dass gewisse Positionen, wie die des IOC-Präsidenten, größeren Einfluss auf nationale Sportverbände haben, als andere, wie z.B. ein Vorstandsmitglied eines kleineren Verbandes. Um dieses im Ergebnis besonders zu beachten, wurde eine Gewichtung entwickelt, die aber nach wie vor eine Einschätzung ist und bspw. interne Abhängigkeiten nicht beachtet. BROBERG/BAK LYCK weisen im Rahmen dessen darauf hin, dass diese Gewichtung vor der eigentlichen Datengenerierung vorgenommen wurde, um aufbauend mit den gewonnen Daten den *Global Sports Political Power Index* zu generieren.

Die Gewichtung unterlag fünf Annahmen, die seitens der Autoren getroffen wurden:

1. Internationale Verbände mit olympischem Status haben mehr Einfluss auf Wirtschaft und Medien als nicht-olympische Verbände und werden daher höher gewichtet.
2. Internationale Verbände werden aufgrund ihres höheren Einflusses hinsichtlich eines wirtschaftlichen Turnovers höher gewichtet als europäische Verbände.
3. Internationale Verbände generieren größere mediale Beachtung als Europäische und besitzen so einen größeren internationalen Einfluss.
4. Internationale Verbände repräsentieren mehr aktive Mitglieder als Europäische und haben aufgrund dessen einen größeren Einfluss.
5. Internationale Verbände haben einen größeren politischen Einfluss als europäische Verbände und haben aufgrund dessen mehr Einfluss.

Tabelle 1 zeigt die final vorgenommene Gewichtung von BROBERG/BAK LYCK, die dem *Global Sports Political Power Index* zugrunde liegt:

Tabelle 1: Gewichtung unterschiedlichster Positionen im Internationalen Sport

Position	**Gewichtung (1–10)**
IOC-Präsident	Faktor 10
Mitglied des IOC Executive Board	Faktor +2
Präsident eines Internationalen Olympischen Verbandes	Faktor 8
Präsident des Europäischen Olympischen Verbandes	Faktor 7
Mitglied des IOC	Faktor 6
Mitglied eines Internationalen Olympischen Verbandes	Faktor 6
Mitglied des Europäischen Olympischen Verbandes	Faktor 5
Präsident eines Europäischen Olympischen Verbandes	Faktor 5
Mitglied eines Europäischen Olympischen Verbandes	Faktor 3

Position	Gewichtung (1–10)
Präsident eines Nicht-Olympischen Internationalen Verbandes	Faktor 4
Mitglied eines Nicht-Olympischen Internationalen Verbandes	Faktor 2
Mitglied eines Nicht-Olympischen Europäischen Verbandes	Faktor 1
Präsident des Verbandes des Nationalen Olympischen Komitees	Faktor 7
Mitglied des Verbandes des Nationalen Olympischen Komitees	Faktor 6
Präsident eines Nicht-Olympischen Europäischen Verbandes	Faktor 9
Präsident der FIFA	Faktor 2
Mitglied der FIFA	Faktor 7
Präsident der UEFA	Faktor 6
Mitglied der UEFA	Faktor 4

Quelle: Eigene Darstellung, in Anlehnung an: Broberg/Bak Lyck 2013, 4, Zugriff vom: 19.08.2015

3 Macht und Herrschaft

Der Begriff *Macht* drückt ein Abhängigkeit- und/oder Überlegenheitsverhältnis aus, das sowohl von Individuen, Gruppen/Organisationen oder dem Staat sowie von gesellschaftlichen Strukturen ausgehen kann, im Rahmen dessen der Machthabende ohne Zustimmung, gegen den Willen bzw. trotz Widerstand, eigene Ziele versucht durchzusetzen und sie gegebenenfalls sogar verwirklicht.[7] Als bekannteste Instrumente der Machtdurchsetzung können nach Weber die

(1) physische Gewalt(-androhung),
(2) persönliche Überzeugungskraft,
(3) Gewohnheit oder
(4) Gesetz und Verordnung

genannt werden.[8]

---

7 Vgl. Schubert/Klein 2011, Zugriff vom: 19.08.2015
8 Vgl. Pelina/Varwick 2010, 22 f.

Da sich Macht nur durch die Interaktion von Individuen entfaltet, kann zum einen zwischen persönlicher und sozialer Macht sowie ferner Machtstrukturen unterschieden werden. In diesen Strukturen existieren zweiseitige (Austausch-)Verhältnisse, bei denen „eine Seite über (mehr oder weniger) Macht verfügt (z. B. über Belohnung, Bestrafung) und Einfluss nehmen kann (z. B. über Anreize, Wissen) und die andere Seite dies (positiv) akzeptiert, keinen Widerspruch erhebt bzw. nichts gegen die Ausübung der Macht unternimmt oder zur Duldung oder Befolgung gezwungen wird“[9]. Macht kann infolgedessen als ein grundlegendes Charakteristikum sozialer Gemeinschaften bezeichnet werden, in der jeder mächtig sein kann, da Macht ein allgemeines Potential eines jeden Individuums darstellt. Der Missbrauch von Macht kann als eine andauernde politisch-soziale, aber auch ethisch-erzieherische Aufgabe bezeichnet werden.[10] Aus der Politik sind

(1) *die institutionelle Beschränkung (z. B. Gewaltenteilung, zeitlich begrenzte Amtsperioden),*
(2) *die Gegenmachtbildung (Opposition),*
(3) *das Prinzip der Öffentlichkeit (Informationsversorgung, Transparenz)* und
(4) *der freiwillige Verzicht auf Ausübung oder Nutzung von Macht (z. B. zwischen Staaten)*

als gängige Praktiken zur Machtbegrenzung bekannt.[11]

Eine rechtmäßig anerkannte und institutionalisierte sowie auf Dauer angelegte und gewissen Regeln unterworfene Form von Macht ist die *Herrschaft*. In einer Herrschaft kann der Herrschende direkt auf das Verhalten der Beherrschenden Einfluss nehmen. Nach Weber „ist der Glaube an die Rechtmäßigkeit wesentliche Grundlage von Herrschaft“[12] und grundlegender Unterschied zur Begriffsdefinition von Macht. Idealtypisch kann zwischen der charismatischen, der traditionalen sowie der legalen Herrschaft unterschieden werden. Grundlage aller modernen Staaten ist die von Herrschenden und Beherrschenden anerkannte, durch Recht und Gesetz gesicherte und als soziale Ordnung installierte, legale Herrschaft. Verbunden mit einer legalen Herrschaft ist der Aufbau rechtmäßig handelnder Verwaltungen (z. B. Behörden). Zu unterscheiden bei der bürokratischen Ausübung sind die *Anzahl der Herrschenden*, der *Funktionsrahmen der Ausübung (z. B. staatlich, organisational)* sowie der *Umfang von Herrschaft*.[13]

Popitz stellte 2004 ein Stufenmodell auf, das insgesamt fünf Ebenen aufweist. Die erste Stufe, die Popitz als *sporadische Macht* bezeichnet, ist auf den Einzelfall be-

9 Schubert/Klein 2011, Zugriff vom: 19.08.2015
10 Vgl. Schubert/Klein 2011, Zugriff vom: 19.08.2015; Vgl. Imbusch 2008, S. 164
11 Vgl. Schubert/Klein 2011, Zugriff vom: 19.08.2015
12 Schubert/Klein 2011, Zugriff vom: 19.08.2015
13 Vgl. Schubert / Klein 2011, Zugriff vom: 19.08.2015

schränkt und kann als „lockere und zufällige Aneinanderreihungen von Aktionen“[14] bezeichnet werden. Die Macht kann in diesem Falle jedoch nicht verfestigt werden, da nicht ausreichend Mittel zu Verfügung stehen und sich der schwächere Part dieser Beziehung nicht binden lässt. Die *normierende Macht* als zweite Ebene beschreibt Verhaltensregelmäßigkeiten, in der Bestrafungen teilweise Anwendung finden, aber auch Vorteile für beide Parteien beinhalten kann. Die dritte Stufe stellt einen ersten Ansatz institutionalisierter Macht dar. Hier entwickelt sich die normierende Macht aus der zweiten Ebene zu positioneller Macht weiter; es kann von einer Verdichtung zu einer *überpersonalen Machtstellung* gesprochen werden. Auf der vierten Ebene etablieren sich innerhalb einer gegebenen Struktur Positionsgefüge, die bei einem Fortbestehen den Herrschenden austauschbar macht. In der fünften und letzten Stufe wird ein qualitativ neues Niveau erreicht: die staatliche Herrschaft liegt in dezentraler Form vor. Lebenswichtige Ordnungsfunktionen (wie z. B. zunehmende Entpersonalisierung und Formalisierung sowie eine Integration von Macht in übergreifende Ordnungsgefüge) garantieren dem Individuum Sicherheit und Stabilität.[15]

Die „rationale Ausübung legaler Herrschaft durch korrekte, personenunabhängige, nachvollziehbare und sachbezogenen Umsetzung vorgegebener Regeln“[16] steht dabei im Mittelpunkt öffentlichen Handelns. Das klassische Verständnis von Gewaltenteilung ordnet die Willensbildung der Politik und die Willensdurchführung der Verwaltung zu.

4 Macht und Herrschaft im politischen (Sport-)System Deutschlands

Die Bundesrepublik Deutschland ist ein föderaler Staat mit insgesamt 16 Bundesländern und kann als ein Beispiel legaler Herrschaft bezeichnet werden. Hierbei nimmt der Bund die Funktion des übergeordneten Zentralstaats, die einzelnen Länder die als Gliedstaaten wahr. Ihre kleinste Organisationseinheit ist die Kommune, die aufgrund ihres verliehenen hohen Autonomiegrades in den Bereichen *Legitimität, Rechte-* und *Kompetenzverfügung* selbst Staatsqualität besitzt. Zwangsläufig entstehende Ungleichheiten zwischen den einzelnen Ländern und Kommunen werden in einem unitaristischen, auf ein Vereinheitlichung abzielendes, Moment aufgefangen, sodass neben die vom Bund gewährte Vielfalt und Flexibilität Einheitlichkeit vorherrscht.[17]

Ein identisches Konstrukt hinsichtlich Ebenenstruktur und Autonomie kann im organisierten Sport beobachtet werden. „Die Organisation des Sports unterscheidet in Deutschland zwischen der Selbstverwaltung des Sports (mit ihren Vereinen und Verbänden) und der öffentlichen Sportverwaltung (mit Bund, Ländern und Kom-

14 Imbusch 2008, 176
15 Vgl. Imbusch 2008, 176
16 Baier 2002, 1
17 Vgl. Münch 2008, 4 ff.

munen)."[18] An der Spitze steht in Deutschland der Deutsche Olympische Sportbund (DOSB), ein Zusammenschluss aus insgesamt 16 Landessportbünde, 62 Spitzenverbänden und 20 Sportverbänden mit besonderen Aufgaben, der als Dachverband 27,8 Mio. Mitglieder in über 91.000 Turn- und Sportvereinen national sowie international vertritt.[19]

„Die Zuständigkeit des Bundes für die Sportförderung ist im Grundgesetz nicht ausdrücklich geregelt."[20] Allerdings kann in einigen Bereichen von einer ungeschriebenen Kompetenz berichtet werden, die vor allem bei Maßnahmen bundeszentraler nicht-staatlicher Organisationen gegeben ist, die sowohl von nationaler Bedeutung sind, aber sich nicht durch Landesmittel allein wirksam unterstützen lassen.[21] Laut Angaben des BUNDESMINISTERIUMS DES INNERN können

(1) *die Förderung des Spitzensports und Förderung des Spitzensports von Menschen mit Behinderungen,*
(2) *die Förderung des organisierten Sports und seiner Verbände,*
(3) *die Dopingbekämpfung* sowie
(4) *Internationalität* und
(5) *internationale Expertise*

als die fünf Kernbereiche der bundeszentralen Sportförderung genannt werden.[22]

Liegt der Fokus der Bundesförderung auf nationale Maßnahmen, übernehmen die einzelnen Länder nach Artikel 30 des Grundgesetztes, die eine Kulturhoheit bei den Bundesländern vorsieht, die direkte Sportförderung.[23] Diese Sportförderung wirkt bis in den organisierten Sport der Vereine auf kommunaler Ebene hinunter. Im Zuge dessen ist die Sportstättenplanung, der -bau und die -instandhaltung sowie die Ausbildung und Honorierung von Übungsleitern etc. besonders zu nennen.[24]

Disponibel in der Massenbudgetierung und als freiwillige Aufgabe einer jeden deutschen Kommune erfährt die Sportförderung in finanziell gesunden Kommunen eine größere, in finanziell schwachen Gemeinden jedoch eine weniger bedeutende Beachtung. So wird in Haushaltsnotlagenkommunen der lokalen Politik durch die Kommunalaufsicht aufgetragen, nur 3 % des Gesamtbudgets für freiwillige Aufgaben bereitzustellen. Ausgenommen von der Förderung ist der Schulsport, der als Pflichtaufgabe eingestuft wird.[25]

---

18 Vgl. DOSB 2003, 5, Zugriff vom: 16.08.2015
19 Vgl. DOSB 2013, Zugriff vom: 03.08.2015
20 DOSB 2003, 64, Zugriff vom: 16.08.2015
21 Vgl. DOSB 2003, 64, Zugriff vom: 16.08.2015
22 Vgl. Bundesministerium des Innern o.J., Zugriff vom: 11.08.2015
23 Vgl. DOSB 2003, 64, Zugriff vom: 16.08.2015
24 Vgl. DOSB 2003, 68, Zugriff vom: 16.08.2015
25 Vgl. Ernst 2013, persönliches Gespräch vom 14.11.2013; im Rahmen des Moduls „Wissenschaftliches Denken" des Studienganges Führung in Dienstleistungsunternehmen an der Ostfalia Hochschule für angewandte Wissenschaften, WS 2013/14, Forschungsprojekt „Kommunale Sportpolitik"

Welche Angebote eine Kommune also letztlich ihren Bürgern anbietet, entscheidet die Politik, im Speziellen der Gemeinderat als deren politische Vertretungskörperschaft. Die Verwaltung als Betriebsleitung setzt dabei die Entscheidung der Gemeinderäte um. Politische sowie verfassungsrechtliche Gegebenheiten sind ferner zu berücksichtigen und einzuhalten.[26]

4.1 Die deutsche Kommune

Der *Kommune*, oder auch *Gemeinde, kreisfreie Stadt, kreisangehörige Stadt* und *Landkreis*[27], muss nach Artikel 28 des deutschen Grundgesetztes „das Recht gewährleistet sein, alle Angelegenheiten der örtlichen Gemeinschaft im Rahmen der Gesetze in eigener Verantwortung zu regeln“[28]. Es wird in Deutschland davon ausgegangen, dass rund 80 Prozent aller anfallenden staatlichen Aufgaben auf örtlicher Ebene bearbeitet werden.[29]

4.1.1 Hoheitsgebiete

Einer Kommune werden in sechs Gebieten Hoheiten zugesprochen: Die *(1) Gebietshoheit* spiegelt dabei die tatsächliche Wahrnehmung der Staatsgewalt durch dessen Organe wieder. Bei der *(2) Finanzhoheit* obliegt der Kommune die Verwaltung des eigenen Vermögens und im Rahmen der *(3) Rechtssetzungshoheit* können eigene Angelegenheiten durch Satzung geregelt werden. Die Ausgestaltung der internen Organisation wird durch die *(4) Organisationshoheit* gewährleistet, worunter auch die *(5) Personalhoheit*, also die Auswahl, Einstellung, Beförderung und Entlassung von Beamten und Beschäftigten fällt. Die allgemeine *(6) Planungshoheit*, also die eigenständige planerische Gestaltung innerhalb eines geografisch festgelegten Gebietes, vervollständigt die sechs Hoheitsgebiete einer Kommune.[30]

4.1.2 Finanzstruktur

Steuern, Gebühren und Beiträge können als die drei Einnahmewege einer Kommune aufgeführt werden. Wird die Höhe der Steuern auf Bundesebene festgelegt, so haben durch die Satzung die einzelnen Gemeinden bei Gebühren und Beiträgen die finale Entscheidungshoheit. Nichtsdestotrotz finanziert sich eine deutsche Kommune überwiegend von zentral erhobenen Steuern, die trichterartig über die Länder an die Gemeinden ausgeschüttet werden. Dabei ist die Gewerbesteuer, die nach Artikel 106 Grundgesetz alleinig von den Kommunen erhoben werden darf, von

26 Vgl. Hopp/Göbel 2013, 2
27 Vgl. Bogumil/Holtkamp 2013, 8
28 Bundeszentrale für politische Bildung 2001, 25
29 Vgl. Grunow 2011, 74
30 Vgl. Bogumil/Holtkamp 2013, 16

hoher Bedeutung. Lohn- und Einkommenssteuern hingegen werden zunächst vom Bund erhoben.[31]

Durch den Länderfinanzausgleich und eine Umverteilung von Steuereinnahmen sollen geografische Benachteiligungen und/oder infrastrukturelle Defizite ausgeglichen werden. Im Jahr 2007 bspw. wurden insgesamt knapp 8 Mrd. Euro zwischen den Ländern umverteilt: Hessen, Bayern und Baden-Württemberg konnten im Zuge dessen als stärkste Geberländer, Berlin und Sachsen als stärkste Nehmerländer bezeichnet werden.[32]

Zunächst durch Finanzkrisen und Rezessionen in den Jahren 2008 bis 2010 zu verzeichnende sinkende Steuereinnahmen,[33] standen ab dem Jahr 2012 wieder steigende kommunale Gesamtausgaben und ein Einnahmenüberschuss von elf Prozent, begünstigt durch die positive Entwicklung der Gewerbesteuer, gegenüber.[34]

4.1.3 Neues Steuerungsmodell & Public Governance

Anfang der 1990er Jahre entwickelte sich in Deutschland das *Neue Steuerungsmodell* heraus, welches weiter ausbreitende Haushaltskrisen, aufgrund einer zunehmenden Segregation und fortschreitende Politik- und Parteiverdrossenheit, verhindern sollte.[35] Zwei Themenbereiche konnten konsequent beobachtet werden: Zum einen eine betriebswirtschaftliche Orientierung der Kommunalverwaltung – stärkere Leistungsorientierung bei gleichzeitiger Kundenorientierung, mehr Flexibilität und intensivierte Leistungs- und Kostenkontrolle[36] – und zum anderen ein Partizipationstrend[37]. Eine striktere Trennung zwischen Willensbildung (strategische Entscheidungen der Politik) und Willensdurchführung (Detailentscheidungen im Verantwortungsbereich der Verwaltung) waren die Folge. Eine effizientere Nutzung öffentlicher Mittel sollten effektivere Ergebnisse sicherstellen. Begrifflichkeiten des Ordo- bzw. Neoliberalismus entstanden aus staatlicher Überforderung und Handlungsunfähigkeit Ende der 1970er/Anfang der 1980er Jahre.[38]

Ein interdisziplinärerer Ansatz als das Neue Steuerungsmodell ist die *Public Governance*: Die zunehmende Einbindung der Zivilgesellschaft in staatliche Entscheidungsprozesse. Public Governance verfolgt das Ziel, Gesellschaftsversagen zu verhindern und Verantwortung sowie das Engagement innerhalb der Bevölkerung zu erhöhen.[39] Das Neue Steuerungsmodell sowie die Public Governance weisen im

---

31 Vgl. Dahme 2011, 115 f.
32 Vgl. Münch 2008, 50 f.
33 Vgl. Dahme 2011, 117 f.
34 Vgl. LSKN 2013, 2 ff., Zugriff vom: 16.08.2015; Vgl. Zeit online 2011, Zugriff vom: 16.08.2015
35 Vgl. Hopp/Göbel 2013, 19
36 Vgl. Knappe 2010, 54
37 Vgl. Bogumil/Holtkamp 2013, 78
38 Vgl. Knappe 2010, 53 f.
39 Vgl. Knappe 2010, 92 ff.

Zuge dessen eine Vereinbarkeit auf, da Entscheidungen über den effizienteren Einsatz staatlicher Mittel zur Befriedigung von Bürgerwünschen herbeigeführt werden sollen.

Vorteile, wie eine gestiegene Kundenorientierung durch schnellere Genehmigungsverfahren und ein verbessertes Serviceniveau, die zu einer erhöhten Kundenzufriedenheit führen, zeigen den Nutzen genannter Veränderungen, durch die ferner Transparenz in Verwaltungsentscheidungen herbeigeführt wurde.[40] Die beschriebenen Vorteile haben jedoch auch ihren Preis. Umfangreiche Berichte nehmen Zeit und somit Geld in Anspruch. Auch ein fehlendes Kontraktmanagement zwischen Verwaltungsspitze und den einzelnen Verwaltungseinheiten sorgt für *Fachbereichsegoismen*, die durch Zielvereinbarungen aus der Politik nicht verringert werden können.[41]

Zukünftig sind keine weiteren Effizienzgewinne durch das Neue Steuerungsmodell sowie steigende Sozialausgaben, die größtenteils auf Bundesebene entschieden werden, zu erwarten. Eine stärkere Einsparpolitik bei gleichzeitigem Hoffen auf eine mindestens stabile Wirtschaftslage könnten die Kommunen ferner in ein noch selektiveres Verfahren hinsichtlich der Budgetverteilung drängen. Darüber hinaus ist ein stärkeres bürgerliches Engagement, wie es z. B. in den United States of America (USA) der Fall ist, denkbar. Als letzten, drastischsten Schritt muss auch ein „Ende der kommunalen Selbstverwaltung"[42] genannt werden.[43]

4.1.4 Die süddeutsche Ratsverfassung

Das dualistische Aufgabenmodell, das in Deutschland nahezu flächendeckend angewandt wird, soll die Erledigung von Selbstverwaltungsaufgaben, die sowohl freiwillig als auch pflichtig sein können, sowie von staatlich übertragenden Auftragsangelegenheiten garantieren. Ergänzend sei das monistische Modell angesprochen, das die Annahme zu Grunde legt, es existiere nur ein Wirkungskreis. Dabei ist die Kommune alleiniger Träger aller Aufgaben, die eigenverantwortlich abzuarbeiten sind. In der Praxis allerdings ist ein solches monistisches Modell nicht gegeben, da neben Aufgabenübertragungen des Landes auch welche des Bundes existieren können.[44]

Abbildung 1 zeigt die Abhängigkeiten zwischen den einzelnen Organen exemplarisch auf. Eine Gemengelage zwischen Politik und Verwaltung ist dabei unausweichlich.[45] Die politische Macht geht dabei in Deutschland aber immer vom Volk aus, die neben Gemeinderat auch den/die BürgermeisterIn direkt wählen und

40 Vgl. Bogumil 2008, 339 ff.
41 Vgl. Bogumil 2008, 342 f.
42 Dahme 2011, 126, zitiert nach: Wohlfahrt/Zühlke 2005
43 Vgl. Dahme 2011, 199 ff.
44 Vgl. Günther/Beckmann 2008, 25 f.
45 Vgl. Nassmacher/Nassmacher 2007, 229 ff.

indirekt die Ausschüsse mitbestimmen. Zudem sind die Einwohner durch Angebot und Nachfrage mit der Verwaltung einer Kommune direkt verbunden.

Abbildung 1: Abhängigkeiten in einer deutschen Kommune

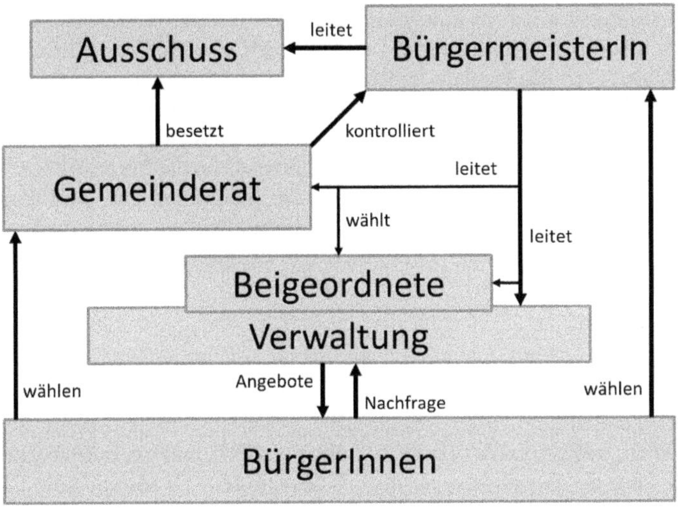

Quelle: Eigen Darstellung, in Anlehnung an: Saaro/Friedel 2005, 11, Zugriff vom: 13.08.2015

4.2 Identifizierung lokaler Machtpositionen

An dieser Stelle folgen die wichtigsten Positionen in einer Kommune, die durch eine institutionalisierte legale Herrschaft mit Macht versehen sind. Hierzu zählen neben dem Bürgermeister/der Bürgermeisterin, dem Gemeinderat, den Ausschüssen sowie der Verwaltung auch die Parteien und Verbände.

4.2.1 BürgermeisterIn

„In der Grundform wird der Bürgermeister von der Bevölkerung direkt gewählt, er führt den Vorsitz im Gemeinde- bzw. Stadtrat, ist sowohl oberster Verwaltungschef als auch oberster Repräsentant der Kommune."[46] Die Schnittstelle zwischen BürgerInnen, dem Gemeinderat, der Verwaltung, der lokalen Gesellschaft und der Medien verleiht der Position von Amtswegen hohe Macht. In größeren Kommunen bzw. Städten werden dem/der BürgermeisterIn Beigeordnete, oder auch

46 Bundeszentrale für politische Bildung o.J., Zugriff vom: 22.08.2015

Dezernenten genannt, unterstellt, die sich für bestimmte Aufgabenbereiche verantwortlich zeigen.[47]

4.2.2 Gemeinderat

Dem Gemeinderat wird als Hauptorgan der kommunalen Selbstverwaltung die wohl entschiedenste Machtposition zuteil; er hat das letzte Wort. Direkt durch das Volk gewählt, üben die Gemeinderäte/Gemeinderätinnen diese Position bei einer geringen Aufwandsentschädigung stets ehrenamtlich aus. Fraktionen, als ein Zusammenschluss von Individuen, können Einfluss auf das aktuelle politische Geschehen nehmen. Allgemeine Aufgabe des Gemeinderats ist die Beratung von Vorlagen aus der Verwaltung und der Beschluss bzw. die Ablehnung von Anträgen aus der Fraktion. Ihm wird auch der Beschluss des Haushaltsplans zuteil, in dem Budgets für zu entrichtende (freiwillige oder pflichtige) Aufgaben festgesetzt werden.[48]

4.2.3 Ausschüsse

Da nicht alle kommunalen Angelegenheiten im Gemeinderat ausführlich beraten und diskutiert werden können, finden in Ausschüssen vorbereitende Beratungen statt, in denen ebenfalls Vorentscheidungen getroffen werden können. Ausschüsse setzen sich aus Vertretern des Gemeinderats und sachkundigen Bürgern zusammen, die jedoch stets die Zusammensetzung des Gemeinderats widerspiegelnd. Ebenfalls anwesend sind Vertreter der Verwaltung. Experten können darüber hinaus eingeladen werden. Die Hauptsatzung einer Kommune legt fest, in welchen Bereichen der/die BürgermeisterIn bzw. ein Ausschuss Entscheidungsvollmacht besitzt.[49] So ist der Sportausschuss der Stadt Krefeld zum Beispiel „für die Beratung und Entscheidung grundsätzlicher Angelegenheiten des Sports, der städtischen Sporteinrichtungen, der Planung von Sportstätten und der städtischen Bäder“[50] zuständig. „Bei Angelegenheiten mit finanziellen Auswirkungen ist die Entscheidungsbefugnis allerdings beschränkt.“[51] Ferner entscheidet der Sportausschuss „über den Erlass von Richtlinien über die Gewährung von Zuschüssen zur Förderung des Sports“[52].

4.2.4 Verwaltung

Die Verwaltung als Organ der Willensdurchführung kann als unpolitische, neutrale Instanz verstanden werden, in der sich Angestellte der Stadt hauptberuflich um die Belange einer Gemeinde kümmern. „Die Verwaltung erledigt also ihre laufenden

47 Vgl. Saaro/Friedel 2005, 12, Zugriff vom: 13.08.2015
48 Vgl. Saaro/Friedel 2005, 12 f., Zugriff vom: 13.08.2015
49 Vgl. Saaro/Friedel 2005, 13, Zugriff vom: 13.08.2015
50 Stadt Krefeld o. J., Zugriff vom: 15.08.2015
51 Stadt Krefeld o. J., Zugriff vom: 15.08.2015
52 Stadt Krefeld o. J., Zugriff vom: 15.08.2015

Verwaltungsgeschäfte, führt staatliche Auftragsangelegenheiten durch, erarbeitet Beschlussvorlagen für den Gemeinderat und setzt die im Gemeinderat getroffenen Beschlüsse in der Praxis um."[53] Aufgrund dessen kommen die meisten Vorschläge im kommunalen Entscheidungsprozess aus der Verwaltung, die somit bewusst oder unbewusst auf politische Entscheidungen durch weitergegebene – oder zurückgehaltene – Informationen Einfluss nehmen können.[54] Die „moderne Verwaltung gibt sich zu einem Großteil die Gesetze selbst, auf die sie sich bei der Vollziehung beruft"[55].

Als extrem heterogen lässt sich die Arbeit der kommunalen Sportverwaltung beschreiben. Nach Wichtigkeit geordnet, kann

(1) *die direkte finanzielle Sportförderung in Form von Subventionen und Zuschüssen,*
(2) *die indirekte Sportförderung durch Vergabe, Verwaltung und Wartung von Sportanlagen sowie Beratungen für Vereine/Sportler/etc. (Inanspruchnahme von Leistungen zu nicht kostendeckenden Gebühren)* und
(3) *die Sportentwicklungsplanung als Rahmenkonzept für Fördermaßnahmen*

genannt werden.[56]

Eine Entwicklung, die sich seit den 1950er/1960er Jahren beobachten lässt, ist die Einrichtung von Sportämtern. Können diese in kleineren Kommunen unterschiedlichsten Dezernaten zugeordnet sein, so sind z.B. in Städten eigenständige Sportämter die Regel. Neben dem Betrieb in Eigenregie können aber auch Aufgaben direkt an den organisierten Sport abgegeben werden, um die kommunale Sportverwaltung schlanker und effizienter zu gestalten.[57]

Die Aufgaben, derer sich die lokale Sportverwaltung annimmt, sind indessen weniger reglementiert. Lobbyismus auf Politikebene beeinflusst und steuert diese mitunter in einem nicht unerheblichen Ausmaße.[58] So kann die Sportpolitik, die Sportverwaltung und konsequent die Sportförderung in einer Kommune als besonders inkonstant bezeichnet werden und einer starken Abhängigkeit von Politikern und ihren Programm ausgesetzt sein.

4.2.5 Parteien & Verbände

Im heutigen politischen System können *Parteien* und *Verbände* als „die beiden wichtigsten Organisationsformen, die Interessen und Meinungen bündeln, artikulieren und in den politischen Entscheidungsprozess einbringen wollen"[59], genannt werden. Ihr Ziel ist es, die Entscheidungsträger „zu einem bestimmten Handeln oder

53 Saaro/Friedel 2005, 13, Zugriff vom: 13.08.2015
54 Vgl. Saaro/Friedel 2005, 13, Zugriff vom: 13.08.2015; Vgl. Pelinka/Varwick 2010, 125
55 Pelinka/Varwick 2010, 125
56 Vgl. Horch/Schütte 2003, in: Wadsack 2008, 249
57 Vgl. Thieme 2008, 150f.
58 Vgl. Metz 2007, in: Wadsack 2008, 249
59 Pelinka/Varwick 2010, 113

Unterlassen zu bringen“[60]. Halten Verbände bei der Verfolgung ihrer Ziele jedoch eine Distanz zu den Entscheidern, so sind Parteien durch ihre Vertreter im inneren Kreis der Entscheidungszentralen vertreten.[61]

Lobbyismus kann dabei in zwei Arten auftreten: Extern sowie intern. Externer Lobbyismus beschreibt die Trennung von Verband und Regierung bzw. Verwaltung – Macht wird somit von außen ausgeübt. Beim internen Lobbyismus hingegen ist diese Trennung nicht mehr gegeben – VerbandsvertreterInnen finden sich im Entscheidungszentrum der Regierung bzw. Verwaltung wieder.[62]

Die zwei prominentesten Instrumente der Beeinflussung und somit der Machtausübung seitens der Verbände sind *Geld* und *Masse*: So versuchen sie durch Geldzuwendungen oder -entzug und durch die große Anzahl von potentiellen Wählern, die der Verband vertritt, Einfluss zu nehmen.[63]

Auf kommunalpolitischer Ebene kann ein Kreis- bzw. Stadtsportbund als Lobbyist bezeichnet werden. „Der Kreissportbund [Wolfenbüttel] ist ein auf freiwilliger Grundlage beruhender Zusammenschluss aller im Landkreis ansässigen gemeinnützigen Vereine, die Sport mit dem wesentlichen Ziel der körperlichen Ertüchtigung ausüben und fördern.“[64] Die Aufgaben eines Kreis- bzw. Stadtsportbund sind selbst auferlegt und können hierdurch von Gemeinde zu Gemeinde abweichen.

4.3 Der kommunale Entscheidungsprozess

Im Zentrum des kommunalen Entscheidungsprozesses steht neben dem Rat, der über einzelne Anträge entscheiden muss, auch die Verwaltung, die diese Entscheidungen letztlich umzusetzen hat, aber auch Vorschläge unterbreiten kann; eine Gemengelage zwischen Politik und Verwaltung ist dabei unausweichlich.[65] Saaro/Friedel zeichnen drei Wege auf,[66] auf denen eine Thematik zum Gegenstand eines kommunalen Entscheidungsprozesses werden kann (siehe Abbildung 2):

(1) Durch Initiative aus dem Gemeinderat (in Form von Anträgen).
(2) Vom/von der BürgermeisterIn (Vorschlag aus der Verwaltung).
(3) Durch Engagement von EinwohnerInnen.

Ein Vorschlag wird durch das Zutun der Politik, im Speziellen durch den Gemeinderat, zu einem konkreten Vorschlag und damit zu einem Antrag. Dieser beinhaltet neben dem *Was* und *Warum* auch die *finanzielle Umsetzung*. Die fachliche Debatte eines Antrags kann zunächst in den einzelnen Ausschüssen stattfinden. Danach wird die detaillierte Ausarbeitung in einer Gemeinderatssitzung mit Einschätzun-

60 Pelinka/Varwick 2010, 113
61 Vgl. Pelinka/Varwick 2010, 113
62 Vgl. Pelinka/Varwick 2010, 118 f.
63 Vgl. Pelinka/Varwick 2010, 120
64 Kreissportbund Wolfenbüttel o. J., Zugriff vom: 15.08.2015
65 Vgl. Nassmacher/Nassmacher 2007, 229 ff.
66 Vgl. Saaro/Friedel 2005, 14, Zugriff vom: 13.08.2015

gen hinsichtlich der Sinnhaftigkeit öffentlich diskutiert; eine Abstimmung folgt am Ende. Eine Mehrheit in dieser Abstimmung veranlasst die Verwaltung zu einer verbindlichen Umsetzung. BürgerInnen haben jedoch durch ein Bürgerbegehren die Möglichkeit der direkten Einflussnahme und können den Antrag stellen, im Rahmen eines Bürgerentscheids, die finale Entscheidung auf die Bürger umzuleiten.[67]

Abbildung 2: Wege der Einbringung eines Thema in den kommunalen Entscheidungsprozes

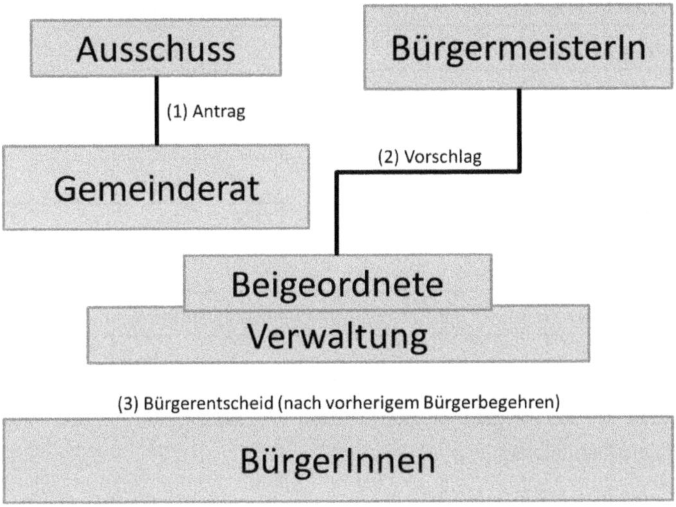

Quelle: Eigene Darstellung

5 Hierarchisierung und Gewichtung lokaler Machtpositionen

An dieser Stelle werden die grundlegenden Überlegungen der Kapitel zwei bis vier hinsichtlich einer Hierarchisierung und Gewichtung lokaler Machtpositionen vorgenommen. Als Impuls diente der im Jahr 2013 von Broberg/Bak Lyck entwickelte *Global Sports Political Power Index*, der eine Machtbewertung Dänemarks aus sportpolitischer Sicht unternimmt, und in Kapitel 2 ausführlich vorgestellt wurde. Tabelle 2 fasst die Hierarchisierung inklusive der Gewichtung nach Faktor zusammen. Es sei an dieser Stelle hingewiesen, dass es sich um eine Einschätzung handelt und interne, z. B. lokal bedingte, Abhängigkeiten nicht beachtet werden können.

67 Saaro/Friedel 2005, 14, Zugriff vom: 13.08.2015

Tabelle 2: Gewichtung unterschiedlichster Positionen in der deutschen Kommune

Position	**Gewichtung (1–10)**
BürgermeisterIn	Faktor 10
Beigeordnete/-r Sportdezernat/Sportamt	Faktor 9
MitarbeiterIn Sportdezernat/Sportamt	Faktor 6
Mitglied Ausschuss Sport	Faktor 9
Mitglied Gemeinderat	Faktor 8
Mitglied Partei (Regierung)	Faktor 7
Mitglied Partei (Opposition)	Faktor 6
Vorsitzende/-r Kreissportbund/Stadtsportbund	Faktor 7
Mitglied Kreissportbund/Stadtsportbund	Faktor 5
Vorsitzende/-r lokaler Verein	Faktor 5
Mitglied lokaler Verein	Faktor 4
Bürger	Faktor 3
Einwohner	Faktor 2

Quelle: Eigene Darstellung

Hierbei kann die Position *des Bürgermeisters/der Bürgermeisterin* mit einem Faktor von 10 als die mächtigste Position bezeichnet werden. Als Schnittstelle zwischen den Bürgern, dem Gemeinderat, der Verwaltung, der lokalen Gesellschaft und den Medien verleiht diese Position von Amtswegen her eine hohe Machtposition.

Mit dem Faktor 9 folgen die Positionen *Beigeordneter Sportdezernat/Sportamt* und *Mitglied Sportausschuss. Beigeordnete* sind dem/der BürgermeisterIn direkt unterstellt und sind das Bindeglied zwischen Bürgermeisteramt und der Verwaltung. Durch Weitergabe bzw. nicht-Weitergabe von Informationen können Sachverhalte entscheidend beeinflusst werden. In den *Ausschüssen* werden, aufgrund des hohen Verwaltungs- und Komplexitätsgrades der föderalen Struktur, Anträge vordiskutiert; (Vor-) Entscheidungen können dabei bewusst in die eine oder andere Richtung gelenkt werden.

Ein *Mitglied des Gemeinderates* kann mit dem Faktor 8 bewertet werden. Als Hauptorgan der kommunalen Selbstverwaltung wird dem Rat eine entscheidende Machtposition zuteil; der Rat beschließt Anträge oder lehnt diese ab. Aufgrund der föderalen Struktur und die Vielzahl an Ratsmitgliedern ist eine direkte und durchdringende Beeinflussung schwerer denkbar, als in den drei zuvor genannten Positionen.

Ein *Mitglied der Regierungspartei* sowie *Vorsitzende/-r Kreissportbund/Stadtsportbund* können bei der Hierarchisierung mit dem Faktor 7 versehen werden. Sie besitzen eine katalytische Macht und können Entscheidungen, auch wenn nur bis zu einem gewissen Grad, beeinflussen. Eine direkte Beeinflussung findet jedoch nicht statt, da Entscheidungen in den bereits genannten Ebenen fallen.

Mitarbeiter des Sportdezernats/Sportamts und *Mitglieder der Oppositionspartei* können mit dem Faktor 6 bewertet und hierarchisch eingeordnet werden. Ihre Macht ist aufgrund der beschriebenen politischen Struktur sehr limitiert. Dennoch können Entscheidungen durch Informationsweitergabe bzw. deren Zurückhaltung beeinflusst werden.

Mit dem Faktor 5 können *Mitglieder des Kreissportbundes/Stadtsportbundes* sowie *Vorsitzende/-r lokaler Vereine* versehen werden. Ihre Macht ist eher eingeschränkt.

Mitglieder lokaler Vereine, mit dem Faktor 4, *BürgerInnen* mit dem Faktor 3 und *EinwohnerInnen* mit dem Faktor 2 komplettieren vorgenommene Hierarchisierung und Gewichtung. Auch wenn in einer Demokratie die Macht beim Volke liegt, wie beschrieben, obliegt dem einzelnen Individuum jedoch keine herausragende Machtstellung. Erst der Zusammenschluss zu einer Gruppe, die Gehör bei z. B. Verbänden und Parteien findet, kann durch direkte bzw. indirekte Einflussnahme Macht auf die beschriebenen legalen Herrschaftspositionen in einer Demokratie ausüben.

6 Zusammenfassung

Ohne die staatliche Sportförderung wäre der organisierte Sport in Deutschland drastischen bis mitunter existentiell-bedrohenden Einschnitten ausgesetzt. Aufgrund des föderalen Systems der Bundesrepublik Deutschland liegt dabei die Sportförderung des organisierten Sports in den Händen der Kommunen, die trotz eines damit verbundenen latent unwirtschaftlichen Handelns dem Sport eine gewichtige gesellschaftliche Stellung zuteilwerden lassen. Im Kampf um Fördermittel und gegen die Liquidation überwiegen nicht selten vereinseigene Interessen, gemeinwohlorientiertes Handeln sowie die lokale Harmonie müssen dabei nicht selten hinten anstehen.

Der vorliegende Beitrag unternahm grundlegende Überlegungen zur Entwicklung eines lokalen Machtindexes. Eine Identifizierung und Gewichtung kommunaler Machtpositionen stellten die Basis dar. Als lokale Machtpositionen konnten neben BürgermeisterIn, Gemeinderat, Ausschüsse, Verwaltung und Parteien & Verbände auch Bürger und Einwohner identifiziert und in die finale Gewichtung überführt werden. Aspekte des Neuen Steuerungsmodells sowie eine zunehmende Partizipation seitens der Bürger und Einwohner am kommunalpolitischen Entscheidungsprozess geben zum einen der Verwaltung und zum anderen den fachspezifischen Ausschüssen mehr Macht. Die Gewichtungsdifferenz zwischen beiden genannten Positionen und dem/der BürgermeisterIn ist daher als gering zu bewerten. Das isolierte Individuum, also der Bürger und der Einwohner, findet erst in der organisierten Gemeinschaft, z. B. in Parteien, Vereine oder Verbände, entsprechende Unterstützung und die Möglichkeit der Einflussnahme; diese Machtpositionen konnten daher mit einer geringeren Gewichtung versehen werden.

Die Medien, die aus Komplexitätsreduktionsgründen keine Beachtung erfahren haben, können sowohl Speichermedium als auch Katalysator sowohl positive als auch negative Meinungen und Stimmungen einer breiten Öffentlichkeit zugänglich machen und Entscheidungen mitunter entscheidend beeinflussen.

Mit einer aufbauend zu erfolgenden Generierung von Daten, die final zu einem *Lokalen Machtindex* in den unterschiedlichsten Bereichen des organisierten Gemeinschaftslebens, z.B. in gemeinnützigen Sportvereinen, zusammengefasst werden können, gehen auf dieser speziellen, der breiten Öffentlichkeit fremden und fernen sowie intransparenten kommunalen Bühne aber ein mitunter erheblicher Ressourceneinsatz einher, wenn überhaupt flächendeckend belastbare Daten zu generieren sind.

Literaturverzeichnis

Baier, Horst (2002): Operative Planung in Kommunen, Lohmar/Köln: Josef Eul

Bogumil, Jörg (2008): Evaluation kommunaler Verwaltungsmodernisierung, in: Fisch, Rudolf / Müller, Andrea/Beck, Dieter (Hrsg.): Veränderungen in Organisationen, Stand und Perspektiven, 1. Auflage, Wiesbaden: VS Verlag für Sozialwissenschaften, S. 325–350

Bogumil, Jörg/Holtkamp, Lars (2013): Kommunalpolitik und Kommunalverwaltung, Eine praxisorientierte Einführung, Bonn: Bundeszentrale für politische Bildung

Broberg, Poul/Bak Lyck, Lasse (2013): Global Sports Political Power Index, http://www.dif.dk/en/om_dif/powerindex, Zugriff vom: 19.08.2015

Bundesministerium des Innern (o.J.): Sport, Sportpolitik des Bundes, http://www.bmi.bund.de/DE/Themen/Sport/Sportpolitik/sportpolitik_node.html, Zugriff vom: 11.08.2015

Bundeszentrale für politische Bildung (2001): Grundgesetz für die Bundesrepublik Deutschland, Berlin: Deutscher Taschenbuch Verlag

Bundeszentrale für politische Bildung (o.J.): Kommunalverfassungen. http://www.bpb.de/nachschlagen/lexika/politiklexikon/17722/kommunalverfassungen, Zugriff vom: 22.08.2015

Dahme, Heinz-Jürgen (2011): Kommunale Finanzen und Finanzierung kommunaler Sozialleistungen, in: Dahme, Heinz-Jürgen/Wohlfahrt, Norbert (Hrsg.): Handbuch Kommunale Sozialpolitik, Wiesbaden: VS Verlag

DOSB (2003): Sport in Deutschland, http://www.dosb.de/fileadmin/fm-dsb/arbeitsfelder/wiss-ges/Dateien/Sport_in_Deutschland.pdf, Zugriff vom: 16.08.2015

DOSB (2013): Daten und Fakten, http://www.dosb.de/de/organisation/organisation, Zugriff vom: 03.08.2013

Eckl, Stefan/Wetterich, Jörg (2007): Sportförderung und Sportpolitik in der Kommune, Band 5, Berlin: LIT-Verlag

Grunow, Dieter (2011): Ergebnisse der Implementierung neuer Steuerungsmodelle, in: Dahme, Heinz-Jürgen / Wohlfahrt, Norbert (Hrsg.): Handbuch Kommunale Sozialpolitik, Wiesbaden: VS Verlag

Günther, Albert/Beckmann, Edmund (2008): Kommunal-Lexikon, Basiswissen Kommunalrecht und Kommunalpolitik, Stuttgart: Richard Boorberg Verlag GmbH & Co KG

Hopp, Helmut/Göbel, Astrid (2013): Management in der öffentlichen Verwaltung, Organisations- und Personalarbeit in modernen Kommunalverwaltungen, 4. überarbeitete Auflage, Stuttgart: Schäffer-Poeschel Verlag

Imbusch, Peter (2008): Macht und Herrschaft, in: Korte, Herrmann/Schäfers, Bernhard (Hrsg.): Einführung in die Hauptbegriffe der Soziologie, 7., grundlegend überarbeitete Auflage, Wiesbaden: VS Verlag

Kähler, Robert (2006): Zukünftige kommunale Sportförderung in Deutschland, Von einer verbandsorientierten Zuwendung zu einer effektiven Sportentwicklungsplanung, in: Thöni, Erich/Büch, Martin-Peter/Kornexl, Elmar (Hrsg.): Effektivität und Effizienz öffentlicher Sportförderung, Schriftenreihe des Arbeitskreises Sportökonomie, Band 8, Schorndorf: Hofmann, S. 89–106

Knappe, Robert (2010): Die Eignung von New Public Management zur Steuerung öffentlicher Kulturbetriebe. Wiesbaden: Gabler Verlag

Kreissportbund Wolfenbüttel (o.J.): Satzung, http://www.ksb-wf.de/content/download/satzung_ksb_wf.pdf, Zugriff vom: 15.08.2013

LSKN (2013): Entwicklung der Finanz- und Haushaltslage des Landes Niedersachsen und der nieder-sächsischen Kommunen, Finanzstatus Juli 2013, http://www.mf.niedersachsen.de/download/1759/Entwicklung_der_Finanz-_und_Haushaltslage_des_Landes_Niedersachsen_und_der_niedersaechsischen_Kommunen.pdf, Zugriff vom: 16.08.2015

Münch, Ursula (2008): Föderalismus in Deutschland, Informationen zur politischen Bildung, Band 298, 1. Quartal 2008, Bonn/Berlin: Bundeszentrale für politische Bildung

Nassmacher, Hiltrud/Nassmacher, Karl-Heinz (2007): Kommunalpolitik in Deutschland, 2., komplett überarbeitete Auflage, Wiesbaden: Verlag für Sozialwissenschaften

Pelinka, Anton/Varwick, Johannes (2010): Grundzüge der Politikwissenschaft, 2., bearbeitete und ergänzte Auflage, Wien/Köln/Weimar: Böhlau Verlag

Saaro, Daniela/Friedel, Sabine (2005): Kommunalpolitik verstehen, Für junges Politikverständnis, http://www.fes.de/sachsen/pdf/kommunalpolitik.pdf, Zugriff vom: 13.08.2015

Schubert, Klaus/Klein, Martina (2011): Nachschlagen, Lexika, Das Politiklexikon, Macht, https://www.bpb.de/nachschlagen/lexika/17812/macht, Zugriff vom: 19.08.2015

Stadt Krefeld (o. J.): Aufgaben des Sportausschusses, https://www.krefeld.de/rat/inhalt/aufgaben-des-sportausschusses, Zugriff vom: 15.08.2015

Thieme, Lutz (2008): Sportamt, in: Bezold, Thomas et al. (Hrsg.): Handwörterbuch des Sportmanagement, Frankfurt a. M.: Peter Lang GmbH

Wadsack, Ronald (2008): Sportverwaltung, öffentliche, in: Bezold, Thomas et al. (Hrsg.): Handwörterbuch des Sportmanagement, Frankfurt a. M.: Peter Lang GmbH, S. 246–250

Zeit online (2011): Kommunen können Defizit im Aufschwung beinahe halbieren. http://www.zeit.de/wirtschaft/2011-12/kommunen-defizit, Zugriff vom: 16.08.2015

Ronald Wadsack

Sport im Lichte der Bürgerbeteiligung

Abstract: Bürger sind vereinfacht die relevanten Einwohner einer Kommune, auch wenn der Begriff historisch weit ausdifferenzierter verwendet wurde. Spätestens seit Stuttgart 21 ist das Thema der Bürgerbeteiligung in der breiten Öffentlichkeit publik geworden. Die Möglichkeiten der Einwohner auf das Geschehen in ihrer Kommune Einfluss zu nehmen reichen von Leserbriefen bis hin zu formellen Verfahren mit dem Bürgerentscheid als der verbindlichsten Form der Mitsprache.
Eine Palette der Möglichkeiten von Bürgerbeteiligung wird dargestellt. Ebenfalls werden die Erfolgsfaktoren gelingender und ernsthafter Bürgerbeteiligung diskutiert. Darüber hinaus wird eine Übersicht zu den 116 Bürgerbegehren mit Sportbezug gegeben, deren Schwerpunkt im Bereich der Sport- und Freizeitstätten liegt. Ergänzend werden einige Beispiele der Bürgerbeteiligung mit Sportbezug näher dargestellt.

0. Einführung: Zusammenhang und Begründung des Themas

Sportvereinen wird empfohlen politischer zu werden. Es gilt, die Interessen des primär organisierten Sports aktiv zu vertreten. Lange Zeit war Sport eine Art Selbstläufer wenn es darum ging, die außerschulische Nutzung von Sportstätten und die Sportförderung zu gestalten. Auch hier gab es regional schon Unterschiede. Mit der Verknappung der kommunalen Finanzlage kommt auch das Thema Sport auf den Prüfstand.[1] Letztlich ist die Zuordnung zu den freiwilligen Aufgaben einer Kommune[2] maßgeblich für diese Lage verantwortlich, buhlen doch Vertreter verschiedener Interessen um einen Anteil an diesen Mitteln.

Nach der Diskussion um Stuttgart 21 rückten die Instrumente der Bürgerbeteiligung stärker in das Blickfeld und damit auch des Sportes, soweit er öffentliche Belange berührt. So erfolgte im Februar 2011 in Braunschweig eine Bürgerbefragung zu dem Ausbau des städtischen Stadions, welches mit einem deutlichen „Ja" für den Ausbau endete.[3] Die Entscheidung gegen Olympische Sommerspiele in Hamburg im Jahr 2015 ist momentan (Frühjahr 2016) die letzte große Auswirkung entsprechender Verfahren.

1 Vgl. z. B. die Hinweise bei Wetterich & Eckl 2007, 10.
2 Vgl. Pruin 2008, 21–22.
3 Vgl. http://www.braunschweig.de/politik_verwaltung/politik/wahlen/abstimmungen/buergerbefragung.html; Zugriff: 27.03.2016.

Das bürgerschaftliche Engagement in Form der unentgeltlichen Mitarbeit kann zwar ebenso als Beteiligung an der Gestaltung des Gemeinwesens gelten, sie wird aber in diesem Beitrag nicht weiter verfolgt.[4]

1. Formen der Bürgerbeteiligung

1.1 Bürgerbeteiligung – Verständnis und Funktionen

Mit dem Begriff Bürger verbindet sich eine bestimmte Vorstellung über die Teilhabe des Menschen an seinem Gemeinwesen. Damit einher geht der Gedanke der Mitgestaltung, in der früheren Zeit als verpflichtendes Merkmal der Verleihung der Bürgerrechte, heutzutage in der modernisierten Form der politischen Teilhabe und Übernahme von Mitverantwortung als Element der vorherrschenden Gesellschaftsform.[5]

Diese Herleitung der Beteiligung setzt ein Maß an Verbundenheit des Menschen mit seinem Gemeinwesen, hier in erster Linie als Region, Stadt, Gemeinde oder Kreis, voraus. Diese Verbundenheit kann z. B. aus dem Heimatgedanken erwachsen, indem die emotionale Anbindung in den Vordergrund tritt. Bei zugewanderten Menschen kann sich eine solche Art der Verbundenheit entwickeln oder auf einem Spektrum bis hin zu einer instrumentell-nutzenorientierten Betrachtung liegen. Letztlich mündet diese emotionale Verknüpfung möglicherweise in ein Beteiligungsinteresse, um auf die Gestaltung dieses Gemeinwesens einzuwirken. Neben dem grundlegenden Beteiligungsinteresse sind persönliche Präferenzen für Themen und die eigene mentale Landkarte für wirkungsvolle Zusammenhänge im eigenen Umfeld weitere Merkmale, inwieweit ein solches Interesse auch in Willen zum Beteiligungshandeln umgesetzt wird. Einfluss nehmen ebenfalls die individuellen Möglichkeiten, was z. B. die Zugänglichkeit von Beteiligungsmöglichkeiten[6] (zeitlich, räumlich) und die Verständlichkeit von prozeduralen und sprachlichen Formen angeht. Eine neue Herausforderung ergibt sich aus der intensiven Verbreitung der modernen Medien und ihre Einbindung in die Bürgerbeteiligung.[7]

Die zweite Perspektive bieten die faktischen Möglichkeiten der Beteiligung. Ausgangspunkt ist die Kenntnis über in Bewegung befindliche Prozesse und die Instrumente und Ansatzpunkte, um sich hier einzubringen. Die Beteiligungsmöglichkeiten sind weit gefächert, sie reichen von mehr zufälligen und informellen Formen (z. B. in Leserbriefen) bis hin zu institutionalisierten Varianten, wie z. B. einer Bürgerbefragung.[8] Teils sind diese verbindlich vorgeschrieben. Eine Übersicht zu den Erfolgsmerkmalen von Methoden der Bürgerbeteiligung enthält Abbildung 1.

---

4 Siehe hierzu z. B. Wadsack 2003.

5 Vgl. Ackermann 2005, 13–16; Naßmacher & Naßmacher 2007, 33–49.

6 Vgl. Naßmacher & Naßmacher 2007, 277. Der breitere Beginn der Bürgerbeteiligung wird auf die 1970er Jahre datiert (vgl. Vetter 2008, 11).

7 Vgl. Selle 2013, 142–146

8 Eine gute Übersicht bietet Eckl 2008, 46–59. Vgl. auch Bogumil & Holtkamp 2013, 116–136.

Abb. 1: Ursachen erfolgreicher Bürgerbeteiligung

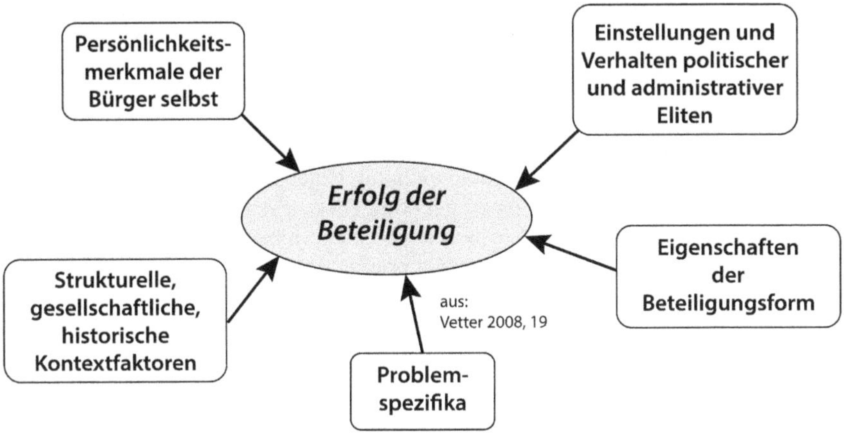

(Quelle: Vetter 2008, 19)

Die Funktionen ergeben sich aus den Interessen der das Beteiligungsinstrument beherrschenden Akteure. In der Reinform ist das kooperative Gestaltungsinteresse handlungsleitend, wohl wissend, dass dies bei der Aktivierung einer größeren Zahl von Menschen sehr heterogen ausfallen kann. Dementsprechend kann dies nur als Orientierungsrahmen für die Erzielung eines möglichst weitreichend tragenden Kompromisses dienen. In seiner instrumentalisierten Form geht es eher um die Durchführung einer Pflichtaufgabe um nach Möglichkeit die von den Entscheidungsinstanzen geplanten Vorhaben zu bestätigen.

Selle unterscheidet acht Funktionen der Bürgerbeteiligung, wobei sein Fokus auf der Beteiligung an Stadtentwicklungsprozessen liegt:[9]

- Informationsfunktion durch eine bessere und direktere Kenntnis des Entscheidungsfeldes.
- Verbesserung der Pläne, da mit der Informationsfunktion die Chance auf gute Planungen erhöht wird. *Ackermann* verweist noch auf die stärkere Betonung von Nachhaltigkeitsaspekten durch die Einbindung von Bürgern in entsprechende Planungsprozesse.[10]
- Frühwarnsystem durch die Chance auf frühzeitige Kenntnis von Stimmungslagen und Diskussionslinien zu dem relevanten Themenbereich.
- Konfliktvermeidung und Konfliktlösung. Durch die frühzeitige Einbindung relevanter Akteure kann es gelingen, ein Aufeinanderprallen von Ansichten und Standpunkten bis hin zu Protestaktionen und juristischen Auseinandersetzungen

9 Vgl. Selle 2013, 193–197.
10 Vgl. Ackermann 2005, 175–176.

zu vermeiden. Aus der Konfliktvermeidung bzw. -lösung kann eine Vermeidung zeitlicher Verzögerungen und eines sonstigen Ressourcenverzehrs resultieren.
- Beschleunigte Abstimmung ist möglich, wenn die Planungsbeteiligten frühzeitig eingebunden werden und damit überzeugende Lösungen erzielt werden. Darüberhinaus sind Lerneffekte über das Themengebiet und die Form der Zusammenarbeit möglich.
- Identifikation ergibt sich aus der sinnvollen Beteiligung, wobei sich daraus wiederum eine Verbundenheit mit dem erzielten Ergebnis ergibt.
- Aktivieren und mobilisieren ist als wichtige Voraussetzung für die Wirkung von Prozessergebnissen zu sehen, insbesondere, wenn Einstellungs- und Verhaltensänderungen für den Umsetzungserfolg notwendig sind.
- Erweiterung der Steuerungsressourcen für die Kommune. Während sich die Steuerungsressourcen durch schrumpfende Freiräume im öffentlichen Haushalt vermindern, bietet die Kooperation ein wichtiges Mittel, um dennoch angestrebte Ziele zu erreichen.

Bei allem schwingt der Begriff der Legitimation kommunalen Handelns mit, geht es doch darum, die Berücksichtigung der verschiedenen Interessen einer Gemeinschaft zu gewährleisten und zu dokumentieren. Dies gilt insbesondere, wenn es sich um investiv wirksame Maßnahmen der Mittelverteilung handelt, bei der verschiedene Handlungsoptionen im Raume stehen.

Selle verweist auf die erkennbare Gefahr, dass Bürgerbeteiligung in eine Art „Particitainment“ mündet, bei der die Effekthascherei und Erzielung großer Beteiligungszahlen überhand gegenüber einer sachlichen Themenbearbeitung gewinnt, bzw. im Interesse einzelne Akteure gewinnen soll.[11]

Eine weitere Frage richtet sich auf die Menschen, welche mit einzelnen Beteiligungsformen erreicht werden? Damit verbindet sich die Frage der Repräsentativität in Bezug auf den Querschnitt der Bürger, welche durch die Maßnahme betroffen werden.[12]

1.2 Formen der Bürgerbeteiligung

1.2.1 Übersicht

Die unter dem Begriff der Bürgerbeteiligung zusammengefassten Formen haben sehr unterschiedliche Qualitäten in Bezug auf ihre Wirkungsmöglichkeiten. Eine erste Übersicht bietet Abbildung 2, welche das gesamte Spektrum von der Wahlbeteiligung als grundlegende Option bis hin zu intensiven Engagements für bestimmte Anliegen umfasst.

---

11 Vgl. Selle 2013, 227–249 und 273–275.
12 Vgl. Selle 2013, 281–282.

Abb. 2: Systematik der Bürgerbeteiligung in Deutschland

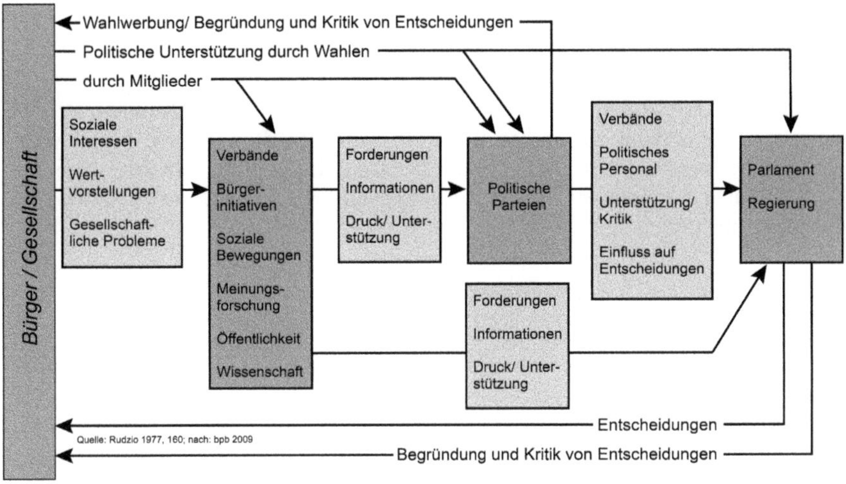

(Quelle: Geyer 2009 a. a. O.)

Aus der Abbildung lassen sich verschiedene Intensitäten der Beteiligung ableiten:

- Punktuelle anlassbezogene Beteiligung, z. B. Wahlen, Teilnahme an Befragungen/ Meinungsforschung.
- Punktuelle Beteiligung aus eigenem Antrieb, z. B. durch Leserbriefe, Einbringen in Beteiligungsprozesse etc.
- Bindungsbasierte Beteiligung mit Bezug auf ein Beteiligungsziel, sei es in Form einer Parteimitgliedschaft oder als Mitglied bzw. Unterstützer einer Bürgerinitiative.
- Bindungsbasierte Beteiligung mit Bezug auf ein Sachziel, z. B. durch Mitgliedschaft in einem Verein, der eine eigene Zielsetzung zugunsten seiner Mitglieder verfolgt. Ein Beispiel sind Sportvereine. Die Beteiligung an politischen Prozessen ist hier jedoch weniger im Vordergrund und wird eher anlassbezogen aktiviert.

Das Thema „Sport" wird v. a. aufgrund der föderalen Struktur der Bundesrepublik Deutschland und der aufgeteilten Zuständigkeiten auf den verschiedenen Ebenen (Bund-Land-Kommune) auf unterschiedliche Sachverhalte bezogen. Entsprechend lässt sich die politische Interessenvertretung des Sport auf Bundesebene am ehesten dem Deutschen Olympischen Sportbund (DOSB) zuordnen, auf der Landesebene den zuständigen Landessportbünden bzw. Landessportverbände.

Auf der kommunalen Ebene besteht die Möglichkeit etwa durch

- Fragerunden im Vorfeld von Wahlen,
- Proteste z. B. in Bezug auf den Erhalt Sportstätten,

- die Wahrnehmung von Beteiligungsmöglichkeiten bei entsprechenden Angeboten,
- die Bildung von Bürgerinitiativen und ebenfalls durch
- Klagen vor Gerichten

individuellen Einfluss zu nehmen. Die organisierte Form der politischen Präsenz sollte, soweit vorhanden, von den Sportbünden auf Stadt- bzw. Kreisebene wahrgenommen werden. Einzelfälle können darauf hindeuten, dass die intensive Netzwerkarbeit einzelner Vertreter von Sportvereinen eine Möglichkeit der Interesseneinbringung ist.

1.2.2 Formen der direkten Einflussmöglichkeit

Das „Handbuch Bürgerbeteiligung"[13] aus dem Jahre 2012 beschreibt alleine 18 Verfahrensweisen, um themenspezifisch Bürger einzubeziehen und die Entscheidungsfindung zu unterfüttern. Dazu zählen z. B. auch Methoden, um eine Beteiligung in kommunalen Prozessen der Stadtentwicklung systematisch zu ermöglichen und handhabbar zu machen. Dazu zählen z. B.:

- Planungszelle / Bürgergutachten zur Erarbeitung einer themenspezifischen Stellungnahme auf Basis der Expertise einer Auswahl von betroffenen Teilnehmern, die jedoch nicht als Vertreter von Interessengruppen fungieren.[14]
- Open-Space-Konferenzen als an einem Leitthema orientierte Form der Großgruppen-Arbeit, welche ein hohes Maß an thematisch orientierter Selbstorganisation etwa durch die Bildung von Arbeitsgruppen ermöglicht. Die moderierte Arbeit wechselt zwischen Plenums- und Kleingruppenphasen.[15]
- World Café ermöglicht den Teilnehmern in einer zwanglosen Atmosphäre die Beteiligung zu verschiedenen thematischen Aspekten eines Leitthemas, indem sie sich zu Kleingruppen an Tischen für einen begrenzten Zeitraum zusammenfinden und austauschen. Ein Wechsel der Tische ist im Laufe der gesamten Veranstaltung vorgesehen.[16]
- Zukunftswerkstatt als eine der ältesten Formen mit Bezug auf die Arbeiten von Robert Jungk. In der meist mehrtägigen Veranstaltung werden die Kritik-, die Phantasie- und die Realisierungsphase zu dem entsprechenden Leitthema durchlaufen, um eine Idee für den künftig wünschenswerten Zustand zu erarbeiten.[17]

---

13 Vgl. Nanz & Fritsche 2012.

14 Vgl. Nanz & Fritsche 2012, 41–42. Die Planungszelle gilt als Keimzelle dieser Form von Bürgerbeteiligung und wurde Ende der 1970er Jahre erstmals eingesetzt. Vgl. dazu auch Dienel 2002 (Erstauflage: 1977).

15 Vgl. Nanz & Fritsche 2012, 68–69.

16 Vgl. Nanz & Fritsche 2012, 77–78.

17 Vgl. Nanz & Fritsche 2012, 81–82.

Die formellen Formen der Beteiligung beruhen auf rechtlich fixierten Möglichkeiten, auf kommunales Handeln Einfluss zu nehmen. Die Regeln dafür unterscheiden sich von Bundesland zu Bundesland, v. a. was die Mindest-Beteiligungsquoten („Quorum") angeht.[18] Eine Übersicht zu den Rahmenbedingungen in den einzelnen Bundesländern gibt Tabelle 1.

Das Niedersächsische Kommunalverfassungsgesetz (NKomVG), welches im Jahr 2011 in Kraft getreten ist, sieht folgende formalisierten Beteiligungsmöglichkeiten vor:[19]

- Einwohnerantrag: Dieser Antrag bewirkt, dass ein bestimmtes für die Kommune relevantes Thema in der Vertretung beraten wird. (§ 31)
- Bürgerbegehren: Grundlage für die Durchführung eines Bürgerentscheids, in Form einer Unterschriftensammlung zu einer spezifischen Fragestellung. Eingebundene Vorschläge müssen mit einer Begründung und einem Vorschlag für die Kostendeckung versehen sein. (§ 32)
- Bürgerentscheid: Ist ein Bürgerbegehren positiv ausgefallen, so ist ein Bürgerentscheid als für die kommunale Vertretung verbindliche Entscheidung in Form einer formellen Abstimmung herbeizuführen. (§ 33)
- Beschwerden, Anregungen: Jede Person bzw. Gruppierung kann sich diesbezüglich an die kommunale Vertretung wenden. (§ 34)
- Bürgerbefragung: Sodann kann die Vertretung die Durchführung einer Bürgerbefragung beschließen, welche in Form einer schriftlichen Abstimmung erfolgt. (§ 35)

Tab. 1: Verfahrensregeln für Bürgerbegehren und Bürgerentscheide in den Bundesländern

Bundesland	**Bürgerbegehren in Gemeinden (Unterschriften-quorum)**	**Bürgerbegehren in Landkreisen (Unterschriften-quorum)**	**Bürgerentscheid (Zustimmungs-quorum)**
Baden-Württemberg	4,5–7 %	nicht möglich	20 %
Bayern	3–10 %	5–6 %	10–20 %
Berlin (Bezirke)	3 %	entfällt	10 %
Brandenburg	10 %	10 %	25 %
Bremen (Stadt)	5 %	entfällt	20 %
Stadt Bremerhaven	5 %	entfällt	20 %

18 Vgl. Bogumil & Holtkamp 2006, 108–112.
19 Siehe dazu auch Ackermann 2005, 100–103; Ipsen 2011, 212–215.

Bundesland	Bürgerbegehren in Gemeinden (Unterschriften-quorum)	Bürgerbegehren in Landkreisen (Unterschriften-quorum)	Bürgerentscheid (Zustimmungs-quorum)
Hamburg (Bezirke)	2–3 %	entfällt	keines
Hessen	3–10 %	nicht möglich	25 %
Mecklenburg-Vorpommern	2,5–10 %	2,0–3,4 %	25 %
Niedersachsen	10 %	10 %	25 %
Nordrhein-Westfalen	3–10 %	3–5 %	10–20 %
Rheinland-Pfalz	6–10 %	8–15 %	20 %
Saarland	5–15 %	9–12 %	30 %
Sachsen	5–10 %	10 %	25 %
Sachsen-Anhalt	4,5–10 %	4–6 %	25 %
Schleswig-Holstein	4–10 %	4–5 %	8–20 %
Thüringen	4,5–7 % (Amtseintragung = 6 %)	7 %	10–20 %

(Quelle: https://www.mehr-demokratie.de/5968.html; Zugriff: 24.03.2016)

Daneben gibt es weitere systematische, rechtlich fixierte Beteiligungen wie z. B. im Zuge der Flächennutzungs- und Bebauungsplanung, die hier nicht weiter angesprochen werden sollen.[20] Je nach Gemeindeordnung kann noch eine Bürgerfragestunde als weitere Form hinzukommen.[21]

Eine verstetigte Form der Beteiligung kann im Lobbyismus gesehen werden, der spezifisch für Interessengruppen ist.[22] Damit verbindet sich die gezielte und dauerhafte Präsenz bei politischen und anderen Entscheidungsträgern zur möglichst gezielten Beeinflussung der entsprechenden Prozesse.

Dem Spektrum der Beteiligung kann ebenfalls das Bürgerschaftliche Engagement zugerechnet werden, indem aktiv in Vereinen und Initiativen an verschiedenen Themen mitgearbeitet wird. So wird individuelles Interesse und daraus erwachsendes Engagement in eine kollektive Vertretung eingebracht.

20 Siehe dazu z. B. die Hinweise in Ackermann 2005, 178–180.
21 Vgl. Ackermann 2005, 106.
22 Als Übersicht siehe z. B. Alemann & Eckert 2006.

1.2.3 Bürgerhaushalte

Ein weiterer Ansatz ist der sogenannte Bürgerhaushalt, in dessen Verlauf Bürger die Möglichkeit haben, sich mit Vorschlägen und Bewertungen von Projekten an der Entscheidung über die Verwendung der kommunalen Mittel zu beteiligen.[23] Dieses Instrument hält seit den 1990er Einzug in die Arbeit von Kommunen und ist eng mit der Einführung des Neuen Steuerungsmodells (NSM) verbunden.[24]

Es liegt bei den Kommunen, ob und in welcher Form sie diese Form der Beteiligung nutzen. Es gibt offenere Verfahren, in denen nach Vorschlägen zu Einsparungen und Einnahmeverbesserungen gefragt wird. Andere Ansätze beruhen auf der Bewertung von Vorschlägen, welche durch vorherige Planungsschritte erarbeitet wurden.

Neben der Beteiligungsmöglichkeit spielt besonders die Transparenz des Verfahrens eine wichtige Rolle, damit auch den Bürgern deutlich wird, wie mit ihren eingebrachten Vorschlägen umgegangen wurde.

2. Sport als Thema der Bürgerbeteiligung – exemplarische Beispiele

Es erweist sich als schwierig, diese Thematik systematisch zu erfassen. Insofern bleibt es an dieser Stelle bei der Auflistung von einzelnen Beispielen, um Themen und Formen der Beteiligung mit Bezug zu Sport erkennbar zu machen.

2.1 „Der Sport“ als Thema und Akteur in Beteiligungsprozessen

Um den Bezug zwischen Sport und Bürgerbeteiligung aufzuzeigen, ergeben sich zwei grundlegende Ausgangspunkte:

- Der Sportbegriff hat sich in den letzten Jahrzehnten massiv ausgedehnt. War bis in 1980er Jahre hinein noch die wettkampfsportliche Ausprägung der „klassischen“ Sportarten – von regionalen Spezifika abgesehen – der Haupt-Orientierungspunkt[25], so ist heute der Wettkampfsport nur eine Facette in einem breiten Spektrum von Sportverständnissen und Sportverhaltensweisen. Beispiele: Wettkampfsport, Funsport, Gesundheitssport oder als Fußball, Yoga, Walking, Reiten.
- Die Organisationsformen des Sporttreibens lassen sich zumindest in fünf Gruppen gliedern:
  - o Schulsport in den bekannten Formen einschließlich der Erweiterungen, die sich aus Ganztagsangeboten ergeben.
  - o Vereinssport als die traditionelle Organisationsform für Sportangebote.

23 Als ein Beispiel für die Stadt Köln siehe Ropertz 2014.
24 Vgl. Baier 2002, 93–94 und 238–239.
25 Vgl. Schneider 1988, 193 über die Vorherrschaft des Wettkampfsportes.

- o Sportangebote anderer gemeinnütziger Organisationen (Kirchengemeinden, Bildungsstätten etc.).
- o Kommerzielle Sportangebote durch u. a. Fitnessstudios bis hin zu Onlineangeboten.
- o Eigenorganisierter Sport im öffentlichen Raum oder in der privaten Umgebung.

Den Schulsport ausklammernd verbleiben also Vereine, kommerzielle Unternehmen und Individuen als Interessenten für das Sporttreiben. Wobei Vereine stellvertretend für ihre Mitglieder aktiv sind und kommerzielle Unternehmen zunächst das Interesse der Eigner bzw. Kapitalgeber verfolgen.

Der in Vereinen und regionalen Sportbünden organisierte Sport tut sich mit der Rolle der politischen Aktivität nicht immer leicht. *Pruin* skizziert die Ausgangssituation folgendermaßen: Die „... Alltagsstrukturen werden sofort brüchig, wenn die Verteilungsspielräume enger werden bzw. in den Kommunen massiv gespart werden muss. Im Zusammenspiel von Sportverwaltung, Politik und vereinzelten Vereinsinteressen waren die Dachorganisationen [hier: Sportbünde /RW] kaum gefragt, denn die Verteilung der vorhandenen Ressourcen war ein relativ leichtes Unternehmen. Zudem standen die Sportstätten zur Verfügung, die Sportstättenvergabe funktionierte und für alle anderen Fragen standen die Sportverwaltung und einzelne Stadt- bzw. Bezirksverordnete als Ansprechpartner bereit. Die Bünde beschränkten sich häufig auf repräsentative Bereiche und/oder setzten Handlungsprogramme um, die zumeist aus Projektmitteln des LandesSportBundes NRW gespeist wurden. Der sportpolitische Einfluss war in der Regel marginal und beschränkte sich auf programmatische Aspekte, die aber häufig nur zeitweise eine Rolle spielten.

Dies hat Folgewirkungen in Krisensituationen; denn bei enger werdenden Verteilungsspielräumen – ... – verändern sich diese eingeschliffenen Rahmenbedingungen sehr schnell. Wird die Notwendigkeit massiver Einschnitte im kommunalen (Sport-) Haushalt angekündigt und diskutiert, funktionieren die alten Strukturen nicht mehr oder nicht mehr so reibungslos, und die bisher erfolgreichen atomisierten Strategien der Kommunikation zwischen Vereinen und Sportpolitik oder der Verwaltung verlieren blitzschnell ihre Wirkung."[26]

Aus diesen Feststellungen folgert er die Notwendigkeit einer Überprüfung der sportpolitischen Wirksamkeit vor Ort und eine Erweiterung des Verständnisses der sportpolitischen Rolle des organisierten Sports bis hin zur Einbringung in Prozesse der Stadt- und Regionalentwicklung.[27]

---

26 Pruin 2008, 20–21.
27 Vgl. Pruin 2008, 97–105.

2.2 Sportentwicklungsplanung als sportspezifische Beteiligungsmöglichkeit

Im Rahmen der Sportentwicklungsplanung, die ja in einem anderen Beitrag dieses Bandes schon ausführlich angesprochen wurde, gibt es je nach der gewählten Vorgehensweise unterschiedliche Intensitäten der Bürgerbeteiligung.

Die grundlegende Form entsprechend dem Konzept des Bundesinstituts für Sportwissenschaft, ist die Durchführung einer Bevölkerungsbefragung in Bezug auf das aktuelle und künftige Sportverhalten.[28] In der Weiterentwicklung zu einer kooperativen Vorgehensweise ist eine weitergehende Einbeziehung der Betroffenen- und Interessengruppen vorgesehen.[29] „Ziel ist die Kooperation aller planungsrelevanten Gruppen in einer lokalen Planungsinstanz bzw. Planungsgruppe, die sowohl die Daten der Bestandserhebung interpretiert, Bedarfe aus subjektiver Perspektive eruiert, Ziele und Prioritäten diskutiert als auch Maßnahmen konzipiert und deren Umsetzung begleitet."[30]

Durch die Veränderung des Sportbegriffs und des Sportverhaltens mit einer vielfältigen auch individualisierten Nutzung des öffentlichen Raumes (z.B. Wandern, Joggen, Skaten, Slacklinen, Klettern), birgt diese Aufgabe eine massive Herausforderung für die Gestaltung und Praxis eines angemessenen Beteiligungsprozesses.

2.3 Bürgerbegehren als formalisierte Beteiligungsform

Es gibt verschiedene Varianten der Interessenseinbringung für Bürger einer Kommune, wobei die Organisation in Vereinsform eine Grundlage für die gebündelte Interessenartikulation bietet. Einige Beteiligungsformen ergeben sich aus den kommunalen Verfassungen und anderen rechtlichen Vorgaben, andere haben sich im Zuge der Bürgerpartizipation an Entscheidungsprozessen entwickelt.

Eine formell für das Zusammenspiel von Bürgern und Kommune mögliche Aktionsform für die Interessenartikulation in Verbindung mit Sport sind Bürgerbegehren. Sie stellen das Unterfangen dar, eine Meinungsbildung zu einem spezifischen kommunalen Thema in Form einer Befragung zu erzielen. Ein Bürgerbegehren kann zu einem Bürgerentscheid führen, wenn ein positives Votum erreicht wird.

Die folgende Tabelle bietet eine Übersicht zu Bürgerbegehren, welche in den Jahren 2010–2016 erfasst wurden und sich auf das Themengebiet Sport bezogen. Der Status der erfassten Bürgerbegehren ist unterschiedlich, von geplant über abgeschlossen bis hin zu unzulässigen Verfahren. Wenn die Kommune zwischenzeitlich im Sinne des Verfahrens Entscheidungen trifft, kann sich das Anliegen auch er-

28 Vgl. z.B. Fuhrmann 2013, 27–41; Deutsche Vereinigung für Sportwissenschaft e. V. o.J., 24–27; Bach 2011.

29 Vgl. ausführlich zu der damit verbundenen Bürgerbeteiligung Eckl 2008.

30 Deutsche Vereinigung für Sportwissenschaft e. V. o.J., 35.

übrigen. Das Bürgerbegehren kann sich sowohl auf die Durchführung als auch die Ablehnung einer Maßnahme richten.

Tabelle 2: Bürgerbegehren in Deutschland von 2010 bis Juni 2016 mit dem Themenbezug Sport[31]

	Anzahl	**Prozent**
Bürgerbegehren in dem Erhebungszeitraum 2010–2016 (Stichtag: 21.03.2016)	1.885	100 %
– davon mit dem Themenbezug „Sport“	116	ca. 6,2 %
Bürgerbegehren mit dem Themenbezug „Sport“	116	100 %
– Bad (v. a. Bau, Erhalt)	61	52,6 %
– Sportplatz, Stadion	21	18,1 %
– Turn-/Sporthalle	16	13,8 %
– Eisbahn/Eishalle	2	1,7 %
– Olympische Spiele (2018 bzw. 2022)	6	5,2 %
– Bike-Arena, BMX-Bahn, Galopprennbahn, Golfanlage, Mini-golfanlage, Schützenheim, Skilift, Sportförderung / kostenfreie Sportstätten, Wanderweg, Wasserskianlage	je 1	je ca. 0,9 %

Erkennbar ist die deutliche Betonung des Themas Bäder. Dies ist insofern nicht verwunderlich, da die Bausubstanz der Bäder in vielen Kommunen nun eine Situation erreicht hat, die umfangreiche Sanierungen erfordert.[32] Da Bäder weiterhin i. d. R. Zuschussbetriebe sind, wird ihre generelle Erhaltungsnotwendigkeit in verschiedenen Kommunen in Frage gestellt.[33] Eine Option ist die Übergabe des Betriebes in eine andere Trägerschaft. Auf dem Weg von der Infrage-Stellung bis hin zu dem Erzielen einer Kompromisslösung werden jedoch häufig größere Initiativen gestartet. Das Schwimmbad als Freizeit-, Erholungs- und Sportstätte hat für viele Bürger eine aktivierungswürdige Qualität.

Weitere Themen, welche bei den Bürgerbegehren aufgegriffen werden können, bieten Berührungspunkte für das Thema Sport. Insbesondere der Erhalt von Schulen verweist auf die Infrastruktur in Form v. a. von Sporthallen. Radwege und Flugplätze

31 Die Datenbank findet sich im Internet unter www.mehr-demokratie.de; die Abfrage für das Jahr 2016 endete mit dem Stichtag 21.03.2016. Eigene Auswertung.

32 Vgl. z. B. die Hinweise bei Pfenning & Benighaus 2008, 201.

33 Vgl. Schneider & Thieme 2011, 195–197.

sind weitere Infrastruktur-Elemente mit Sportbezug. Im Zuge der Ausweitung der sportiven Angebote hin auf Senioren- und Gesundheitssport fallen u. a. auch Dorfgemeinschaftshäuser in das Spektrum der möglichen Themen.

2.4 Bürgerhaushalt

Bürgerhaushalte wurden schon allgemein charakterisiert. Ihre Ausgestaltung und Darstellung ist sehr unterschiedlich, so dass hier nur eine exemplarische Darstellung möglich ist. Da sie thematische sehr viele Möglichkeiten zulassen, werden auch Themen aus dem Sportbereich erfasst.

Beispielsweise wurde zu Beginn der 2010er Jahre die Stadt **Solingen** mit einem komplexen Verfahren zu Erzielung von Einsparungen bekannt, da man sich in einer höchst prekären Haushaltssituation befand. Durch Bürgerbeteiligung wurden Vorschläge der Verwaltung zur Kostenminderung bzw. Einnahmensteigerung bewertet und weitere Ideen der Bürger gesammelt.

> „Für manchen überraschend hatten sich auf der Internetseite http://www.solingen-spart.de/ klare Mehrheiten für weitreichende Sparmaßnahmen und Abgabenerhöhungen ergeben.
> So votierten die Bürger online für die Schließung der Festhalle Ohligs sowie des Stadtsaals Wald und für die Aufgabe des Stadions Hermann-Löns-Weg.“[34]

Gerade diese Vielfalt von Bewertungsoptionen macht auch noch einmal die Konkurrenz deutlich, in der sich der Sport als ein Empfänger von kommunalen Leistungen verschiedener Art befindet.

Als weiteres Beispiel soll der Bürgerhaushalt in **Berlin-Lichtenberg** dienen. Durch themenbezogene Vorschläge sollen die knappen Mittel möglichst bedarfsgerecht eingesetzt werden. Die Einbringung von Vorschlägen kann zu insgesamt 12 Themenfeldern erfolgen, davon ist eines „Sportförderung“.[35] Mit Stand Ende März 2016 sind insgesamt 374 Vorschläge eingegangen, von denen 167 abgelehnt bzw. nicht umgesetzt wurden. 142 wurden umgesetzt und 65 befinden sich zu dem Zeitpunkt in Bearbeitung.[36]

U. a. durch Kommentierungen und ein Begleitgremium gibt es spezifische Prozessschritte, bis Vorschläge in den formellen Entscheidungsprozess der Gremien eingebracht werden.

Auf den Bereich „Sport“ entfallen sieben Vorschläge, sie sind in Tabelle 2 mit dem jeweiligen Status aufgelistet.

---

34 O. V. 2010.
35 Vgl. https://www.buergerhaushalt-lichtenberg.de/kurzeinfuhrung; Zugriff: 28.03.2016.
36 Vgl. https://www.buergerhaushalt-lichtenberg.de/vorschlagsliste; Zugriff: 28.03.2016.

Tab. 3: Vorschläge zu dem Themenbereich Sport im Bürgerhaushalt Berlin-Lichtenberg

Vorschlag	Status (Ende März 2016)	Anmerkung / Erläuterung
Erweiterung der Sportanlage in Wartenberg	abgelehnt / nicht umgesetzt	z. Z. wegen Sanierungsrückstau bei Sportanlagen nicht finanzierbar
Kunstrasen statt Schotterplatz mit Toren ohne Netze	umgesetzt / inhaltlich erledigt	
Minderung der Lärmemission Sportplatz Hauffstraße	umgesetzt / inhaltlich erledigt	
Renovierung der Turnhalle in der Schule am Rathaus	umgesetzt / inhaltlich erledigt	
Freizeitsportanlage Weißenseer Weg 100	in Bearbeitung	
Stadion Friedrichsfelde eisfrei halten	abgelehnt / nicht umgesetzt	technisch und ökonomisch derzeit nicht umsetzbar
Reparatur der Tribüne in der Paul-und-Charlotte-Kniese Schule	umgesetzt / inhaltlich erledigt	

(Stand: Ende März 2016; Quelle: https://www.buergerhaushalt-lichtenberg.de/vorschlagsliste?field_proposal_topic_tid[0]=60; Zugriff: 28.03.2016)

Auch in der Stadt **Braunschweig** wird das Instrument Bürgerhaushalt eingesetzt. Im Frühjahr 2016 wird über die Umsetzung von 10 Vorschlägen berichtet, zu denen auch die Wieder-Errichtung einer abgebrannten Sporthalle gehört. Es wird jedoch auch berichtet, dass u. a. mit Blick auf den finanziellen Aufwand des Verfahrens Alternativen der Beteiligung gesucht werden.[37]

2.5 Weitere Beteiligungsformen

2.5.1 Bürgergutachten

Pfenning & Benighaus[38] berichten von dem Verfahren eines Bürgergutachtens zu einem sanierungsbedürftigen Bad. Die politischen Vertreter der Kommune konnten sich bei zwei grundlegenden Alternativen (Naturbad vs. klassische Sanierung mit

37 Vgl. Steiner 2016.
38 Vgl. dazu Pfenning & Benighaus 2008, 201.

Stahlwanne) nicht einigen. Es wurde eine entsprechende Gruppe mit Beteiligung von interessierten Bürgern eingesetzt und mit einem Budget ausgestattet, um sich zu dem Thema und den Handlungsalternativen kundig zu machen. Letztlich erfolgte eine günstigere Variante der klassischen Sanierung.

2.5.2 *Förderverein zur Bad-Rettung*

Gerade das Thema Bädererhalt führt recht häufig zu Initiativen, welche eine breitere Beteiligung der Bürger vor Ort auslösen. Dies kann gegenüber klassischen Sportanlagen auch daran liegen, daß Bäder mehr als nur ein reines Sportinteresse ansprechen. Es verbindet sich auch mit den Themen Freizeitgestaltung, Entspannung, Gesundheit und Erlernen des Schwimmens. Gerade unter dem letztgenannten Aspekt agiert mit der Deutschen Lebens-Rettungs-Gesellschaft e. V. (DLRG) ein großer Fürsprecher. Die regelmäßige Berichterstattung zu dem Thema „Ertrinkungstod" ist ein starker Aufhänger für die Begründung des Schwimmbad-Bedarfes.

Ein häufiger zu beobachtendes Ergebnis derartiger Engagements ist die Überführung der Bad-Trägerschaft auf eine andere Organisationsform, z.B. als Förderverein oder Genossenschaft.[39]

Eine ungewöhnliche Entwicklung nahm die Umplanung der Bäderlandschaft in Braunschweig. Der Bau eines neuen Freizeit- und Erlebnisbades sollte mit der Schließung von drei Stadtteil-Bädern, die baulich und technisch in die Jahre gekommen waren, einhergehen. Alleine für dieses Badezentrum wurde ein Zuschuss seitens der Stadt von 600.000 Euro für den jährlichen Betrieb genannt.[40] Dieses Konzept wurde 2007 von der Stadt auf den Weg gebracht. Für das Badezentrum Gliesmarode, welches zu den mit der Schließung bedrohten Bädern gehörte, entwickelte sich eine starke Initiative für den Erhalt. Maßgeblich beteiligt war und ist ein Förderverein, der sich im Herbst 2013 aus einer Bürgerinitiative entwickelt hatte.[41] Vielfältige Aktionen und Öffentlichkeitsarbeit begleiteten das Bemühen um den Erhalt des Bades.

Letztlich erklärte sich der Braunschweiger Unternehmer Friedrich Knapp (New Yorker) bereit, dass Bad auf eigene Kosten (ca. 6 Mill. Euro) zu sanieren und für einen Zeitraum von 15 Jahren zu betreiben. Nach längeren Verhandlungen mit der Stadt wurde grünes Licht für diese Übernahme gegeben.[42] Die Wieder-Eröffnung des Badezentrums ist für 2016 vorgesehen, die Sanierungsarbeiten erweisen sich als wesentlich aufwändiger als ursprünglich gedacht.[43]

---

39 Vgl. z.B. die Beispiele in Kähler 2011.

40 Vgl. Fiene 2014.

41 Vgl. http://www.foerderverein-badezentrum-gliesmarode.de/index.php/wer-wir-sind; Zugriff: 28.03.2016.

42 Vgl. Fiene & Noske 2014; Noske 2014; Fiene 2014b.

43 Vgl. http://www.foerderverein-badezentrum-gliesmarode.de/index.php/2-uncategorised/70-jahrestag-der-badschliessung; Zugriff: 28.03.2016; Jonscher 2014.

3 Fazit

Wenn, wie mehrfach angesprochen, das Bemühen um Sportinfrastruktur v. a. für die Vereinsarbeit und die individuellen Sportinteressen immer mehr in eine Verteilungskonkurrenz mündet, bedarf es aktiven und nicht reaktiven Engagements seitens des organisierten Sports. Insofern scheint es angeraten v. a. auf der lokalen Ebene, Diskussions- und Einflussprozesse Ernst zu nehmen, welche den Sport berühren.

Quellenverzeichnis

Ackermann, Paul (2005): Bürgerhandbuch, Bonn: Bundeszentrale für politische Bildung

Alemann, Ulrich von & Eckert, Florian (2006): Lobbyismus als Schattenpolitik, – in: Aus Politik und Zeitgeschichte 15–16/2006, 3–10

Bach, Lüder (2011): Sport und Sportstätten – Anspruch, Aufgabe und Gegenstand der strategischen Sportentwicklungsplanung in Städten und Gemeinden, – in: Louise Bielzer & Ronald Wadsack (Hrsg.): Betrieb von Sport- und Veranstaltungsstätten, Frankfurt a. M.: Peter Lang, 309–352

Beier, Horst (2002): Operative Planung in Kommunen, Lohmar & Köln: Josef Eul

Bogumil, Jörg & Holtkamp, Lars (2006): Kommunalpolitik und Kommunalverwaltung, Wiesbaden: VS

Deutsche Vereinigung für Sportwissenschaft e. V. (o. J.): Memorandum zur kommunalen Sportentwicklungsplanung, Hamburg

Dienel, Peter C. (2002): Die Planungszelle, 5. Auflage, Wiesbaden: Westdeutscher Verlag

Eckl, Stefan (2008): Kooperative Planung in der kommunalen Sportpolitik, Berlin: LIT

Fiene, Jörg (2014): Bäder-Experte: Es geht nicht ohne rote Zahlen, – in: Salzgitter Zeitung 05.06.2014, 22

Fiene, Jörg (2014b): Gliesmaroder Bad soll im Frühjahr wieder öffnen, – in: Salzgitter Zeitung 04.10.2014, 24

Fiene, Jörg & Norke, Henning (2014): Rechnungen mit spitzem Stift, – in: Salzgitter Zeitung 04.06.2014, 26

Geyer, Robby (2009): Akteure in der Politik, – in: Bundeszentrale für politische Bildung (Hrsg.): Akteure in der Politik, Themenblätter im Unterricht Nr. 63, 2. Auflage, Bonn: bpb, Lehrerblatt 01

Ipsen, Jörn (2011): Niedersächsisches Kommunalrecht, 4. Auflage, Stuttgart u. a.: Boorberg

Jonscher, Norbert (2014): Gliesmaroder Bad – fast alles muss raus, – in: Salzgitter Zeitung, 04.12.2014

Kähler, Robin (2011): Betreibermodelle für Sportimmobilien, – in: Louise Bielzer & Ronald Wadsack (Hrsg.): Betrieb von Sport- und Veranstaltungsstätten, Frankfurt a. M.: Peter Lang, 129–146

Nanz, Patrizia & Fritsche, Miriam (2012): Handbuch Bürgerbeteiligung, Bonn: Bundeszentrale für politische Bildung

Naßmacher, Hiltrud & Naßmacher, Karl-Heinz (2007): Kommunalpolitik in Deutschland, 2. Auflage, Wiesbaden: VS

Noske, Henning (2014): Der Förderverein glaubt an Knapp, – in: Salzgitter Zeitung 11.06.2014, 28

o. V. (2010): Bürger retten Solinger Haushalt – Pleite mit Hilfe von Bürgerhaushalt abgewendet. – in: http://www.bz-mg.de/staedtische-haushalte/buergerhaushalt/burger-retten-solinger-haushalt-pleite-mit-hilfe-von-burgerhaushalt-abgewendet.html; Zugriff: 24.03.2016

Pfenning, Uwe & Benighaus, Christina (2008): Partizipativer Wandel – methodischer Wandel: Neue und klassische Formen der Bürgerbeteiligung im Vergleich, – in: Angelika Vetter (Hrsg.): Erfolgsbedingungen lokaler Bürgerbeteiligung, Wiesbaden: VS, 195–216

Pruin, Günter (2008): Sportbünde und kommunale Sportpolitik, Aachen: Meyer & Meyer

Ropertz, Manfred (2014): Deine Stadt, Dein Geld – Bürgerbeteiligung durch Bürgerhaushalt, – in: Jürgen Hartwig & Dirk Willem Kroneberg (Hrsg.): Moderne Formen der Bürgerbeteiligung in Kommunen, Berlin: LIT, 161–169

Schneider, Frank (1988): Sportorganisation und Macht – ausgewählte Aspekte, – in: Helmut Digel (Hrsg.): Sport im Verein und im Verband, Schorndorf: Hofmann, 188–198

Schneider, Sebastian & Thieme, Lutz (2011): Zum Management von Schwimmbädern, – in: Louise Bielzer & Ronald Wadsack (Hrsg.): Betrieb von Sport- und Veranstaltungsstätten, Frankfurt a. M.: Peter Lang, 191–213

Selle, Klaus (2013): Über Bürgerbeteiligung hinaus: Stadtentwicklung als Gemeinschaftsaufgabe?, Detmold: Rohn

Steiner, Cornelia (2016): Bürgerhaushalt: Zehn Wünsche werden realisiert, – in: Salzgitter Zeitung, 04.04.2016, 24

Vetter, Angelika (2008): Lokale Bürgerbeteiligung: Ein wichtiges Thema mit offenen Fragen, – in: Angelika Vetter (Hrsg.): Erfolgsbedingungen lokaler Bürgerbeteiligung, Wiesbaden: VS, 9–27

Wadsack, Ronald (2003): Ehrenamt attraktiv gestalten, Planegg: Lexware

Wetterich, Jörg & Eckl, Stefan (2007): Einleitung – Zur Struktur, zum Wirkungsgefüge und zur Legitimation kommunaler Sportförderung, – in: Eckl, Stefan & Wetterich, Jörg (Hrsg.; 2007): Sportförderung und Sportpolitik in der Kommune, Berlin: LIT, 6–14

Philipp Schlemmer, Florian Falkner, Dennis Rankl,
Lukas Winkler & Martin Schnitzer
(Leopold-Franzens Universität Innsbruck,
Institut für Sportwissenschaft)

Ökonomische Bedeutung von „small-scale sports events" für Kommunen am Beispiel der Stadt Innsbruck

Zusammenfassung: Die Effekte von Sportgroßveranstaltungen wurden in den letzten Jahren, zumal diese kontrovers diskutiert werden, immer wieder in der Fachliteratur untersucht. Es gibt noch viele Forschungslücken, wie z.B. die Analyse von nicht-quantitativ fassbaren (intangiblen) Wirkungen. Außerdem wurde dem Phänomen „Kleinsportveranstaltungen" („small-scale sports events") bis dato kaum Rechnung getragen. Ziel dieses Beitrages ist es daher, diese „small-scale sports events" die von lokalen Laufveranstaltungen hin bis zu nationalen Nachwuchsmeisterschaften reichen können, aus Sicht eines Austragungsortes (Host City) zu untersuchen. Hierzu wurde ein Raster zur Messung von ökonomischen Effekten von Veranstaltungen auf Basis eines Fragebogens erstellt, der aus Sicht von Eventveranstaltern beantwortet wurde. Um einen ökonomischen Effekt der Kleinveranstaltungen aufzuzeigen und diese vergleichbar zu machen, wurde ein ökonomischer Primärimpuls berechnet und weitere Merkmale (soziale Effekte, touristische Effekte) im Rahmen von Veranstaltungen am Beispiel der Stadt Innsbruck, Österreich, erhoben. Insgesamt wurden 14 Veranstalter, die ihren Event im Jahr 2014 in Innsbruck durchgeführt haben, befragt. Die Effekte, auf die einzelnen Veranstaltungen bezogen, sind gering, machen jedoch auf alle Kleinveranstaltungen in einem Jahr zusammengefasst, fast so viel aus, wie ein „Medium"-Event.

1. Einleitung

Das bisherige Hauptaugenmerk der Wirkungsforschung lag bei Großveranstaltungen und deren ökonomischen und touristischen Auswirkungen auf die Destination, der Kundenzufriedenheit, Wahrnehmungen und spezifischen Perspektiven und Empfindungen verschiedener Anspruchsgruppen (Stakeholder)[1].

Wissenschaftliche Analysen zu Kleinveranstaltung haben bis dato keine Beachtung gefunden. Daher hat die Zeitschrift „European Sportmanagement Quarterly" ein Sonderausgabe (01/2015) dem Thema „impacts and strategic outcomes from non-mega sport event for local communities" gewidmet. Die Beiträge in dieser „Special Issue" haben unter anderem aufgezeigt, dass spezifische Untersuchungen

1 Thöni & Philippovich, 2008; Preuß, Siller, Zehrer, Schütte, & Stickdorn, 2010; Schnitzer & Stickdorn, 2012; Schnitzer & Kopp, 2012; Schnitzer, Peters, Scheiber & Pococco, 2014; Peters & Schnitzer, 2015

zur Thematik von Kleinveranstaltungen und deren Effekten nach wie vor Mangelware sind.

Dennoch, Events kleinerer Natur sind aufgrund ständig wachsender Budgetengpässe bei privaten, aber auch bei öffentlichen Geldgebern, mehr in den Fokus kritischer Beobachter gerückt. Zudem sind diese „small-scale sport events" nicht mehr vom (Sport)Alltag einer Kommune wegzudenken. Kritisch werden unter anderem, die so häufig genannten positiven Effekte hinsichtlich einer Zunahme der Sportpartizipation durch Sportveranstaltungen gesehen[2]. Die einschlägige Literatur diskutiert zudem auch den Nutzen von Sportveranstaltungen für die urbane und gemeinschaftliche Entwicklung von Host Cities[3].

Ziel der vorliegenden Arbeit ist es, mögliche Effekte von Kleinveranstaltungen und deren Bedeutung für Kommunen aufzuzeigen. Als Untersuchungsgegenstand dienten 14 Veranstaltungen, die in Innsbruck (Österreich) abgehalten wurden. Neben der Ermittlung eines ökonomischen Primärimpulses wurden weitere mögliche Wirkungen der 14 Veranstaltungen subsummiert. Dies ermöglichte einen gesamtheitlichen Effekt dieser Sportevents und ihrer Durchführung auf die Kommune Innsbruck zu veranschaulichen. Zudem wurden weitere, zum Teil nicht monetär quantifizierbare Wirkungen ermittelt. Diese Fallstudie kann als Informationsgrundlage für zukünftige Investitions- und Förderungsüberlegungen dienen.

Die Stadt Innsbruck gilt als Austragungsort einer großen Bandbreite an Sportveranstaltungen, von kleineren Sportveranstaltungen bis hin zu Sportgroßveranstaltungen (Olympischen Winterspielen[4], Winteruniversiade Innsbruck/Seefeld 2005, UEFA EURO 2008 oder Olympische Winterjugendspiele 2012)[5] und kann daher als geeignete Testregion eingestuft werden

1.1 Definition

Um eine Eingrenzung der Begrifflichkeit „small-scale sports event" vorzunehmen, können wir uns zunächst folgender Definition des Begriffs „Sportveranstaltung" bedienen:

> *„Unter einer Sportveranstaltung wird ein Anlass verstanden, der durch einen Veranstalter oder ein Organisationskomitee vorbereitet, durchgeführt und ausgewertet wird. An der Veranstaltung erbringen Personen, in Anwesenheit von Zuschauern, sportliche Leistungen, unterstützt von Betreuern, Funktionären und Helfern. Medien übernehmen eine Mittlerfunktion zwischen der Veranstaltung und der breiten Öffentlichkeit."*[6]

---

2 Veal, 2003; Weed, Coren, Fiore, Wellard, Chatziefstathiou, Mansfield & Dowse, 2015
3 Misener & Mason, 2009
4 Olympiastadt Innsbruck, o.J
5 Schnitzer, 2012
6 Stettler, 2008, S. 3

Zur Unterscheidung zwischen einzelnen Sportveranstaltungen können die verschiedenen Formen, in denen diese auftreten, ausgemacht werden[7]. Sie variieren nicht nur nach Sportart sondern haben auch unterschiedliche Größen. Dabei hilft eine Typologisierung von Großsportevents, welche die Veranstaltungen anhand ihrer Größe und Bedeutung charakterisiert und kategorisiert[8]. Dabei beschreiben

- Typ A – Events Olympische Spiele oder die FIFA Weltmeisterschaft.
- Typ B – Events sind sich jährlich wiederholende Veranstaltungen wie das Tennisturnier in Wimbledon oder der Super Bowl.
- Typ C – Events behandeln unregelmäßig stattfindende Events wie z. B. Internationale Schwimmveranstaltungen, etc.
- Typ D – beschreibt Events auf nationaler Ebene.

Um „small-scale sports events“ einer Einteilung zu unterziehen, wird eine weitere Differenzierung nötig. Die bestehende Auflistung wurde mit dem Event-Typ E ergänzt, welche Veranstaltungen beschreibt, bei denen die Teilnehmerzahl möglicherweise die Zahl der Zuschauer übersteigt, ein geringes Medieninteresse vorherrscht und eine verminderte ökonomische Relevanz zugesprochen wird.[9]

Tabelle 1[10] zeigt eine mögliche Definition von Sportveranstaltungen anhand von Ober- bzw. Untergrenzen einzelner Kriterien, die eine differenziertere Einteilung nach quantitativen Gesichtspunkten zulassen.

Tab. 1: Erweiterte Sportveranstaltungstypologie mit Grenzwerten in Anlehnung an Stettler, 2008.

		XS	S	M	L	XL
		kleinst SV	**kleine SV**	**Mittlere SV**	**große SV**	**mega SV**
Muss-kriterien	Veranstaltungs-budget (in CHF)	≥0 <1.000	≥1.000 <50.000	≥50.000 <1.000.000	≥1.000.000 <50.000.000	≥50.000.000
	Mediale Attraktivität und Verbreitung im Medium Fernsehen			Beitrag in einem Sportsendungs-Sammelgefäß	Sportdirekt-übertragung mit eigenem Sendeformat (live oder Teilaufzeichnung)	Sportdirekt-übertragung in mehr als 30 Länder

7 Kaplanidou & Vogt, 2006
8 Gratton, Dobson, & Shibli, 2000
9 Wilson, 2006
10 Stettler, 2008

		XS	S	M	L	XL
		kleinst SV	**kleine SV**	**Mittlere SV**	**große SV**	**mega SV**
Kann-kriterien	Anzahl der Sportler	≥0 <100	≥100 <1.000	≥1.000 <10.000	≥10.000 <20.000	≥20.000
	Anzahl der Funktionäre, Betreuer und Volunteers	≥0 <50	≥50 <100	≥100 <1000	≥1.000 <5.000	≥5.000
	Anzahl der Zuschauer vor Ort	≥0 <100	≥100 <5.000	≥5.000 <20.000	≥20.000 <100.000	≥100.000
		übrige Sportveranstaltungen			**Sportgroßveranstaltungen**	

Eine etwas andere Einteilung von Sportveranstaltungen sieht im Gegensatz beispielsweise eine Obergrenze im Budget von etwa 25.000 € vor. Der Teilnehmer- und Zuschauerbereich liegt im Rahmen von ein paar Hunderten. Des Weiteren wird zusätzlich die maximale Anzahl an Volunteers für die ausgewählte Sportveranstaltung mit 30 limitiert und das mediale Interesse muss sich auf lokale und nationale Bereiche beschränken (siehe dazu Tabelle 2)[11].

Tab. 2: Typologisierung von Sportveranstaltungen in Tirol.

	Kriterien von Sportgroßveranstaltungen	**„Small-scale sports event"**
Hauptkriterien	Minimum 2.500 Teilnehmer und/oder 5.000 Zuschauer	Zuschauerbereiche von ein paar Hundert
	Minimum von 250 Volunteers	Volunteers bei 10 bis 30 PAX
	Minimum von 1.000 Journalisten	Lokale Journalisten, nationale Fachzeitschrift
	Minimumbudget von 120.000 €	Budget zwischen 5.000 € bis 25.000 €
	TV-Übertragung (Live/Semi-Live)	Highlights, lokale Berichterstattung

11 Schnitzer, 2012

	Kriterien von Sportgroßveranstaltungen	„Small-scale sports event“
Zusatzkriterien	Offizielle Bewerbung für Veranstaltung notwendig	Funktioniert meist nach Rotationsprinzip
	Grad der Medialisierung	Kaum vorhanden
	Effekte auf Austragungsort bzw. Region	Nicht nennenswert, lokale Sportbegeisterung
	Ressourcenbindung	Kaum, wird in lokalen Verbänden/Vereinen abgewickelt
	Organisationsgrad	Gering, eingespielte Teams, bzw. Vereine
	Rahmenprogramm / Eröffnungs- und Schlussfeier	Rahmenprogramm (Musik) für Vereinskasse
	Stellenwert des Sportwettkampfes	Meist sehr hoch, auch organisatorisch, Jugend

Um für dieses Projekt eine gültige Definition für „small-scale sports events“ treffen zu können, werden die beiden vorstehenden Definitionen zusammengeführt[12]. Daraus ergibt sich, dass „small-scale sports events“ lokale Veranstaltungen

- mit einer maximalen Teilnehmeranzahl von 1.000 und
- einer maximalen Zuschaueranzahl von 5.000 sind.
- Das mediale Interesse welches durch die Veranstaltung hervorgerufen wird, beschränkt sich auf den lokalen Ballungsraum.
- Des Weiteren beläuft sich das Gesamtbudget welches dem Veranstalter zur Durchführung des Events dient auf maximal 40.000 €.

Solche Sportveranstaltungen werden meist von Fachverbänden der jeweiligen Sportart ausgerufen und von eingespielten Vereinen und freiwilligen Helfern, nicht mehr als 100, organisiert. Ein klassisches Beispiel hierfür wären zum Beispiel Nachwuchsmeisterschaften.

1.2 Wirkungsforschung

Vergleicht man die Größe des Austragungsortes mit der Größe der Events so haben „small-scale sports events“ in kleineren Städten häufig eine höhere ökonomische Bedeutung als in Großstädten[13] und folglich kann auch die Summe von „small-scale sports events“ einen höheren ökonomischen Effekt haben. Dies gilt ebenso

12 Stettler, 2008; Schnitzer, 2012
13 Veltri, Miller, & Harris, 2009

für alltägliche Sportarten, die in kleinere Veranstaltungen verpackt sind, um den lokalen Tourismus zu unterstützen und auszubauen[14]. Im Übrigen können „small-scall sports events" eher zu einem nachhaltigen Tourismus beitragen als Sportgroß-events. Diese touristische Nachhaltigkeit baut auf ökologische, ökonomische und soziale Gesichtspunkte und berücksichtigt ein höheres Umweltbewusstsein, eine höhere ökonomische Wirkungen und das Schaffen einer höheren Lebensqualität für die einheimische Bevölkerung. Häufig wird der Nachhaltigkeitsgedanke von Eventorganisatoren in werbewirksame Marketingstrategien verpackt[15], die im Kontext einer ökologischen Nachhaltigkeit als „Greenwashing" von Events bezeichnet werden kann.[16]

„Small-scale sports events" unterscheiden sich im Gegensatz zu Megaevents in vielerlei Hinsichten, die einige Vorteile mit sich bringen[17]. Die Argumente stützen sich dabei auf die verstärkte Nutzung von bereits bestehender Infrastruktur. Die Funktionsfähigkeit dieser Events mit einem kleineren Veranstaltungsbudget, die bessere Steuerbarkeit des Zuschaueraufkommens und der höhere Effekt auf die lokale Kommune werden als weitere Vorteile genannt. Vermutlich tragen diese Art von Veranstaltungen auch dazu bei, das Image zu verbessern und den Tourismus zu fördern[18]. Ergänzend dazu werden weitere Vorteile in Sportveranstaltungen, wie die Bereitstellung von regionaler Unterhaltung, das Erhöhen des Heimatstolzes der Bevölkerung und die wirtschaftlich antreibende Funktion von Sportevents als Bereicherung für die ansässige Kommune gesehen[19].

Das Abhalten von Sportveranstaltungen wird in der Literatur als eine der besten Möglichkeiten gesehen, um eine Kommune von anderen Kommunen abzuheben und dadurch einen Wettbewerbsvorteil zu erlangen[20]. Zusammenfassend lässt sich festhalten, dass die Implikationen solcher Sportveranstaltungen vielschichtig sind (z. B. psychologisch, politisch, ökologisch, soziologisch, kulturell, touristisch, technologisch und ökonomische)[21], wobei diese zahlreiche Querverbindungen aufweisen.

1.3 Ökonomische Implikationen

Thematisiert werden in dieser Erhebung hauptsächlich die ökonomischen Implikationen, welche wiederum weitgehend differenziert werden können. Für die vorliegende Studie ist nur der Konsum des Organisationskomitees von Belang[22]. Um

14 Higham, 1999
15 Gibson, Kaplanidou, Kang, 2012
16 Fitschen, 2006
17 Higham, 1999
18 Dimanche, 2003
19 Turco, 1998
20 Chalip, Green, & Hill, 2003
21 Preuß et al., 2010
22 Preuß et al., 2010

diese ökonomischen Effekte zu quantifizieren, benötigt man die Berechnung des regionalen Primärimpulses[23].

Der ökonomische Primärimpuls nach Preuß (2004) zeigt eine Gegenüberstellung von autonomen und regionalen Mittelherkünften, die für Mittelverwendungen bzw. Ausgaben in der Region oder für den Import von Waren, usw. herangezogen werden. Auf Basis der Einnahmen und Ausgaben einer Veranstaltung und der Zuteilung der autonomen und regionalen Mittelherkünfte sowie der Mittelverwendungen in der Region bzw. für Importe, kann festgehalten werden, dass ein gewisser Prozentsatz der Ausgaben der Veranstalter innerhalb der Region ausgegeben werden (=Umverteilung) und somit dem örtlichen Wirtschaftskreislauf erhalten bleiben.

Zudem ist ein gewisser Anteil der Ausgaben als Nutzen für den regionalen Wirtschaftskreislauf zu verbuchen, welche bei einer Nicht-Durchführung einer Sportveranstaltung nicht der lokalen Wirtschaft zufließen. Als ökonomisch neutral könne jene Importe beziffert werden, die mit autonomen Mitteln finanziert wurden und somit einen Einfluss auf die lokale Wirtschaft haben. Als Kosten werden regionale Mittel und Gelder bezeichnet, die zur Finanzierung von Importen herangezogen werden[24] (siehe Tab. 3).

Tab. 3: Primärimpuls – Zuordnung Einnahmen und Ausgaben.

		Mittelverwendung	
		Region (=R)	Import (=I)
Mittelherkunft	autonom (=a)	Nutzen	neutral
	regional (=r)	Umverteilung	Kosten

Für die (vereinfachte) Ermittlung des Primärimpulses (P) gilt nach Preuß (2004) folgende Formel:

$P = A * (a*R - r*I)$

- (A) beschreibt die Summe der Gesamteinnahmen aus den „small-scale sport events“:
- (a) steht für die autonomen Mittel die dem Veranstalter zu Verfügung stehen;
- (R) kennzeichnet Ausgaben die innerhalb der Region der Veranstaltungen verausgabt werden;
- (r) charakterisiert die Mittel die regional für die Veranstaltungen generiert werden konnten;
- (I) drückt jene Ausgaben aus, die in Form von Importen nicht in der Region ausgegeben wurden.

---

23 Preuß, 2004
24 Preuß, 2004

2. Methodik

Zur Ermittlung des ökonomischen Primärimpulses bzw. weiterer Wirkungen, beschreibt der folgende Abschnitt, wie die 14 Kleinevents untersucht wurden. Hierzu wurden die Veranstalter der in Innsbruck durchgeführten Events mit Hilfe eines Fragenbogens interviewt.

2.1 Fragebogen

Der Fragebogen (Details im Anhang) bestand aus sechs Teilen:

- Der erste Teil behandelte Fragen zur Sportveranstaltung und zur Sportart.
- Im zweiten Teil „Ökonomie“ wurden wirtschaftlich relevante Fragen zur Sportveranstaltung gestellt.
- Der dritte Teil beinhaltete Fragen über die sozialen Auswirkungen des Events.
- Im vierten Teil konnten die Befragten sich zur touristischen Wirkung ihrer Veranstaltung äußern.
- Der fünfte Teil wurden Informationen betreffend der Medienberichterstattung erhoben.
- im abschließenden Teil wurden soziodemographische Daten erhoben.

2.2 Studiendesign

Im Rahmen einer Sitzung wurden mit dem Sportamt der Stadt Innsbruck sämtliche Sportveranstaltungen, die in der Stadt Innsbruck im Jahr 2014 durchgeführt wurden, gesichtet. Anschließend wurde diese auf Basis der zuvor eingeführten Definition von „small-scale sports events“, eingegrenzt (siehe Tabelle 4).

Tab. 4: Ausgewählte Sportveranstaltungen in Innsbruck 2014.

„small-scale sports events“ Innsbruck 2014	
Name der Veranstaltung	**Veranstalter**
Tiroler Meisterschaft Bouldern „Bloc Alpin“	Österreichischer Alpenverein
14. Tirol Milch Frühlingslauf	Turnerschaft Sparkasse Innsbruck
14. Innsbrucker Silvesterlauf	Turnerschaft Sparkasse Innsbruck
4. Tiroler Frauen- und Kinderlauf	Club Laufwerkstatt
12. Tiroler Abenteuerlaufes	Club Laufwerkstatt
Night Skaten	Happy Laufteam 24h

„small-scale sports events“ Innsbruck 2014	
Name der Veranstaltung	**Veranstalter**
Happy Run	Happy Laufteam 24h
Peerhoflauf	Turnerschaft Innsbruck/Leichtathletik
3. Innsbrucker Night-Run	Turnerschaft Innsbruck/Leichtathletik
20inch Trophy BMX Contest 2014	Ride In Pleasure BMX Innsbruck e. V.
Nordketten Quartett	Trail Solutions
Snowboard cross battle Kühtai + FIS + ÖM	Turnerschaft Innsbruck/Snowboard
Shred Down Masters	New Austria Snowboard Association
Austrian Open	Österreichischer Taekwondo Verband
Ladies & Men – Future Turnier 2014	Tennisklub IEV Tiroler Wasserkraft

In weiterer Folge wurden 15 Veranstalter kontaktiert; 13 davon haben den Fragebogen vollständig ausgefüllt, was einer Rücklaufquote von knapp 87 % entspricht, ein Veranstalter verweigerte die Teilnahme an der Studie. Der Großteil der Fragbögen wurde während eines Meetings gemeinsam mit den Veranstaltern durchgearbeitet bzw. ausgefüllt, um direkt auf Unklarheiten reagieren zu können und etwaige aufkommende Fragen sofort klären zu können. Anschließend wurden die gewonnen Daten zur Berechnung des Primärimpulses und für weitere Analysen ausgewertet.

2.3 Auswertung

Die gesammelten Daten wurden mittels deskriptiver Statistik in Microsoft Excel aufbereitet und ausgewertet. Die grafische Darstellung der Diagramme und Tabellen erfolgte ebenfalls mittels Microsoft Excel.

3. Ergebnisse

3.1 Ökonomische Wirkungen

Tab. 5 zeigt die gesammelten Daten aller Veranstaltungen bezüglich ihres zur Verfügung stehenden Gesamtbudgets, der erhaltenen Subventionshöhe durch die Stadt Innsbruck, die eingehobenen Nenngelder, das gesammelte Sponsorengeld und sonstiger anfallender Einnahmen, wobei der Prozentwert an Sponsorengeldern im Gesamtbudget mit 47,4 % deutlich heraussticht.

Tab. 5: Ökonomische Wirkungen – Einnahmen

Bezeichnung	Alle Veranstaltungen zusammen (€)	Durchschnittliches Budget der Veranstaltungen (€)	Prozentual von Gesamtbudget (%)	Inland / Ausland
Gesamtbudget	416.700	32.054	–	56% / 44%
Subventionen	50.400	3.877	12,1	
Nenngebühr	79.604	6.123	19,1	
Sponsorengelder	197.600	15.200	47,4	
Sonstige Einnahmen	89.174	6.860	21,4	

Die Subventionen in der Höhe von 50.400€ wurden ausschließlich von der Stadt Innsbruck getätigt, stellen aber keine Auflistung möglicher hidden costs[25], die zusätzlich getätigte Dienstleistungen seitens öffentlicher Institutionen beschreiben, dar. Hierzu hat das Sportamt der Stadt Innsbruck informiert, dass einige Veranstalter (ca. fünf bis zehn pro Jahr) Sachleistungen seitens der städtischen Ämter bekommen. Zum Beispiel werden Platzwarte der Stadt Innsbruck, Geräte der Kommune, Transportleistungen, Absperrmaterialen, Sprungmatten u.ä.m. zur Verfügung gestellt. Weiters werden erbrachte Leistungen seitens der kommunalen Verwaltung (Straßenreinigung, kostenlose Überlassung von kommunalen Grundstücken) Veranstaltern nicht in Rechnung gestellt[26].

Die Gesamtausgaben der Veranstalter betrugen 372.400€, die Ausgaben im Gemeindegebiet „Innsbruck", d.h. laut unserer Eingrenzung im Inland (=R) betrugen 282.300€ und die restlichen Ausgaben (Ausgaben Inland = I) betrugen 90.100€.

3.2 Primärimpuls

Mit den gesammelten Daten lässt sich ein ökonomischer Primärimpuls[27] berechnen. Dabei wurden Mittelzuflüsse und Mittelabflüsse aus dem Ausland, sprich außerhalb des Gemeindegebiet Innsbrucks, berücksichtigt.

25 Schnitzer, 2014
26 Niescher, 2016
27 Preuß, 2004

Tab. 6: Ökonomische Ergebnisse – Ausgaben

		Mittelverwendung	
		Region (=R) 75,8 %	Import (=I) 24,2 %
Mittelherkunft	autonom (=a) 44 %	Nutzen 33,4 %	Neutral 10,6 %
	regional (=r) 56 %	Umverteilung 42,5 %	Kosten 13,5 %

Der Primärimpuls für alle ausgewählten und befragten „small-scale sports events“ im Jahre 2014 in Innsbruck beträgt €73.763,30 (€24.175.000,00 * (44,0 % * 75,8 % – 56,0 % * 24,2 %)).

3.3 Themenbereich Tourismus, Sport, Medien & Soziales

Zusätzlich zum ökonomischen Primärimpuls wurden Informationen zu den Bereichen „Tourismus, Sport, Medien und Soziales) eingeholt. Tabelle 7 zeigt die Anzahl der Gesamtbesucher „passiv“ (= Zuseher vor Ort) und Gesamtteilnehmer „aktiv“ (=Sportler/innen).

Tab. 7: Besucher – und Teilnehmerzahlen.

Besucher und Teilnehmer	**46.048**
Gesamtbesucheranzahl (passiv)	34.810
Gesamtteilnehmer (aktiv)	11.238
Nächtigungen	2.503

Die Auswahl der 14 im Jahr 2014 in Innsbruck durchgeführten „small-scale sports events“ lockte insgesamt 46.048 Besucher und Teilnehmer an. Des Weiteren konnten durch die Kleinveranstaltungen eine Gesamtnächtigungszahl von 2.503 Nächtigungen geschätzt werden, die einen zusätzlichen Nutzen für die lokale Wirtschaft stifteten.

Auch das mediale Interesse bzw. die Medienreichweite der befragten Sportveranstaltungen wurden in der Erhebung mitberücksichtigt und es zeigt sich, dass die Anzahl der Medienvertreter pro Event bei fünf Personen lag.

Darüber hinaus wurden die Veranstalter auch über die Sicherheit während der Veranstaltung, den Lärm und die Beeinträchtigung von Anrainern befragt. Es zeigte sich weder eine Lärmbelästigung der umliegenden Nachbarn noch wurde ein Sicherheitsproblem an die Veranstalter gemeldet.

Hinsichtlich des ehrenamtlichen Engagements lässt sich festhalten, dass 418 Personen ehrenamtlich an der Organisation und Umsetzung der Veranstaltungen mitgewirkt haben. Die Arbeitszeit der freiwilligen Helfer lässt sich auf eine Zahl von 1.240 Volontärstunden schätzen, welche nicht in die ökonomische Berechnung aufgenommen wurde.

4. Diskussion

„Small-scale sports events" – die häufig von Sportvereinen organisiert werden, stehen, wie so viele nicht-gewinnorientiere Organisationen, ständig im Kampf ums finanzielle Überleben. Die Suche nach öffentlichen Subventionen, privaten Sponsorengelder, die Anpassung an erhöhte Erwartungen seitens der Mitglieder und dem Zurechtfinden (neuer) rechtlicher Rahmenbedingungen und deren finanziellen Auswirkungen, verlangt ein hohes Maß an Flexibilität, Kreativität und Einsatz. Daraus hat sich unter anderem auch das Ziel dieser Studie abgeleitet du zwar die Bedeutung dieser Kleinveranstaltungen zu untersuchen und eine ökonomische Gesamtwirkung dieser Veranstaltungen darzustellen.

Die Studie zeigt anhand von 14 Veranstaltungen am Beispiel der Stadt Innsbruck, dass bei einem Gesamtsubventionsvolumen seitens der Stadt Innsbruck in der Höhe von € 50.400, ein ökonomischer Primärimpuls von € 73.763,3 ableiten lässt. Das heißt, dass für diese Sportveranstaltungen jeder Euro, welcher subventioniert wurde ca. 1,5-mal wieder in Innsbruck ausgegeben wurde. Damit kann die Annahme bestätigt werden, dass die Sportevents für die ansässige Kommune eine wirtschaftliche Bereicherung darstellen kann[28]. Es zeigt sich ein Trend, dass die Zahl der in Innsbruck stattfindenden Events zunimmt[29], wenn man bedenkt, dass im Jahr 2014 insgesamt 67 Sportveranstaltungen stattgefunden haben.

Hervorzuheben ist zudem die Wichtigkeit von Sponsorengeldern. Mit knapp der Hälfte der Einnahmen pro Veranstaltung dient die finanzielle Unterstützung von Unternehmen als essentieller Bestandteil und Basisgrundlage zur Vorbereitung und Planung eines „small-scale sports events". Vergleicht man die kleinen Veranstaltungen mit den Großevents, die in Innsbruck durchgeführt wurden, so ist der Anteil der Einnahmen durch private Partner wesentlich höher (z.B. betrugen die Einnahmen durch Sponsoren bei Winteruniversiade Innsbruck/Seefeld 2015 bzw. bei den Olympischen Jugendwinterspiele 2012 rund 10 %) als bei den Sportgroßveranstaltungen[30].

---

28 Turco, 1998

29 Daniels & Norman, 2003

30 Schnitzer & Chappelet, 2014; 22. Winteruniversiade 2005 Innsbruck/Seefeld, 2005

Neben den ökonomischen Kennzahlen (z. B. Rückfluss der öffentlichen Subventionen in regionale Wirtschaft)[31] ist der Imagetransfer dieser Kleinveranstaltungen nicht zu unterschätzen[32]. Dementsprechend hat das Image einer Region Auswirkungen auf das Image der regionalen Sportevents, und umgekehrt[33]. Die Frage unserer Untersuchung in Bezug auf das Image zeigte, dass 92 % der befragten Eventmanager glauben, dass ihre Veranstaltung zu einem positiven Image der Stadt beiträgt. Die Wahrnehmung von qualitativen Imageaspekten von Sportveranstaltungen kann daher als wichtiger Bestandteil in der Kommunikation einer Destination und des City Brandings gesehen werden[34].

Zusätzlich sind „small-scale sports events“ ein wirksames Instrument um Besucher in eine Destination zu locken. Die Literaturrecherche zeigt, dass mehr als 90 % der Teilnehmer von „small-scale sports events“ nur wegen des Events zum Veranstaltungsort „pilgern“[35] und dass die Klientel eines „small-scale sports event“ in drei Kategorien eingeteilt werden kann: (1) Sport-Ausflügler, (2) aktive Sport-Touristen und (3) passive Sporttouristen[36].

Aus der Studie geht ein ökonomisch berechneter Effekt im touristischen Sinne nicht hervor, da die Information für die durchschnittlichen Übernachtungskosten nicht befragt wurde. Doch geht man von der Annahme aus, dass 80 € pro Übernachtung bezahlt wurden, so ergibt sich durch die 2.503 Übernachtungen, die speziell für die „small-scale sports events“ in Anspruch genommen wurden, einen Gesamteffekt von 200.240 €. Diese wäre gemessen an der Größe der Veranstaltung doch ein deutlicher Effekt, zumal durch die Verteilung der 14 Veranstaltungen im Jahr in einer touristisch gut erschlossenen Stadt wie Innsbruck keine Verdrängungseffekte (crowding-out) zu erwarten sind. Im Allgemeinen haben regionale Events nur geringe touristische Effekte. Jedoch ist man sich sicher, dass ein „small-scale sports event“-Portfolio, abgestimmt mit den infrastrukturellen Gegebenheiten einer Destination, sowie humanem und kulturellem Kapital einer Stadt zu einem nachhaltigen Tourismus führen kann[37]. Des Weiteren können durch ein einheitliches Eventportfolio innerhalb einer Kommune Synergien zu und mit anderen Veranstaltungen hergestellt und genutzt werden[38]. Auch kann die strategische Herangehensweise einer systematischen Eventakquisition die Gemeinsamkeiten aus Wirtschaft, Sport, Tourismus und sozialer Entwicklung vereinen bzw. fördern[39].

Dennoch sind wir der Auffassung, dass die Wirkungen auf die Einwohner der Kommune eine höhere Bedeutung haben. Kleinere Sportveranstaltungen können

---

31 Turco, 1998
32 Anholt, 2014; Schnitzer, 2014
33 Chalip et al., 2003
34 Anholt, 2014
35 Daniels & Norman, 2003
36 Yusof, Omar-Fauzee, Mohd Shah, & Geok, 2009
37 Gibson, Kaplanidou, & Kang, 2012
38 Ziakas & Costa, 2011
39 Ziakas & Costa, 2011

als Freizeitsportveranstaltungen charakterisiert werden, deren Teilnehmeranzahl in den letzten Jahren stark gestiegen ist, da die Menschen – auch im Urlaub – aktiv sein möchten[40]. Dies betrifft auch viele Hobbysportler der untersuchten Laufveranstaltungen, die noch immer leistungsorientiert denken, aber in beruflicher oder familiärer Hinsicht keine Zeit für die Ausübung der Sportart in einem Verein haben. Sie schätzen diese Freizeitsportveranstaltungen, in denen der Wettkampfgedanke eine (untergeordnete) Rolle spielen dürfte.

Des Weiteren sind 92 % der in den „small-scale sports events" vorkommenden Sportarten in Innsbruck sehr gut (in der Vereinslandschaft) verankert, was für den Subventionsgeber ein wichtiges Kriterium ist. Die Durchführung von „small-scale sports events" führt zudem zu positiven Effekten durch die verstärkte Nutzung der bereits bestehenden Infrastruktur[41]. Diesbezüglich kann in Innsbruck bestehende Infrastrukturelle Einrichtungen bestens genützt werden, siehe z. B. das„Nordkettenquartett„ bzw. diverse Laufveranstaltungen.

Auf die Frage welchen Nutzen die Veranstaltungen aus Sicht der Eventmanager stifteten, beantworteten 82 % diese Frage mit einem zusätzlichen Freizeitnutzen für die lokale Bevölkerung. Dies unterstreicht die Wichtigkeit dieser kommunalen Veranstaltungen für die regionale Unterhaltung[42].

Viele dieser „small-scale sports events" stellen zudem wirtschaftlich einen hohen Nutzen für die Sportvereine und deren Systematik dar, indem monetäre Einnahmen den Zugang zu einer eingeschränkten Selbstständigkeit, bezüglich vereinsinterner Entscheidungen in vielerlei Hinsichten ermöglichen. Vor allem das Budget und die Ressourcen der Vereine sind hier ein wichtiger Aspekt. Aus ökonomischer Sicht können Sportveranstaltungen, organisiert von lokalen Sportvereinen als wichtiger Motivationsfaktor für die ehrenamtliche Mitarbeit gesehen werden. Der Verein, übernimmt zudem Funktionen im Sinne für öffentliche Körperschaften (Stichwort: Korporatismus)[43]. Manche Vereine finanzieren ihre Vereinstätigkeit u. a. mit diesen Sportveranstaltungen. Umso wichtiger sind diese „small-scale sports events" für die Existenz und das Überleben regionaler Vereine. Dabei erhält die ehrenamtliche Mitarbeit in einem Verein, erneut eine wichtige Rolle. Laut manchen Veranstaltern sei die Durchführung ihrer Veranstaltung ohne die Bereitschaft von freiwilligen Helfern undenkbar.

Die Studie fand in einem limitierten zeitlichen Rahmen statt, der von der Planung bis zur Fertigstellung der vorliegenden Arbeit in einem Zeitfenster von sechs Monaten lag. Die Datenerhebung erwies sich in ihrer kurzen Dauer problematisch, da viele Veranstalter für das leitfadengestützte Interview wenig Zeit fanden. Für eine ausführlichere Befragung dieser Veranstaltungen wäre ein längerer Zeitraum zielführend. Da sich diese Arbeit nur auf spezifisch ausgewählte „small-scale sports

40 Kaplanidou & Vogt, 2006
41 Higham, 1999
42 Turco, 1998
43 Turco, 1998

events” in Innsbruck bezogen hat, lässt dies noch Raum offen für weitere Folgestudien an größeren und/oder wiederkehrenden Events.

5. Schlussfolgerung und Fazit

„Small-scale sports events” können für eine Kommune eine Vielzahl von (meist unterschätzten) Effekten haben. Die Stärke dieser Veranstaltungen liegt wohl eher im sozialen und sportlichen Bereich, weniger in den touristisch-ökonomischen, wenngleich der Return-on-Investment ähnlich hoch, wenn nicht sogar höher eingestuft werden kann. Des Weiteren können auch intangible Effekte mit der Ausführung von Kleinveranstaltungen einhergehen. Daher ist es wichtig für eine Kommune eine Mischung aus kleinen, mittleren und großen Veranstaltungen anzubieten. „Small-scale sports events” bilden sozusagen die soziale Basis und finden oft und regelmäßig statt. Mittelgroß- und Großveranstaltungen ergeben die Spitze mit großen touristischen, ökonomischen und medialen Auswirkungen.

Die vorliegende Studie kann ein wichtiges Puzzlestein in der zum Teil noch unbekannten Bedeutung dieser Veranstaltungen sein. Durch die ausgezeichnete (Sport)Infrastruktur ist die Stadt Innsbruck sicherlich ein gutes Beispiel, d. h. weitere Destination sollten auf Basis der hier angewandten Methodik ebenfalls untersucht werden.

Literaturverzeichnis

22. Winteruniversiade 2005 Innsbruck/Seefeld (2005). Zugriff am 16.02.2016. Verfügbar unter https://www.tirol.gv.at/fileadmin/landtag/landesrechnungshof/downloads/berwinteruniversiade-2005.pdf

Anholt, S. (2014). Einfluss der Sportveranstaltungen auf das Image einer Nation. https://www.researchgate.net/publication/265027911_Einfluss_der_Sportveranstaltungen_auf_das_Image_einer_Nation [Download: 08.02.2015].

Chalip, L., Green, B. & Hill, B. (2003). Effects of sport event media on destination image and intention to visit. Journal of Sport Management, 17, 214–234.

Daniels, M.J. & Norman, W.C. (2003). Estimating the Economic Impacts of Seven Regular Sport Tourism Events. Journal of Sport & Tourism, 8(4), 214–222, DOI: 10.1080/1477508032000161528

Dimanche, F. (2003). The role of sports events in destination marketing. In P. Keller & T. Bieger (Eds.) Sport and Tourism: Proceedings of the 53rd AIEST congress. (S. 303–311). St Gallen, Switzerland.

Fitschen, U. (2006). Umweltmanagement ausgewählter Großveranstaltungen –Effektiver Umweltschutz oder Greenwashing? Lüneburg: Universität Lüneburg – Lehrstuhl für Umweltmanagement.

Gans, P., Horn, M. & Zemann, C. (2003). Sportgroßveranstaltungen – ökonomische, ökologische und soziale Wirkungen: ein Bewertungsverfahren zur Entscheidungsvorbereitung und Erfolgskontrolle. Schriftenreihe des Bundesinstituts für Sportwissenschaft. Schorndorf: Hofmann Gibson, H.J., Kaplanidou, K., & Kang, S.J. (2012). Small-scale event sport tourism: A case study in sustainable tourism. Sport Management Review, 15, 160–170.

Hallmann, K. & Breuer, C. (2010). Images of rural destinations hosting small-scale sport events. International Journal of Event and Festival Management, 2(3), 218–244.

Higham, J. (1999). Commentary-sport as an avenue of tourism development: An analysis of the positive and negative impacts of sport tourism. Current Issues in Tourism, 2(1), 82–90.

Kaplanidou, K. & Vogt, C. (2006). Do sport tourism events have a brand image?. In R. Burns & K. Robinsion (Hrsg.), Proceedings of the 2006 Northeastern Recreation Research Symposium (S. 2–7). Bolton Landing, New York, USA.

Misener, L., & Mason, D. S. (2009). Fostering Community Development Through Sporting Events Strategies: An Examination of Urban Regime Perceptions. Journal of Sport Management, 23(6), 770–794.

Niescher, R. (2016). Gespräch mit dem Leiter des Sportamtes der Stadt Innsbruck am 17.02.2016

Official Report of the Innsbruck 2012 Winter Youth Olympic Games. (2012). Zugriff am 16.02.2016. Verfügbar unter http://www.olympic.org/Documents/YOG/2012/Innsbruck_2012-Official_Report.pdf

Olympiastadt Innsbruck. (o.J.). Zugriff am 12.03.15. Verfügbar unter http://www.olympiastadt.at/index.php?pageID=5

Peters, M. & Schnitzer, M. (2015). Athletes' expectations, experiences and legacies of the Winter Youth Olympic Games Innsbruck 2012. Journal of Convention & Event Tourism (forthcoming).

Preuß, H. (2004). Kosten-Nutzen-Analysen sportlicher Großveranstaltungen. In A. Krüger & A. Dreyer (Hrsg.), Sportmanagement (S. 169–192). Göttingen, Deutschland.

Preuß, H., Siller, H., Zehrer, A., Schütte, N., & Stickdorn, M. (2010). Wirtschaftliche Wirkungen und Besucherzufriedenheit mit der UEFA EURO 2008™: Eine empirische Analyse für Österreich. Wiesbaden: Gabler.

Schnitzer, M. (2012). Major sports events strategy: Entwicklung eines Bewertungsinstrumentes für Sportgroßveranstaltungen in Innsbruck-Tirol. Saarbrücken: Südwestdeutscher Verlag für Hochschulschriften.

Schnitzer, M. & Kopp, M. (2012). Measuring the impacts of the Winter Youth Olympic Games 2012 the impact – stakeholder approach. British Journal of Sports Medicine, 46(15), 1029.

Schnitzer, M. & Stickdorn, M. (2012). Key success factors for fan zones (public viewings) covering mega sports events: the case of the UEFA EURO 2008™ in Austria. European Journal of Tourism Research, 5(1), 19–37.

Schnitzer, M. (2014). Financing Events. In Beech, J.; Kaiser, S.; Kaspar, R. (eds): The Business of Events Management (pps. 113–135). Edinburgh: Pearson.

Schnitzer, M., Peters, M., Scheiber, S. & Pocecco, E. (2014). Perception of the Culture and Education Programme of the Youth Olympic Games by the Participating Athletes: A Case Study for Innsbruck 2012. The International Journal of the History of Sport, 31(9), 1178–1193.

Schnitzer, M. & Chappelet, J.L. (2014). Bidding for and financing the Youth Olympic Games. In Hanstad, D.V., Parent, M. & Houlihan, B. (eds). The Youth Olympic Games (pps. 53–74). London: Taylor & Francis.

Stettler, J. (2008). Wirtschaftliche Bedeutung der Sportveranstaltungen in der Schweiz. Luzern: ITW Institut für Tourismuswirtschaft.

Thöni, E. & Philippovich, T. (2008). Sozio-ökonomische ex post Evaluierung der Winteruniversiade Innsbruck/Seefeld 2005. Wien: Kovac

Turco, D. (1998). Travelling and turnovers measuring the economic impacts of a street basketball tournament. Journal of Sport & Tourism, 5(1), 7–14.

Veal, A. (2003). Tracking change: leisure participation and policy in Australia 1985–2002. Annals of Leisure Research, 6 (3), 246–278.

Veltri, F., Miller, J. & Harris, A. (2009). Club sport national tournament: Economic impact of a small event on a mid-size community. Recreational Sport Journal, 33(2), 119–128.

Weed, M., Coren, E., Fiore, J., Wellard, I., Chatziefstathiou, D., Mansfield, L. & Dowse, S. (2015). The Olympic Games and raising sport participation: a systematic review of evidence and an interrogation of policy for a demonstration effect. European Sport Management Quarterly, 15(2), 195–226.

Wilson, R. (2006). The economic impact of local sport events: significant, limited or otherwise? A case study of four swimming events, Managing Leisure, 11(1), 57–70, DOI: 10.1080/13606710500445718.

Yusof, A., Omar-Fauzee, M.S., Mohd Shah, P. & Geok, S.K. (2009). Exploring Small-Scale Sport Event Tourism in Malaysia. Research Journal of International Studies, 9, 47–58.

Ziakas, V. & Costa, A.C. (2011). Event portfolio and multi-purpose development: Establishing the conceptual grounds. Sport Management Review 14, 409–423.

Ziakas, V. & Costa, A.C. (2011). The Use of an Event Portfolio in Regional Community and Tourism Development: Creating Synergy between Sport and Cultural Events. Journal of Sport & Tourism, 16(2), 149–175.

Anhang

Sozio-ökonomische Auswirkungen von Sportveranstaltungen in Innsbruck
Leopold-Franzens-Universität Innsbruck, Institut für Sportwissenschaft

Liebe Veranstalter,

Sie unterstützen durch diese Befragung ein Forschungsprojekt von hohem Interesse für Innsbruck. Wir erheben wichtige Daten der sozio-ökonomischen Wirkung von Sportveranstaltungen in Innsbruck. Dazu ist uns Ihre PERSONLICHE Meinung sehr wichtig. Alle Antworten werden selbstverständlich vertraulich, wissenschaftlich und anonym ausgewertet.

Herzlichen Dank für Ihre Mitwirkung!

Romuald jun. Niescher
(Stadt Innsbruck)

Mag. PhD. Martin Schnitzer
(Leopold-Franzens-Universität Innsbruck)

Nr.	Frage	Antwort	Ergänzungsfrage
I.	**SPORT**	**trifft voll zu (5) – trifft nicht zu (1)**	
1.	Wie hoch lag die Gesamtbesucherzahl Ihrer Sportveranstaltung?		Sind auch Zuschauer außerhalb von Innsbruck gekommen? Wieviele?
2.	War der Eintritt der Veranstaltung mit Kosten verbunden? Wenn ja, wie hoch war die durchschnittliche Nenngebühr?		
3.	Wie hoch lag die Gesamtteilnehmeranzahl Ihrer Sportveranstaltung?		Gab es Teilnehmer, die nicht von Innsbruck kamen? Wieviele?
3.	Wurden Maßnahmen & Initiativen im Zuge der Sportveranstaltung ergriffen, die die sportliche Aktivität der Bevölkerung fördern?	5 □ 4 □ 3 □ 2 □ 1 □	Sofern mit 5 oder 4 geantwortet: Welche?
4.	Hat Ihre Sportveranstaltung die sportliche Aktivität in der jeweiligen Sportart in Innsbruck positiv verändert?	5 □ 4 □ 3 □ 2 □ 1 □	Sofern mit 5 oder 4 geantwortet: In welcher Form?
5.	Die Sportart/en der Sportveranstaltung ist/sind in Innsbruck gut verankert?	5 □ 4 □ 3 □ 2 □ 1 □	
II.	**ÖKONOMIE**		
7.	Nennen Sie die Höhe des Gesamtbudgets Ihrer Sportveranstaltung?		
8.	Nennen Sie die Höhe der Subventionen durch die lokale Körperschaften der Stadt?	a) b)	Angabe auch in % der Gesamteinnahmen möglich
9.	Nennen Sie die Höhe der veranstaltungsbedingten lokalen Steuern, die an die Stadt abgegeben wurden?		Angabe auch in % der Gesamteinnahmen möglich
10.	Nennen Sie die Einnahmen durch a) Sponsorengelder b) Lizenzen/Rechte c) Merchandising	a) b) c)	Angabe auch in % der Gesamteinnahmen möglich
11.	Nennen Sie die Höhe der Einnahmen durch a) Tickets b) Teilnehmergebühren c) sonstige Einnahmen	a) b) c)	Angabe auch in % der Gesamteinnahmen möglich
12	Nennen Sie die Höhe der Ausgaben insgesamt		
13.	Nennen Sie die Höhe der Ausgaben die regional in dem Stadtgebiet Innsbruck, getätigt wurden		
14.	Wie hoch schätzen Sie den Anteil der Leistungen, die nach Innsbruck importiert werden mussten bzw. nicht in Innsbruck bezogen werden konnten?		
15.	Wie viele Freiwillige Helfer waren während der Sportveranstaltung unentgeltlich im Einsatz?		Sofern möglich quantifizieren Sie bitte die Arbeitsstunden:
16.	Wie viele hauptamtliche Mitarbeiter waren während der Sportveranstaltung entgeltlich im Einsatz?		Sofern möglich quantifizieren Sie bitte die Arbeitsstunden: Waren externe Mitarbeiter im Einsatz? (Polizei, Rettung)

Nr.	Frage	Antwort	Ergänzungsfrage
III.	**SOZIALES**	**trifft voll zu (5) – trifft nicht zu (1)**	
17.	Das Abhalten der Sportveranstaltung und die entsprechenden Rahmenprogramme stellten einen zusätzlichen Freinutzen für die lokale Bevölkerung dar	5 4 3 2 1 □ □ □ □ □	Sofern mit 5 oder 4 geantwortet: Beispiele?
18.	Die Bevölkerung fühlte sich während der Veranstaltungszeit sicher	5 4 3 2 1 □ □ □ □ □	
19.	Die Sportveranstaltung führte zu hohen Lärmemissionen und Beeinträchtigungen (z.B. Straßensperren) für die Bevölkerung – es gab Beschwerden bzw. mussten dafür eigene Maßnahmen getroffen werden	5 4 3 2 1 □ □ □ □ □	
20.	Gab es qualitative Highlights für die Zuseher? (z.B. Teilnahme international bekannter Sportler, Olympiasieger, große Feier, Feuerwerk)	5 4 3 2 1 □ □ □ □ □	Sofern mit 5 oder 4 geantwortet: Welche?
IV.	**TOURISMUS**		
21.	Wieviele Nächtigungen in Pension/Hotelunterkünften gab es im Zuge der Sportveranstaltung und wie lang haben die Besucher diese genutzt?		
22.	Der Bekanntheitsgrad Innsbrucks ist national und international durch die Sportveranstaltung gestiegen?	5 4 3 2 1 □ □ □ □ □	Sofern mit 5 oder 4 geantwortet: Um wie viel? Wo?
23.	Innsbruck hat ein positives Image durch die Sportveranstaltung bekommen?	5 4 3 2 1 □ □ □ □ □	Sofern mit 5 oder 4 geantwortet: Beispiele?
24.	Innsbruck wurde durch die Sportveranstaltung weiterempfohlen?	5 4 3 2 1 □ □ □ □ □	Sofern mit 5 oder 4 geantwortet: Beispiele?
V.	**MEDIEN**		
25.	In welchem Ausmaß wurde über die Sportveranstaltung berichtet?	□ regional □ national □ international	
26.	Wie viele Medienvertreter waren im Zuge der Sportveranstaltung anwesend? Von welchem Medienanbieter kamen die Medienvertreter? (z.B. TT, ORF, Antenne)		
27.	Gab es eine Medienanalyse der Sportveranstaltung?		
VI.	**SOZIODEMOGRAPHIE – IHRE DATEN**		
28.	Geschlecht	□ weiblich □ männlich	
29.	Alter	________ Jahre	
30.	Welche Position haben/hatten Sie bei der Sportveranstaltung?	□ Veranstalter □ Organisator □ Andere: ________________	
31.	In welcher Form waren Sie bei der Sportveranstaltung tätig?	□ Hauptamtlich □ Ehrenamtlich	

Vielen Dank für Ihre Mitarbeit!

Wenn Sie noch Anregungen bzw. Feedback für uns haben, können Sie dies hier gerne hinterlassen:

H.-Georg Lützenkirchen

Integrationspolitik in den Kommunen – Anmerkungen zur Rolle des Sports

Zusammenfassung: Erfolgreiche Flüchtlings- und Integrationspolitik entscheidet sich in den Kommunen. Dabei muss allen Akteuren bewusst sein, dass die lokalen Anstrengungen eingebunden sind in weltpolitische Zusammenhänge. Kommunale Strategien für eine gelingende Willkommens- und Integrationskultur lösen nicht die weltweite Flüchtlings- und Migrationsproblematik, aber sie haben politische Signalwirkung. Dabei ist der Sport ein wichtiger Akteur. Doch ist die systematische Nutzung der vielfältigen Dimensionen des Sports für nachhaltige Integrationsanstrengungen bislang noch keine Selbstverständlichkeit. In den lokalen aktiven Netzwerken zur Gestaltung des Übergangs vom Willkommen zur Integration kann der Sport seine Rolle stärken, indem er im Umfeld formaler Integrationsanstrengungen inter- und transkulturelle Lernerfahrungen ermöglicht und sie zum Bestandteil nachhaltiger Integration macht.

Eine gesellschaftspolitische Herausforderung: Vom Willkommen zur Integration

Die globalen Migrations- und Fluchtbewegungen sind in Europa und in Deutschland längst keine abstrakten und ‚weit entfernten' Themen mehr, sondern unmittelbare Herausforderungen. Für viele der Menschen, die aus unmittelbarer Not und Bedrohung gezwungen sind, ihre Heimat zu verlassen, und sich in der Hoffnung auf ein besseres Leben auf eine schicksalshafte und immer wieder lebensgefährliche ‚Wanderschaft' begeben, ist Europa das verheißungsvolle Ziel. Viele von ihnen erreichen Deutschland.

Für die Flüchtlinge und Migranten sind Ländernamen zunächst kaum mehr als abstrakte Bezeichnungen für ihre Hoffnungen und Sehnsüchte. Ob sie sich tatsächlich erfüllen entscheidet sich dort, wo sie ankommen, untergebracht und versorgt werden – in den Kommunen. Hier leben sie, hier müssen Formen des Miteinanders zwischen den ankommenden und den aufnehmenden Menschen gefunden werden.

Wie das geht, haben inzwischen unzählige Willkommensinitiativen gezeigt. Sie haben oft schneller und unmittelbarer als Politik und Verwaltung Grundlagen einer zivilgesellschaftlichen Kultur geschaffen, die das Willkommen der ‚fremden' Menschen in Ergänzung formal-logistischer Erfordernisse zu einem Akt der Mitmenschlichkeit gemacht haben. In den Kommunen hat sich die Zivilgesellschaft bewährt.

Inzwischen geht es aber nicht mehr nur um das Willkommen: Die Menschen sind da und leben in den Kommunen. Das ist eine neue Herausforderung: Formen des Zusammenlebens müssen gefunden werden, um in einem nachhaltigen Integrationsprozess ein gemeinsames Miteinander zu ermöglichen. Werden auch die politischen und rechtlichen Rahmenbedingungen für diesen Integrationsprozess auf Bundes- und Landesebene geschaffen, die konkrete Umsetzung findet in den Kommunen statt. Das ist eine neue Herausforderung, die alle beteiligten Akteure fordert. Zu diesen Akteuren gehört der Sport.[1]

Rahmenbedingungen

Die Kommune ist der Ort, an dem gesellschaftliche Integration praktisch wird. Hier wird sie lebensalltägliche Herausforderung. Die Willkommensinitiativen der Bürgerinnen und Bürger haben die Grundlagen zur Bewältigung der Herausforderung geschaffen: *Wir wollen die Flüchtlinge in (...) willkommen heißen, wir wollen Vertrauen aufbauen und aktiv für ein dauerhaft harmonisches, nachbarschaftliches Verhältnis zwischen den Bewohnern und den neuen Nachbarn sorgen.*[2]

Das BürgerInnenengagement in den Kommunen ist notwendige Folge nationaler und internationaler Politiken, die weltweit Migration verursacht und Flüchtlinge wohl wissend ‚produziert'. Auf diesen Zusammenhang hinzuweisen ist wichtig, weil er deutlich macht, dass unmittelbares bürgerschaftliches Engagement ‚vor Ort', in der Kommunen, im Stadtviertel immer auch in einem Verhältnis zu größeren politischen Zusammenhängen steht. Diese Zusammenhänge zu sehen, zu verstehen und als Teil des Engagements zu reflektieren, ist eine zusätzliche Herausforderung. Sie kennzeichnet die politische Bedeutung des eigenen Engagements, der man sich nicht entziehen kann und die idealerweise als politischer Bildungsprozess in allen Phasen des Engagements bedacht wird. Im Hinblick auf das bürgerschaftliche Engagement für Flüchtlinge bedeutet das nicht, dass das Politische immer unmittelbar das engagierte Handeln prägt. Denn subjektiv kann man das eigene Engagement durchaus ‚unpolitisch' verstehen. Ja, es motiviert sich oft gerade so: es ist Teil einer Skepsis (um nicht zu sagen: eines Misstrauen) gegenüber Politik im Allgemeinen und ihrer Kompetenzen in der Flüchtlingsfrage im Speziellen. Gegen dieses ‚Versagen' behauptet dann das bürgerschaftliche Engagement eine eigene politische Bezüglichkeit. In ihr steht das mitmenschlich motivierte Helfen im Mittelpunkt. Erst danach gewinnen Fragen des Politischen wieder Bedeutung – etwa mit der Frage: was passiert nach dem Helfen?

1 Einen Überblick über die hier angedeuteten Herausforderungen gibt: Bundeszentrale für politische Bildung 2016.
Zur Arbeit einer Willkommensinitiative beispielhaft: Lützenkirchen 2015 (unveröffentlicht).

2 So das Motto der Bürgerinitiative Willkommen in Sürth (WiSü): Lützenkirchen 2015 (unveröffentlicht), S. 4.

Der weltpolitische Rahmen: Flüchtlinge

Die Zahl der Flüchtlinge weltweit steigt.[3] 2013 waren nach Angaben des UNHCR weltweit 51,2 Millionen Menschen auf der Flucht. Die Zahl sagt noch nichts über die Gründe ihrer Flucht aus, aber mindestens 16,7 Millionen Menschen haben „aufgrund von Verfolgung, Menschenrechtsverletzungen, Gewalt oder prekären Lebensbedingungen ihr Land verlassen". Rund 13 Millionen Menschen waren Mitte 2014 unter dem Mandat der UN-Flüchtlingsorganisation – das ist die höchste Zahl seit 1996. Immense Zahlen – und es bedarf angesichts solcher Zahlen einer besonderen Anstrengung, hinter diesen Zahlen die individuellen Lebensschicksale der Menschen zu erkennen. Denn jeder einzelne dieser Flüchtlinge ist ein Mensch in Not.

Seit 2014 ist Syrien das Land, aus dem die meisten Flüchtlinge kommen. Im Mai 2015 registrierte das UNHCR nahezu vier Millionen syrische Flüchtlinge. Aus Afghanistan, dem zweitgrößten Herkunftsland flüchteten 2014 2,4 Millionen Menschen. Das ist kein Zufall, denn die meisten Flüchtlinge kommen seit jeher aus Bürgerkriegsregionen der Welt. Das sind zur Zeit besonders viele Regionen in Afrika und dem Nahen Osten.

Die aktuelle Diskussion um eine europäische Flüchtlingspolitik sowie die erschreckenden Bilder von Menschen, die in überfüllten Booten versuchen, über das Mittelmeer nach Europa zu kommen, erwecken den Eindruck, als würden die meisten Flüchtlinge Schutz suchend nach Europa kommen. Weit gefehlt: Es sind immer die unmittelbaren Nachbarländer in den Krisenregionen, die die meisten Flüchtlinge aufnehmen. Konkret: Bislang sind 1,2 Millionen Menschen aus Syrien in den Libanon geflüchtet; 1,7 Millionen flüchteten in die Türkei und das kleine Jordanien nahm bislang 650.000 Menschen auf. In anderen Regionen ist es ähnlich: in Pakistan suchen 1,6 Millionen Menschen aus Afghanistan Schutz; im Iran eine Million. In Afrika sind Länder wie Äthiopien mit 590.000 Flüchtlingen oder Kenia mit 540.000 Flüchtlingen Fluchtpunkte für Menschen, die vor allem aus Somalia flüchten. Nach wie vor tragen also Länder die Hauptlast bei der Aufnahme von Flüchtlingen, die selber in den armen Regionen der Welt liegen und weder ökonomisch noch sozial in der Lage sind, den Flüchtlingen eine angemessene neue Heimstatt zu bieten. Zumeist entstehen in den Grenzregionen riesige Flüchtlingslager, in denen die Menschen unter unwürdigen Bedingungen ausharren. Diese Umstände bürden den betroffenen Ländern tatsächlich eine gewaltige ‚Last' auf. Im Vergleich dazu verbietet es sich, in den Industrieländern von einer Flüchtlingslast zu sprechen.

Trotzdem steigen auch in den europäischen Ländern die Flüchtlingszahlen. Sie finden Ausdruck in der wachsenden Zahl von Asylanträgen. 2014 haben 626.000 Menschen in einem EU-Land einen Asylantrag gestellt. Die Zahl selber erscheint

---

3 Zu den nachfolgend genannten Zahlen und weiteren Infos vergl.: Bundeszentrale für politische Bildung 2015. Die weltweiten Daten zur Flüchtlingslage werden vom UNHCR herausgegeben. Die aktuelle Zusammenstellung ist im Internet verfügbar: http://unhcr.org/54aa91d89.html (Aufruf 01.06.2016).

angesichts der oben genannten Flüchtlingszahlen eher gering. Hinter ihr steht aber eine andere Zahl, die gerne politisch instrumentalisiert wird, die Steigerungsquote: es sind 44 Prozent mehr Asylanträge als im Jahr zuvor. In absoluten Zahlen wurden die meisten Asylanträge in Deutschland gestellt: 202.700. Es folgt Schweden mit 81.200, Italien mit 64.600, Frankreich mit 62.800 und Ungarn mit 42.88 Asylanträgen. In diesen fünf EU-Staaten werden also mit Abstand die meisten Asylanträge gestellt. Noch eine Zahl ist interessant zur Bewertung der jeweils aktuellen Diskussionen um die Zahl der Asylanträge und der damit zusammenhängenden ‚Last': die Asylbewerberquote, also die Zahl der Asylsuchenden auf jeweils 1000 Einwohner beträgt in Deutschland 2,5. Schweden mit 8,4 Asylsuchenden, Ungarn mit 4,3, Österreich und Malta mit 3,3 bzw. 3,2 sowie Dänemark mit 2,6 tragen also in dieser Wertung eine höhere ‚Last'.[4]

2015 wurden in Deutschland insgesamt 476.649 formelle Asylanträge (Erst- und Folgeanträge) gestellt.[5] Das waren 273.815 Anträge mehr als im Vorjahr. Der Großteil der Antragssteller kam aus Syrien (162.510 = 34,1 %).[6]

Der Anteil der Anträge von Menschen aus Albanien, dem Kosovo, Serbien und Mazedonien betrug 25,7 Prozent. Auch diese Zahlen werden politisch ‚interpretiert'. Sie dienen dazu, Flüchtlinge zu kategorisieren. Denn wenn sie aus sogenannten „sicheren Herkunftsstaaten" kommen, wird ihnen oft pauschal unterstellt, sie seien „Wirtschaftsflüchtlinge" und also gar nicht berechtigt, in Deutschland um Asyl zu bitten. Stimmt das? Viele der Menschen aus den Balkanstaaten sind Roma. Ihre Situation in den ‚sicheren' Herkunftsländern ist alles andere als sicher. Es gibt dort immer wieder pogromartige Ausschreitungen gegen die Roma-Bevölkerung. Von solchen offensichtlichen Gewalttaten abgesehen: Wie sicher ist ein Leben ohne Arbeit, ohne Unterkunft, ohne ausreichende Ernährung, ohne gesundheitliche Fürsorge und Behandlung?

Die kommunale Herausforderung – Zum Beispiel: Flüchtlinge in Köln

Geflüchtete Menschen werden in Deutschland nach dem sogenannten „Königsteiner Schlüssel" auf die Bundesländer verteilt. Die Länder regeln nach jeweils eigenen Kriterien die Zuweisung der Menschen in die Kommunen.

---

4 2015, im Jahr der 'Flüchtlingskrise' lag nach Angaben von Eurostat die Asylbewerberquote ausgerechnet in Ungarn, das sich einer europäischen Lösung der Flüchtlingsfrage besonders vehement verweigert, mit 17,7 höher als in Schweden (16). In Österreich lag sie bei 10 und auch in Deutschland lag sie mit 5,4 höher als zuvor. http://ec.europa.eu/eurostat/news/themes-in-the-spotlight/asylum2015 (Aufruf 15.07.2016).

5 Zum Vergleich: 1992, im Gefolge der 'Jugslawienkriege' wurden in Deutschland 438.000 Asylanträge gestellt. 'Prognosen' sagten im Verlauf des Jahres 2015 bis zu einer Million Asylanträge voraus.

6 Die Zahlen: Bundesamt für Migration und Flüchtlinge 2016.

Im Jahr 2015 kamen 9.718 Menschen als Flüchtlingen nach Köln[7] und mussten hier versorgt und untergebracht werden.[8] Das sind weniger als ein Prozent der Stadtbevölkerung. Auch wenn dieser geringe Anteil nicht ernsthaft als eine ‚Last', geschweige denn als eine Überforderung der Stadt beschrieben werden kann, so bedingt er doch ganz konkrete Aufgabenstellungen und Herausforderungen – vor allem dann, wenn die logistischen Voraussetzungen zur Versorgung und Unterkunft der Menschen nicht oder nicht mehr vorhanden sind. Denn auch in Köln wurden viele Flüchtlingsunterkünfte, die Anfang der 1990er Jahre während des hohen Flüchtlingsaufkommens aus dem ehemaligen Jugoslawien eingerichtet worden waren, abgebaut bzw. anderen Verwendungen zugeführt.

Um die Verpflichtung zur Unterbringung der Menschen erfüllen zu können, war (und ist) die Stadt auch auf die Solidarität des Sports angewiesen. Denn vergleichsweise viele Menschen sind in Köln in Turn- und Sporthallen untergebracht. Ende Mai 2016 waren laut einer Mitteilung des Turnverbandes Köln etwa 3.500 Menschen in 24 Sporthallen „wenig menschenwürdig" untergebracht.[9] Insgesamt ‚plant' die Stadt Köln mit 34 Sporthallen (von insgesamt 92 im gesamten Stadtgebiet), die als grundsätzlich geeignet für die Unterbringung von Flüchtlingen eingestuft wurden.

Die Nutzung von Sporthallen als Flüchtlingsunterkünfte ist ein auf akute Notsituationen reagierendes Provisorium. 687 Sporthallen sind im gesamten Bundesgebiet (Stand: März 2016)[10] von Flüchtlingen belegt – und stehen für ihren eigentlichen Zweck nicht zur Verfügung. Die Betroffenen, vor allem die Sportvereine und Schulen, akzeptieren hilfsbereit und solidarisch diese Situation, wenn sichergestellt ist, dass dieses Provisorium absehbar durch eine nachhaltige Lösung ersetzt wird. Fehlt diese, oder werden seitens der Kommunen bestehende Probleme und Verzögerungen bei der Beschaffung und Bereitstellung von Alternativen zur Unterbringung der Menschen nicht ausreichend transparent mit den Beteiligten kommuniziert, dann entsteht Misstrauen, dass sich im ungünstigen Fall auf die Hilfsbereitschaft der Menschen auswirkt.

---

7 Informationen der Stadt Köln: http://www.stadt-koeln.de/mediaasset/content/pdf56/2015-12-17_information_fl%C3%BCchtlingssituation_und_ergebnis_der_turnhallenpriorisierung.pdf (Aufruf 01.06.2016).

8 Die Aufnahme und Unterbringung von zugewiesenen Flüchtlingen ist zunächst eine selbstverständliche menschliche Geste. Sie ist aber auch eine formale Pflicht: § 1 des Flüchtlingsaufnahmegesetzes (FlüAG) in NRW lautet: „Die Gemeinden sind verpflichtet, ausländische Flüchtlinge im Sinne von § 2 aufzunehmen und unterzubringen."

9 „Die Flüchtlingskrise offenbart Verwaltungskrise und Politgerangel!", Pressemitteilung des Turnverbandes Köln vom 20.05.2016, http://www.ssbk.de/news/detail/die-fluechtlingskrise-offenbart-verwaltungskrise-und-politgerangel.html (Aufruf 01.06.2016).

10 „Sporthallen als Flüchtlingsunterkünfte", Sport/Ausschuss – 17.03.2016: https://www.bundestag.de/presse/hib/201603/-/415614 (Aufruf 01.06.2016).

Politische Rahmenbedingungen

Die hier am Beispiel Köln konkretisierte Situation bestätigt einen Verstehens- und Handlungszusammenhang, für die kommunalen Akteure auf zwei Ebenen. Zum einen steht „die Politik" sowohl auf nationaler als auch auf internationaler Eben vor der Aufgabe, eine grundsätzliche Strategie zum Umgang mit Migrationsbewegungen und Fluchtursachen zu finden. Zum anderen geht es auf kommunaler Ebene sehr konkret darum, den Flüchtlingen, also Menschen in Not, zu helfen und mit ihnen gemeinsam eine Integrationspraxis zu entwickeln. Beide Aspekte ergänzen sich nicht selbstverständlich. Im Gegenteil: oft erweckt die ‚offizielle Politik' den Eindruck, es ließe sich eine Flüchtlings- und Integrationspolitik völlig losgelöst von eben den konkreten Herausforderungen vor Ort betreiben. Während in den Kommune bereits konkrete Notwendigkeiten des Helfens und zur Integration angegangen werden, ist auf der Ebene der ‚offiziellen' Politik noch abstrakt von Grundsätzlichem die Rede: politische Statements suggerieren ein Zuviel an Flüchtlingen; deuten eine ‚Gefahr' an, wenn „Flüchtlingsströme" sich ins eigene Land ergießen. Worin genau die Gefahr besteht, bleibt zumeist unausgesprochen, eher ergibt sie sich aus diffusen Ängsten vor zu vielen „Fremden". Solche Flüchtlings- und Integrationspolitik, und das ist das Skandalöse, orientiert sich nicht an den Bedürfnissen der Menschen – jenen in akuter Not und jenen, die Integration gestalten wollen – sondern konstruiert Bedrohungsszenarien, mit denen ausgerechnet die Flüchtlinge – also Opfer, Menschen in Not – zur Ursache von eigenen Belastungen erklärt werden. Kurzum: diese Politik intendiert die Abwehr von Flüchtlingen, mithin die Abschottung vor den Menschen, die als Flüchtlinge Aufnahme und Hilfe suchen und erzeugt zwangsläufig Integrationswiderstand statt Integrationspotentiale zu eröffnen. Gegen diese negativ-passive Politik wendet sich das bürgerschaftliche Engagement, das sich aktiv helfend und Integration gestaltend um die Menschen kümmert. In diesem Engagement ist der Sport ein Akteur.

Der politische Kontext des Engagements erhält zusätzliche Bedeutung durch aktuelle rechtspopulistische Entwicklungen. Denn Erscheinungen wie Pegida zeigen, dass offen feindliche und aggressive Haltungen gegenüber Menschen, die als ‚Fremde' wahrgenommen werden, anschlussfähig sind. Markant ist die im Jahr 2015 auf den neuen Höchststand gestiegene Zahl von kriminellen Übergriffen gegen Flüchtlingsunterkünfte (Brandanschläge auf Gebäude, tätliche Angriffe auf die Bewohner dort und/ oder volksverhetzende Parolen).[11] Zählte man im Jahr 2014 noch 199 Übergriffe, so waren es im Folgejahr 924![12] Interessant ist der Zusammenhang zwischen

---

11 Nebenbei bemerkt: die selbsternannten Hüter des angeblich gefährdeten christlichen Abendlandes produzieren mit ihren Gewalt- und Straftaten einen beträchtlichen volkswirtschaftlichen Schaden und zerstören durch ihre Brandanschläge kommunale infrastrukturelle Ressourcen!

12 Eine laufende Liste von Angriffen auf Flüchtlinge und Flüchtlingsunterkünfte in Deutschland findet sich: https://de.wikipedia.org/wiki/Liste_von_Angriffen_auf_

Pegida-Demonstrationen und rechtsmotivierten Übergriffen. Etwas überspitzt ausgedrückt kann man sagen: die vermeintlich harmlosen Pegida-BürgerInnendemos unterstützen und legitimieren rechtsextremes Handeln.

Diese Zahlen sind Indiz für eine Tendenz der Polarisierung in der Gesellschaft. Auf der einen Seite, die aktiven BürgerInnen für eine offene willkommensbereite Gesellschaft, auf der anderen Seite eine zunehmend kompromissloser agierende BürgerInnenbewegung, die auch für rechtsextreme Gruppierungen anschlussoffen ist. Aktivitäten und Projekte für eine positive Willkommenskultur und eine nachhaltige Integrationsanstrengung (ob professionell oder ‚nur' bürgerschaftlich) haben deshalb immer politische Bedeutung. Sie sind ein Signal: wir stehen für die Werte einer demokratischen und menschlichen Gesellschaft; wir stehen für eine Stadtgesellschaft, wie wir sie verstehen: offen, bunt, tolerant, hilfsbereit, gerecht.

Zivilgesellschaftliche lokale (kommunale) Netzwerke

Um die Anschlussfähigkeit fremdenfeindlicher, rechtspopulistischer oder gar -extremer Haltungen an die ‚Mitte der Gesellschaft' zu verhindern, sind zivilgesellschaftliche Netzwerke wichtig. Solche ‚aktiven Netzwerke' auf kommunaler Ebene integrieren möglichst viele Akteure.

Aktive lokale (kommunale) Netzwerke sind freie Netzwerke, die sich in dem Moment gründen, da Bürgerinnen und Bürger sich für eine Sache engagieren. Als gewissermaßen ‚natürliche' Netzwerke sind sie im Vergleich zu professionellen Netzwerken, die als eigene Organisationen mit klar bestimmter Zielsetzung agieren, vergleichsweise informelle, dabei aber sehr „effektive Zusammenschlüsse, die Personen, Einrichtungen, Organisationen vernetzen und so unterschiedliche Erfahrungen und Kompetenzen für gesellschaftspolitisches Handeln verfügbar machen."[13] Im Umgang mit Flüchtlingen und zur Gestaltung einer positiven Willkommens- und Integrationskultur verbinden sie professionelle Akteure im Feld mit sogenannten freien, „natürlichen" Netzwerken, in denen sich BürgerInnen zu zivilgesellschaftlichem Engagement zusammenschließen, und machen so die unterschiedlichen Erfahrungen und Kompetenzen für gesellschaftliches Handeln verfügbar. Dabei ist die Vielfalt der Aktionsformen gerade eine Herausforderung. Zu dieser Vielfalt gehört der Sport.

Solche Netzwerke zu installieren, sie aktiv zu pflegen und zu nutzen, ist keine Selbstverständlichkeit. Es bedarf spezieller Netzwerkkompetenzen aller Beteiligten.[14] Zudem ist in einem grundsätzlichen Sinne zu fragen, in welcher Weise die Netzwerke, indem sie Gestaltungskompetenz beanspruchen, klassische Entscheidungs- und Gestaltungsinstanzen des repräsentativen demokratischen Systems er-

Fl%C3%BCchtlinge_und_Fl%C3%BCchtlingsunterk%C3%BCnfte_in_Deutschland/ab_2015 (Aufruf 01.06.2016).

13 Lützenkirchen 2015a, S. 45.

14 Eine Aufgabe der politischen Bildung. Vergl. Lützenkirchen 2015a.

gänzen oder tendenziell ersetzen. In jedem Fall regen aktive Netzwerke die Debatte über neue Partizipationsformen in der demokratischen Gesellschaft an. Auch und besonders in den Kommunen.

Wie auf dieser informellen Ebene bürgerschaftliches zivilgesellschaftliches Engagement wirkungsmächtig werden kann, zeigen die mit aktiven Netzwerken vergleichbaren sogenannten Lokalen Aktionspläne (LAP), die im Rahmen der Bundesprogramme gegen Rassismus und Fremdenfeindlichkeit besonders gefördert wurden (und werden). Sie leisten, wenn sie zustande kommen, einen wirkungsvollem „Beitrag zur Prävention von Rechtsextremismus und Fremdenfeindlichkeit sowie zur Demokratie- und Toleranzentwicklung". Der Beitrag bleibt aber unvollständig, weil in den LAP/Netzwerken noch „Verbesserungsbedarf" hinsichtlich der Einbeziehung von Bürgerinnen und Bürgern und der Nutzung ihrer speziellen Kompetenzen, also auch der sportbezogenen Kompetenzen, besteht.[15]

Rolle des Sports

Das betrifft auch die spezielle Bedeutung des Sports mit seinen Dimensionen als zivilgesellschaftlicher Akteur. Sie ist oft noch wenig erkannt. Während beispielsweise kreativ-künstlerische Herangehensweisen in der integrativen Arbeit mit Flüchtlingen in den Kommunen bewährt sind und über die sozialpädagogisch motivierten Methoden hinaus auch kulturelle Akteure aus Theater, Musik, Bildender Kunst einbezieht[16], ist der Sport als Aktivität (Methode) und Raum (Akteure, Infrastruktur) noch eher selten systematisch einbezogen.[17]

---

15 Vergl. Bischoff 2011, S. 321.

16 Beispielhaft seien hier aus Köln die von Musikern gegründete Initiative „Arsch huh" (http://www.arschhuh.de/, Aufruf 01.06.2016) sowie das von KünstlerInnen aller Sparten getragene Bündnis „Birlikte" (http://birlikte.info/#home, Aufruf 01.06.2016) genannt. Zum Einsatz künstlerisch-kreativer Methoden in der sozialen Arbeit mit jungen MigrantInnen: Lützenkirchen, H.-Georg: Teilhabe und Partizipation. Spielen und Verantwortung: Fußball für Toleranz. Vom Spiel zur Teilhabe: Der Generationendialog. Zwei Modelle, herausgegeben von der Rheinflanke Köln, Köln 2012, S. 41 ff.

17 Man hat ihn gewissermaßen nicht im Blick, wie beispielsweise auch die Agenda eines internationalen Kongresses der Union of The Baltic Cities (UBC) zum Thema „Refugees – a Chance and a Challenge für Baltic Cities" vom 14.–15. März in Rostock, zeigt: Union of the Baltic Cities 2016. Ein anderes Beispiel: unter den best-practise-Beispielen für kommunales Flüchtlingsmanagement auf der Webseite der Kommunalen Gemeinschaftsstelle für Verwaltungsmanagement (KGSt) findet sich kein sportbezogenes Projekt. https://www.kgst.de/produkteUndLeistungen/fluechtlingsmanagement/Fluechtlinge-Uebersicht-guter-Beispiele-aus-Kommunen.dot (Aufruf 06.06.2016).

Die gesellschaftspolitische Dimension des Sports (in den Kommunen)

Die Rolle und Bedeutung des Sports in den Kommunen war seit den frühen 1960er Jahren durch den sogenannten „Goldenen Plan“ bestimmt. Das zwischen Sportorganisationen und staatlichen Stellen erarbeitete Konsenspapier ermöglichte eine integrierte Sportentwicklungsplanung, die zur Grundlage einer umfangreichen kommunalen Sportstätteninfrastruktur wurden, die heute den Erholungs-, Spiel- und Sportbedürfnissen und -erwartungen der Bevölkerung gerecht werden kann. Der kommunale „Sportraum“ schafft die Voraussetzungen für die vielfältigen „Sportaktivitäten“ in der Kommune. Sie verändern sich als Folge demografischer Entwicklung, veränderter Freizeit- und Sportgewohnheiten, der Einbindung von Sport in Bildungsstrategien aber auch dem Selbstverständnis derjenigen, die im Sport ehrenamtliches Engagement beweisen.[18]

Im kommunalen Sportraum spielt der organisierte Sport (zuvörderst als Breitensport aber auch als Leistungssport) nach wie vor eine wichtige Rolle: gemeint sind vor allem die Sportvereine. Sie sind nicht nur die ständigen Nutzer der Sportstätteninfrastruktur im Sportraum Kommune, sondern schaffen mit ihren vielen ehrenamtlichen engagierten Menschen auch ein über den unmittelbaren Sportraum und der hier stattfindenden Sportaktivitäten hinausweisendes gesellschaftspolitisches Einwirkungspotential. In der Gänze stellt der organisierte Sport so ein „vitales Sozialsystem mit vielfältigen Integrationspotentialen“[19] dar.

Sportaktivitäten, ob im organisierten Sport oder ‚frei‘, machen eine weitere gesellschaftspolitische Ressource deutlich. Sport bietet als Aktivierungsangebot für alle Menschen eine vergleichsweise niedrigschwellige Beteiligungsmöglichkeit. Seine Sprache ist universell. Die Sprache Sport braucht keine Übersetzung. Das ‚Spiel‘, welches der Sport ja immer auch ist, führt die Menschen zusammen. Diese Eigenschaft des Sports kann als ‚Methode‘ zielführend genutzt werden.

Sowohl die Strukturen des Sports als auch seine Nutzung als Methode machen seine komplexe gesellschaftspolitische Dimension aus.[20] Sie wirkt sich in zweierlei Hinsicht aus: Zum einen wirken sich soziale, kulturelle und gesellschaftspolitische Prozesse auf die Erscheinungsformen des Sports aus. Als Teil der Gesellschaft, in dem er stattfindet, kann er sich ihr nicht entziehen, etwa indem er meint, ‚unpolitisch‘ sein zu können. Zum anderen aber bedeutet die gesellschaftspolitische Dimension auch, dass der Sport die Gesellschaft, in der er stattfindet, mit all seinen

---

18 Deutsche Vereinigung für Sportwissenschaft 2010. Ebenso wie Sportaktivitäten dabei nicht mehr ausschließlich an klassischen Sportstätten stattfinden, besteht der Sportraum auch nicht mehr nur aus eben diesen Stätten, sondern meint auch Freiflächen, Parks und andere öffentliche Orte, an denen Bewegung, Spiel und Sport möglich ist.

19 DOSB, Deutscher Städtetag, Deutscher Städte- und Gemeindebund 2008, S. 2.

20 Das bezieht die drei Dimensionen des Sports, die Gunter Pilz nennt, ein: die „naturale Dimension“ (Gesundheit, Unversehrtheit); die „personale Dimension“ (Persönlichkeitsentwicklung) und die „soziale Dimension“ (Miteinander). Pilz o.J., S. 3.

spezifischen Mitteln und Formen mitgestalten kann – mitgestalten muss. Anders ausgedrückt: Die gesellschaftspolitische Dimension des Sports begründet seine zivilgesellschaftliche Mitwirkung.[21]

„Der Sport, insbesondere der Vereinssport, darf bei der Bewältigung der Herausforderungen nicht überstrapaziert werden – etwa durch die Zweckentfremdung von Sporthallen, die als Flüchtlingsunterkünfte genutzt werden."[22] Diese im Verlauf einer internationalen Konferenz zum Thema „Flüchtlinge und Sport" von einem Sportfunktionär getätigte Aussage, steht für ein typisches Dilemma des sich engagiert verstehenden Sports. Die eigenen Ressourcen und Potentiale, die man einbringen kann und möchte, stehen zuweilen in Konkurrenz zu den Erwartungen der Gesellschaft und der ‚Politik'. Mit Blick auf die infrastrukturellen Voraussetzungen des Sports (der kommunale Sporttraum, die vielen Sportvereine) werden oft wie selbstverständlich positive präventive oder integrative Effekte des Sports erwartet. Wenn diese dann ausbleiben, wie beispielsweise mit Bezug auf erzieherische Effekte der Jugendarbeit in Sportvereinen festgestellt wurde,[23] wird oft der Ruf nach mehr Qualifizierung der EhrenamtlerInnen laut. Will man, dass der Sport bestimmte gesellschaftspolitische Wirkungen erzielt, sind immer neue Professionalisierungsanforderungen für die ehrenamtlich aktiven Menschen freilich nicht immer der richtige Weg. Vielmehr gilt es, die engagierten Menschen gezielt in aktive Netzwerke einzubinden. In der Flüchtlingsarbeit beschreibt dies eine typische Erfahrung, über die EhrenamtlerInnen berichten, wenn sie mit traumatisierten Menschen in Berührung kommen. Es stellt sich ein Gefühl der Überforderung ein, das aber nicht dazu führen darf, die ehrenamtlich aktiven Menschen zu vermeintlichen TraumaexpertInnen aus- und fortzubilden. Vielmehr müssen sie jene Netzwerkkompetenz erwerben, die sie befähigt, ExpertInnenkompetenz einzuholen, wenn sie gebraucht wird.

Handlungsoptionen für den Sport zur Mitgestaltung aktiver Flüchtlingsarbeit in den Kommunen

Kommunikative und soziale Erlebnisse

Die Sprache des Sports ist universal. Es braucht keine komplexen Übersetzungsarbeiten, um gemeinsam Sport zu treiben. Immer aber schafft das gemeinsame Sportereignis für alle Beteiligten neue Erfahrungs- und Kommunikationsräume. Daraus ergibt sich eine unmittelbare Gestaltungsmöglichkeit des Sports in der kommunalen Flüchtlings- und Integrationsarbeit. Sie beginnt in den Flüchtlingsunter-

---

21 Die Aussage bleibt nicht abstrakt. Wenn viele ehrenamtlich im Sport aktive Menschen sich zugleich auch in der Flüchtlingsarbeit engagieren, dann ist dies ein Indiz für bewusst angenommene zivilgesellschaftliche Verantwortung.

22 Lützenkirchen 2015b, S. 26.

23 Brettschneider und Gerlach 2011.

künften mit zwei Intentionen: das gezielte Sportangebot schafft insbesondere für junge Menschen Abwechslung in einem zwangsläufig durch Passivität und Warten geprägten Lebensalltag in den Unterkünften. In diesem Sinne ist das Sportangebot für die Menschen nicht nur eine Abwechslung im eintönigen Tagesablauf, sondern deutet ihnen auch bereits eine positive Perspektive an. Denn der Sport schafft ein neues kommunikatives und soziales Erlebnis, zu dem auch die individuellen Kompetenzen der beteiligten Menschen beitragen. So entstehen Lerneffekte. Denn in das soziale Erlebnis fließen die inter- und transkulturellen Erfahrungen der Menschen ein. Der Sport ermöglicht so eine Würdigung der individuellen Erfahrungen und Kompetenzen, die auf der individuellen Ebene zur Persönlichkeitsstabilisierung der Menschen beitragen und auf der gesellschaftlichen Ebene Grundlagen für nachhaltige Integrationsschritte schaffen.[24]

Im Rahmen der lokalen aktiven Netzwerke können diese Angebote gemeinsam mit den örtlichen Sportvereinen und unter Nutzung des kommunalen Sportraums durchgeführt werden. Dabei ist es wichtig, dass formale Hürden für die Durchführung derartiger Sportaktivitäten möglichst niedrig bleiben.[25]

Kompetenzteams

Hierzu beitragen können spezielle Kompetenzteams, die sich innerhalb der lokalen aktiven Netzwerke gründen. Sie beraten die kommunalen Fachstellen im Hinblick auf den Einsatz von sportbezogenen Maßnahmen und koordinieren diese. Dort, wo es wie beispielsweise in Baden-Württemberg kommunale Flüchtlingsbeauftragte in der kommunalen Verwaltung gibt, können die Kompetenzteams an diese angegliedert werden.

Mehr mit Blick auf praktische Projektarbeit in unmittelbarer Nachbarschaft/ Stadtvierteln lässt sich das sogenannte „Quartiersmanagement“ in den Kommunen nutzen. In dem Maße, wie Integration als gesellschaftliche Herausforderung auch zu einer zentralen Herausforderung der Stadtentwicklung wird, kommen auch den QuartiersmanagerInnen in diesem Bereich neue Aufgaben zu. Im Hinblick auf die Einbeziehung des Sports meint dies die planvolle Nutzung des kommunalen Sportraums mit seinen Akteuren, insbesondere den Sportvereinen.[26]

---

24 Beispielhaft für diese Intentionen ist das Projekt H.O.P.E. der Rheinflanke Köln. Im Internet: http://www.rheinflanke.de/fluechtlingsarbeit/h-o-p-e/ (Aufruf 15.07.2016).

25 Eine Forderung, die immer wieder auch während des Europäischen Sportdialogs „Flüchtlinge in Europa“ benannt wurde. Sie betrifft die Nutzung des Sportraums aber auch die Frage des rechtlichen Status der Flüchtlinge. Lützenkirchen 2015b.

26 Mit Fördermitteln des Landes NRW wird beispielsweise in Köln ein zusätzliches Quartiersmanagement mit ausdrücklich diesen Intentionen an das soziokulturelle Bürgerzentrum Alte Feuerwache angegliedert. Der Verfasser ist als Vorsitzender des Trägervereins an der Konzeption beteiligt.

Interkulturelle Bildung

Von großer integrativer Bedeutung ist Bildung. Das meint zunächst Sprachbildung. Darüber hinaus ist inter- und transkulturelle Bildung für eine nachhaltige gesellschaftliche Integration von Bedeutung. Sie schafft Wissen über andere Menschen und ihre Kulturen und ermöglicht den Austausch von Erfahrungen – Grundlagen für ein gemeinsames Miteinander.

Hier kann Sport zum Bildungsträger werden. Er kann im Vorfeld formaler und professioneller Sprachkurse in die Sportangebote kleine Sprachlernangebote integrieren.[27] Mit seinen Angeboten und Ereignissen schafft der Sport immer wieder Lern- und Kommunikationsräume, in denen „interkulturelle Bildungsansätze verstärkt oder neu entwickelt werden."[28]

Netzwerkpräsenz

Angesichts der Erfahrung, dass der Sport in den aktiven Netzwerken zur Gestaltung von Flüchtlings- und Integrationspolitik immer noch zu selten selbstverständlicher Akteur ist, ist eine bessere Präsenz des kommunalen Sportraums sowie der Akteure des Sports anzustreben. Das ist zunächst eine Aufgabe, die der Sport selbst angehen muss. Es gilt, die Kommunikationswege auf kommunaler Ebene zwischen den Vereinen, Bünden (Stadtsportbünde, Kreissportbünde) und – über die kommunalen Grenzen hinaus – Verbänden zu verbessern. Abgestimmtes Handeln stärkt die Position des Sports und ermöglicht eine selbstverständliche Einbeziehung des Sports in eine kommunale „Begrüßungs- und Aufnahmekultur".[29]

Eine aktive Netzwerkpräsenz des Sports gelingt umso besser, wie Netzwerkkompetenz vorhanden ist. Hierzu können „Bildungskoordinatorinnen und -koordinatoren"[30] beitragen. Diese mit Fördermitteln des Bundes zu installierenden ExpertInnen koordinieren kommunale Bildungsangebote für Flüchtlinge, können darüber hinaus aber auch in den aktiven Netzwerken Bildungsangebote zur Förderung der Netzwerkkompetenz aller Akteure koordinieren. Zudem schaffen sie Infoforen für alle Akteure.

Literaturverzeichnis

Bischoff, Ursula u. a. (Hg.) (2011): Abschlussbericht der Programmevaluation der Bundesprogramme „Vielfalt tut gut. Jugend für Vielfalt, Toleranz und Demokratie" und „kompetent. für Demokratie – Beratungsnetzwerke gegen Rechtsextremismus" für den Berichtszeitraum 01.07.2007 bis 31.12.2010, München/ Halle.

27 Beispielhaft das Projekt „Anpfiff zur Integration" des Sportvereins BV Westfalia Wickede, vergl. Lützenkirchen 2015b, S. 22.

28 Lützenkirchen 2015b, S. 23.

29 Ebda.

30 BMBF-Internetredaktion 2016.

BMBF-Internetredaktion (2016): Alle Kommunen bei der Integration von Flüchtlingen unterstützen – BMBF. Online verfügbar unter https://www.bmbf.de/de/alle-kommunen-bei-der-integration-von-fluechtlingen-unterstuetzen-2481.html?pk_campaign=24-02-2016-+Newsletter+-+BMBF+-+Newsletter&pk_kwd=http%253A%252F%252Fwww.bmbf.de%252Fde%252Falle-kommunen-bei-der-integration-von-fluechtlingen-unterstuetzen-2481.html, Aufruf 16.07.2016.

Brettschneider, Wolf-Dietrich; Gerlach, Erwin (2011): Aufwachsen mit Sport. Befunde einer 10-jährigen Längsschnittstudie zwischen Kindheit und Adoleszenz, Aachen.

Bundesamt für Migration und Flüchtlinge (Hg.) (2016): Das Bundesamt in Zahlen 2015. Asyl (Broschüre), Nürnberg.

Bundeszentrale für politische Bildung (Hg.) (2015): Flucht und Asyl. Aus Politik und Zeitgeschichte (25/2015).

Bundeszentrale für politische Bildung (Hg.) (2016): Zufluchtsgesellschaft Deutschland. Aus Politik und Zeitgeschichte (14–15/2016).

Deutsche Vereinigung für Sportwissenschaft (2010): Memorandum zur kommunalen Sportentwicklungsplanung. Erarbeitet vom ad-hoc-Ausschuss Sportentwicklungsplanung der Deutschen Vereinigung für Sportwissenschaft (dvs) e. V. (Broschüre).

DOSB, Deutscher Städtetag, Deutscher Städte- und Gemeindebund (2008): Starker Sport – starke Städte und Gemeinden. Kooperationsvereinbarung zwischen dem Deutschen Olympischen Sportbund, dem Deutschen Städtetag und dem Deutschen Städte und Gemeindebund (Broschüre).

Lützenkirchen, H.-Georg (2015a): Dem Rechtsextremismus wirkungsvoll begegnen: Gelingensbedingungen in der Fortbildung von Multiplikator(inn)en. In: Aus Politik und Zeitgeschichte (18–19), S. 39–45.

Lützenkirchen, H.-Georg (2015b): Flüchtlinge in Europa – Der Beitrag des Sports zur Integration von Flüchtlingen in die europäischen Gesellschaften. Chancen – Herausforderungen – Fragen. Eine Dokumentation, Kamen.

Lützenkirchen, H.-Georg (2015 (unveröffentlicht)): Willkommen in Sürth – ein stadtteilorientiertes Modellprojekt zur Schaffung einer Willkommenskultur für Flüchtlinge. Dokumentation und qualitative Auswertung von Aktivitäten und Handlungsschwerpunkten (Zeitraum: 01.08.2014–30.06.2015). Köln.

Pilz, Gunter (o. J.): Sport und Prävention – Wie viel Soziale Arbeit, Prävention kann der organisierte Sport leisten? Einführende Gedanken zum 11. Deutschen Präventionstag. Dokument aus der Internetdokumentation Deutscher Präventionstag www.praeventionstag.de, Aufruf 15.06.2016.

Union of the Baltic Cities (Hg.) (2016): Refugees – a Chance and a Challenge für Baltic Cities (Baltic Cities Bulletin).

Stephan Lemke

Management und Organisation des Sports in einer öffentlich-rechtlichen Sportstätten-Betreiber-GmbH – Ein Praxisbeispiel mit vielen Facetten

Abstract: Die Stadthalle Braunschweig Betriebs GmbH betreibt neben der Stadthalle, mit der Volkswagen Halle Braunschweig und dem Eintracht-Stadion die größten Sportstätten der Stadt.
Nach der Vorstellung der Gesellschaft und ihrer Organisationstruktur werden die Betriebsstätten Volkswagen Halle und Eintracht Stadion von der Entstehung bis heute genauer vorgestellt. Im vierten Abschnitt werden an Hand von drei Praxisbeispielen aus Sicht des Sportstättenbetreibers die Zusammenarbeit mit dem Arena-Hometeam, die Entwicklung der jährlichen Großsportveranstaltung Löwen Classics und der Akquise-Prozess, die Durchführung eines s.g. Leuchtturmprojektes, der Team EM Leichtathletik näher betrachtet.

1. Die Stadthalle Braunschweig Betriebsgesellschaft mbH

Entwicklung und Organisation

Die Stadthalle Braunschweig Betriebsgesellschaft mbH wurde im September 1965, nach der Nibelungen Wohnbau GmbH der Stadtbad GmbH als dritte ausgegliederte GmbH der Stadt Braunschweig geründet. Zu damaligen Zeiten durchaus einen innovative Entscheidung. Einzige Aufgabe seinerzeit war der Betrieb der am 04.09.1965 eröffneten Stadthalle. Die Aufgabe der Bauunterhaltung, Instandhaltung und Investition in neue Ausstattung verblieb in der Zuständigkeit der Stadt Braunschweig vertreten durch das damalige Hochbauamt, heute Fachbereich Gebäudemanagement.

Dieser Betriebszustand sollte sich bis Mitte der 90ziger Jahre des letzten Jahrhunderts nicht ändern. Als jedoch die Entscheidung getroffen wurde, notwendige Sanierungsmaßnahmen in wesentlichen Bereichen des Hauses durchzuführen, wurde erstmals der Pachtvertrag zwischen Stadt und Gesellschaft angefasst und die Zuständigkeiten für Instandhaltung und Investitionen auf die GmbH übertragen. Die Anpassung des Gesellschaftsvertrages ging damit einher. So wurde die Sanierung in Höhe von rund 7 Mio. Euro zwar in fachlicher Begleitung der Stadt, aber auf Namen und Rechnung der GmbH durchgeführt, was damit auch erstmals zu nennenswertem Anlagevermögen für die GmbH führte.

Bei allen nachfolgenden Maßnahmen wurde die Begleitung durch die Stadt Braunschweig reduziert, so dass die Gesellschaft gezwungen war, sich ein eigenes

Facility Management mit Gebäudeunterhalt- und Investitionsplanung aufzubauen. Dass die personellen Ressourcen nicht entsprechend angepasst wurden, muss hier nicht weiter betrachtet werden.

Im Jahre 2000 kam mit der Volkswagen Halle Braunschweig die zweite Betriebsstätte ins Unternehmen. Ab Mitte 1999 begannen hierfür die Erstellung des Businessplans sowie die Markteinführung. Der Bauherr und Eigentümer, die Stiftung Sport und Kultur für Braunschweig, musste zur Sicherung seines Stiftungskapitals (die Arena) einen möglichst ausfallsicheren Betreiber finden. Damit schieden potentielle Kandidaten mit rein privatem Hintergrund aus und es blieb nur ein öffentlich-rechtliches Unternehmen mit entsprechender Ausfallbürgschaft durch die Kommune. Mehr dazu in nachfolgendem Kapitel.

2006 wurde dann durch eine stadtinterne Umstrukturierung der Betrieb des Eintracht Stadions an die Stadthalle Braunschweig Betriebs GmbH übertragen. Ein inzwischen nicht unwesentlicher Teil der GmbH mit den stärksten Zuwachsraten. Dies natürlich dem zwischen 2009 und 2013 erfolgten Umbau und dem sportlichen Erfolg „unserer" Eintracht geschuldet.

Nach letztmaliger Änderung der Pachtverträge für Stadthalle und Stadion im Jahre 2014 und dem gleichzeitigen Erwerb der Volkswagen Halle von der Stiftung Sport und Kultur für Braunschweig, ist die GmbH endgültig zu einer Betriebs-und Besitzgesellschaft mutiert, die alle, formal auch die Eigentümergeboren Rechte und Pflichten zur Erhaltung von Dach und Fach, beinhalten. In der Praxis ergibt sich leider noch Diskussionsbedarf, da z. B. steuerliche Aspekte die Umsetzung erschweren.

Die grundsätzliche Zielsetzung hat sich in alle den Jahren nicht geändert. Aufgabe der GmbH ist es möglichst vielfältige Veranstaltungen aus allen erdenklichen Bereichen der Event-Branche zu akquirieren und sicher durchzuführen. Hinzukommt natürlich wie oben beschrieben der Gebäudeunterhalt für die drei Betriebsstätten seit rund zwei Jahrzehnten.

„Wir sind Gastgeber – Wir sind Veranstaltung", so lautet die Überschrift über dem Leitbild der Gesellschaft, so sehen wir uns und so versuchen wir auch alle Veranstaltungen mit entsprechendem Service professionell durchzuführen. Dank unseres hervorragenden Teams an Mitarbeiterinnen und Mitarbeitern gelingt uns das auch in den allermeisten Fällen, was nicht nur unsere Kunden sondern durchaus auch die Geschäftsführung immer wieder begeistert.

Zu Erläuterung der internen Organisation wird nachfolgend das Organigramm der Gesellschaft dargestellt, was auf Grund einfacher und flacher Strukturen selbsterklärend ist.

Abb. 1: Organigramm

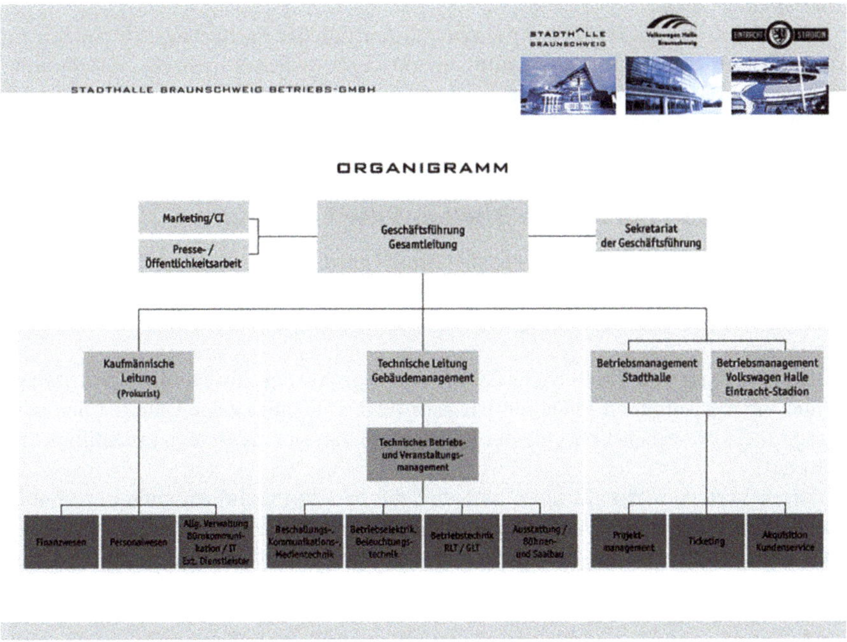

Quelle: Stadthalle BS Betriebs GmbH – Eigendarstellung

Die Gesellschafsanteile der GmbH wurden 2006 aus steuerlichen Gründen neu geregelt. So hält aktuell die Stadt Braunschweig Beteiligungs-GmbH (SBBG) 94,6 % der Anteile, die restlichen 5,4 % sind bei der Stadt Braunschweig geblieben. Da auch die SBBG eine 100 %ige Tochtergesellschaft der Stadt ist, hat sich faktisch dadurch wenig geändert.

Als Kontrollorgane der GmbH ist zunächst die Gesellschafterversammlung zu nennen. Besetzt durch einen Vertreter der SBBG, einen der Verwaltung der Stadt Braunschweig sowie drei Ratsherren/innen der Stadt und dem Vorsitzenden des Aufsichtsrates. Die Gesellschafterversammlung erhält alle Ihre Beschlussvorlagen und Abstimmungsvorgaben aus dem Finanz und Personalausschuss, dem Verwaltungsausschuss oder dem Rat der Stadt Braunschweig, so dass hier der Einfluss der politischen Gremien gesichert wird.

Als zweites und wesentliches Kontrollorgan ist ein Aufsichtsrat installiert. Die Zusammensetzung richtet sich nach dem jeweiligen Wahlergebnis für den Rat der Stadt. Auch die Anzahl der Mitglieder kann variieren. Für die Wahlperiode bis Ende 2016 setzt sich der Aufsichtsrat aus 9 Ratsherren/innen, einem Vertreter des hauptamtlichen Oberbürgermeisters sowie dem Vorsitzenden des Betriebsrates (jedoch ohne Stimmrecht) zusammen. Mit dem jeweiligen Vorsitzenden des Aufsichtsrates erfolgt eine enge und regelmäßige Abstimmung über mittelfristige und strategische Themen der GmbH.

Zusätzlich hat die Stadt Braunschweig innerhalb des Fachbereichs Finanzen ein so genanntes Beteiligungscontrolling eingerichtet, welches in enger Abstimmung mit der kaufmännischen Leitung der GmbH die Finanzdaten steuert. Langfristige Finanzplanung, Investitionsplanung oder Liquiditätsplanung und natürlich die jährlichen Wirtschaftspläne sind die Stichworte der Zusammenarbeit.

Abschließend ein kurzer Blick auf die Finanzen

Aus eigener Kraft erwirtschaftete die GmbH in den vergangenen Jahren durchschnittlich 4,5 Mio. Euro. Der Mittelbedarf zur Deckung aller Kosten (wie oben beschrieben) inkl. Abschreibungen, Zins und Tilgung beläuft sich jedoch auf über 8 Mio. Euro.

D.h. die Stadthalle BS Betriebs GmbH benötigt jährlich rund 4 Mio. Euro Steuergelder um die Aufgaben zu erfüllen. Dieser Wert unterliegt jedoch starken Schwankungen, da er wesentlich von den Kosten im Bereich Wartung/Instandhaltung abhängt.

Betrachtet man das Kerngeschäft und die ursprüngliche Aufgabe der GmbH, den reinen Betrieb von Veranstaltungsstätten, so ergäbe sich lediglich ein Bedarf an Steuergeldern von deutlich unter einer Millionen Euro.

In Zeiten sich ändernder Auflagen und Bestimmungen durch die Finanzbehörden oder die EU Kommission, werden auch die Regularien für öffentlich-rechtliche Betriebe ständig angepasst. Gerade das Wettbewerbsrecht spielt hier eine wesentliche Rolle. So ist seit einigen Jahren jährlich der Nachweis zu führen, dass keine Steuergelder bei z. B. Privatveranstaltungen (Hochzeiten, Abi-Bälle usw.) eingesetzt werden.

Strategisches Ziel bleibt es natürlich, neben der sicheren Durchführung von Veranstaltungen, die Kostendeckung im Betrieb für alle Locations herzustellen.

2. Volkswagen Halle Braunschweig – Braunschweigs größte Indoor-Sportstätte

Eine Erfolgsgeschichte, schon das Finanzierungsmodel sorgte für bundesweite Aufmerksamkeit

Nach einer fast zwanzig Jahre währenden innerstädtischen Diskussion über die Errichtung einer Großsporthalle in Braunschweig, fügten sich Mitte der 90iger Jahre die Vorzeichen ins Positive. Auf Betreiben weniger, aber wesentlicher Funktionsträger aus Politik, Wirtschaft und Sport, war es gelungen vier Unternehmen zu gewinnen, die bereit waren die Baukosten für eine Mehrzweckhalle in Braunschweig zu übernehmen. Dies unter der Voraussetzung, dass die Stadt das Grundstück zur Verfügung stellt und die umliegende Infrastruktur herstellt (Freianlagen, ÖPNV Anbindung...)

Mit der Volkswagen AG konnte der Schlüsselpartner überzeugt werden, sich an „seinem“ Standort Braunschweig für die Lebensqualität seiner Mitarbeiter zu engagieren. Mit den öffentlich-rechtlichen Unternehmen Nord/LB und der Öffentlichen Versicherung Braunschweig sind zwei starke lokale Unternehmen mit regionaler Verantwortung dazugekommen. Als vierter Partner konnte der Braunschweiger Kaufmann Richard Borek mit seinem Unternehmen Borek GmbH &Co KG, als Muttergesellschaft des weltweit agierenden Unternehmens MDM Deutsche Münze, als Sponsor gewonnen werden.

Diese vier Unternehmen gaben zusammen umgerechnet 10 Mio. Euro zur Erstellung einer Mehrzweckhalle. Hierzu wurde die Stiftung Sport und Kultur für Braunschweig gegründet, in der die vier Unternehmen und die Stadt Braunschweig als Stifter eintraten.

Nachdem das Finanzierungsmodell mit allen Behörden abgestimmt und auch das Betreibermodell fixiert war, konnten die Planungen beginnen. Bereits zu diesem Zeitpunkt wurde die Stadthalle BS Betriebs GmbH in die Prozesse einbezogen, da natürlich nur wenig Expertise über Mehrzweckhallen in der Stiftung vorhanden war.

In Wolfsburg wurden zeitlich parallel die Autostadt geplant bzw. gebaut. Der dortige Architekt Prof. Henn erhielt über die Volkswagen AG dann auch den Auftrag eine Mehrzweckhalle, die später Volkswagen Halle heißen sollte, zu planen. Nach unzähligen Abstimmungsgesprächen wurde ein Entwurf zur Ausschreibung gebracht, mit dem eigentlich niemand zufrieden war. Weder städtebaulich, noch funktional konnte der Entwurf überzeugen. Es gibt aber hin und wieder Fügungen, die dann doch alles in die richtige Bahn lenken. So auch in diesem Fall. Auf Initiative des Braunschweiger Architekturbüros KSP Engel Zimmermann, kam plötzlich ein völlig neuer Entwurf ins Spiel, der schon bei erstem Betrachten fast alle Wünsche an eine funktionale Mehrzweckhalle erfüllte. Nach einigen konspirativen Treffen in unterschiedlichen Zusammensetzungen der Entscheider, wurde ein Weg gesucht, wie dieser Entwurf bei laufender Ausschreibung für den Entwurf vom Büro Prof. Henn eingebracht werden kann.

Nach geltenden Ausschreibungsregeln war es möglich Nebenangebote zur eigentlichen Ausschreibung einzureichen, wenn Sie den Anforderungen der funktionalen Ausschreibung entsprechen. Diese Möglichkeit wurde durch das Bauunternehmen DYWIDAG (Dykerhoff & Widdmann AG) als Generalübernehmer-Angebot (d. h. auch die Architekten und Planer-Leistungen werden über das Bauunternehmen beauftragt und abgewickelt) mit eingereicht. Die politischen Weichen wurden im Hintergrund entsprechend gestellt, so dass der Entwurf von Michael Zimmermann den Zuschlag erhielt und umgesetzt wurde.

Schnell war jedoch klar, dass die zur Verfügung stehenden Mittel von 10 Mio. Euro nicht ausreichen würden. Die benötige Summe würde um die 15 Mio. Euro liegen. Durch den Bauherren, der Stiftung, wurden neben der Akquirierung von weiteren kleineren Sponsoren, schlussendlich ein Darlehn aufgenommen, welches die fehlenden Mittel deckte. Finanziert wurde das Darlehn durch die Pachtzahlung des Betreibers, also die Stadthallen BS Betriebs GmbH.

15 Mio. Euro bei fast 7000 festinstallierten Sitzplätze, das ergab einen Preis pro Sitzplatz von rund 2.150 Euro. Ein bis dahin einmalig günstiger Wert für eine Mehrzweckhalle im Bundesgebiet.

Die Stadthallen GmbH als designierter Betreiber, hat vor dem Hintergrund der beschränkten Mittel in allen Planungsrunden das Augenmerk daher ausschließlich auf funktionale Dinge gelegt und alle Forderungen oder Vorstellungen nach optisch hochwertigen Dingen zurückgestellt, wohl wissend, dass auch diese den Erfolg beeinflussen. Leider lassen sich jedoch Dinge wie statische Vorrüstungen in der Hallendecke, LKW Einfahrten, einfache Kabelwege oder die Beschaffenheit bzw. Befahrbarkeit von Fußböden im Nachhinein nur schwer ändern. So ist es in gemeinsamer Anstrengung in einer Rekordbauzeit von 12 Monaten gelungen, am 20.09.2000 die Volkswagen Halle Braunschweig zu eröffnen.

Ursprünglicher Grund für den Bau einer Mehrzweckhalle in Braunschweig war der Sport, auslösender Grund waren die Erstliga Basketballer der damaligen SG Braunschweig, die aus lizenzrechtlichen Gründen nicht mehr in der angestammten Sporthalle „Alte Waage" spielen durften. So war dann auch der erste Businessplan sehr stark am Sport orientiert, in der Hoffnung mittelfristig auch einige Show und Konzertveranstaltungen an den Standort zu holen. Mit etwas Glück, guter Vorbereitung und Nutzung der Netzwerke, vor allem des seinerzeitigen Geschäftsführers Uwe Birker, ist eine Markteinführung gelungen, die von Anfang an als Erfolgsgeschichte bezeichnet werden kann. Allein im Rest-Jahr 2000 (nur gut drei Monate) konnten 26 Veranstaltungen gebucht und durchgeführt werden, fast alle davon ausverkauft. Neben Ligaspielen Basketball konnten im ersten vollständigen Betriebsjahr Veranstaltungen wie die ZDF Live-Show „Melodien für Millionen", eine Formationstanz-WM, viermal die Stepptanz-Show „Lord oft he Dance" und weitere Highlight in die Stadt geholt werden.

Die gute Buchungslage setzte sich in den Folgejahren zunächst fort. So konnten u. a. der Basketball Supercup zusammen mit dem Deutschen Basketball Bund (DBB) nach eher schlechten Zeiten, wieder zu einem europaweit anerkannten 4 Nationenturnier etabliert werden. Die Teilnahme von Dirk Nowitzki sorgte für ausverkaufte Ränge und finanzielle Erfolge. Auch die Boxveranstalter entdeckten Braunschweig als guten Standort. WM-Kämpfe von Wladimir Klitschko konnten ebenso durchgeführt werden wir drei WM-Fights von Dariusz Michalczewski im Halbschwergewicht, von denen der Kampf gegen Richard Hall (Jamaika) sogar zum Kampf des Jahres 2002 gekürt wurde. Insgesamt lag der Anteil der Sportveranstaltungen in den ersten Jahren deutlich über 50 %, 15 Sportarten konnten so inzwischen in der Arena am Bürgerpark gezeigt werden. Neben den oben Erwähnten natürlich Hallenfußball, Handball, Judo oder auch Tanzen mit mehreren Deutschen und internationalen Meisterschaften. Aber auch Motorcross hat zweimal stattgefunden, genau wie die Braunschweiger Löwen Classics. Das Hallenreitturnier hat im vierzehnten Jahr neben Weltranglistenpunkten eine absolute Anerkennung im Reitsport erlangt.

Alle diese Großveranstaltungen zeigten im Betrieb aber auch schnell die Grenzen der Arena auf. Neben schlichten Platzmangel (Lager wurden zu Presseräumen, VIP Räume waren zu klein usw.) kamen aus der Bevölkerung immer mehr Kritik an mangelnder Aufenthaltsqualität, speziell in den Foyer-Bereichen. Das, was dem Betreiber bereits schnell nach Eröffnung klar war, musste nun verbessert werden. Die Stiftung, als Eigentümer ging ein zweites Mal auf Ihre Stifter und Sponsoren zu. Es gelang abermals knapp 7 Mio. Euro von den Partnern einzuwerben. Das Architekturbüro KSP Engel Zimmermann wurde erneut beauftragt, die Arena zu optimieren. Das Konzept sah vor, u. a. Logen einzubauen, Bewegungsfläche in den Foyers bzw. im Umlauf zu schaffen und hier die Aufenthaltsqualität optisch deutlich zu erhöhen. Weiterhin mussten mehr Flächen für Presse- und VIP Veranstaltungen geschaffen werden, die möglichst flexibel zu nutzen sein sollten.

Im Frühjahr 2006 wurde der Hallenbetrieb für gut sieben Monate unterbrochen um die notwendigen Baumaßnahmen umsetzen zu können. Es wurden insgesamt 2.000 m^2 Foyer und Veranstaltungsfläche geschaffen, 6 Logen mit 56 Plätze eingebaut und eine deutliche Aufwertung im optischen Bereich erzielt.

Abb. 2: Volkswagen Halle Braunschweig nach Umbau – Foto Stadthalle BS Betriebs GmbH rechtefrei

Im November 2006 konnte dann die Wiedereröffnung gefeiert werden. Seither hat sich der Schwerpunkt der Veranstaltungen etwas verschoben. Der Sport macht nun „nur“ noch 40 % aus, die Corporate Events (also Firmenveranstaltungen) haben sich Ihren Platz erkämpft, u. a. durch die separate Nutzung der Foyer- und Veranstaltungsflächen im 1. OG. Seit Eröffnung durften bis dato über 3,6 Mio. Besucher bei mehr als 1.300 Veranstaltungen begrüßt werden.

Durch die offene Lage direkt am Bürgerpark eingerahmt von Konrad-Adenauer und Theodor-Heuss-Straße ergibt sich eine Arena ohne Rückseite bzw. „Hinterhof". Alles ist immer einsehbar. Was vor Eröffnung als Problem tituliert wurde, da immer alles „ordentlich zu sein hatte", es keine Möglichkeit für „Müllhalden" gab, hat sich im Betrieb als echter Vorteil erwiesen. Kein Veranstalter möchte für öffentlich sichtbare „Müllhalden" verantwortlich sein, so dass jeder unaufgefordert auf Ordnung achtet, was dann gleichzeitig dazu führt, dass die Braunschweiger Bevölkerung die Arena immer mehr als attraktive Bereicherung für die Stadt annahm. Auch nach 15 Jahren kommt regelmäßig positives Feedback aus der Bevölkerung, nur weil 10 Trucks von André Rieu oder den Fantastischen Vier auf dem Parkplatz stehen, das ZDF seine Ü-Wagen dort aufbaut, um was auch immer zu übertragen oder das Abreitzelt der LöwenClassics den gesamten Patz einnimmt. Allein diese optisch sichtbare Aktivität wirkt offensichtlich positiv, weckt Vorfreude oder macht vielleicht auch ein bisschen Stolz. Eine echte Halle für Alle!

3. Eintracht-Stadion – Tradition und Moderne

Als bisher letzte Betriebsstätte kam zum 01.01.2006 das „Städtische Stadion an der Hamburger Straße", so die damals offizielle Bezeichnung, zum Unternehmen.

Zwar das jüngste Mitglied der Location-Familie der Stadthalle Braunschweig Betriebs GmbH, so doch die traditionsreichste Betriebsstätte. Bereits 1923 wurde das damals vereinseigene Stadion des Braunschweiger Turn und Sportvereins „Eintracht" von 1895 e.V. an der Hamburger Straße mit eine Kapazität von 15.000 Besuchern eröffnet. Mehrere Umbaumaßnahmen im Laufe der Jahre erhöhten die Kapazität auf nahezu 40.000 Steh- und Sitzplätze. Nach Gründung der Fußballbundesliga 1963 (mit der Eintracht als Gründungsmitglied) erlebte das Stadion 1967 sicher seinen bisherigen größten Höhepunkt, Die Braunschweiger Eintracht wurde Deutscher Fußball-Meister.

Leider entwickelte sich im Anschluss nicht alles zum Positiven. Das Stadion bestand seinerzeit aus einer Haupttribüne aus Holz mit einer viel zu kleinen Anzahl von Sitzplätzen, die meisten Zuschauer fanden auf mehr oder weniger befestigten Erdhügeln Platz. Dies sollte und musste sich ändern, so entschied der Verein für geplante 5 Mio. DM eine neue Haupttribüne zu bauen, die 1981 in Betrieb genommen werden sollte. Aus den geplanten 5, wurden fast 15 Mio. DM, was den Verein an seine Existenzgrenze brachte. Einzige Lösung den Spielbetrieb in der 1. Bundesliga aufrecht zu erhalten, war die Immobilie an die Stadt Braunschweig zu verkaufen. So geschah es, dass die Stadt zwar ein Stadion mit neuer Haupttribüne erwarb, in den weiteren Bereichen jedoch massiver Sanierungsstau bestand. Es folgen teilweise Sperrungen der Tribünen wegen Baufälligkeit, was die Kapazität zeitweise auf deutlich unter 20.000 Plätze reduzierte. Damit einher ging leider auch der sportliche Abstieg der Eintracht aus der 1. Fußball Bundesliga, zunächst in die zweite Liga, später dann in die Dritte, damalige Regionalliga.

Durch die Stadt wurden trotzdem Sanierungspläne erstellt, die bis Mitte der 90iger Jahre umgesetzt werden konnten. Die Gegentribüne (Osttribüne) wurde zu einer Sitzplatztribüne mit über 5.000 Plätze ausgebaut, die Südkurve wurde komplett durch ein neues Bauwerk ersetzt, welches auch heute noch knapp 10.000 überdachte Stehplätze fasst. Die Nordkurve wurde als nichtüberdachte halbhohe Tribüne gebaut, die eine Ausbaureserve wie die gegenüberliegende Südkurve hatte. Zu Zeiten der Regionalliga durchaus ein standesgemäßes Stadion.

Bei Übernahme des Stadions durch die Stadthalle Braunschweig Betriebs GmbH spielte das Team der Eintracht gerade einmal wieder in der 2. Bundesliga, stiegt jedoch nach Ende der Saison 2006/2007 erneut in die damalige Regionalliga Nord ab. Die zwei Jahre in der 2. Liga hatten die Politik der Stadt Braunschweig allerdings veranlasset, über den Ausbau und die Modernisierung des Stadions an der Hamburger Straße nachzudenken. So wurde im Sommer 2006 zunächst eine Rasenheizung im Spielfeld eingebaut, die für die2. Liga damals verpflichtend wurde. Parallel wurde durch den neuen Betreiber ein Architektur-Wettbewerb ausgelobt, der die Westtribüne auf modernen Standard bringen sollte. Es waren Logen- und Business-Bereiche zu planen, die Spielerkabinen zu sanieren, die Medienbereiche wie Mixedzone oder Pressekonferenzraum neu zu schaffen. Dazu sollte Funktionen wie Geschäftsstelle der Eintracht, Fanshop oder öffentliches Stadionrestaurant untergebracht werden. Bei 17 eingereichten Entwürfen konnte sich das Braunschweiger Architekturbüro SPA (Schulitz und Partner) durchsetzen.

Die 2008 ausbrechende weltweite Finanzkrise machte eine Umsetzung des Entwurfs zunächst unmöglich, vielmehr entschied sich die Politik zunächst dafür, die Nordkurve zu einer überdachten Sitzplatztribüne mit Gästefan-Stehblock auszubauen. Diese Maßnahme konnte 2010 erfolgreich abgeschlossen werden. Sportlich hatte die Eintracht in dieser Zeit Höhen und Tiefen. Ende der Saison 2007/2008 wurde die 3. Liga, als neue Profiliga eingeführt. Die Eintracht musste in der Regionalliga Nord mindestens 10. werden um sich für die Liga zu qualifizieren. In einem Herzschlagfinale mit Hilfe des VfB Lübeck, der bei Rot-Weiß Essen als feststehender Absteiger ein Unentschieden erkämpfte, konnte sich Eintracht den 10. Tabellenplatz sichern.

Dem Management der Eintracht war es 2008 mit Hilfe städtischer Unterstützung gelungen, das Namensrecht des Stadions an eine Sponsorengruppe lokaler Unternehmen zu veräußern, die gleichzeitig auf Ihre Rechte verzichteten und dem Stadion wieder seinen in der Bevölkerung angestammten Namen „Eintracht-Stadion“ offiziell zurückgaben. Dieses Vertragskonstrukt konnte bis heute fortgeführt werden, jedoch ist die Volkswagen Financial Services AG inzwischen alleiniger Namensrechte-Partner.

Mit dem nun amtierenden Trainer Thorsten Lieberknecht war sportlich ein stetiger Aufstieg zu verzeichnen, was im Herbst 2010 dazu führte, das der Rat der Stadt Braunschweig eine Bürgerbefragung für Februar 2011 beschloss, die Klären sollte, ob das Stadion nach Wettbewerbsentwurf ausgebaut werden sollte. Über 62 % der Wähler/innen sprachen sich für den Ausbau aus, so konnte es dann auch gleich losgehen. In einer zweijährigen Bauzeit wurde im laufenden Betrieb die Westtribüne komplett entkernt und um einen zusätzlichen Gebäudeteil ergänzt. Es ergeben sich nun insgesamt 24.500 überdachte Plätze, davon knapp 11.500 Sitzplätze, 244 Logenplätzen, 1.348 Business-Seats sowie 97 Presseplätze und 60 Rollstuhlplätze.

Der Medien- und Spielerbereich entspricht den heutigen Anforderungen. Funktionen wie Geschäftsstelle oder Fanshop des Vereins bzw. der heute ausgelagerten GmbH &Co KG aA sind in einem separaten Gebäude auf dem Stadiongelände untergebracht.

Der damit erzielte Standard entspricht vollkommen den Ansprüchen eines guten Zweitliga Stadions.

Abb. 3: Eintracht Stadion nach Umbau (Luftbild), Foto Media Concepts GmbH rechtefrei

Der Beschluss des Rates der Stadt Braunschweig, die im Jahre 2000 mit Landesmitteln sanierte Leichtathletikanlage zu erhalten, führte dazu, dass das Eintracht-Stadion zwischenzeitlich zum drittgrößten Multifunktionsstadion der Republik geworden ist. Nach dem Berliner Olympiastadion und dem Grundig Stadion in Nürnberg gibt es kein Stadion mehr, welches über eine IAAF Zertifizierte Leichtathletik-Anlage und mehr als 20.000 Besuchern Plätze verfügt.

Allein die Existenz der Leichtathletikanlage bringt natürlich auch die Verpflichtung, diese Fazilitäten zu nutzen. Neben Trainings- und Wettkampfbetrieb auf Kreis, Bezirks und Landesebene konnten seit 2000 bereits drei Deutsche Leichtathletik Meisterschaften, eine DM Jugend, zwei Deutsche Mannschaftsmeisterschaften und als bisheriger Höhepunkt die Europameisterschaft der Nationalteams 2014 (ETCH) durchgeführt werden.

Als dritte Sportart spielt seit 1995 der American Football eine wichtige Rolle im Stadion. Mit dem Aufstieg der Braunschweig Lions (heute New Yorker Lions) in die German Football League (GFL) zog das Team von der Roten Wiese ins Eintracht-Stadion.

Durchaus eine Erfolgsgeschichte, wenn es auch immer schwerer wird diese Randsportart in Deutschland auf hohem Niveau zu halten und zu finanzieren. Seit 1997 konnten bisher neun German Bowls und drei Eurobowls gewonnen werden. Damit ist das Team Deutscher Rekordmeister. Auch die Zuschauerzahlen sind in Deutschland einmalig. Zu Hochzeiten konnten im Saisonschnitt fast 10.000 Zuschauer zu jedem Spiel begrüßt werden, heute sind es immerhin noch gut die Hälfte. Was im Vergleich mit allen anderen GFL Vereinen der mit Abstand beste Wert ist.

Mit dem American Football kam auch eine vierte Nutzung ins Eintracht-Stadion: Die Konzerte. Traditionell besteht ein Football Spiel nicht nur aus dem reinen Sport, es gibt immer Pre-Events mit Musik, Spiel und Party. Auch nach den Spielen gehen die Besucher nicht gleich nach Hause sondern feiern gemeinsam mit dem Team den sportlichen Erfolg oder trauern über die Niederlage. Diese Tatsache brachte das Management der Lions bereits in den Neunzigern dazu ein GFL-Spiel mit einem Großkonzert zu verbinden. So konnten Stars wie Herbert Grönemeyer, Joe Cocker oder Nena gewonnen werden. Aber auch reine Konzertveranstaltungen mit Peter Maffay, Eroz Rammazotti oder den Toten Hosen wurden zum Erfolg. Zunächst letzte Veranstaltung dieser Art war das Konzert von Herbert Grönemeyer im Juni 2015, mit über 23.000 Besuchern, bisher gleichzeitig die größte Musikveranstaltung im Eintracht Stadion.

Seit Fertigstellung der neuen Westtribüne ergeben sich für die Stadthallen GmbH als Betreiber ganz neue Möglichkeiten und Vermarktungschancen. Bereits im ersten vollständigen Betriebsjahr konnten mehr als 30 Events im Business-Bereich durchgeführt werden. Von der Produktpräsentation über Führungskräfteschulungen bis zum Abi-Ball reichen die Nutzungsvarianten. Daneben gibt es weitere Veranstaltungsformate für das Stadionrund, welche durch die Kreativität der Mitarbeiter und Kunden immer wieder neu belebt werden. So findet bereits seit Jahren die Begrüßung der Erstsemester Studenten der TU Braunschweig im Stadion statt, so konnte auch schon einmal die Bundessiegerzuchtschau für Deutsche Schäferhunde auf dem Gelände stattfinden und auch Jehovas Zeugen gehören mit Ihrem Kongressen zu den Stammkunden an der Hamburger Straße.

4. Sportveranstaltungen in der Detailbetrachtung

Nachfolgend soll an Hand von drei völlig unterschiedlichen Beispielen die Vielfältigkeit und differenzierte Anforderung der unterschiedlichen Sport-Formate betrachtet und erläutert werden.

4a) Hometeam „Basketball Löwen Braunschweig" Eine Hassliebe zwischen Dauernutzer und Betreiber

Wie vorstehend bereits erwähnt, war das Basketball Bundesliga Team der SG Braunschweig wesentlicher Grund für den Bau der Volkswagen Halle. Mit dem Umzug des Teams in die neue Spielstätte wurden auch die Strukturen des Vereins in einen GmbH überführt und ein Namensgebender Sponsor (met@box AG) gefunden.

Leider war der Sponsor als Unternehmen des s.g. Neuen Marktes nicht Nachhaltig und musste bereits Ende 2000 Insolvenz anmelden, was auch zur Insolvenz der Basketball GmbH führte. Der Stadtsport Bund Braunschweig hat es in einer konzertierten Rettungsaktion geschafft, den Spielbetreib zu sichern und die Geschäfte in einer neuen GmbH übernommen. So war der Start der Zusammenarbeit Basketball und Volkswagen Halle durchaus als holprig zu bezeichnen.

Auch in den Folgejahren wurde es nicht wesentlich besser, Änderungen der Team-Namen und der Geschäftsführung sowie finanziell Probleme machten es nicht einfacher. Erst zur Saison 2005/2006, mit dem Einstieg von New Yorker und Bildung eines Großsponsorenpool von vier Unternehmen sowie einer, ab dann, konstanten Geschäftsführung, kam Ruhe und Perspektive in die Zusammenarbeit.

Diese Ruhe und konstruktive Zusammenarbeit hält grundsätzlich bis heute an, auch wenn natürlich der Ausstieg des Großsponsors New Yorker zu Ende der Saison 2013/2014 die Lage nicht verbessert hat, es muss nun abgewartet werden, wie sich die finanzielle und damit auch sportliche Situation, mit wieder stark eingeschränkten Mitteln, entwickelt.

Basketball 1. Bundesliga in der Volkswagen Halle Braunschweig

Saison	Team-Name	Platzierung Hauptrunde
2000/2001	met@box Braunschweig	8. Platz (Play Off 1. Runde)
2001/2002	Stadtsport Braunschweig	12. Platz
2002/2003	TXU Braunschweig	5. Platz (Play Off Halbfinale)
2003/2004	BS|Energy Braunschweig	10. Platz
2004/2005	BS|Energy Braunschweig	12. Platz
2005/2006	BS|Energy Braunschweig	16. Platz (sportlicher Abstieg)
2006/2007	New Yorker Phantoms BS	14. Platz (mit Wildcard spielberechtigt)
2007/2008	New Yorker Phantoms BS	9. Platz
2008/2009	New Yorker Phantoms BS	12. Platz
2009/2010	New Yorker Phantoms BS	8. Platz (Play Off Halbfinale)
2010/2011	New Yorker Phantoms BS	5. Platz (Play Off 1. Runde)
2011/2012	New Yorker Phantoms BS	7. Platz (Play Off 1. Runde)
2012/2013	New Yorker Phantoms BS	13. Platz
2013/2014	New Yorker Phantoms BS	15. Platz
2014/2015	Basketball Löwen BS	9. Platz
2015/2016	Basketball Löwen BS	10. Platz

(Quelle: Eigene Aufzeichnungen)

Wenn obige Tabelle noch um die Teamfarben ergänzt würde, kann sehr deutlich festgestellt werden, dass es der Braunschweiger Basketball in den vergangen 15 Jahren nicht geschafft hat, eine Marke „Basketball“ in der Stadt und der Region zu etablieren. Dies ist sicher das größte Versäumnis, welches Auswirkungen auf Stimmung, Zuschauerzahl und damit auch auf Sponsoren Engagements hat.

Abb. 4: Basketball in der Volkswagen Halle; Foto Susanne Hübner aus 2010 (Rechte bei STH GmbH)

Wie wirken sich diese Tatsachen nun auf den Betrieb der Volkswagen Halle aus?

Für den Arena-Betreiber sind die Basketballer als Ankernutzer natürlich nicht zu unterschätzen, auch wenn der finanzielle Ertrag bzw. der erwirtschafte Deckungsbeitrag für den Betrieb sehr übersichtlich ist. So genannte weiche Faktoren spielen aber eine nicht zu unterschätzende Rolle. Die Basketballer sichern mit 17 Pflichtspielen und 3–5 Zusatzveranstaltungen wie Saisoneröffnung, Pokal oder Play Off Spielen eine Grundauslastung der Halle und der Gastronomie. Es ist lokal aber auch national eine Berichterstattung in den Medien sichergestellt, auch wenn es nur die Veröffentlichung der Spielergebnisse und der Tabelle in der „Bild am Sonntag" ist. Hinzu kommen Dinge wie Logenvermarktung, eigene Sponsoring-Erlöse oder die Belegungs- und Besucherstatistik, die ohne Ankernutzer deutlich schlechter aussehen.

Zur Belegung der Halle ist anzumerken, dass hier die Zusammenarbeit mit der Liga und der GmbH als sehr konstruktiv bezeichnet werden kann. Es gibt keine Vorrang-Regelung für die Basketball Bundesliga, Spielpläne orientieren sich an der Belegung der Halle, was auch gut so ist, da unter Berücksichtigung der finanziellen Erträge keine andere Lösung darstellbar wäre.

Als Fazit kann man feststellen, dass der Basketball neben einer Grundauslastung der Arena, auch treibende Kraft bei Modernisierung der sportlichen Infrastruktur ist. Die Zuschauerzahlen sich aber langfristig deutlich oberhalb der 3.500er Marke festigen sollten, die Marke Basketball in Stadt und Region etabliert werden muss.

Kurz, es gibt große Wünsche auf beiden Seiten, die jedoch strategisch bearbeitet werden müssen und so wird es eine „Hassliebe" bleiben. Man kann nicht mit, aber auch nicht ohne einander.

4b) Das Hallenreitturnier „Braunschweiger Löwen Classics" (CSI4*) Von einer „fixen" Idee zu einem AUSGEZEICHNETEN (!) Event

Die Idee einer großen Reitsportveranstaltung in Braunschweig währte schon über 10 Jahre bei den lokalen Reitsportlern um Axel Milkau. Im Jahr 2000 lud er potentielle Sponsoren, Förderer und Aktive zu einer Informationsveranstaltung ein, bei der u. a. der heutige sportliche Leiter Franke Sloothaak eine Vortrag über Trainingsmethoden hielt, den der Verfasser mit keinen Wort verstanden hat. Trotzdem war dieser Abend eigentlich der gemeinsame Kick Off für das Projekt Hallenreitturnier in Braunschweig.

Geschäftsführung und Betriebsleitung der Volkswagen Halle waren sich im Vorfeld eigentlich einig: Ein Reitturnier? Das geht gar nicht! Aber genau diese Projekte sind es, die den Beruf im Eventbusiness so Interessant machen. So wurden im Anschluss die ersten Gespräche zur Umsetzung und Auslotung der Anforderungen aufgenommen. Anfang 2001 kam dann Hans Günter Winkler, der „Jahrhundert-Sportler", mit Axel Milkau zum ersten Besuch in die Halle. Es war ein unvergesslicher Termin und am aller Besten, der erfolgreichste Springreiter aller Zeiten befand die Halle und das Umfeld für tauglich, er hatte sich fast in die Location verliebt.

Damit war die Basis gelegt und wir befanden uns auf einmal mitten in der Umsetzung des ersten großen, damals noch nationalen, Hallenreitturniers in der Stadt. Dank der Unterstützung durch Hans Günter Winkler (eigentlich nur HGW genannt) gelang es Sponsoren, wie die Volkswagen AG zu überzeugen das Projekt zu fördern, was erstaunlich schnell die finanzielle Seite absicherte. Ebenfalls sorgten die guten Kontakte von HGW und Axel Milkau für ein attraktives Starterfeld beim ersten Turnier 2002.

Wie aber nun 300 Pferde, eine Abreithalle, eine umfangreiche Ausstellung, 100 Medienvertreter, einen TV-Sender (NDR), mehrere Hundert VIPs täglich und auch noch ausreichend Zuschauer in und um die Halle unterbringen? Es wurden Pläne entwickelt, wieder verworfen, Funktionsbereiche wie Pressekonferenzraum oder VIP-Räume, Duschmöglichkeiten für Pferdepfleger auf dem Papier in der Halle hin und her geschoben. Wobei es von Anfang an sehr professionelle Unterstützung vom Team der T.BS Sportmarketing GmbH um den Chef Axel Milkau gab.

Es zeigte sich, dass Kreativität und Wille so manches vermeintliche Problem löst und so begann Anfang März 2002 mit einem einwöchigen Vorlauf der Aufbau für das erste Turnier unter dem Motto „Von Reitern für Reiter".

Eine Zeltstadt mit 250 Boxen und einem Abreite-Zelt von 2.500 m² wurden in den Bürgerpark und auf das südliche Hallengelände gebaut. Der Reitboden (ein Spezialgemisch aus Sand, Mutterboden, Holzspänen, Fils und Wasser wurde mit

15 LKWs in die Halle gefahren, Für die Presse wurde ein Bühnenlager ausgeräumt und eingerichtet...

Am 10. März 2002, als der letzte Reiter die Arena verlassen hatte, lagen sich alle verantwortlichen weinend in den Armen. Es war gelungen, bereits beim ersten Mal wurde das Turnier zu einem sehr großen Erfolg. Zuschauer, Reiter und auch Sponsoren zeigten sich sehr zufrieden und auch die Halle hatte alles gut überstanden. Damit nicht genug, der Club Deutscher Springreiter zeichnete das Turnier im Nachgang mit der Höchstnote urkundlich aus.

Abb. 5: Hallenreitturnier Löwen Classics 2014 – Foto Stadthalle Braunschweig Betriebs GmbH (rechtefrei)

Natürlich hat man deutlich an vielen Ecken Verbesserungsbedarfe festgestellt. Diese zeigten sich aber alle samt als lösbar. Im Rahmen der oben erwähnten Umbaumaßnahmen 2006 wurden auch und gerade Optimierungen für die Reitsportveranstaltung vorgenommen. So hat die Arena am Bürgerpark erst seit dem Reitturnier 2007 ein regelkonformes Dressurviereck mit 30 m Breite und 60 Länge.

Inzwischen steht 2016 das 15. Hallenreitturnier an, es ist zwischenzeitlich zu einem CSI 4* (d. h. Internationales Weltranglisten-Turnier der zweithöchsten Kategorie) gewachsen, die Strukturen sind gefestigt, die Aufbauten stark optimiert. Die Zusammenarbeit mit dem Team der Löwen Classics könnte besser nicht sein, da gegenseitig großes Verständnis für die jeweils andere Seit besteht und man sehr Lösungsorientiert arbeiten kann. Man kann fast von echten Freundschaften untereinander sprechen.

So konnte z. B. der Termin der Löwen Classics 2016, der in der langfristigen Jahresplanung immer Anfang März platziert ist, in Zusammenarbeit mit anderen Veranstaltern auch mit einem Vorlauf von unter 12 Monaten noch in den Februar verschoben werden, da die sportliche Notwendigkeit bestand. Eine Veranstaltung, die einen Belegungsbedarf von 11 Tagen hat, so kurzfristig zu verlegen ist nicht einfach und geht nur, wenn das Netzwerk stimmt. Sicher ein großer Vorteil in unserer Arbeit, dass speziell der Kontakt mit den lokalen Kunden offen und fair ist und man lieber Lösungen diskutieren als Probleme.

Wirtschaftlich ist das Hallenreitturnier ein wesentlicher Punkt in der Betreiber-Planung, macht doch der Umsatz fast 7 % des Jahresumsatzes der Volkswagen Halle aus.

4c) European Athletics Team Championships 2014 (ETCH 2014) Was aus einem Feierabendbier entstehen kann

Als am 18. Juli 2010 die dritte Deutsche Meisterschaft der Leichtathletik im Eintracht-Stadion beendet wurde, standen der DLV-Verbandspräsident, die Präsidentin des Landesverbandes (NLV) und der Geschäftsführer des Stadionbetreibers beim Abschlussbier und resümierten die Veranstaltung. Was erfolgreich war, sollte man fortsetzen, war die einhellige Meinung. Der Standort Braunschweig, der sich gerade durch den Ausbau der Nordkurve zum Erhalt der Laufbahn im Eintracht-Stadion bekannt hatte, musste den nächsten Schritt gehen. Die Idee zur Durchführung einer Team Europameisterschaft (ETCH) war geboren.

Anders als bei einer DM Leichtathletik, ist allerdings bei einer internationalen Veranstaltung nicht der Verband Veranstalter und das Stadion wird nur vermietet sondern hier muss die Stadt sich zusammen mit dem nationalen Verband bewerben und auch das finanzielle Risiko tragen.

Es war nun aber große Eile geboten, da vor einer internationalen Bewerbung eine nationale Bewerbungsphase stand, immerhin mit Mitbewerbern aus Erfurt und Ulm.

Bewerbungsschluss für die Team EM 2013 war der 15.09.2010, man hatte konkret also nur acht Wochen Zeit und kam mitten in die Sommerpause.

Am 29.07.2010 startete das Projekt mit der ersten Projektgruppensitzung noch unter Führung der Stadt Braunschweig, schnell war jedoch klar, wollte man die Termine halten, würde man externe Hilfe benötigen und die Stadthallen GmbH, als deutlich flexiblere Organisationseinheit, müsste die Federführung übernehmen.

Gesagt getan, Agenturen und Fachleute wurden engagiert, die Bidding Application Forms (Bewerbungsunterlagen) ausgewertet und mit Daten versehen. Hotels angefragt, Zimmer gelockt, Kostenpläne erstellt, erste Sponsoren angefragt, …

Mit Zustimmung des Oberbürgermeisters der Stadt Braunschweig erfolgte eine pünktliche, persönliche Abgabe der Bewerbung beim DLV in Darmstadt, jedoch unter dem Vorbehalt der Zustimmung des Rates der Stadt Braunschweig, der Ferien bedingt erst am 21.09.2010 tagte. Auch dieser Zustimmung wurde erteilt.

Die nationale Entscheidung fiel schnell zu Gunsten Braunschweigs, sodass das es nun also weitergehen musste, da schon der 30.09.2010 Bewerbungsschluss beim europäischen Verband (EAA, European Athletic Association) in Lausanne war.

Eine 50-seitige Bewerbungsschrift in Englisch wurde erstellt. Es mussten Befürwortungsschreiben vom DOSB oder und vom BMI (Bundesministerium des Inneren) eingeholt werden, der vorläufige Finanzplan konkretisiert werden, erste konkrete Sponsorengespräche wurden geführt, Promotion-Konzepte erstellt, die Unterbringung von knapp 2.000 Gästen geplant. Einladungs- und Garantieschreiben verschiedener Organisationen mussten beigebracht werden, u. a. eine Zusage des öffentlich-rechtlichen Fernsehens eingeholt werden, dass man die Veranstaltung auch angemessen übertragen wird und ein internationales TV Signal zur Verfügung stellt.

Eine hektische, schöne Zeit, wobei sich die Arbeit zunächst nicht auszahlen sollte. Am 06.06.2011 sollte im Rahmen einer Council-Sitzung (Verbandsrat der EAA) in Frankfurt die Vergabe erfolgen. Die Bewerber aus Gateshead (GB), Ostrava (CZ), und Braunschweig hatten jeweils 15 Min Zeit ihre Bewerbung vorzustellen. Für Braunschweig ging eine 10 köpfige Delegation unter Führung des damaligen Oberbürgermeisters Dr. Gert Hoffmann und des amtierenden DLV Präsidenten Dr. Clemens Prokop an den Start. Carolin Nytra (damalige Europameisterin über 100 m Hürden) konnte als Aktiven-Vertreterin gewonnen werden. Begleitet wurden die Reden und Interviews, moderiert durch den ehemaligen Chef des Olympiaparks München Wilfrid Spronk, auch durch einen Film über unsere Stadt, die Hotels und die Sportstätten.

Leider zeigte sich in der nachfolgenden Abstimmung der 18 Council-Mitglieder, dass im Sport nicht immer die eigentliche Leistung zählt sondern auch politische Dinge eine gewichtige Rolle einnehmen können. Die Abstimmung ging 9 zu 6 zu 3 zugunsten des englischen Bewerbers aus Gateshead aus. Enttäuscht reiste man mit ein wenig Wut im Bauch ab, denn man hatte definitiv das beste Konzept präsentiert.

Bereits am 09.06.2011 ging ein Brief des damaligen EAA Präsidenten H.-J. Wirz im Büro des Oberbürgermeisters ein, in dem sich dieser für das Vorgehen seiner Council Mitglieder ausdrücklich entschuldigte und die Stadt Braunschweig eindringlich bat, sich für die Durchführung der ETCH 2014 zu bewerben. In Abstimmung mit dem Oberbürgermeister und dem Rat der Stadt stieg man also erneut in den Ring. Mit der EAA wurde verabredet, das in der erneut einzureichenden Bewerbungsschrift lediglich die Daten aktualisiert würden und man prinzipiell bei der alten Bewerbung bleiben würde, immerhin hatte diese bereits Kosten von fast 40.000 Euro verursacht.

Am 03.11.2012 sollte erneut das EAA Council über die Vergabe der ETCH 2014 entscheiden, Mitbewerber waren zunächst erneut Ostrava (CZ) und Cheboksary (RUS). Die Sitzung fand im Hilton Hotel in Bukarest (RO) statt,

Wieder machten sich sieben Delegationsmitglieder auf den Weg in die rumänische Hauptstadt. Die Aktiven vertrat dieses Mal der frischgebackene Stabhochsprung Olympia-Zweite aus London Björn Otto. Bereits am Vorabend wurde die Präsentation im Sitzungsraum geprobt, was auch zum gewünschten Erfolg führen sollte.

Ostrava hatte sich kurzfristig als Bewerber zurückgezogen und die Stadt aus dem Ural galt nicht als ernsthafter Kandidat. So konnte man die Abstimmung bei 16 anwesenden Council Mitgliedern mit 13 zu 3 gewinnen. Im Anschluss wurde sofort der 53-seitige Durchführungsvertrag zwischen der EAA, dem DLV und der Stadt Braunschweig unterschrieben.

Abb. 6: Delegation Bukarest Vergabe ETCH 2014, Foto Stadthalle BS Betriebs GmbH rechtefrei

v.l. Wilfrid Spronk, Event Koordinator ETCH 2014; Dr. Clemens Prokop DLV Präsident; Hans-Jörg Wirz EAA Präsident, Rita Girschikowsky NLV –Präsidentin, Stephan Lemke LOC Chef ETCH 2014; Dr. Gert Hoffmann, Oberbürgermeister Stadt Braunschweig, Frank Hensel, Generalsekretär DLV; Björn Otto, aktiver Stabhochspringer (2. der Olympischen Spiele in London)

Nun waren eineinhalb Jahre Zeit eine repräsentative Veranstaltung zu organisieren. Formal bedurfte es noch eines Beschlusses des Verwaltungsausschuss der Stadt Braunschweig, der die Stadthalle Braunschweig Betriebs GmbH in Vertretung der Stadt Braunschweig mit der Durchführung beauftragte, dies war reine Formsache.

Im Januar 2013 erfolgte die Gründung des offiziellen lokalen Organisationskomitees (LOC), bestehend aus einem Kontrollgremium (Honorary Board) und der Event Management Group (EMG) ergänzt um fünf Bereichsleiter in den einzelnen Kern-Sachgebieten. Die komplette Organisationstruktur finden Sie nachfolgend.

Abb. 7: Organigramm ETCH 2014

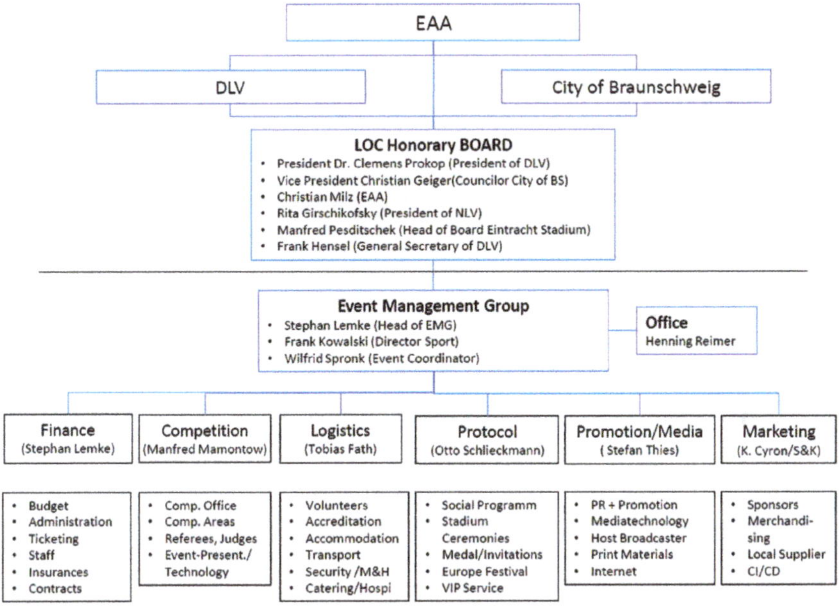

(Quelle: eigene Darstellung)

Ein hauptamtlicher Mitarbeiter wurde eingestellt und in den letzten Monaten durch zwei studentische Praktikanten (Sportmanagement Studenten der Ostfalia) ergänzt. Trotzdem diverse Aufgaben an Agenturen und andere professionelle Dienstleister vergeben wurden, sollte sich im Nachgang zeigen, dass einen Veranstaltung mit einem Umsatzvolumen von knapp 2 Mio. Euro kaum von einem kleinen Team von 12 Haupt- und Ehrenamtlichen bewältigt werden kann. Dies wird man zukünftig sicher ergänzen müssen und speziell im Hinblick auf die Ehrenamtlichkeit überdenken müssen.

Sehr gut bewährt hat sich in diesem Zusammenhang, dass man sich Know How in Form der Münchner Agentur S&K für Sponsoren-Akquise und CI/CD sowie die weitere Mitarbeit von Wilfrid Spronk sichern konnte, da beide über einen Erfahrungsschatz und Netzwerke verfügten, die kaum mit Geld zu bezahlen sind.

Anfang März 2013 ging es dann mit der EMG nach Lausanne zur EAA zum so genannten „Preparation Meeting“. Alle Sachgebiete wurden detailliert mit den jeweiligen Sachbearbeitern des Verbandes besprochen und Aufgaben verteilt. Natürlich musste die Kommunikation auf Englisch umgestellt werden, da die Mitarbeiter im europäischen Verband aus allen Teilen Europas kommen. Um den Arbeitsumfang etwas zu verdeutlichen, nachfolgend die Tagesordnungspunkte der eineinhalbtägigen Sitzung (in Englisch):

- General Organisation & Event Management
- Financing & Budget
- Logistics
- Promotion, Communications & Media Services
- Marketing
- Competition, anti-doping and medical matters
- Technology & TV matters

Fazit war: Alles was wir tun ist mit Lausanne abzustimmen, keine Veröffentlichung ohne Genehmigung, kein Konzept ohne Freigabe kann umgesetzt werden

Dies machte das gewohnte direkte Arbeiten etwas schwieriger, da trotz moderner Kommunikation über Mail und Clouds sich Freigaben teilweise hinziehen konnten. Letztlich zogen aber alle an einen Strang und nach so manchen Diskussionen wurde immer eine Lösung gefunden.

Erwähnenswert in diesem Zusammenhang ist aber noch die Integration der internationalen Sponsoren (hier SPAR, Le Gruyère (Käse), OMEGA (Zeitnahme) und EUROVISION (als Broadcaster). Eigentlich alles problemlose Unternehmen, die auch in durch ihre Exklusiv-Rechte die Vermarktung nicht großartig einschränken. In der Umsetzung sollte jedoch ein Sponsor, der Käse, zu einer echten Herausforderung werden. Durch den europäischen Verband hat „Le Gruyère" die absolute Käse-Exklusivität! D.h. es darf im gesamten Veranstaltungsbereich (Eröffnungsfeier, VIP Empfänge, Team-Hotels oder Abschluss-Party eingeschlossen) kein anderer Käse verwendet werden. Man glaubt zunächst gar nicht, was hierbei alles bedacht werden muss. Keine Pizza, kein Cheeseburger, kein Käsebrett ohne den Schweizer Käse, alternativ musste auf die Produkte verzichtet werden. Die Buffets im VIP Bereich mussten entsprechend angepasst werden.

In der Praxis viel Abstimmungsbedarf, da auch Buffet-Vorschläge mit Frischkäse oder Mozzarella seitens der EAA beanstandet wurden. Hierzu kam, dass unsere Catering-Partner sich zwar bereiterklärten „Le Gruyère" einzusetzen, jedoch nicht zum regulären Einkaufspreis. Auch verständlich, wenn eine Pizza-oder Cheeseburger-Käse im Einkauf 13,00 Euro/kg günstiger erworben werden kann. Der Sponsor sah dies schließlich auch ein und glich die Differenz aus.

Insgesamt mussten 11 Guidelines (Richtlinien) der EAA bei der Veranstaltungsumsetzung beachtet werden, die alles vom Hotel, über Ankunftscounter im, Flughafen bis zur Internetseite regelten.

Wie oben erwähnt, war die erste Bewerbung um die ETCH 2013 nicht erfolgreich verlaufen. Im Nachhinein sollte sich dies als sehr positiv herausstellen, denn die im Jahr 2011 begonnen Modernisierungsmaßnahmen im Eintracht-Stadion sollten sich bis Oktober 2013 hinziehen und hätten eine Veranstaltungsdurchführung im Juni 2013 unmöglich gemacht. Hinzu kam, dass sich so die Möglichkeit ergab, die Vorveranstaltung in Gateshead (GB) zu besuchen und von den Kollegen zu lernen. Was das LOC auch mit einer 12 Personen starken Delegation, nicht nur zum Lernen sondern auch zu Promotion-Zwecken nutzte.

Im Anschluss an die Veranstaltung in England folgten unzählige Sitzungen im LOC und den Arbeitsgruppen, Telefonkonferenzen der EMG, Sidevisits der EAA, Vorbesichtigungen mit dem Hostbroadcastern ARD/ZDF, den qualifizierten Teams, den Sponsoren oder den Technik-Dienstleistern. Abstimmungen mit den gebuchten Hotels über Zimmer-Standards, Speisefolgen und Buffet-Öffnungszeiten, auch der Flughafen Hannover wurde intensiv in die Gespräche einbezogen.

Schließlich kam die „Woche der Wahrheit". Bereits am Sonntag vor dem Event zog das Team des europäischen Verbandes mit vier Mitarbeitern ins Stadion ein, wo das LOC-Team schon seit sechs Wochen mit zehn Personen arbeitete. Die Akkreditierung wurde bereits am Montag vor dem 21/22.06.2014 geöffnet. Die Aus und Umbauarbeiten im Stadion waren da schon fast abgeschlossen und die Sporttechnik und die TV Sender konnten mit der Arbeit beginnen. Trotz hervorragender Ausstattung im Eintracht Stadion mussten Zelte für Presse und teilnehmende Nationalteam gebaut werden, Medienplätze in der Osttribüne installiert werden, da diese immer über der Ziellinie zu platzieren sind und diese im Eintracht-Stadion leider nicht vor der (West-)Haupttribüne verläuft. Das Team der Stadthallen BS Betriebs GmbH war mit Mann und Maus gefordert, parallel in den anderen beiden Betriebsstätten stattfindende Veranstaltungen mussten ja auch bedient werden. Eine echte Grenzerfahrung!

Abb. 8: Überblick Eintracht-Stadion ETCH 2014; Foto Marek Kruszewski, rechtefrei

Der Aufwand sollte sich aber lohnen. Das LOC hat mit all seinen Partnern eine beispielhafte Veranstaltung auf die Beine gestellt, die rund 30.000 Zuschauer haben eine fantastischen Rahmen geboten, das Wetter hat mitgespielt, das Fernsehen hat perfekte Bilder in die Welt gesendet (über 40 Mio. Zuschauer europaweit, bei 14

TV Sendern) und die Sportler aller Nationen haben es mit Bestleistungen gedankt. Der Sieg der deutschen Nationalmannschaft tat natürlich ein Übriges zur guten Stimmung.

Abb. 9: Siegerfoto Team Deutschland; Foto Marek Kruszewski, rechtefrei

Für den Autor, der ja als LOC-Chef die Verantwortung trug, waren das Lob und die Glückwünsche, die nach dem letzten Wettkampf von allen Seiten auf Ihn einprasselten fast zu viel des Guten. Aber es macht letztlich schon ein wenig Stolz, wenn Oberbürgermeister, Verbandspräsidenten, aktive Sportler oder auch Medienvertreter offensichtlich ernstgemeinte Glückwünsche aussprechen.

Der Post-Event-Report, also der Schlussbericht der EAA endet mit den Worten: „An Outstanding Event! And a well-organised and competent LOC..."

Leider ist bekanntlich nicht alles Gold was glänzt, so auch in diesem Fall. Sehr gute Medienberichterstattung, höchst zufriedene Sportler und Funktionäre wie Zuschauer konnten leider eins nicht regulieren, die Finanzen.

Trotz sehr guter Sponsoring-Erträge, konnten in den Bereichen Eintrittskarteneinnahmen und öffentliche Mittel, d.h. Förderungen durch Stiftungen, Verbände oder Regierungsorganisation (Land, Bund) nicht die Erträge verzeichnet werden, wie erhofft, was in der Abrechnung doch ein sechsstelliges Minus ausmachte. Berücksichtigt man jedoch die o.g. positiven Effekte, vor allem die 90 Stunden europaweite TV Berichterstattung, aber auch durch die Print und Internet-Medien, bleibt auch für die Stadt Braunschweig ein echter Mehrwert.

Ronald Wadsack & Gabriele Wach

Sport-Genossenschaft – Zukunftsperspektive für strukturschwache Regionen?[1]

Abstract: Um die Idee des selbstorganisierten Sports im Hinblick auf tiefgreifende Veränderungen in der Gesellschaft aufrecht zu erhalten braucht es tragfähige Lösungen. Die Gründung einer Sport-Genossenschaft ist in Deutschland, abgesehen von einzelnen Schwimmbad-Trägerschaften, vermutlich Neuland. Jedoch würde damit die Sportentwicklung in einer Kommune/Region stärker als vereinsübergreifendes Thema in den Blick genommen. Daß damit neue formelle Fragen etwa zu Mitgliedschaftsverhältnissen, Verbandsanbindung oder Förderung aufkommen erscheint lösbar.
Die Sport-Genossenschaft bietet die Chance, v.a. in strukturschwächeren Regionen den schleichenden Verfall der Sportstrukturen abzumildern oder sogar einen Basisbestand zu sichern. Durch die Beteiligung der Sportvereine und -verbände bleibt die Entwicklung im Bezug zum organisierten Sport.
Hinzu kommt die große gesellschaftspolitische Bedeutung der „Bürgerbewegung Sport", die die Attraktivität einer Region als Wohn-, Lebens- und Arbeitsraum deutlich steigern kann.

1 Strukturschwache Regionen – organisierten Sport neu denken

Gesellschaften befinden sich in ständigen Veränderungsprozessen, damit müssen die beteiligten Akteure angemessen umgehen, bzw. Veränderungen aus eigener Kraft mitgestalten. Der Sport und damit seine Organisationen sind Teil dieser Gesellschaft und in gleichem Maße betroffen und gefordert. Über Jahrzehnte hat sich eine Struktur des organisierten Sports entwickelt, die mit den Vereinen auf der lokalen Ebene ihre grundlegende Organisationsbasis hat, in denen sich sportinteressierte Menschen als Mitglieder versammeln. Sie sind auf oberster Ebene im Deutschen Olympischen Sportbund (DOSB) vertreten. In den letzten Jahrzehnten haben sich außerhalb des DOSB verschiedene andere Anbieter herausgebildet, von denen die Fitnessstudios nur eine Gruppe des kommerziellen Segments sind.[2] Auch aufgrund der Ausdehnung der als „Sport" bezeichneten Aktivitäten ist dieser gesellschaftliche Bereich vielgestaltig oder sogar unübersichtlich geworden.

Die zentrale Ressource für die Sportorganisationen, egal ob kommerziell oder gemeinnützig, ist die teilnehmende Zahl von interessierten Menschen. Im vereinsorganisierten Sport bilden sie die Mitglieder, auf denen die gesamte organisatorische

1 Der Beitrag beruht teilweise auf den Ergebnissen einer Case Study aus dem Masterstudiengang „Führung in Dienstleistungsunternehmen" der Ostfalia Hochschule für angewandte Wissenschaften im Sommersemester 2015.
2 Vgl. Wadsack & Wach 2013.

Existenz beruht. Deshalb ist für die Situation in Deutschland besonders zu beachten, wie sich die Bevölkerung und das Sportinteresse perspektivisch entwickelt. Die bekannten Phänomene der Abnahme der Anzahl in Deutschland lebender Menschen und eine deutliche Alterung machen auch vor dem Sport nicht halt. Ein spezieller Effekt ergibt sich für die Regionen in Deutschland, welche durch diese Entwicklung und die Abwanderung von jüngeren Menschen besonders tiefgreifende Veränderungen erleben und besonders deutlich von Schrumpfungs- und Alterungsprozessen geprägt sind. Resultat ist eine unattraktiv gewordene Region, der es beispielsweise an einer zeit- und altersgerechten Mobilität, ausreichenden Freizeitmöglichkeiten sowie einheitlich abgestimmter Kommunikation mangelt.[3]

Diese Entwicklung geht nicht ohne Spuren an den Vereinsorganisationen vorbei. Sie benötigen die Mitglieder zur aktiven Ausübung des Sports, der Bewältigung ehrenamtlicher Aufgaben und zu wesentlichen Teilen zur Finanzierung des Sportvereins. Die Erhaltung vereinseigener Sportanlagen ist davon ebenfalls massiv betroffen. Die Ergebnisse des Sportentwicklungsberichtes mit Platz 6 der „demographischen Entwicklung in der Region“ bei den Problemen der Sportvereine bzw. Platz 7 bei den existenzbedrohenden Problemen, können nur einen ersten Fingerzeig bieten.[4] Verschiedene, vor allem ländlich geprägte Regionen in Deutschland werden dieses Thema wesentlich massiver spüren.

Im besten Fall stagnieren die Mitgliederzahlen in Sportvereinen, vermehrt wird aber ein allgemeiner Rückgang der Mitglieder verzeichnet und weitere Abgänge sind anzunehmen. Einzelne Sportvereine drohen buchstäblich mit der Zeit „auszusterben“. Dies bedingt Fragen nach Veränderungen in Bezug auf Angebot, räumlicher Infrastruktur und künftiger Ausrichtung der Vereine und Verbände.[5] Dort, wo keine Zielgruppen für kommerzielle Angebote vorhanden sind, wird sich auch kein Anbieter ansiedeln. Internetbasierte Angebote können diese Lücke auch nur begrenzt füllen.

Andererseits ist das mit dem Sportverein verbundene bürgerschaftliche Engagement, der Wert des Sports als Freizeitaktivität, der Identifikationsfaktor oder Beitrag zur Gesundheit der Menschen eine wichtige Begründung für seinen Erhalt. Zusätzliche Angebote an außersportlichen Aktivitäten können sich anschließen.

3 Vgl. z. B. die Charakterisierung für ländliche Regionen von Beetz (2006). Die Wirkung des Zuzugs von Flüchtlingen wird nach Angaben des Landesamtes für Statistik in Niedersachsen keine nachhaltige Auswirkung auf die Bevölkerungsentwicklung haben. Alterung und Bevölkerungsschwund sind weiterhin die leitenden Merkmale der entsprechenden. Vgl. Thomsen 2016.

4 Vgl. Breuer & Feiler 2015, S. 25–26.

5 Vgl. DOSB Bericht 2011, S. 11.

Im 13. Sportbericht der Bundesregierung heißt es dazu: „Sport ist ein zentraler Bestandteil unseres gesellschaftlichen Zusammenlebens. Dies gilt sowohl für den Spitzen- als auch für den Breitensport. Die Bundesregierung betont die gesellschaftspolitische Bedeutung und damit verbundene Verantwortung des Sports wie auch die notwendige Förderung der Generationengerechtigkeit. Aktives Sporttreiben gehört für einen Großteil der Bevölkerung zu einer gesundheitsbewussten Lebensgestaltung. Der gemeinsam betriebene Sport ist zugleich ein geselliges und verbindendes Erlebnis jenseits kultureller, sozialer oder sprachlicher Unterschiede. Wie kaum eine andere Freizeitbeschäftigung ist der Sport dazu in der Lage, Menschen unterschiedlichster Herkunft aber auch unterschiedlichsten Alters zusammenzuführen. Sport in seiner gesamten Breite bietet daher viel Potential für positive gesellschaftliche Veränderungen."[6] Und weiter: „Die Bundesregierung würdigt mit ihren Fördermaßnahmen die große gesellschaftspolitische Bedeutung der „Bürgerbewegung Sport", insbesondere in den Bereichen der Integration, Bildung, Erziehung, Gesundheitsvorsorge, Inklusion und der internationalen Verständigung."[7]

Um ein so drohendes bzw. entstehendes Vakuum in sinnvoller Form zu kompensieren, soll das Modell einer Sport-Genossenschaft vorgeschlagen werden. Es verbindet Elemente des bürgerschaftlichen Engagements mit der kapitalmäßigen Beteiligung interessierter Akteure an einer ortsübergreifenden Selbsthilfeorganisation. Die Aufgaben sollen sich auf Unterstützungsleistungen für noch existierende Vereine, Sportbünde und die Entwicklung von Angebotsstrukturen in defizitären Bereichen richten.

2 Die Situation der Sportvereine in strukturschwachen Regionen

2.1 Situation „der" Sportvereine

Es ist schwierig von „den Sportvereinen" zu sprechen, da die Anzahl der Dimensionen und möglichen Ausprägungen sehr groß ist. Beispielhaft seien die Mitgliederzahl (von unter 10 bis über 70.000 Personen[8]), die Zahl unentgeltlicher und bezahlter Mitarbeiter, die Verfügbarkeit von vereinseigenen Sportanlagen oder das Angebotsspektrum (Ein- vs. Mehrspartenverein) genannt.

Um dennoch ein grundlegendes Diskussionsraster nutzen zu können, wird auf das Ressourcenmodell (Abbildung 1) zurückgegriffen. Die verzeichneten Ressourcen können als Grundlagen der Vereinsexistenz bezeichnet werden, die Aufgabe der Vereinsführung ist, diese Ressourcen zu entwickeln und sinnvoll einzusetzen.

---

6 Bundesministerium des Inneren 2014, S. 13.
7 Bundesministerium des Inneren 2014, S. 14.
8 Die Mitgliederzahl von über 70.000 wird für Sportspaß Hamburg genannt. Siehe http://www.sportspass.de/sportspass; Zugriff: 21. Mai 2016.

Abbildung 1: Ressourcenmodell für Sportvereine

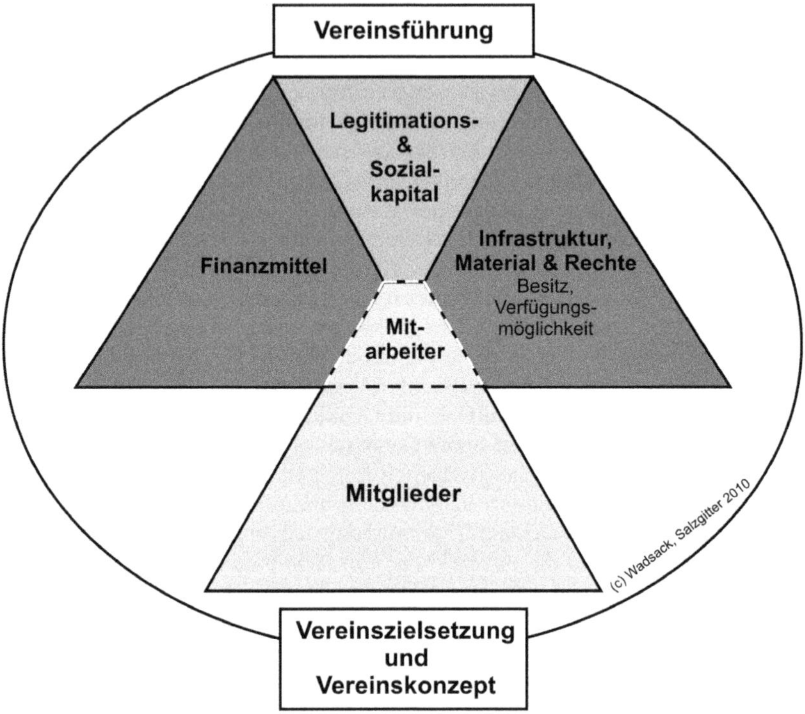

(Quelle: Wadsack 2013, 397)

Nach Wadsack hat jeder einzelne Sportverein fünf wesentliche Ressourcen, aus denen heraus er seine Ziele erreichen kann. Dies sind:[9]

1. Die Vereins-Mitglieder als Grundlage der Vereinsarbeit. Es geht vor allem um die Verwirklichung ihrer Interessen. Je nach demografischer Entwicklung und Interessensveränderung wirkt sich das mehr oder weniger auf die Zahl der Vereinsmitgliedschaften aus.
2. Eng mit den Mitgliedern verbunden sind die Mitarbeiter des Vereins, in vielen Fällen freiwillig und unentgeltlich Engagierte (Ehrenamt und bürgerschaftliches Engagement), welche liebevoll und mit viel persönlichem Einsatz das Vereinsangebot gestalten.

9 Vgl. Wadsack 2013, S. 397–398.

3. Die Finanzen sind in unserer Gesellschaft das härteste Kriterium für die Lebensfähigkeit einer Organisation. Weniger Mitglieder bedeuten für die Vereine weniger Beiträge. Weitere wichtige Faktoren sind die Unterstützung durch die Kommune (mancherorts kein einfaches Thema in heutiger Zeit), durch die Sportverbände und durch Spender/Sponsoren (die sich leider immer schwerer zum Engagement überzeugen lassen).
4. Der Bedarf an spezifischer Infrastruktur der Vereine ist von seinen Zielen und Aktivitäten abhängig. Der Wanderverein hat nicht so viele Bedürfnisse, im Zweifelsfall reicht ein Versammlungsraum, um zwischen den Wanderungen kleine Treffen abzuhalten. Die eigentliche Vereinsaktivität findet im öffentlichen Raum statt. Ein Sportverein benötigt z. B. eine Sporthalle oder einen Sportplatz. Ersteres hängt meist mit der Schulversorgung in der Kommune zusammen, mit der Schließung von Schulen steht gleichzeitig oftmals die Sporthalle zur Disposition. Sportplätze müssen unterhalten und saniert werden. Gleiches gilt für Schwimmbäder, egal ob sie für Gesundheitsangebote, die Schwimmausbildung oder den Sport genutzt werden.
5. Die Legitimation des Vereins wird am wenigsten Probleme bereiten, wenn unter schwierigen Bedingungen Engagement für ein lokal akzeptiertes Sportangebot und ggf. weitergehendes außersportliches Tun gezeigt wird.

Aus den vorangegangenen Beschreibungen lässt sich schon auf den ersten Blick erahnen, dass es schwierig wird, attraktive Vereinsangebote aufrecht zu erhalten, wenn diese Ressourcenbasis schrumpft. Insofern setzt der Gedanke der regionalen Sport-Genossenschaft bei der Unterstützung bestehender Vereine an und reicht bis hin zur Übernahme von lokalen Sportangeboten, wenn sich dafür kein anderer Anbieter mehr findet.

2.2 Regionen mit strukturellen Schwächen

Strukturschwache Regionen sind hauptsächlich in ländlichen Räumen zu finden. Die Merkmale und Probleme sind nicht in jeder Region gleich, aber meistens sehr ähnlich.

Die nachfolgende Abbildung 2 veranschaulicht die wesentlichen und markanten Merkmale einer strukturschwachen Region; sie ist der Darstellung der Bertelsmann Stiftung als Demographietyp 5 entlehnt.[10]

10 Vgl. Bertelsmann Stiftung 2016, S. 7.

Abbildung 2: Profil des Demographietyps 5 im Vergleich zum Bundesdurchschnitt

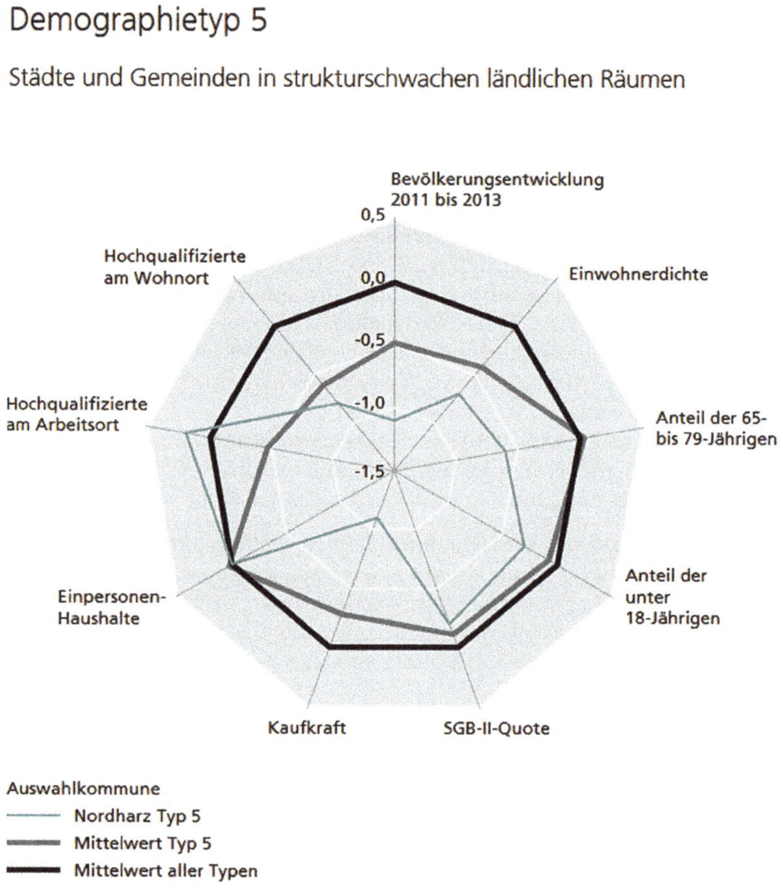

(Quelle: Bertelsmann Stiftung 2016, o. S.)

Die strukturschwachen Regionen werden mit spezifischen Charakteristika verknüpft:

- Ein Hauptmerkmal ist der **demographische Wandel**. Gerade in strukturschwachen Regionen ist eine Abwanderung von jungen, oft gut ausgebildeten Menschen festzustellen. Als besonders gravierend stellt sich dabei die zunehmende Abwanderung von gut (aus)gebildeten Frauen dar. Die somit resultierende

Alterung der Bevölkerung ist kaum mehr aufzuhalten.[11] Im Jahr 2008 lag der Altersdurchschnitt in ländlichen Regionen noch bei 43 Jahren, 2013 bei 47 Jahren und für das Jahr 2030 wird das Durchschnittsalter mit 51 Jahre prognostiziert.[12]

- Mit dem demographischen Wandel kommt es zusätzlich immer häufiger zu Problemen auf dem **Wohnungsmarkt**. In den schwachen ländlichen Räumen steigt die Zahl der leerstehenden und mitunter stark sanierungsbedürftigen Immobilien. Darunter leiden zunehmend die Immobilienpreise.
- Die **Nahversorgung** entwickelt sich rückläufig und ein Rückgang im öffentlichen und privaten Versorgungsbereich zeichnet sich ab. Häufig fehlen Dienstleister wie beispielsweise Banken, Postämter, Gesundheits- oder medizinische Versorger sowie Einkaufsmöglichkeiten für die Lebensmittelbeschaffung.
- Des Weiteren bringen die Leerstände Probleme bei der Tragfähigkeit der Infrastruktur mit sich. Hierbei sind die technische und die soziale Infrastruktur hervorzuheben. Die Probleme der **technischen Versorgungsstruktur** kennzeichnen vor allem die beschränkte Verkehrsinfrastruktur und eine geringe Mobilität durch ein schlecht angebundenes Angebot im öffentlichen Personennahverkehr (ÖPNV). Es besteht eine unzureichende Anbindung an die Informations- und Kommunikationsstruktur. Problematisch ist zudem die immer schlechter werdende Ver- und Entsorgungsstruktur in den Hauptbereichen Wasser, Abwasser, Abfall und Energie.
- Bei der **sozialen Infrastruktur** sind die Mängel häufig im Angebot und der Erreichbarkeit der kommunalen Verwaltung und sozialen Einrichtungen wie Kinderbetreuungsstätten, Schulen oder Freizeiteinrichtungen erkennbar. Rationalisierung ist für immer mehr ländlich gelegene Kranken- und Ärztehäuser und der Sicherheitsversorgung durch Polizei oder Feuerwehr Alltag geworden.[13]
- Ein weiteres Merkmal lässt sich im Bereich der **wirtschaftlichen Strukturschwäche** ausmachen. Die Leistungsfähigkeit schwacher Regionen nimmt immer mehr ab. Viele Unternehmen schließen und verlegen den Unternehmenssitz an attraktivere Standorte. An dieser Stelle ist der Bogen zum demographischen Wandel direkt erkennbar. Eine schwach aufgestellte Region stellt Unternehmen vor viele Probleme, z. B. in der Vereinbarkeit zwischen Familie und Beruf, den fehlenden (eingeschränkten) Betreuungsmöglichkeiten für Kinder oder der geringen Zahl an Fachkräften und Menschen im erwerbstätigen Alter vor Ort. Die wirtschaftliche Struktur ist oftmals durch Tourismus, Landwirtschaft, Ernährungswirtschaft oder Gesundheitswesen geprägt. Häufig fehlt es aber gerade in diesen wirtschaftlichen Bereichen, die eigentlich ein erhöhtes Potential bieten, an Innovationsfähigkeit und Modernisierungen.[14]

---

11 Vgl. Mose/Nischwitz 2009, S. 5; Beetz 2006, S. 26–27.
12 Vgl. Bertelsmann Stiftung 2016, S. 7.
13 Vgl. Mose/Nischwitz 2009, S. 5–6.
14 Vgl. Mose/Nischwitz 2009, S. 6.

- Mit einer schwachen Wirtschaftsstruktur nimmt die **Kaufkraft** der einzelnen Haushalte ab. Ein erhöhter Anteil an einkommensarmen Menschen, die zum Beispiel soziale Leistungen oder nur wenig Rente erhalten, und die damit verbundene Kinderarmut, die in fast jeder zweiten ländlichen Kommune mit bis zu 10 % beziffert wird, tragen ebenso zu einer geringen wirtschaftlichen Entwicklung bei.[15]
- Eine weitere Auswirkung ist die eingeschränkte Handlungsfähigkeit betroffener Kommunen, die durch geringeres Steueraufkommen und an der Bürgerzahl orientierte Zuweisungen wirtschaftlich in Bedrängnis geraten.[16]
- Ein weiteres Problem vieler ländlicher Regionen und kleiner Dörfer ist die begrenzte und mangelnde **Integrationsbereitschaft** der ansässigen Einwohner. Neue Einwohner und vor allem Migranten haben es sehr schwer, sich in die bereits vorhandene Gemeinschaft zu integrieren; der Anteil der Bevölkerung mit Migrationshintergrund liegt in ländlichen Regionen sehr weit unter dem Bundesdurchschnitt.[17]

Die im Jahr 2015 in Deutschland akut gewordene Thematik der Aufnahme von Flüchtlingen ist in ihren Auswirkungen gegenwärtig nicht abzuschätzen. Einzelne Anhaltspunkte deuten jedoch darauf hin, dass gerade für strukturschwache Regionen wenig Hoffnung auf deutliche Auswirkungen v. a. im Hinblick auf die Bevölkerungszahlen besteht.

2.3 Konsequenzen für den organisierten Sport

Mangels geeigneter Daten für Sportvereine in strukturschwachen Regionen[18] benennen wir in Tabelle 1 entlang der Ressourcensystematik mögliche Auswirkungen für Sportvereine vor Ort.

Tabelle 1: Mögliche Auswirkungen der regionalen Strukturschwäche auf Sportvereine (eigene Darstellung)

Mitglieder	• Abnahme der Zahl potenzieller Vereinsmitglieder. • Rückgang der Möglichkeiten des Wettkampfsportes durch die Anzahl und Altersstruktur der Mitglieder. • Rückgang der Mannschaftssportangebote durch zu wenige Aktive.

15 Vgl. Bertelsmann Stiftung 2016, S. 9–10.
16 Vgl. Beetz 2006, S. 27–28.
17 Vgl. Maretzke 2012, S. 13.
18 Der Sportentwicklungsbericht bietet neben der bundesweiten Auswertung maximal Aussagen zu Bundesländern bzw. einzelnen Sportarten.

MitarbeiterInnen	• Eine Abnahme der Vereinsmitgliederzahl wirkt sich auch im Bereich der potenziell verfügbaren unentgeltlichen Mitarbeiter aus. • Abnahme qualifizierter Menschen für Sportangebote, auch als Honorarkräfte.
Finanzen	• Mit abnehmender Mitgliederzahl Verminderung des Beitragsaufkommens. • Eingeschränkte Unterstützungsmöglichkeit der Kommune für den Sport mangels verfügbarer Finanzen. • Ausdünnung der ortsansässigen Wirtschaft vermindert das Unterstützer-Potenzial.
Infrastruktur, Materialien, Rechte	• Erschwerter Unterhalt und Erhalt von vereinseigenen Sportanlagen und Ausstattung. • Fehlende Auslastung von vereinseigenen Sportanlagen. • Durch Schulschließungen Verlust von Sportraum-Kapazitäten. • Erhalt von Schwimmbädern erschwert bzw. fraglich.
Legitimationskapital	• Abnahme der Strahlkraft von wettkampfsportlicher Präsenz. • Verlagerung der lokalen Zielgrößen auf soziale Aspekte.
Sozialkapital	• Durch Abnahme der Handlungsmöglichkeit örtlicher Politik Verminderung der Wirkung von Netzwerkarbeit.
Vereinsführung & Vereinskonzept	• Kooperationsmöglichkeiten mit anderen Vereinen eingeschränkt, da Erreichbarkeit möglicherweise schlecht bzw. keine geeigneten Kooperationspartner verfügbar. • Rückgang des Wettkampfsports als bislang starkes Bezugsobjekt für Sportvereine (Mitglieder, Mitarbeiter, Unterstützer). • Druck auf den Sportverein zur Öffnung hin zu anderen lokalen Akteuren zur Kooperation. • Zunehmende Orientierung in Richtung auf gesundheitssportliche und außersportliche Angebote. • Stärkere Orientierung auf Senioren.

Alleine die aufgeführten Auswirkungen geben Hinweise auf die sich entwickelnden oder schon spürbaren Herausforderungen und begründen ein Überdenken der bisherigen Organisations- und Angebotsmuster.

2.4 Selbsthilfe in anderem Gewand

Sportvereine sind ein hervorragendes Beispiel für die Selbstorganisation von Menschen, um ihre eigenen Interessen gemeinsam zu verwirklichen. Sie haben sich über viele Jahrzehnte bewährt. Nun kann es aber sein, dass sie punktuell an die Grenzen ihrer kleinräumigen Ressourcenverfügbarkeit und damit Belastbarkeit stoßen.

Damit endet nicht zwangsläufig die Engagementbereitschaft. Es bedarf einer unterstützenden Form, um die verbliebene freiwillig eingesetzte Energie zu erhalten und zu verstärken, wenn diese Aufgaben des Sportanbietens nicht in kommunale bzw. staatliche Regie übergehen bzw. dem Marktangebot überlassen bleiben sollen.

Die erstgenannte Alternative der kommunalen Organisation wird mit Blick auf die prekäre kommunale Finanzsituation und die Einordnung von Sport als freiwilliger Leistung[19] an vielen Stellen nicht zum Zuge kommen. In ressourcenschwachen Regionen wird es schwer sein, kommerzielle Anbieter zu finden, die eine Chance sehen, ein sportliches Angebot in wirtschaftlich tragfähiger Form vorzuhalten.

Insofern bietet es sich an, entsprechende alternative Formen der Selbsthilfe zu überdenken, um frühzeitig Antworten auf die gesellschaftlichen Veränderungen zu haben.

Die Diskussion um neue kooperative Formen passt zudem in eine Neu- oder Wiederentdeckung gemeinschaftlicher Aktivitäten, wie sie Zukunftsforscher teils als Chance für die künftige Gesellschaft und als Antwort oder Gegenreaktion auf die heute stark verbreitete Individualisierung sehen.[20]

Auf den Sport übertragen geht es somit nicht darum, ein spezielles sportliches Angebot bzw. einen speziellen Verein zu fördern, sondern Sport als gemeinsam zu erhaltendes Gut zu sehen.

In diesem Zusammenhang lohnt sich ein Blick auf die Form und Nutzung der „Allmenden" als Vorreiter der heutigen Genossenschaft. Die als erste Frau im Jahr 2009 mit dem Nobelpreis für Wirtschaftswissenschaften ausgezeichnete Wissenschaftlerin Elinor Ostrom setzte sich unter anderem mit der Thematik der Allmenden auseinander. Sie wies darauf hin, dass bei der Allmende die „Hege und Pflege, Bewirtschaftung und Nutzung von wertvollen Gemeingütern ihrerseits immaterielle öffentliche Güter stiftet: Zusammenhalt, Gemeinsinn, Verantwortlichkeit, Respekt."[21] Die Allmende stellt folglich eine gesellschaftliche Herausforderung und bei einer guten und effizienten Nutzung für die Nutzer eine Bereicherung dar. Die freie Ressourcennutzung muss also im besten Falle im Sinne der Gleichbehandlung stattfinden, um keine egoistische und einseitige Nutzung einer Person als individueller Nutzenmaximierer nach dem „homo oeconomicus" hervorzubringen.[22]

19 Vgl. z.B. Bogumil & Holtkamp 2013, S. 18.
20 Vgl. z.B. Welzer 2013, S. 30.
21 Horn 2011, o. S., vgl. Ostrom 2012.
22 Vgl. Helfrich, 2009, S. 12.

Um diesem Anspruch gerecht zu werden und die Sportentwicklung in strukturschwachen Regionen nicht dem Zufall zu überlassen, hilft ein organisatorischer Rahmen, der für stetige Impulse und angemessene Entwicklung sorgt.

Vereine und Genossenschaften bieten sich als mitgliederorientierte Organisationsformen an, wenn es darum geht, dem gemeinsinnigen Anspruch des Sports gerecht zu werden. Dabei trägt die Genossenschaft im heutigen Verständnis ein stärker unternehmerisches Moment in sich als ein Verein und bietet über die Genossenschaftsanteile eine Kapitalbasis für strategisches Agieren.

An dieser Stelle wird der konzeptionelle Ansatz der Genossenschaft weiter verfolgt, um für die Diskussion des organisierten Sports in strukturschwachen Regionen einen Bezugspunkt zu schaffen.

3 Genossenschaft als organisatorischer Rahmen

3.1 Skizze des genossenschaftlichen Leitgedankens

Vom Grundgedanken her ist die Genossenschaft nahe bei dem Gedanken des Vereins. Sie bietet jedoch einen stabileren Hintergrund für regionalisierte Aufgaben im Rahmen der Vereinsunterstützung und für Sportangebote. *Sombart* kommt zu folgender Definition der Genossenschaft: „Freie Personenvereinigungen unvermögender Wirtschaftssubjekte zu dem Zwecke, durch großbetriebliche Gestaltung ihre Wirtschaftsführungen zu vervollkommnen."[23] Ersetzt man die Begriffe „Wirtschaftssubjekte" und „Wirtschaftsführungen" für unser Thema mit „Sportorganisationen" und „Leistungsgestaltung und wirtschaftlichen Betrieb", so bietet dies einen guten Ausgangspunkt für die weiteren Überlegungen.

Brazda et al. verknüpfen die Genossenschaft mit dem Menschenbild des homo cooperativus, betonen die emotionale Komponente des Handelns und verweisen auf einen emotionalen Überschuss, der mit der Beteiligung an der Genossenschaft verbunden ist.[24]

Bereits im Altertum, zum Beispiel bei Handwerkern im alten Ägypten oder Berufsverbänden im alten Rom, lassen sich Kooperationsprinzipien einer Genossenschaft erkennen.[25] In der 2. Hälfte des 19. Jahrhunderts erarbeitete Otto von Gierke eine Genossenschaftstheorie.[26]

Die ersten überlieferten Informationen eines Zusammenschlusses von Waldbesitzern im Murgtal stammen aus dem Jahre 1488. Der Zweck dieser genossenschaftsähnlichen Vereinigung war das Holzgeschäft, insbesondere die Waldwirtschaft,

---

23 Sombart 1987, S. 986 (im Original gesperrt); ähnlich Brazda et al. 2006, S. 65.

24 Vgl. Brazda et al. 2006, S. 32 und 62.

25 Siehe dazu z. B. die Ausführungen in Weber 2005, 551–561 im Rahmen seiner rechtsoziologischen Darstellungen. Vgl. auch Brazda et al. 2006, S. 56.

26 Vgl. Türk u. a. 2006, S. 78–80.

der Betrieb von Sägemühlen und der gemeinsame Transport von Holz auf Wasserstraßen, der sich damals sehr schwierig gestaltete.[27]

Im Rahmen der Industrialisierung und der damit einhergehenden Bedrohung kleiner Bauern- und Handwerkerexistenzen entstanden in Deutschland im 19. Jahrhundert die ersten „modernen Genossenschaften".[28] Zwei bekannte Pioniere gelten als deren Urväter: Hermann Schulze-Delitzsch gründete 1849 eine Rohstoffassoziation für Tischler und Schuhmacher in Sachsen, während Friedrich-Wilhelm Raiffeisen 1862 in Rheinland-Pfalz die erste Kreditgenossenschaft, den Heddersdorfer Darlehensverein, ins Leben rief.[29]

Der Begriff Genossenschaft entwickelte sich aus dem altdeutschen Wort „noz", was „Vieh" bedeutet. „Wer Anteil am Vieh bzw. einer Viehweide hatte, wurde als "Ginoz" bezeichnet. [...] Aus dem "Ginoz" wurde im Mittelhochdeutschen der "Genoz" und in der Neuzeit der "Genosse".[30] So lassen sich auch im Begriff der Genossenschaft die „Gemeinsamkeit" eines Vorhabens und der Zusammenschluss von Interessen wiederfinden.

2012 war das „Jahr der Genossenschaften", ausgerufen von der UN, da diese Organisationsform eine Verbindung von Wirtschaftlichkeit und sozialem Handeln anstrebt. Zu Beginn der 2010er-Jahre wird von einer Renaissance der Genossenschaft gesprochen. Zu dieser Zeit werden in Deutschland ca. 7.600 Genossenschaften gezählt.[31] *Rößl et al.* verweisen auf die vielfältigen Aktionsgebiete für Genossenschaften in heutiger Zeit, mit dem Bereich Public-Citizen-Partnership wird auch eine für die Sport-Genossenschaft passende Perspektive angesprochen.[32]

Ein Orientierungspunkt für die Gestaltung von Genossenschaften können die Grundsätze der International Cooperative Alliance (ICA, als internationale Vereinigung von Genossenschaften) sein. Sie umfassen sieben Leitgedanken:[33]

- Freiwilligkeit und Offenheit der Mitgliedschaft,
- demokratische Kontrolle,
- wirtschaftliche Mitwirkung der Mitglieder,
  - o begrenzte Kapitalverzinsung
  - o gleiche Kapitalanteile
  - o Bildung von unteilbaren Rücklagen
  - o Verteilung der Überschussanteile
- Autonomie und Unabhängigkeit,
- Ausbildung, Fortbildung und Information für Mitglieder, Mitarbeiter und die Öffentlichkeit,

---

27 Vgl. Scheifele et al. 1995, o. S.
28 Vgl. Glenk 1995, S. 1; Brendel o. J., o. S.; Sombart 1987, S. 985–998; Tomanek 2014, o. S.
29 Vgl. DGRV o. J., o. S.; Sombart 1987, S. 988–989.
30 Vgl. DGRV o. J., o. S.
31 Vgl. Böse-Fischer 2012, o. S.
32 Vgl. Rößl et al. 2014, S. 483.
33 Cgl. Rößl et al. 2014, S. 490–491.

- Kooperation mit anderen Genossenschaften zur Stärkung der Genossenschaftsbewegung,
- Vorsorge für die Gemeinschaft der Genossenschaft durch nachhaltige Entwicklung des Gemeinwesens.

3.2 Rechtsform Genossenschaft

Im Jahr 1889 wurde das Genossenschaftsgesetz „Gesetz betreffend die Erwerbs- und Wirtschaftsgenossenschaften“ (GenG) verabschiedet.[34] Dort finden sich u. a. die folgenden rechtlichen Grundlagen, die in einigen Teilen durchaus vereinsähnlich sind und die Genossenschaft als flexible aber dennoch stabile Rechtsform ausweisen:

Der **Zweck** einer eingetragenen Genossenschaft (eG) muss darin liegen, den gemeinschaftlichen Geschäftsbetrieb mit dem Ziel zu unterhalten, dass der Erwerb oder die Wirtschaft ihrer Mitglieder oder deren soziale beziehungsweise kulturelle Interessen gefördert werden.[35] Hierbei ist es Genossenschaften erlaubt, sich an sonstigen Gesellschaften und Personenvereinigungen zu beteiligen, solange dies in Einklang mit dem Zweck der Genossenschaft geschieht.[36]

Nach einer Neufassung des ursprünglich seit 1889 bestehenden Gesetzes im Jahre 2006 sind mittlerweile drei Mitglieder – statt ehemals sieben – zur **Gründung** einer Genossenschaft ausreichend.[37] **Mitglieder** können sowohl juristische und natürliche Personen als auch eingetragene Personengesellschaften sein.[38]

Zur Gründung ist eine **schriftliche Satzung** notwendig, die den Namen, den Sitz und den Zweck beinhaltet und von allen Mitgliedern unterschrieben werden muss.[39] Diese Satzung ist nur von der Generalversammlung nachträglich zu ändern, wobei es für wesentliche Änderungen einer Mehrheit von drei Vierteln der abgegebenen Stimmen bedarf.[40]

Die **Generalversammlung** meint das Zusammentreffen aller Mitglieder der Genossenschaft und ist das zentrale Entscheidungsorgan, welches vom **Vorstand** einberufen wird.[41]

Jedes Mitglied – unabhängig von der Höhe der getätigten Einlage – besitzt hierbei **eine Stimme**, wobei es möglich ist, besonders fördernden Mitgliedern in der Satzung ein Mehrstimmrecht (maximal jedoch drei Stimmen) einzuräumen.[42] Bei

---

34 Vgl. Glenk 1995, S. 1.
35 GenG, § 1 Abs. 1.
36 GenG, § 1 Abs. 2.
37 GenG, § 4.
38 GenG, § 15.
39 GenG, § 5, § 6 Nr. 1 u. 2, § 11 Abs. 2 Nr. 1.
40 GenG, § 16 Abs. 1 u. 2.
41 GenG, § 43 Abs. 1, § 44 Abs. 1.
42 GenG, § 43 Abs. 3.

Entscheidungen, die einer drei Viertel-Mehrheit bedürfen, ist dieses Mehrstimmrecht – wenn gewährt – nicht anwendbar.[43]

Ebenfalls wird in der Satzung festgelegt, ob und in welcher Höhe eine **Pflichteinlage** zu leisten ist, ob eine Einlage mit mehreren Geschäftsanteilen gestattet ist und ob eine Höchsteinlage festgesetzt wird.[44] Einlagen können außerdem in Form von Sacheinlagen geleistet werden.[45]

Die **Haftung** ist auf das Vermögen der Genossenschaft begrenzt, was bewirkt, dass ihre Mitglieder nur in Höhe ihrer Einlage haften, sofern in der Satzung nichts Gegenteiliges festgehalten wird.[46]

Eine Genossenschaft muss sowohl **Vorstand** (zwei Personen) als auch **Aufsichtsrat** (mindestens drei Personen) bilden, deren Angehörige Mitglied der Genossenschaft sein müssen und von der Generalversammlung gewählt werden.[47] Die Aufgabe des Vorstandes liegt in der gerichtlichen und außergerichtlichen Vertretung der Genossenschaft und der Geschäftsführung.[48] Sollte eine Genossenschaft weniger als 20 Mitglieder ausweisen, ist es möglich, durch entsprechende Festlegung in der Satzung auf einen Aufsichtsrat zu verzichten und die Rechte und Pflichten dieses Organs, insbesondere die Überwachung der Tätigkeit des Vorstandes, an die Generalversammlung zu delegieren.[49] In diesem Fall ist ebenfalls die Verringerung des Vorstands auf eine Person zulässig.[50]

Nach erfolgter Anmeldung der Genossenschaft wird diese in das **Genossenschaftsregister** bei dem Gericht eingetragen, in dessen Zuständigkeitsbereich die Genossenschaft ihren Sitz hat.[51] Ab diesem Zeitpunkt gilt die Genossenschaft als juristische Person mit Formkaufmann-Eigenschaften und den damit verbundenen Rechten und Pflichten.[52]

Die Genossenschaft kann entweder durch einen in der Satzung festgelegten Zeitablauf oder durch die Generalversammlung aufgelöst werden.[53] Allerdings ist hierfür mindestens eine Mehrheit von drei Vierteln der abgegebenen Stimmen zwingend erforderlich – die Notwendigkeit einer höheren Mehrheit kann in der Satzung formuliert werden.[54]

Mitglieder können zum Ablauf des Geschäftsjahres ihre Mitgliedschaft in der Genossenschaft durch eine **schriftliche Kündigung** beenden, sofern die in der

43 GenG, § 43 Abs. 3.
44 GenG, § 7 Nr. 1, § 7a Abs. 1 u. 2.
45 GenG, § 7a Abs. 3.
46 GenG, § 2, § 6 Nr. 3.
47 GenG, § 9 Abs. 1 u. 2, § 24 Abs. 2, § 36 Abs. 3.
48 GenG, § 24 Abs. 1, § 27 Abs. 1.
49 GenG, § 9 Abs. 1.
50 GenG, § 24 Abs. 2.
51 GenG, § 10 Abs. 1.
52 GenG, § 17 Abs. 1 u. 2.
53 GenG, § 78 Abs. 1.
54 GenG, § 78 Abs. 1.

Satzung bestimmte Kündigungsfrist eingehalten wird.[55] Dadurch erwächst den ausscheidenden Mitgliedern ein Anspruch auf **Rückzahlung** der geleisteten Geschäftseinlagen.[56] Durch den **Tod eines Mitglieds** geht dessen Mitgliedschaft auf die Erben über.[57]

3.3 Exemplarisch: Genossenschaften mit Sportbezug

Erste Ansätze für die genossenschaftliche Organisationsform haben sich mittlerweile auch im Sportbereich etabliert. Nachfolgend sind einige Beispiele angesprochen.

Schwimmbäder[58]

Die Genossenschaft „**Freibad Uetze eG**" ist seit dem 29. Juli 2011 eingetragen. Zur Gründung hatte sie 706 Mitglieder mit 829 Geschäftsanteilen.[59]

Der Zweck der Genossenschaft Freibad Uetze ist die Erhaltung des Schwimmbades. Die finanzielle und funktionale Verantwortung wird dabei von den Mitgliedern getragen. Der Anteil an der Genossenschaft beträgt 100 Euro, wobei ehrenamtliche Hilfe erwünscht ist, um Kosten einzusparen. Vorteil für Mitglieder ist die Nutzung des Bades über den ganzen Tag, während alle anderen es nur am Nachmittag nutzen können. Veranstaltungen dienen zur Einwerbung von Mitteln. Weiterhin sichert die Kommune vertraglich langfristige Zuschusszahlungen sowie die Kostenübernahme für größere Investitionen zu. Bei der Vergabe von Aufträgen an die Wirtschaft muss verantwortungsvoll gehandelt werden.[60]

Die „**Betriebsgenossenschaft Sole-Waldschwimmbad Bad Gandersheim im Harz eG**" übernahm im Jahr 2010 die Betreibung des Bades, das Ende 2008 unter dem Druck einer umfassenden Haushaltskonsolidierung geschlossen werden musste. Das Ziel, mindestens 2000 Anteile zu je 50 Euro von Mitgliedern halten zu lassen, wurde erreicht: im August 2010 halten 930 Mitglieder mehr als 2100 Anteile. Mit ehrenamtlicher Arbeit und großer Unterstützung aus Handwerksbetrieben, die schon im Hallenbad mitgeholfen hatten, gelang auch die Wiederinbetriebnahme des Freibades.[61]

Stadtmarketing

Im Jahr 2007 gründete sich in der 20.000-Einwohner-Stadt Seesen nordwestlich des Harzes die „**Stadtmarketing Seesen eG**". Mitglieder der Genossenschaft sind

55 GenG, § 65 Abs. 1 u. 2.
56 Vgl. Deutscher Genossenschafts- und Raiffeisenverband e. V. 2006, o. S.
57 GenG, § 77 Abs. 1.
58 Vgl. zu derartigen Betreibermodellen auch Kähler 2011 und Kähler 2008.
59 Vgl. Trautmann 2011, o. S.
60 Vgl. Freibad Uetze 2015, o. S.
61 Vgl. Sole-Waldschwimmbad o. J., o. S.

neben Bürgern auch Unternehmen und Institutionen. Ziel ist es, die Attraktivität der Stadt zu erhöhen, indem die Innenstadt gestärkt und die Stadt touristisch vermarktet wird. Dafür sollen die Marketingaktivitäten der Stadt gebündelt werden, um ein schlüssiges Gesamtkonzept für die Stadt Seesen zu konzipieren.[62] Die Mitglieder beteiligen sich aktiv an der Stadtentwicklung und profitieren dabei von Synergieeffekten innerhalb der Genossenschaft.[63] Aktuell hat die Genossenschaft mehr als 160 Mitglieder und finanziert sich aus ihren monatlichen Mitgliedsbeiträgen (gestaffelt 10,00–45,00 Euro).[64]

Parksport Wilhelmsburger Sportinsel eG

Die Genossenschaft verfolgt den Zweck der Förderung des Sports in Form von Sport- und Freizeit-Aktivitäten im öffentlichen Grün. Die Ziele der Genossenschaft bestehen dabei im Wesentlichen aus:

- Der Förderung von Sport- und Freizeitaktivitäten im öffentlichen Grün, speziell im Wilhelmsburger Inselpark.
- Der Schaffung eines Angebotes, das es den Nutzern ermöglicht, einen sportlich aktiven Lebensstil zu pflegen (Genossenschaftsprinzip: „Hilfe zur Selbsthilfe“).
- Einen Beitrag zur gesellschaftlichen Verantwortung für die Gesunderhaltung jedes einzelnen Menschen zu leisten.
- Einen Beitrag zur ParkSport-Entwicklung unter Integration der Bürger und Vereine Wilhelmsburgs zu leisten.
- Die soziale und ökologische Nachhaltigkeit mit Hilfe des Sports.[65]

4 Sport-Genossenschaft: Entwurf einer Konzeption

4.1 Begründung und Leitgedanken

Wird die Aufrechterhaltung einer angemessenen und attraktiven Sportszene als ein zentraler Bestandteil des gesellschaftlichen Zusammenlebens erkannt, erscheint die Idee eine Genossenschaft ins Leben zu rufen als realistisch. Eine Sport-Genossenschaft fußt von ihren Gedanken her auf Gemeinschaft und Erarbeiten von Vorteilen für die gemeinschaftliche und gleichzeitig regionale Entwicklung, wobei die regionalen Bedürfnisse unterschiedlich ausfallen können. Die Förderung der Mitglieder ist ein Erfolgskriterium.[66] In der Verlängerung des Vereinsgedankens ist es wichtig, diesen Gemeinschaftsaspekt zu betonen. Dies verdeutlicht die Ab-

62 Vgl. Deutscher Genossenschafts- und Raiffeisenverband e. V. 2015, o. S.
63 Vgl. Stadtmarketing Seesen eG 2015a, o. S.
64 Vgl. Stadtmarketing Seesen eG 2015b, o. S.
65 ParkSportInsel o. J., o. S.
66 Vgl. Kramer 2007, S. 4; Ringle 2014, S. 465.

bildung 3 mit den Typen der Mitgliedschaft. Vor allem eine hohe intrinsische Motivation wird wesentliche Triebkraft einer Sport-Genossenschaft sein.

Abbildung 3: Mitgliedschaftstypologie nach Rößl

extrinsische Motivationtion	hoch	Kundenclub-Mitgliedschaft *(stabiler Umsatzträger)*	Miteigentümer-Mitgliedschaft *(Träger des Entscheidungs- und Handlungssystems)*
	gering	Kunden-Mitgliedschaft *(labiler Umsatzträger)*	Community Mitgliedschaft *(Träger des Sinnsystems)*
		gering	hoch
		intrinsische Motivation	

(Quelle: Kramer 2007, S. 17)

Viele andere Organisationen (z. B. Kirchengemeinden, Bildungsstätten, Volkshochschulen, Vereine außerhalb des Sports, Feuerwehren) unterhalten einzelne sportliche oder sportnahe Angebote. Sie sind damit attraktive Partner, um den Wert des Sports für eine Kommune zu erhalten. Kompetenzen können zusammengeführt werden, um auch Menschen, die sich Sportvereinen nicht direkt nahe fühlen, ein qualitativ hochwertiges Angebot zu ermöglichen. Im Gegenzug können sie eine Bereicherung für Sportvereinsmitglieder sein, wenn außersportliche Angebote in ansprechender Form zugänglich werden.

Neben dem wirtschaftlichen und gesellschaftlichen Umfeld ist Eigeninitiative und persönliches Engagement der Beteiligten gefragt. Es reicht nicht aus, eine Sport-Genossenschaft ins Leben zu rufen. Ein aktives Management zur Erschließung der vorhandenen Entwicklungsmöglichkeiten muss vorhanden sein, bzw. rechtzeitig geschaffen werden. Deshalb ist davon auszugehen, dass eine rein auf unentgeltlicher Mitarbeit fußende Lösung nicht ausreicht.

Die Einrichtung einer Sport-Genossenschaft bedarf der grundlegenden Klärung z. B. folgender Fragen:

- Was ist das künftig attraktive Sportangebot?
- Welche Sportanlagen werden dafür benötigt (und: welche nicht)?
- Welche Aufgaben liegen bei der Genossenschaft und wie kann das Funktionieren der Aufgabenteilung z. B: zwischen Sportvereinen, weiteren Partnern und der Genossenschaft abgesichert werden?
- Wie kann die genossenschaftliche Kooperationskultur entwickelt und erhalten werden?
- Wie sieht unter diesen veränderten Bedingungen eine künftige kommunale Sportförderung aus?

- Wie wird die finanzielle Ausstattung der Genossenschaft (regelmäßige Beiträge oder eigene Erträge) langfristig gesichert?
- Welche lokalen / regionalen Partner außerhalb des Sports sind perspektivisch interessant?

Die zwingend erforderliche Erstellung eines Businessplans für die Genossenschafts-Gründung sollte deshalb durch eine ernsthafte Machbarkeitsstudie ergänzt werden.

4.2 Leistungsfelder einer Sport-Genossenschaft

Das vorrangige Ziel einer Sport-Genossenschaft ist die (Sport-)Angebotserhaltung für die Bewohner einer Region. Ein möglicher und durchaus erwünschter Synergieeffekt ist natürlich die Steigerung der Attraktivität der gesamten Region. Es ist eine ganze Reihe von Leistungsfeldern denkbar (siehe Abbildung 4).

Abbildung 4: Leistungsfelder einer Sport-Genossenschaft

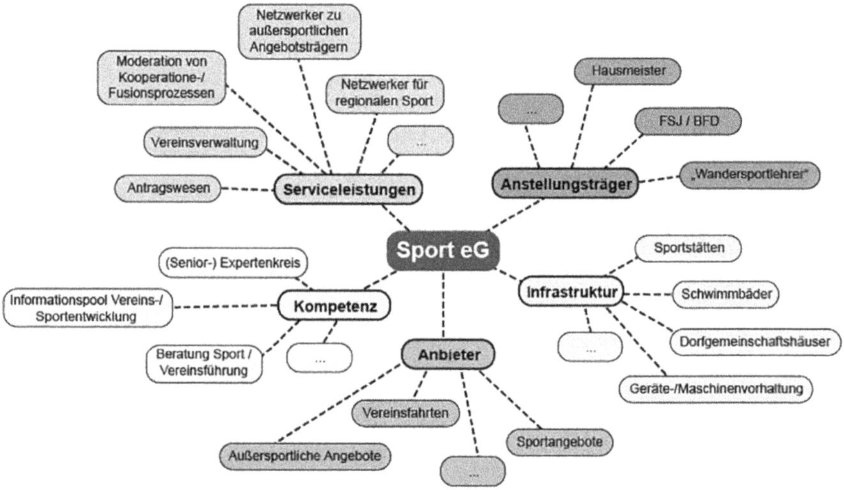

(Quelle: Wadsack 2015, S. 10)

Die Aufgabe einer Sport-Genossenschaft liegt zunächst in dem sinnvollen Füllen der Lücken, die sich aus der nachlassenden Handlungsmöglichkeit der regionalen Sportvereine ergeben. Angemessene und attraktive Sportangebote in verschiedensten Ausprägungen werden so für die Bevölkerung im Einzugsgebiet erhalten bzw. geschaffen. Es geht nicht um den Ersatz vorhandener Vereine, sondern um die Entwicklung einer Unterstützungsstruktur, damit der Erhalt vorhandener Vereine besser möglich ist. Die Sportvereine würden durch eine gebündelte Interessensvertretung profitieren, da sie gegenüber Akteuren der Politik und Wirtschaft massiver auftreten können. Verfügbare Ressourcen wie Mitglieder, Mitarbeiter, Finanzen aber auch Infrastruktur werden in ihrem Bestand unterstützt. Eine stärker kooperative Nutzung wird gefördert, um sparsam mit verfügbaren Ressourcen umzugehen. Da vor allem die Infrastruktur eng mit kommunalen Entwicklungen verbunden ist (Schulbedarf, kommunale Finanzen), müssen ggf. entstehende Lücken möglichst umgehend geschlossen werden. Der Erhalt eines angemessenen Sportangebotes muss zu einem gemeinsamen Gedanken aller verfügbaren Partner gemacht werden.

Im Kern sind die Ziele

a) der Erhalt der ideellen Stärke gewachsener Vereine im Rahmen ihrer Lebensfähigkeit und
b) das Vorhalten eines attraktiven Sportangebotes, in einem weiten Sinne des Sportes, zu sehen.

Hinzu kann

c) die Vernetzung von gesellschaftlich relevanten Akteuren und Angeboten in der Region kommen, wenn dies ein Bedarf ist.

Das beispielhafte Spektrum von Aufgaben zeigt die Vielfalt der Leistungsmöglichkeiten:

- Übernahme von Aufgaben der Vereinsverwaltung (Buchhaltung, Mitgliederverwaltung etc.).
- Funktion als Anstellungsträger für einzelne Mitarbeiter, die ihre Leistungen in mehreren Sportvereinen erbringen. Dies gilt auch für Freiwilligendienste.
- Vorhalten eines Geräteparks je nach Vereinsbedarf (z. B. Rasenpflege, Präsentationstechnik).
- Übernahme von sportrelevanten Immobilien, wenn diese zukunftsorientiert tragfähig sind (z. B. Schwimmbäder, Schulsporthallen bei Aufgabe der Schulen, ggf. Dorfgemeinschaftshäuser auch zur sportübergreifenden Nutzung).
- Unterstützung von vereins- und sportübergreifenden Kooperationen und der Entwicklung kooperativer sportlicher und außersportlicher Angebote.
- Unterstützung des Freiwilligenmanagements in den Vereinen und Etablierung eines professionellen Freiwilligenmanagements für die Sport-Genossenschaft überhaupt.
- Unterstützung von Strategieprozessen in Vereinen einschließlich Kooperationen und Fusionen.

Die angesprochenen Punkte zeigen schon ein breites Arbeitsspektrum, vorhandene Strukturen z. B. von Stadt- und Kreissportbünden sind gezielt und zweckentsprechend zu integrieren. Dies bedeutet, dass eine hauptberufliche Kernbesetzung sinnvoll ist. Ebenfalls bedarf insbesondere der Betrieb von Immobilien einer stabilen Kapitalbasis.

Über den Tellerrand geschaut, bietet die Sport-Genossenschaft aber auch nichtsportlichen Mitgliedern Vorteile. Ein Tourismusverband stärkt seinen Ruf, profitiert von gemeinsamen Kommunikationsmaßnahmen und ist in der Lage, für Touristen ein umfangreiches und ansprechendes Angebot zur Verfügung zu stellen. Kommerzielle Mitglieder wie z.B. Fitnessstudios oder Hotels steigern ihren Bekanntheitsgrad und die Mitglieder- bzw. Gästeanzahl entwickelt sich positiv.

Der Gedanke der gemeinschaftlichen Verantwortung für eine Region kann noch weiter gehen. Wie dargestellt ist in strukturschwachen Gebieten das Thema der ÖPNV-Anbindung meist nicht einfach. Insofern könnte das Angebotsspektrum einer solchen Sport-Genossenschaft bis hin zu dem Betrieb eines Bürgerbusses erweitert werden.

4.3 Potenzielle Mitglieder zur die Gründung einer Sport-Genossenschaft

Eine Genossenschaft besteht aus mindestens drei Mitgliedern, die gemeinsam und solidarisch einen bestimmten Zweck verfolgen. Für eine Sport-Genossenschaft bedeutet das z.B. die Sicherstellung bzw. den Erhalt eines attraktiven Sportangebotes für alle Bewohner einer Region.

In erster Linie sind deshalb die Sportvereine als nicht-kommerzielle Mitglieder gefragt. Daneben sind z.B. Kirchengemeinden, Bildungsstätten, Volkshochschulen, Vereine außerhalb des Sports und freiwillige Feuerwehren als Anbieter sportnaher Aktivitäten interessante Kooperationspartner. In diesem Zusammenhang sind (kommunale) Schwimmbäder ebenfalls zu nennen. Ohne direkten Sportbezug, aber trotzdem wichtig für die Entwicklung einer Region können Tourismus- und Wirtschafts-, Berufs- und Wissenschafts-, Kultur-, Verkehrs-, Sozial- und Wohlfahrtsverbände sowie Umweltschutzorganisationen als Mitglieder einer Sport-Genossenschaft sein. Durch die Übernahme eines Genossenschaftsanteils, der nicht handelbar und mit keiner Kursnotierung versehen ist, wird Verantwortung ausgedrückt. Zudem ermöglicht die Übernahme eines Anteils die Inanspruchnahme von Leistungen der Genossenschaft.

Als weitere Mitglieder mit einem durchaus kommerziellen Interesse kommen z.B. Banken, Sparkassen und Versicherungen, Hotels und Ferienhaus-Anbieter, Fitnessstudios, Kletterpark- oder Minigolf-Anlagen in Betracht. Diese Mitglieder sind i.d.R. an monetärem Gewinn interessiert und haben ggf. auch Interesse, über den Anteil hinaus zu investieren. Sie bringen neben Kapital zudem Sicherheit, Image und Know-How mit in die Genossenschaft ein. Auf der anderen Seite sichern die Regeln zur Stimmverteilung die Interessenvertretung des organisierten Sports.

Diese Auflistung bildet nur einen kleinen, auf den ersten Blick offensichtlichen Teil der möglichen Mitglieder einer Genossenschaft ab. Je nach Region lässt sich dieser Kreis sicherlich deutlich erweitern und sinnvoll ergänzen.

4.4 Anhaltspunkte zu Finanzierung und Organisation

Einen ersten allgemeinen Überblick, welche Einnahmen und Ausgaben im Zusammenhang mit der Gründung einer Genossenschaft entstehen bzw. für den laufenden Geschäftsbetrieb berücksichtigt werden müssen, gibt Tabelle 2.

Tabelle 2: Vereinfachte Darstellung der Finanzstruktur einer Genossenschaft

Einnahmen	
Einzahlungen aus Geschäftsanteilen	
Einzahlungen von investierenden Mitgliedern	
Sonstige Einzahlungen	
Ausgaben	
Gründungsgutachten	ca. 2.500 €
Notar- und Gerichtsgebühren während der Anmeldephase	ca. 300–500 €
Gesetzliche Gründungsprüfung (alle zwei Jahre!)	ca. 2.400 €
Verpflichtender Verbandsbeitrag (jährlich)	ab 100 €
Sonstige Ausgaben	
Personalkosten	
Miete	
Versicherungen	
Reise und Bewirtung	
Marketing und Öffentlichkeitsarbeit	
Kommunikation	
Bürobedarf/Zeitschriften/Bücher	
Investitionen	
Sonstige betriebliche Auszahlungen	

(Quelle: Eigene Darstellung)

Ein wesentlicher Kostenfaktor der für die Gründung entsteht, ist das Gründungsgutachten durch den Genossenschaftsverband. Darin enthalten ist die komplette Betreuung, das heißt die Satzungserarbeitung, die Begleitung der Gründungsversammlung und die Erarbeitung des Businessplans. Der jährlich verpflichtende Verbandsbeitrag beträgt bis zu einem Jahresumsatz von 100.000 Euro 100 Euro, bis zu einem Jahresumsatz von zwei Millionen Euro 400 Euro und darüber hinaus 0,2 Promille des jährlichen Umsatzes.[67] Für die gesetzlich verpflichtende

67 Vgl. Genossenschaftsverband 2015, o. S.

Prüfung gemäß § 53 GenG fallen für kleine Genossenschaften alle zwei Jahre etwa 2.400 Euro an.

Die weitere Finanzierung hängt maßgeblich von dem Aufgabenspektrum und der Aktionsweite der Sport-Genossenschaft ab. Insbesondere die Übernahme von Immobilien wird deutlich auf das Finanzbudget wirken. Die Grundlage bildet das Genossenschaftskapital in Form der übernommenen Anteile. Variabel ist der weitere Betrieb über Umlagen, Projektmittel und Erlöse z.B. auch durch Veranstaltungen zu finanzieren. Hinzu kommen ggf. Verträge mit beteiligten Kommunen zur Unterstützung der Arbeit sowie allfällige Mittel der Sportförderung durch den Landessportbund. Für eine Anschubfinanzierung müssen eine grundlegende Geschäftsausstattung und ein Handlungsbudget für die Genossenschaftsleitung verfügbar sein, um dem Anspruch an konzeptioneller und Netzwerk-Arbeit gerecht zu werden.

Ein zentraler Hauptsitz der Genossenschaft mit festgelegten Öffnungszeiten schafft für alle Mitglieder eine leichte und schnelle Erreichbarkeit. Dazu gehört, neben einem persönlichen Ansprechpartner vor Ort, die Kontaktmöglichkeit per Telefon und Mail. Als zweckdienlich erweist sich eine eigene Homepage, um Mitglieder wie auch Externe zu informieren.

4.5 Führung der Genossenschaft

Die hier vorgestellte Konzeption einer Genossenschaft stellt besondere Anforderungen an die Führungsarbeit. Neben den ökonomischen Aufgaben zur Gestaltung der genossenschaftlichen Leistungsprozesse und der Sicherung der wirtschaftlichen Lebensfähigkeit tritt die Anforderung der Wahrung der genossenschaftlichen Grundprinzipien. Als dritte Komponente ist gerade für die Sport-Genossenschaft die soziale Dimension zu nennen, welche eine explizite Gemeinwohlorientierung ausdrückt.[68]

Die situativen Herausforderungen des Managementhandelns können in Anlehnung an den Sozialbereich folgenermaßen charakterisiert werden:[69]

- Schwindende Ressourcen erfordern einen größeren Beschaffungsaufwand und bedeuten mehr Konkurrenz.
- Der Rechtfertigungsbedarf für Aktivitäten nimmt zu.
- Die Gewinnung von Menschen für Freiwilligenarbeit wird durch die demografische Entwicklung, den Rückgang traditioneller Wert und die Veränderungen in der Arbeitswelt erschwert.

Die angesprochene Komplexität wird anhand der modifizierten Wertkette für Dienstleistungsgenossenschaften deutlicher, die *Kramer* in Anlehnung an *Porter*

68 Vgl. grundlegend zu den Prinzipien Gmür 2014, S. 329–330; auch: Brazda et al. 2006, S. 214.
69 In Anlehnung an Brazda et al. 2006, S. 213–214.

konzipiert hat (siehe Abbildung 5). Die Darstellung verbindet den klassischen Dienstleistungsprozess mit einer Beziehungs- und Förderebene. Die Arbeit einer Sport-Genossenschaft richtet sich primär auf Sachziele. Dies muss in der Führungsarbeit entsprechend berücksichtigt werden und stellt in der Positionierung und Steuerung der Genossenschaft besondere Anforderungen.[70] Andernorts wurde das Konzept des Legitimationskapitals als Ausdruck einer regionalisierten gesellschaftlichen Bedeutung bezogen auf den Sportverein dargestellt. Hier finden sich u. a. Aspekte der Innovationsfähigkeit und Engagemententwicklung, wie sie für eine Sport-Genossenschaft ebenso wichtig sein werden.[71] Denkbar wäre, das Konzept des Legitimationskapitals mit einer Balanced Scorecard für die Sport-Genossenschaft zu verknüpfen.[72]

Abbildung 5: Wertkette für (Dienstleistungs-)Genossenschaften

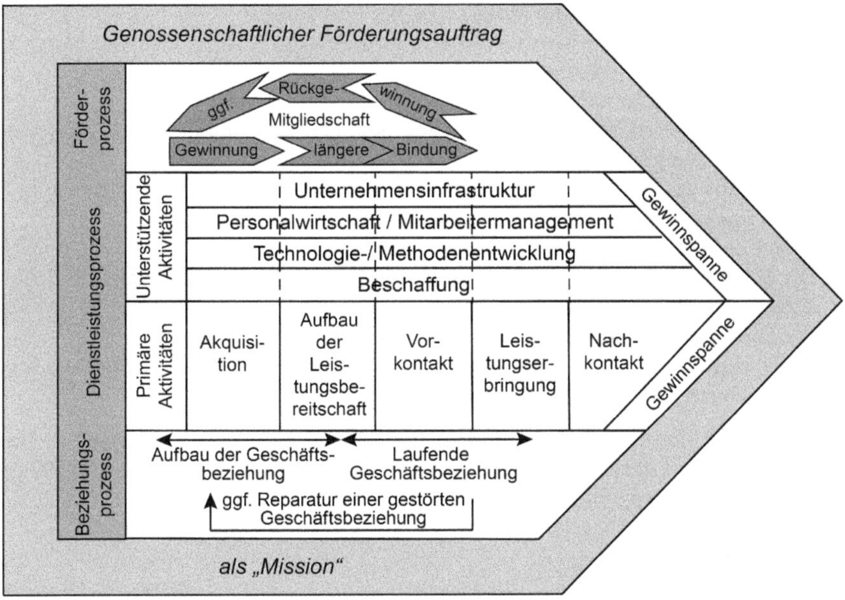

(Quelle: Kramer 2007, S. 17)

70 Zur Nutzenstiftung von Genossenschaften vgl. Ringle 2014.
71 Vgl. zu dem Konzept des Legitimationskapitals Wadsack & Wach 2010.
72 Zum Einsatz der Balanced Scorecard in Genossenschaften vgl. Kramer 2007, S. 22 und 27.

Übergreifend können die Gestaltungsempfehlungen für Gemeingüter von Ostrom eine erste Handlungsorientierung bieten:[73]

- Grenzen zwischen Nutzern und Ressourcengrenzen
  Eine klare Grenzziehung zwischen Nutzungsberechtigten und Nichtnutzungsberechtigten und eine klare Bestimmung, welche Ressourcen für die gemeinsame Nutzung zur Verfügung stehen.
- Übereinstimmung mit lokalen Gegebenheiten
  Die Regeln für die Inanspruchnahme der Ressourcen und ihre Reproduktion sind klar bestimmt und passen zu den lokalen bzw. regionalen Bedingungen. Kosten werden proportional zum Nutzen verteilt.
- Gemeinschaftliche Entscheidungen
  Beteiligung der von dem Ressourcensystem Betroffenen an der Gestaltung der Nutzungsregeln.
- Monitoring der Nutzer und Monitoring der Ressource
  Die Überwachung der Ressourcen erfolgt durch die Nutzer oder den Nutzern rechenschaftspflichtige Personen.
- Abgestufte Sanktionen
  Glaubhafte Sanktionen, welche sich mit dem Gewicht und der Häufigkeit von Regelverletzungen steigern.
- Konfliktlösungsmechanismen
  Die schnelle, günstige und direkte Konfliktklärung ist der Anspruch.
- Anerkennung
  Die Selbstbestimmung der Nutzer über die Regeln der gemeinschaftlichen Aktionen ist staatlich akzeptiert.
- Eingebettete Institutionen
  Die Verknüpfung der Gemeinressource mit übergeordneten, größeren Ressourcensystemen bedingt verknüpfte Governance-Strukturen.

Um diese komplexen Aufgaben adäquat zu bewältigen, ist ein Mindestmaß an bezahlter Arbeit auf der Managementebene notwendig. Die Aktivierung und Pflege des freiwilligen Engagements ist dabei unbedingt zu gewährleisten.

Quellenverzeichnis

Beetz, S. (2006): Ländliche Politik im demografischen Wandel, – in: Aus Politik und Zeitgeschichte 21–22/2006, S. 25–31.

Bertelsmann Stiftung (2016): Typ 5: Städte und Gemeinden in strukturschwachen ländlichen Räumen, Wegweiser Kommune, http://www.wegweiser-kommune.de/statistik/nordharz+demographietypen+netzdiagramm; Zugriff: 19. März 2016.

73 Vgl. Ostrom 2012, S. 85–87.

Böse-Fischer, Carola (2012): „Ein Gewinn für alle", – in: Hannoversche Allgemeine Zeitung 27.06.2012, S. 23.

Brazda, J.; Kramer, J. W.; Laurinkari, J. & Schediwy, R. (2006): Anders als die anderen, Bremen: Salzwasser.

Bundesministerium des Innern (2014): Deutscher Bundestag, 13. Sportbericht der Bundesregierung, Drucksache 18/3523, zugeleitet mit Schreiben des Bundesministeriums des Innern vom 4. Dezember 2014 gemäß Beschluss vom 5. Mai 1971 (Bundestagsdrucksache VI/2152).

DGRV – Deutscher Genossenschafts- und Raiffeisenverband e. V. (o. J.): Genossenschaften in Deutschland, Wir sind „Ein Gewinn für Deutschland", http://www.genossenschaften.de/wir-sind-ein-gewinn-f-r-deutschland; Zugriff: 31. März 2016.

DGRV – Deutscher Genossenschafts- und Raiffeisenverband e. V. (o. J.): Historie Genossenschaft, Entstanden aus einer Idee, https://www.dgrv.de/de/genossenschaftswesen/historiegenossenschaft.html; Zugriff: 06. Juni 2016.

DOSB (2011): Mitgliederentwicklung im Sportverein – Bestandserhebungen und demografischen Wandel zwischen den Jahren 2000 bis 2010, Frankfurt am Main.

Bogumil, J. & Holtkamp, L. (2013): Kommunalpolitik und Kommunalverwaltung, Bonn: bpb.

Breuer, C. & Feiler, S. (2015): Sportentwicklungsbericht 2013/2014 – Kurzfassung, Köln: Sportverlag Strauß.

Freibad Uetze (2015): Rettet euer Freibad, http://www.freibad-uetze.de/freibad-uetze/genossenschaft.html; Zugriff: 01. April 2015.

Genossenschaftsverband e. V. (Hrsg.; 2015): Organisation, Praxis und Gründung von Genossenschaften, Gastvortrag von Hans-Wolfgang Richter, Hochschule Ostfalia, Standort Salzgitter, 13.04.2015.

Glenk, H. (1995): Die eingetragene Genossenschaft, München: Beck.

Gmür, M. (2014): Strategien für zivilgesellschaftliche Genossenschaften, – in: J. Laurinkari, R. Schediwy & T. Todev (Hrsg.): Genossenschaftswissenschaft, Bremen: EHV academicpress, S. 329–343.

Helfrich, S., Heinrich-Böll-Stiftung (Hrsg.), Ostrom, E. (2009): Wem gehört die Welt? Zur Wiederentdeckung der Gemeingüter, 2. Auflage, München: oekom.

Kähler, R. (2008): Sportstättenbau neu denken und gestalten, – in: R. Kähler & K. Rave (Hrsg.): Sportstätten neu denken und gestalten, Kiel: Eigendruck, S. 18–69.

Kähler, R. (2011): Betreibermodelle für Sportimmobilien, – in: L. Bielzer & R. Wadsack (Hrsg.): Betrieb von Sport- und Veranstaltungsimmobilien, Frankfurt a. M.: Peter Lang, S. 129–146.

Kramer, J. W. (2007): Erfolgsaspekte genossenschaftlichen Wirtschaftens aus betriebswirtschaftlicher Perspektive, – in: Wismarer Diskussionspapiere 14/2007.

Maretzke, S. (2012): Entwicklungstendenzen und Perspektiven strukturschwacher ländlicher Regionen im Strukturwandel, Bundesamt für Bauwesen und Raumordnung (Hrsg.), Nürnberg.

Mose, I./ Nischwitz, G. (2009): Anforderungen an eine regionale Entwicklungspolitik für strukturschwache ländliche Räume (E-Paper der ARL Nr. 7), Hannover, http://shop.arl-net.de/media/direct/pdf/e-paper_der_arl_nr7.pdf; Zugriff: 30. März 2016.

Ostrom, E. (2012): Was mehr wird, wenn wir teilen, 2. Auflage, München: oekom.

ParkSportInsel (o. J.): Gemeinsam bewegen, http://sportinsel-wilhelmsburg.de/die-genossenschaft/; Zugriff: 30. März 2016.

Ringle, G. (2014): Zur Reichweite der Nutzenstiftung durch Genossenschaften, – in: J. Laurinkari, R. Schediwy & T. Todev (Hrsg.): Genossenschaftswissenschaft, Bremen: EHV academicpress, S. 465–482.

Rößl, D.; Luger, L; Hatak, I. & Hatak, A. (2014): Wahrnehmung und Bewertung genossenschafltlicher Prinzipien, – in: J. Laurinkari, R. Schediwy & T. Todev (Hrsg.): Genossenschaftswissenschaft, Bremen: EHV academicpress, S. 483–504.

Scheifele, M., Katz, C., Wolf, E. (1995): Die Murgschifferschaft. Geschichte des Floßhandels, des Waldes und der Holzindustrie im Murgtal. Schriftenreihe der Landesforstverwaltung Baden-Württemberg (Band 66), 2. Auflage, Gernsbach.

Sole-Waldschwimmbad (o. J.): Von der Gründung der Genossenschaft bis zur Wiedereröffnung des Sole-Waldschwimmbades, http://www.solebad-gandersheim.de/genossenschaft/; Zugriff: 30. März 2016.

Sombart, W. (1987): Der moderne Kapitalismus, Band III /2. Halbband, München: dtv.

Stadtmarketing Seesen eG (Hrsg.) (2015a): Vorteile für Mitglieder, http://www.stadtmarketing-seesen.de/Mitglied-werden/Vorteile-f%C3%BCr-Mitglieder; Zugriff: 01. April 2015.

Stadtmarketing Seesen eG (Hrsg.) (2015b): Die Genossenschaft, http://www.stadtmarketing-seesen.de/Wir-%C3%BCber-uns/Genossenschaft; Zugriff: 01. April 2015.

Thomsen, M. (2016): Ergebnisse einer Modellrechnung zur künftigen Entwicklung der Einwohnerzahlen in Niedersachsen unter Berücksichtigung verstärkter Zuzüge aus dem Ausland, – in: Statistische Monatshefte Niedersachsen 5/2016, 229–235; http://www.statistik.niedersachsen.de/portal/live.php?navigation_id=33723&article_id=87704&_psmand=40; Zugriff: 3. Juni 2016.

Tomanek, P. (2014): Genossenschaften – Verborgene Schätze der Wirtschaftsgeschichte, – in: J. Laurinkari, R. Schediwy & T. Todev (Hrsg.): Genossenschaftswissenschaft, Bremen: EHV academicpress, S. 243–254.

Trautmann, S. (2011): Uetze hat sieben neue Rettungsschwimmer – Die Freibad Uetze eG ist jetzt offiziell im Register eingetragen, Myheimat (Hrsg.), http://www.myheimat.de/uetze/freizeit/uetze-hat-sieben-neue-rettungsschwimmerdie-freibad-uetze-eg-ist-jetzt-offiziell-im-register-eingetragen-d2103961.html/action/lesen/1/recommend/1/; Zugriff: 01. April 2015.

Türk, K.; Lemke, Th. & Bruch, M. (2006): Organisation in der modernen Gesellschaft, 2. Auflage, Wiesbaden: VS.

Wadsack, R. (2013): Sportverein, – in: Thomas Bezold u. a. (Hrsg.): Handwörterbuch des Sportmanagements, 2. Auflage, Frankfurt a. M.: Peter Lang, S. 396–400.

Wadsack, R. (2015): Wenn die Sportvereine in der Region schwächeln – die „Sport eG"; Vortrag zum 10. Stuttgarter Sportkongress, 24. Oktober 2015, unveröffentlichte Präsentation.

Wadsack, R. (2015b): Vereins-Genossenschaft – Ein neues Modell, – in: der verein aktuell, Nr. 4/2015, S. 6 und 12.

Wadsack, R. & Wach, G. (2010): Legitimationskapital, in: Sciamus – Sport und Management 4/2010, S. 1–14.

Wadsack, R. & Wach, G. (2013): Sportanbieter, – in: Thomas Bezold u. a. (Hrsg.): Handwörterbuch des Sportmanagements, 2. Auflage, Frankfurt a. M.: Peter Lang, S. 281–285.

Weber, M. (2005): Wirtschaft und Gesellschaft, Frankfurt a. M.: Zweitausendeins.

Welzer, H. (2013): Futur Zwei. Die Wiedergewinnung der Zukunft. – in: H. Welzer & St. Rammler (Hrsg.): Der FUTURZWEI Zukunftsalmanach 2013, Bonn: bpb, S. 13–44.

Autorenverzeichnis

Louise Bielzer ist seit 2007 Professorin für „Strategisches Management und Kommunikation" an der Karlshochschule International University in Karlsruhe und Leiterin des ab 2011 angebotenen Studiengangs Medien- und Kommunikationsmanagement. Bis dato lehrte sie an der Karlshochschule vorwiegend im Studiengang Messe-, Kongress- und Eventmanagement sowie an verschiedenen Hochschulen im Ausland Veranstaltungsimmobilienmanagement und Wirtschaftskommunikation. Zentren der Unternehmenskommunikation, branded spaces und Managementherausforderungen von Sport- und Veranstaltungsimmobilien gehören zu ihren derzeit aktuellen Forschungsthemen. Nach dem Studium der Geschichte, Publizistik und Politikwissenschaft an der Westfälischen Wilhelms-Universität Münster promovierte Frau Bielzer 2001 mit einer Dissertation mit fünfsprachiger Inhaltsanalyse ausgewählter Tageszeitungen zum Thema „Perzeption, Grenzen und Chancen des Subsidiaritätsprinzips im Prozess der Europäischen Einigung. Eine international vergleichende Analyse aus historischer Perspektive". Bis zur Übernahme der Professur war sie als Senior Consultant für die SYMBIOS AG, einem Beratungsunternehmen für Spezialimmobilien wie Veranstaltungszentren, Sportimmobilien und Flughäfen, tätig und verantwortete mehr als 100 Beratungsprojekte im In- und Ausland.

Katharina Bingel, Ostfalia Hochschule für angewandte Wissenschaften; seit 2011 Wissenschaftliche Mitarbeiterin der Ostfalia, 2005–2011 Studium der Geographie, Politikwissenschaft und Soziologie an der Justus-Liebig-Universität Gießen.

Marcus Grosche studierte Sportmanagement (B.A.) sowie Führung in Dienstleistungsunternehmen (M.A.) an der Ostfalia Hochschule für angewandte Wissenschaften, an der er nach seinem Masterstudium als wissenschaftlicher Mitarbeiter im Institut Sportmanagement kurzzeitig beschäftigt war. Vor und während seiner Studienzeit verbrachte er mehrere Monate im Ausland, u. a. in Buenos Aires, Montréal und Toronto. In Toronto verfasste er in Zusammenarbeit mit einem dortigen Profi-Eishockeyklub seine Bachelorarbeit in Englischer Sprache über CSR als Marketing-Tool, seine Masterarbeit handelte von der Personalauswahl in Profi-Sportvereinen nach dem Moneyball-Ansatz. Seit 2012 ist Marcus zudem in unterschiedlichsten Funktionen bei den American Footballern der New Yorker Lions Braunschweig tätig und seit 2016 hauptamtlich in der Geschäftsstelle angestellt. Zu seinen Interessen zählen das Vereins- und Klubmanagement, die Organisationsentwicklung sowie das internationale Sportmanagement.

Sven Güldenpfennig (Sport- und Kulturwissenschaftler) promovierte nach seinem Lehramtsstudium in den Fächern Germanistik und Sport zum Dr. phil. an der Universität Bremen und 1988 folgte seine Habilitation an der Technischen Hochschule Darmstadt. Tätigkeiten: 1972–2002 als Wiss. Mitarbeiter an der Techn. Universität Berlin; 1990–2015 Lehrstuhl-Vertretungen, Gastprofessuren und weitere Lehraufträge für Sportphilosophie, -soziologie, -politologie und -geschichte an der Freien Universität Berlin und Humboldt-Universität zu Berlin sowie an den Universitäten Bremen, Potsdam, Hamburg, Münster und der Deutschen Sporthochschule Köln. Von 1997–2002 Wiss. Leiter des Deutschen Olympischen Instituts in Berlin. Seit 1970 zahlreiche Buch- und Zeitschriftenpublikationen, u. a. in der eigenen Schriftenreihe „Sport als Kultur. Studien zum Sinn des Sports“ (Hildesheim). Seit 2014 wohnhaft in Vohburg an der Donau, inzwischen im Ruhestand.

Stephan Lemke, Studium an der TU Braunschweig – Wirtschaftsingenieurwesen Elektrotechnik, nach vier Semestern Wechsel an die FH Braunschweig/Wolfenbüttel – Standort Wolfsburg (heute FH Ostfalia) zum Studium der technischen Betriebswirtschaftslehre. Bereits vor und während des Studiums durch Vereinsarbeit und Jobs in Eventagenturen viel Berührungspunkte mit der Veranstaltungsbranche. Als Vorstand bzw. Leiter der Geschäftsstelle im Braunschweiger Tanz-Sport Club u. a. verantwortlich für die Organisation der Formationsturniere (Bundesliga, Welt- und Europameisterschaften), aber auch einer 18-tägigen China-Tournee (1998) mit 43 Teilnehmern. Für Agenturen u. a. tätig für BS Lions (American Football), Organisation DM Schwimmen der Behinderten, Organisation Sportler Ehrungen. Mitte 1999 Eintritt in die Stadthalle Braunschweig Betriebs GmbH als Projektleiter und Assistent der Geschäftsführung, zuständig u. a. für die Planung und Baubetreuung der Volkswagen Halle. Ab September 2000 Übernahme der Betriebs- und Veranstaltungsleitung der Volkswagen Halle. Zusätzlich seit Januar 2006 auch für des Eintracht Stadion verantwortlich. Seit Januar 2010 Geschäftsführer der Stadthalle Braunschweig Betriebs GmbH, Vorstand im Arbeitsausschuss Tourismus Braunschweig (ATB), Schatzmeister/Vorstand im Europäischen Verband der Veranstaltungscentren (EVVC), Gründungsmitglied der Vereinigung Deutscher Stadionbetreiber (VdS).

H.-Georg Lützenkirchen, freiberuflicher Politikwissenschaftler und Autor, Köln. Beratung und Projektentwicklung im Bereich Sport und Gesellschaft. Mitbegründer des Instituts für Fußball und Gesellschaft, IFG (Köln, Dortmund, Poznan) sowie der polnisch-deutschen Stiftung „about 9“ (Gdansk) zur Förderung der zivilgesellschaftlichen Dimensionen des Sports.

Jens Nußbaum, Stadt + Handel, Hörder Hafenstr. 11, 44263 Dortmund; seit 07/2016 Projektleiter bei Stadt + Handel; 02/2016–06/2016 Wirtschaftsförderer beim Landkreis Wolfenbüttel; 2016–2010 Wissenschaftlicher Mitarbeiter der Ostfalia; 2002–2010 Studium der Wirtschaftsgeographie, Volkswirtschaftslehre und des Stadtbauwesens an der RWTH Aachen.

Torben Quickert ist seit 2014 Wissenschaftlicher Mitarbeiter an der Ostfalia Hochschule für angewandte Wissenschaften in Salzgitter. Er forscht und lehrt im Fachbereich Stadt- und Regionalmanagement. Er war in der Regionalberatung bei der Prognos AG in Bremen tätig und absolvierte sein Studium der Geographie an der Christian-Albrechts-Universität zu Kiel.

Anne-Christine Schlangenotto, Referentin Ausbildung beim Deutschen Kanu-Verband, studierte Sportmanagement (B.A.) und Führung in Dienstleistungsunternehmen (M.A.). Neben einer kaufmännischen Ausbildung gehörten die Geschäftsstelle eines Mehrspartenvereins sowie die wissenschaftliche Mitarbeit an der Ostfalia Hochschule für angewandte Wissenschaften zu ihren beruflichen Stationen.

Philipp Schlemmer absolvierte die Bachelorstudien Gesundheits- und Leistungssport und Sportmanagement, sowie das Masterstudium Sportwissenschaft am Institut für Sportwissenschaft der Universität Innsbruck, an dem er auch seit 2015 als Projektmitarbeiter tätig ist. Aktuell beschäftigt er sich in seiner Dissertation mit den Schwerpunkten Sporttourismus und Sportentwicklung.

Martin Schnitzer ist seit 2006 Projektmitarbeiter am Institut für Sportwissenschaft der Universität Innsbruck und seit 2014 Senior Scientist. Vorher war er als Mitarbeiter an der Bewerbung und Durchführung von Sportgroßveranstaltungen (Winteruniversiade Innsbruck/Seefeld 2005, Olympische Winterspiele Turin 2006, UEFA EURO 2008 in Österreich, Olympische Jugendspiele Innsbruck 2012) tätig. Seine Themenschwerpunkte in Forschung und Lehre liegen in der Sport(event)forschung, der Sportentwicklung und Sporttourismus.

Lutz Thieme verantwortet nach beruflichen Stationen im Sportamt der Stadt Dresden, dem sächsischen Umweltministeriums, dem Verkehrsverbundes Oberelbe und der TU Dresden seit 2001 an der Hochschule Koblenz/RheinAhrCampus in Remagen das Lehrgebiet Sportmanagement. Seit 2012 ist er zudem Privatdozent an der Universität des Saarlandes. Seine Forschungsschwerpunkte liegen in der Entwicklung von Steuerungsinstrumenten für Sportvereine und –verbände, im Bereich der öffentlichen Sportförderung, der Verhaltensökonomik und der Wissenschaftstheorie. Er engagiert sich zudem ehrenamtlich in Wissenschafts- und Sportorganisationen.

Gabriele Wach ist seit 2006 als wissenschaftliche Mitarbeiterin an der Ostfalia Hochschule für angewandte Wissenschaften in den Studiengängen Sportmanagement und Führung in Dienstleistungsunternehmen tätig. Als Geschäftsführerin der Sport & Zukunft UG (haftungsbeschränkt) arbeitet sie mit Kommunen, Verbänden und Vereinen zusammen. Dem voraus gingen Tätigkeiten in den Bereichen Consulting, Unternehmensberatung, Design-Agenturen, sowie freiberufliche Beratungstätigkeiten für Corporate Design und betriebswirtschaftliche Fragen des Sports.

Ronald Wadsack ist seit September 2000 als Professor für Sportmanagement an der Fachhochschule Braunschweig/WolfenbüttelOstfalia Hochschule für angewandte Wissenschaften (Campus Salzgitter), Studiengang Sportmanagement berufen. Vorher war er als Mitarbeiter der Universität Witten/Herdecke und freiberuflicher Berater bereits in dem Themengebiet Sportmanagement tätig. Aktuelle Themenschwerpunkte sind betriebswirtschaftliche Fragen des Sports, insbesondere der

Führung und Zukunftsfähigkeit von Sportbetrieben, der Mitarbeitsformen und Finanzierung. Verschiedene Beratungstätigkeiten für Verbände und vielfältige Veröffentlichungen sind im Zuge dieser Tätigkeiten entstanden. Herausgeber der Buchreihe „Blickpunkt Sportmanagement".

Florian Falkner, Dennis Rankl & Lukas Winkler sind allesamt Studierende des Bachelorstudienganges Sportmanagement am Institut für Sportwissenschaften der Universität Innsbruck.

Blickpunkt Sportmanagement

Herausgegeben von Ronald Wadsack

Band 1 Ronald Wadsack / Rainer Cherkeh / Carolin von Büdingen / Rüdiger Hamel: Krisenmanagement in Sportbetrieben. 2006.

Band 2 Thomas Bezold / Lutz Thieme / Gerhard Trosien / Ronald Wadsack (Hrsg.): Handwörterbuch des Sportmanagements. 2008. 2., neubearbeitete und erweiterte Auflage 2013.

Band 3 Louise Bielzer / Ronald Wadsack (Hrsg.): Betrieb von Sport- und Veranstaltungsimmobilien. Managementherausforderungen und Handlungsoptionen. 2011.

Band 4 Christina Münch / Katharina Wiegand (Hrsg.): Die deutsche Pferdewirtschaft. Betriebswirtschaftliche Aspekte zwischen Hobby und Unternehmung. 2016.

Band 5 Gabriele Wach / Ronald Wadsack (Hrsg.): Sport in der Kommune als Managementaufgabe. 2017.

www.peterlang.de

www.ingramcontent.com/pod-product-compliance
Ingram Content Group UK Ltd.
Pitfield, Milton Keynes, MK11 3LW, UK
UKHW021902290926
8980IPUK00015B/999

9 783631 715789